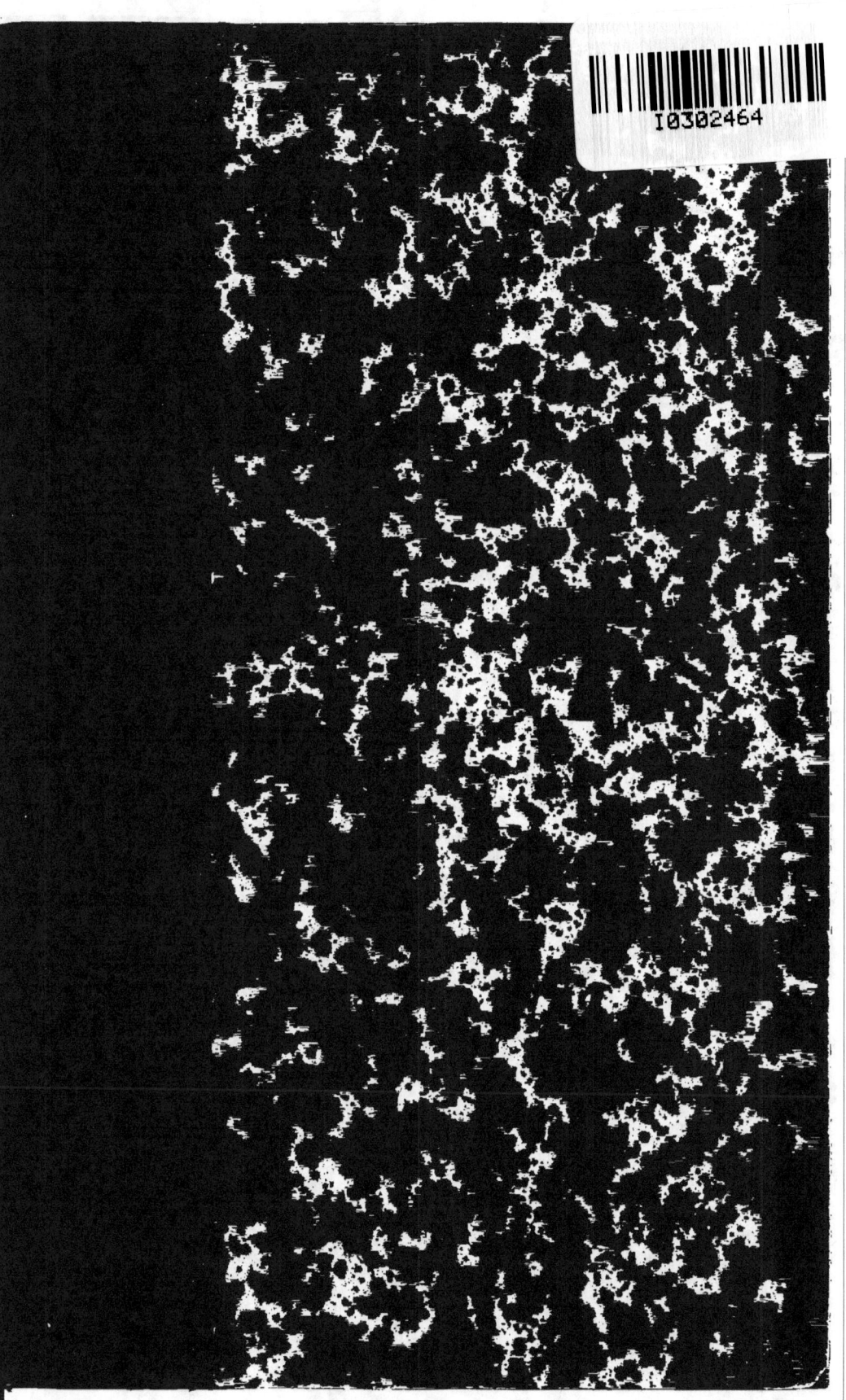

LA Guerre
DE 1870-71

VIII
Journée du 6 Août

BATAILLE DE FORBACH

PARIS
LIBRAIRIE MILITAIRE R. CHAPELOT ET Cⁱᵉ
IMPRIMEURS-ÉDITEURS
30, Rue et Passage Dauphine, 30

—

1902
Tous droits réservés.

LA
GUERRE DE 1870-71

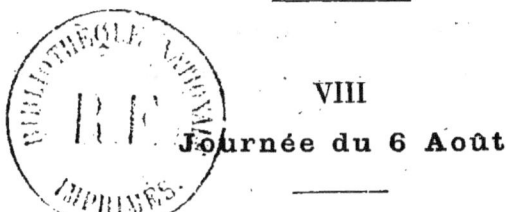

VIII
Journée du 6 Août

BATAILLE DE FORBACH

Publiée par la **Revue d'Histoire**

rédigée à la Section historique de l'État-Major de l'Armée

LA Guerre DE 1870-71

VIII
Journée du 6 Août

BATAILLE DE FORBACH

PARIS
LIBRAIRIE MILITAIRE R. CHAPELOT et C°
IMPRIMEURS-ÉDITEURS
30, Rue et Passage Dauphine, 30

1902
Tous droits réservés.

SOMMAIRE

Journée du 6 août en Lorraine.

PREMIÈRE PARTIE.

Bataille de Forbach :

I. Préliminaires de la bataille.........................	1
II. Combat de la *14ᵉ* division.......................	33
III...	67

Considérations sur la bataille de Forbach :

I. Armée allemande...................................	131
II. 2ᵉ corps...	167

DEUXIÈME PARTIE.

I. Les opérations du 3ᵉ corps.....................	197
II. Le 4ᵉ corps..	236
III. La garde. — Le 6ᵉ corps. — Les grands quartiers généraux. — Emplacement des deux armées dans la soirée du 6 août.	240

Documents annexes.

Grand quartier général..............................	1
2ᵉ corps...	5
3ᵉ corps...	87
4ᵉ corps...	126
6ᵉ corps...	133
Garde impériale......................................	137
Réserve de cavalerie................................	147
Artillerie de l'armée.................................	149
Réserve générale du génie........................	156
Renseignements.....................................	157

LA GUERRE DE 1870-1871

La journée du 6 août en Lorraine.

PREMIÈRE PARTIE.
Bataille de Forbach.

I. — Préliminaires de la bataille.

Dans la soirée du 5 août, le grand quartier général français fut informé de mouvements de troupes prussiennes, en nombre considérable, de Trèves vers Sarrelouis et Sarrebrück. L'Empereur, « en prévision d'une offensive de l'ennemi et d'une bataille prochaine, voulut réunir à Saint-Avold, le 6 août, le maréchal Bazaine avec les commandants des deux autres corps d'armée sous les ordres du Maréchal (1), afin de donner ses ordres généraux et de régler leur coopération (2) ». Il leur fit télégraphier le 5, à 7 h. 10 du soir, de se trouver le lendemain, à 1 h. 30 de l'après-midi, à la gare de Saint-Avold. Cette réunion fut contremandée

---

(1) 2ᵉ et 4ᵉ corps.
(2) Note de la main du maréchal Le Bœuf sur un télégramme expédié en conséquence au maréchal Bazaine et au général Frossard.

par une dépêche du Major général datée de Metz, 6 août, 4 h. 40 du matin et conçue en ces termes :

« Tenez-vous prêt à une attaque sérieuse qui pourrait avoir lieu aujourd'hui même. Restez à votre poste et ne venez pas trouver l'Empereur (1) ».

La nouvelle de la concentration de forces allemandes vers Sarrelouis et Sarrebrück avait été notifiée par le Major général au maréchal Bazaine, avec cette restriction toutefois, que l'on jugeait exagérée l'évaluation qui en avait été faite. Le commandant du 3ᵉ corps transmit ce renseignement au général Frossard, par télégramme du 6 août, 2 h. 50 du matin ; lui recommanda de redoubler d'attention aux avant-postes, et lui fit connaître l'emplacement de trois de ses divisions, à Marienthal, Puttelange, Sarreguemines (2).

A 3 heures du matin, le maréchal Bazaine prévint le général Frossard que la 1ʳᵉ division du 3ᵉ corps, qui occupait cette dernière localité, avait lieu de croire qu'elle serait attaquée dans la matinée par des forces supérieures. « Si l'ennemi, ajoutait-il, faisait effectivement un mouvement offensif sérieux sur Sarreguemines, il faudrait porter la division qui est à Spicheren vers Grosbliederstroff (3). »

Le général Frossard répondit à 7 h. 50 du matin (4) :

« La division Bataille, qui est à Œting, se met en rapport avec Sarreguemines. Il me serait difficile de

---

(1) Annotation de la main du général Frossard sur ce télégramme :
« Mais alors, pourquoi ne pas donner ordre au maréchal Bazaine de concentrer ses divisions sur les miennes et de prendre le commandement général qui lui était dévolu depuis la veille? Pourquoi ne pas ordonner qu'on occupât la position éventuellement convenue de Cadenbronn, la droite vers Sarreguemines, la gauche au-dessus de Forbach, en faisant d'ailleurs appuyer de ce côté le 4ᵉ corps? »
(2) La 4ᵉ (Decaen) était à Saint-Avold.
(3) Maréchal Bazaine. *L'armée du Rhin*, page 24.
(4) Télégramme expédié à 8 h. 30 du matin.

retirer une division de Spicheren, car Forbach serait sans doute attaqué de suite et nos approvisionnements compromis. Votre division de Puttelange ne pourrait-elle pas appuyer sur Sarreguemines ? »

Le maréchal Bazaine adhéra à cette proposition et avisa le commandant du 2ᵉ corps, par télégramme expédié à 11 heures du matin, qu'il donnait des ordres à cet effet (1).

Vers 9 heures, le canon se fit entendre : la 8ᵉ batterie du 15ᵉ d'artillerie, appartenant à la 3ᵉ division du 2ᵉ corps, envoyait, du Rother-Berg, quelques obus aux reconnaissances de cavalerie ennemies. Le général Frossard en prévint le maréchal Bazaine et lui fit connaître qu'il allait se rendre de Forbach à ses avant-postes. Il le priait en outre de donner l'ordre à la division Montaudon d'envoyer de Sarreguemines une brigade sur Grosbliederstroff, et à la division Decaen de se porter de Saint-Avold sur Merlebach et Rosbrück (2). Le commandant du 2ᵉ corps trouvait ses ailes peu protégées et songeait à les couvrir.

A 10 h. 20, le général Frossard manda au maréchal Bazaine que l'ennemi avait fait descendre, des hauteurs au Nord de Sarrebrück, vers la Sarre, de fortes reconnaissances d'infanterie et de cavalerie, mais qu'il ne prononçait pas encore son mouvement d'attaque. Il ajoutait que le 2ᵉ corps avait pris ses mesures sur les plateaux et sur la route.

Un peu plus tard (10 h. 50), il télégraphia au Maréchal :

« On me prévient que l'ennemi se présente à Rosbrück et à Merlebach, c'est-à-dire derrière moi ; vous devez avoir des forces de ce côté. »

---

(1) « Je donne l'ordre à la division qui est à Puttelange d'appuyer sur Sarreguemines. »

(2) Télégramme expédié à 9 h. 10 du matin.

§ 1ᵉʳ. — *Emplacements des troupes du 2ᵉ corps le 6 août au matin.*

Quartier général.................... Forbach.

1ʳᵉ division (Vergé).
- 1ʳᵉ brigade (Letellier-Valazé.)
  - 3ᵉ bataillon de chasseurs.... Près des forges de Stiring.
  - 32ᵉ de ligne.... Au Nord-Ouest de Forbach, sur le Kaninchens-Berg.
  - 55ᵉ de ligne.... Ibid.
- 2ᵉ brigade (Jolivet).
  - 76ᵉ de ligne.... Au Sud de Stiring....
  - 77ᵉ de ligne.... A 500 mètres au Nord-Est de Stiring, la droite appuyée à la route de Sarrebrück.
- Artillerie.. 5ᵉ, 6ᵉ, 12ᵉ batteries du 5ᵉ.... Au Sud de Stiring.
- Compagnie du génie. 9ᵉ du 3ᵉ....... Stiring.

2ᵉ division (Bataille).
- 1ʳᵉ brigade (Haca).
  - 12ᵉ bataillon de chasseurs..... Œting.
  - 8ᵉ de ligne.... Ibid.
  - 23ᵉ de ligne.... Ibid.
- 2ᵉ brigade (Fauvart-Bastoul).
  - 66ᵉ de ligne.... Œting.
  - 67ᵉ de ligne.... Ibid.
- Artillerie.. 7ᵉ, 8ᵉ, 9ᵉ batteries du 5ᵉ..... Œting.
- Compagnie du génie. 12ᵉ du 3ᵉ....... Œting.

3ᵉ division (De Laveaucoupet).
- 1ʳᵉ brigade (Doens).
  - 10ᵉ bataillon de chasseurs..... Au Sud de Spicheren, sur le Pfaffen-Berg.
  - 2ᵉ de ligne.... Ibid.
  - 63ᵉ de ligne.... Ibid.
- 2ᵉ brigade (Micheler).
  - 24ᵉ de ligne.... Au Nord de Spicheren.
  - 40ᵉ de ligne.... Ibid.
- Artillerie.. 7ᵉ, 8ᵉ, 11ᵉ batteries du 15ᵉ.... Au Sud-Ouest de Spicheren.
- Compagnie du génie. 13ᵉ du 3ᵉ....... Spicheren.

Division de cavalerie (de Valabrègue).	1re brigade (de Valabrègue.)	4e rég. de chasseurs à cheval.	Forbach.
		5e rég. de chasseurs à cheval.	Spicheren.
	2e brigade (Bachelier).	7e rég. de dragons.........	1er et 2e escadrons avec la 3e division. 3e et 5e escadrons avec la 1re division.
		12e rég. de dragons.........	Forbach.
Réserve d'artillerie.		2 batteries montées de 4 (6e et 10e du 15e)................	Forbach.
		2 batteries à cheval de 4 (7e et 8e du 17e)................	Forbach.
		2 batteries de 12 (10e et 11e du 5e)..................	Morsbach.
Réserve du génie.		2e compagnie du 3e. Termine un retranchement au Nord-Ouest de Forbach.	
Parc d'artillerie.		Une colonne du parc comprenant 5 affûts de rechange de 4, 24 caissons mle 58 pour munitions de 4, 12 caissons mle 1827 pour munitions de 12, est à Forbach. La portion principale du parc est à Lunéville.	

La 2e division n'avait formé ses bivouacs qu'à 10 heures du soir (1), la 3e à minuit seulement (2).

Des grand'gardes, fournies par le 24e de ligne, se trou-

---

(1) Les bivouacs de la 2e division ne furent pas établis à Œting, dans la nuit du 5 au 6 août, ainsi que l'ordre en avait été donné.

« Il m'a été impossible, écrit le général Bataille au général Frossard, le 6 août, d'installer la division dans ses campements hier soir, bien qu'ils eussent été reconnus à l'avance par un officier de mon état-major. La nuit était tellement obscure que j'ai dû faire arrêter ma colonne tout entière sur la route, y laisser les bagages, puis établir les corps en colonne sur le flanc de la route. Les tentes ont été dressées ainsi..... Ce matin, je viens de reconnaître moi-même l'emplacement, et la position va être occupée dans de bonnes conditions..... »

(2) Voir journée du 5 août, fascicule VI, page 10.

vaient placées sur les croupes qui se détachent du Forbacher-Berg vers le Nord et le Nord-Est (1). Le 77ᵉ de ligne en avait établi une en avant de son front, observant les débouchés du bois de Stiring, une autre vers la tranchée du chemin de fer face au Nord-Est. Le chemin de Schoeneck se trouvait également gardé, à son entrée dans la forêt de Stiring, par une compagnie de ce régiment.

Un retranchement rapide, de 1000 mètres environ de développement, avait été commencé le 5 août par la compagnie de réserve du génie, de part et d'autre de la route de Forbach à Sarrelouis, sur le Kaninchensberg; ce travail se poursuivait dans la matinée du 6. Le 6, au point du jour, la compagnie du génie de la 1ʳᵉ division creusa une tranchée-abri en avant du campement du 77ᵉ de ligne, au Nord-Est de Stiring, et construisit, à droite de cette tranchée, un épaulement pour deux sections d'artillerie. Une autre tranchée-abri, en forme de fer à cheval, fut exécutée, le 6 au matin, au Nord de Spicheren, sur l'éperon suivi par le chemin de Spicheren à Sarrebrück et appelé Rother-Berg, par la compagnie du génie de la 3ᵉ division et des auxiliaires d'infanterie. Afin de protéger les travailleurs, le général commandant la 3ᵉ division plaça le 3ᵉ bataillon du 40ᵉ de ligne dans la partie du Gifert-Wald qui est contiguë au Rother-Berg « pour empêcher l'éperon d'être assailli inopinément par une troupe ennemie arrivant du

---

(1) Ce sont les indications fournies par le général de Laveaucoupet au général Frossard, dans un rapport établi après la bataille. L'historique du 24ᵉ de ligne, rédigé après la guerre, dit que ces grand'gardes, « composées de la 6ᵉ compagnie du 2ᵉ bataillon et de la 6ᵉ du 3ᵉ bataillon se trouvaient : la 6ᵉ du 3ᵉ à la Brême-d'Or, la 6ᵉ du 2ᵉ entre la Brême-d'Or et le pied du Rother-Berg ». La 5ᵉ compagnie du 3ᵉ bataillon fut envoyée plus tard au Sud-Ouest de la Baraque Mouton, à la lisière du Spicheren-Wald.

bois (1) ». Le 10ᵉ bataillon de chasseurs et deux sections de la 8ᵉ batterie du 15ᵉ d'artillerie vinrent occuper le Rother-Berg même ; la 3ᵉ section fut établie en arrière et à droite des deux premières, pour flanquer les défenseurs du Gifert-Wald (2).

Sur l'ordre du général Frossard, le général commandant la 1ʳᵉ brigade de la 1ʳᵉ division envoya, vers 9 heures du matin, sur Petite-Rosselle une reconnaissance composée d'un bataillon du 55ᵉ de ligne et du 2ᵉ escadron du 12ᵉ dragons. Elle regagna le Kaninchensberg vers 11 heures, sans rien signaler. D'autre part, à 6 h. 30 du matin, « le colonel Février (du 77ᵉ), à la disposition duquel on avait mis deux pelotons du 7ᵉ dragons, fit opérer une reconnaissance qui signala les mouvements de l'ennemi (3) et la possibilité d'une attaque sérieuse (4) ». Enfin, à 8 heures du matin, le général de Laveaucoupet prescrivit aux 1ᵉʳ et 2ᵉ escadrons du 7ᵉ dragons de se porter au Nord du Stifts-Wald et du Gifert-Wald, et au 5ᵉ régiment de chasseurs d'éclairer la 3ᵉ division sur son flanc droit, vers Zinzing et Hesseling. Le régiment se forma en bataille au Nord-Est de cette dernière localité, derrière les bois qui bordent la route de Sarreguemines à Sarrebrück et le colonel, suivi de quelques officiers, s'étant porté en avant, aperçut une colonne de cavalerie ennemie, de 300 à 400 chevaux « filant le long des bois

---

(1) Rapport du général de Laveaucoupet au général Frossard sur les opérations de la 3ᵉ division à la bataille de Forbach.

(2) *Ibid.*

(3) Il s'agissait sans doute des détachements de cavalerie prussienne qui avaient franchi la Sarre. Voir page 1068 et suivantes.

(4) Rapport du général Jolivet. Le colonel Février rendit compte aussi, à la suite d'une reconnaissance personnelle, de la situation très dangereuse que créait, pour son régiment, la présence de bois sur son flanc gauche. (Note fournie le 16 juin 1901 à la Section Historique par M. le général Février.)

qui couronnent les hauteurs de la rive droite (1) ». Le colonel fit rendre compte de cet incident au général de Laveaucoupet, puis rétrograda vers Spicheren où il reçut l'ordre de se diriger sur Œting, auprès des bivouacs de la division Bataille. Il y arriva vers midi.

Les renseignements reçus les jours précédents, les rapports des reconnaissances, les mouvements qu'on discernait sur les hauteurs au Nord de Sarrebrück, faisaient « pressentir une attaque sérieuse de la part de l'ennemi (2) ».

§ 2. — *Description du champ de bataille.*

Le terrain sur lequel s'est livrée la bataille de Forbach est compris dans une zone limitée au Nord et à l'Est par le cours de la Sarre; à l'Ouest par les lisières occidentales des forêts de Sarrebrück, de Stiring et de Forbach; au Sud, par une ligne conventionnelle, tracée d'Alsting à Forbach par le Pfaffen-Berg.

En allant du Nord au Sud, cette zone présente, dans son ensemble, deux terrasses successives séparées par la dépression du Tief-Weiher et de l'Ehrenthal. La première est jalonnée par les hauteurs du Terrain de Manœuvres, du Repperts-Berg et du Winter-Berg; la seconde est constituée d'abord par le Galgen-Berg, puis par le plateau de Spicheren, dont les pentes Nord sont rapides, boisées et ravinées, et dont le commandement immédiat atteint parfois 80 mètres. Une sorte d'éperon rocheux, d'aspect rougeâtre, le Rother-Berg, fait saillie sur le plateau, dans la direction de Sarrebrück, et offre des vues sur tout le terrain environnant jusqu'au delà

Historique du 5e chasseurs.
Journal de marche du 2e corps.

de la Sarre. A l'Est du Rother-Berg s'étendent des bois épais divisés en Gifert-Wald, Pfaffen-Wald et Stifts-Wald, les deux premiers séparés par un col déboisé, sorte de clairière, d'où descend l'étroit vallon de Saint-Arnual. A l'Ouest, se trouve la forêt de Spicheren, dominée par le Forbacher-Berg, accidentée par plusieurs ravins, larges et profonds, orientés généralement du Nord au Sud, et dont les plus importants viennent aboutir, sur la grande route de Sarrebrück, à un groupe de bâtiments : l'auberge de la Brême d'Or, la maison de douane et la baraque Mouton.

Entre la forêt de Spicheren et celle de Stiring existe une trouée large d'abord de 1500 à 1800 mètres entre le Rother-Berg et le bois de Stiring, et qui va ensuite en se rétrécissant jusqu'au village industriel de Stiring-Wendel, composé presque en entier de l'usine et de ses dépendances. La route et le chemin de fer de Sarrebrück, celui-ci presque partout en déblai, traversent cet espace en convergeant vers Forbach. A l'Ouest enfin se trouve Vieux-Stiring dans une sorte de clairière formée par le bois et la forêt de Stiring et la lisière Sud de celle de Sarrebrück.

En cas d'attaque, le front de bataille du 2ᵉ corps se développait de Stiring-Wendel au Gifert-Wald, suivant une ligne irrégulière que les pentes de la forêt de Spicheren partageaient en deux parties, l'une à gauche dans la plaine, l'autre à droite sur les hauteurs, cette dernière formant dans son ensemble un saillant accentué. Le centre n'existait pas à proprement parler.

« Les conditions topographiques, dit l'*Historique du Grand État-Major prussien*, donnaient tous les avantages aux Français. Ainsi, quand de Sarrebrück, on aborde les hauteurs qui s'élèvent immédiatement au Sud, les montagnes de Spicheren et leurs vastes forêts cachent entièrement tout ce qui se trouve en arrière. Du côté de l'ennemi, au contraire, la vue s'étend, presque sans obstacles, vers le Nord, jusqu'à la Sarre ; en outre le clocher de Stiring-Wendel offre un observatoire duquel on découvre toute la contrée au Nord-Est, jusqu'au Repperts-Berg. Ces qualités défensives, naturellement inhérentes à la position des Français, avaient été encore accrues par des travaux (1). »

L'appréciation qui précède soulève un certain nombre d'objections.

Abstraction faite de la supériorité morale et matérielle qu'a toujours eue et qu'aura éternellement l'offensive sur la défensive, malgré les perfectionnements des armes de guerre, et, en grande partie, en raison même de ces perfectionnements, le terrain occupé par le 2ᵉ corps, pour affronter la lutte, présentait de graves inconvénients.

1° Le général Frossard ne pouvait compter être soutenu ni par le 4ᵉ corps, ni par la garde.

2° En cas de retraite, il ne disposait que d'une bonne route, celle de Saint-Avold, placée en arrière de son aile gauche et qui franchissait deux fois la Rosselle à Rosbrück et au Sud de Freyming.

3° Les ponts de Sarrebrück échappaient aux feux et même aux vues.

4° Les débouchés dangereux de la vallée de la Sarre et de celle de la Rosselle, sur les flancs, n'étaient qu'imparfaitement battus à cause des bois profonds qui enveloppaient et masquaient les ailes de la défense.

5° L'ensemble de la position offrait une forme généralement convexe et présentait un saillant très prononcé, exposé aux feux convergents et d'enfilade de l'attaque.

6° Les flancs étaient mal appuyés et faciles à déborder par le saillant Nord du Stifts-Wald et par la forêt de Stiring ; en arrière, par la vallée de la Rosselle.

7° La liaison entre les troupes de Spicheren et celles

---

(1) 3ᵉ livraison, page 290.

de Stiring était difficile en raison de l'interposition de la forêt de Spicheren, mesurant 2 kilomètres de largeur.

8° Les emplacements de batterie étaient rares, peu étendus, et généralement défectueux; à ce point de vue, tout l'avantage était à l'adversaire qui pouvait faire agir son artillerie en masses et obtenir aisément la convergence des feux sur tel ou tel point du champ de bataille.

Pour toutes ces raisons, le terrain sur lequel allait combattre le 2ᵉ corps était moins une position de combat qu'un ensemble de postes avancés. La prudence seule avait dicté son mouvement de retraite, et des considérations étrangères à la tactique avaient déterminé son arrêt à Stiring et à Spicheren. La préoccupation de couvrir le matériel et les approvisionnements, si malencontreusement accumulés à Forbach, à proximité immédiate de la frontière, amena le 2ᵉ corps à livrer bataille sur un terrain et dans une situation défavorables. Ainsi qu'il arrive souvent à la guerre, une première faute en entraîna d'autres. Il s'agissait en effet de vaincre et non pas de protéger des magasins, en subordonnant les emplacements d'un corps d'armée à la situation topographique de la gare de Forbach.

§ 3. — *Reconnaissances de la cavalerie allemande dans la matinée du 6 août.*

Tous les renseignements fournis par les *5ᵉ* et *6ᵉ* divisions de cavalerie dans la journée du 5 août s'accordaient à constater des mouvements rétrogrades sur toute l'étendue de la ligne française dont elles avaient pris le contact. Si, dans la nuit du 5 au 6 août, un détachement du *3ᵉ* régiment de uhlans (1) avait essuyé une vive fusillade

---

(1) *6ᵉ* division de cavalerie, brigade Grüter. Voir le croquis indiquant la situation dans la soirée du 5 août.

en tentant de s'avancer au Sud de Sarrebrück, par contre, le lendemain matin, les avant-postes de la brigade de Redern (1) constataient l'abandon des hauteurs de la rive gauche de la Sarre. Un peloton du *17*ᵉ hussards (2), sous les ordres du lieutenant de Schweppe, qui était en grand'garde à Raschpfuhl, se porta aussitôt en avant et arriva, vers 6 h. 15 du matin, sur le Terrain de Manœuvres de Sarrebrück (3). Le gros de l'escadron d'avant-postes (*4*ᵉ du *17*ᵉ) suivit et vint occuper Saint-Jean. Bientôt le lieutenant de Schweppe fit connaître que « les Français avaient évacué les hauteurs au Sud de Sarrebrück et qu'ils avaient repris leurs anciennes positions sur le plateau de Spicheren et à la Brême-d'Or (4) ». Peu après, deux pelotons du *6*ᵉ régiment de cuirassiers (5), sous les ordres du lieutenant de Spalding, se joignirent au peloton du *17*ᵉ hussards. Les deux détachements réunis se portèrent sur le Galgen-Berg d'où ils observèrent des manœuvres de nombreuses locomotives près de la gare de Forbach, et constatèrent la présence de plusieurs bataillons d'infanterie française, en formation de rassemblement, entre la Brême-d'Or et Stiring. Ils reçurent quelques obus de la batterie française (8ᵉ du 15ᵉ) du Rother-Berg. Leurs chefs eurent « l'impression » que l'ennemi avait l'intention de s'embarquer en chemin de fer, et transmirent des renseignements dans ce sens (6). Telle est probablement l'origine du rapport du capitaine commandant le 4ᵉ escadron du *17*ᵉ hussards, expédié de

---

(1) Colonne de droite de la 5ᵉ division de cavalerie.
(2) Brigade Redern.
(3) Cardinal von Widdern. *Die Kavallerie-Divisionen, während des Armee-Aufmarches,* page 234.
(4) *Ibid.*, page 232. (Rapport du lieutenant de Schweppe.)
(5) 6ᵉ division de cavalerie, brigade Grüter. L'*Historique du Grand État-Major prussien* dit « un peloton ».
(6) Cardinal von Widdern. *Loc. cit.*, page 236.

Sarrebrück, à 8 h. 45 du matin, au colonel de ce régiment et ainsi conçu :

« L'ennemi s'embarque en chemin de fer à Stiring et Forbach. Il est couvert par deux bataillons, un escadron, une batterie (1). »

Il n'y était pas question des premières constatations faites par le lieutenant de Schweppe, relatives à l'occupation des hauteurs de Spicheren par l'adversaire, et « l'impression » qu'avait eue cet officier se traduisait par une affirmation.

Entre 9 heures et 10 heures, les deux pelotons du 6e cuirassiers, relevés par le 5e escadron de ce régiment, rétrogradèrent sur la rive droite de la Sarre, tandis que le lieutenant de Schweppe continuait sa reconnaissance, dans le but de voir ce qui se passait sur les hauteurs de Spicheren. Peu après 10 heures, il aperçut plusieurs colonnes importantes, comprenant de l'infanterie et de l'artillerie, qui venaient s'y établir. Le capitaine de Knesebeck, attaché à l'état-major de la 5e division de cavalerie, qui rejoignit à ce moment le lieutenant de Schweppe, apprécia les troupes ennemies en vue à 20,000 hommes, pour le moins (2). Vers 11 heures du matin, le peloton du *17e* hussards fut rappelé à son escadron : il est difficile de justifier cette mesure qui déterminait la rupture du contact.

Sur ces entrefaites le général de Rheinbaben, commandant supérieur des 5e et 6e divisions de cavalerie, était arrivé au Sud de Sarrebrück, accompagné de deux

---

(1) Cardinal von Widdern. *Loc. cit.*, page 234.

C'est ce rapport, probablement, qui a donné lieu à la phrase suivante de l'*Historique du Grand État-Major prussien* :

« Ces troupes françaises ne paraissaient destinées qu'à couvrir les prétendus embarquements qui avaient lieu à Forbach ». (3e livraison, page 292.)

(2) Cardinal von Widdern. *Loc. cit.*, page 237. Renseignements fournis à l'auteur par le lieutenant de Schweppe lui-même.

escadrons, le 3ᵉ du 6ᵉ régiment de cuirassiers, le 5ᵉ du 3ᵉ uhlans, rejoints bientôt par le 4ᵉ du 17ᵉ hussards. Il reçut les rapports verbaux des lieutenants de Schweppe et de Spalding (1), sans doute aussi celui du capitaine de Knesebeck, et ne s'opposa pas à la retraite des deux détachements de cavalerie sur la rive droite. Pourtant, « le champ d'action de la cavalerie allemande était désormais situé sur la rive gauche de la Sarre. Il fallait y retenir les faibles fractions qui s'y trouvaient déjà et en appeler d'autres pour les renforcer (2) ».

D'autres reconnaissances avaient aussi franchi la Sarre dans la matinée du 6 août. Le *19ᵉ* régiment de dragons de la brigade Barby (3) arrivé à Wehrden à 8 heures

---

(1) Cardinal von Widdern. *Loc. cit.*, pages 151 et 237.
(2) *Ibid.*, page 151.
(3) Colonne de droite de la 5ᵉ division de cavalerie.
Un ordre de la brigade Barby, en date du 5 fixait, ainsi qu'il suit, la mission du *19ᵉ* dragons :
« Le régiment sera demain à 8 heures du matin à Völklingen, franchira la Sarre, se portera sur Ludweiler, enverra de là un escadron vers Creutzwald, marchera avec deux escadrons par Lauterbach sur Carling, pour voir jusqu'où l'ennemi se retire ; un escadron restera comme repli à Ludweiler. L'ennemi était encore aujourd'hui en forces assez considérables de toutes armes à Carling ainsi qu'à Forbach, Morsbach, Rosbrück ; de ce côté, sans avant-postes. Le *11ᵉ* hussards couvrira la marche vers cette dernière position ennemie. Si le régiment, contre toute attente, ne pouvait opérer sa retraite par Wehrden—Völklingen, il se replierait sur Sarrelouis. » (Pelet-Narbonne. *Loc. cit.*, page 14.)
Il semble que cette mission n'ait pas été définie d'une manière assez précise. Rien ne dit au colonel ce qu'on désire obtenir de lui ; l'ordre renferme au contraire des prescriptions de détail qui auraient dû être laissées à son initiative.
En outre il était peu judicieux de prescrire au régiment de se replier ensuite ; on devait lui laisser le choix de son cantonnement pour la nuit. Cette pratique, fréquemment usitée chez les Allemands au début de la guerre, avait l'inconvénient non seulement de rompre le contact, mais aussi d'entraîner une dépense de forces inutile, puisqu'il fallait souvent se reporter en avant le lendemain.

du matin, laissait son 4ᵉ escadron à Ludweiler, tandis que le 3ᵉ se dirigeait sur Creutzwald, les 1ᵉʳ et 2ᵉ sur Carling. La pointe du 1ᵉʳ escadron se heurta, près de Saint-Avold, à des chasseurs d'Afrique que suivaient un bataillon et une batterie (1); le 3ᵉ aperçut une colonne d'infanterie, forte de trois à quatre bataillons, en marche de Guerting sur Ham-sous-Varsberg (2). Le régiment, après avoir laissé son 2ᵉ escadron à la *13ᵉ* division, se replia ensuite sur la rive droite de la Sarre, sans garder le contact (3). En arrivant près de Völklingen, il entendit la canonnade de Spicheren et se porta rapidement sur le champ de bataille.

Deux pelotons du *11ᵉ* régiment de hussards (4) qui avaient passé la Sarre à Wehrden à 8 heures du matin, s'étaient dirigés l'un sur Gersweiler, l'autre sur Schoeneck. Le premier constata l'évacuation du Terrain de Manœuvres par l'ennemi, aperçut un camp français au Sud de Stiring et des troupes d'infanterie sur les hauteurs de Spicheren. Le second fut accueilli, à la lisière Nord de la forêt de Stiring, par la fusillade d'une grand'garde du 77ᵉ de ligne qui lui fit perdre 3 hommes.

« Le commandant du régiment, qui avait pris vers Ludweiler avec un escadron, apercevait très distinctement, d'une hauteur voisine, les camps ennemis de Forbach et des troupes en mouvement sur Saint-Avold. De petits détachements de hussards, qui s'étaient avancés plus loin encore sur les derrières de l'adversaire, vers Carlsbrunn et Saint-Nicolas, confirmaient ces dernières observations (5). »

---

(1) Historique du *19ᵉ* dragons, page 101. Ces chasseurs d'Afrique escortaient le maréchal Bazaine qui visitait à ce moment les avant-postes du 85ᵉ de ligne.
(2) 2ᵉ division du 4ᵉ corps.
(3) Cardinal von Widdern. *Loc. cit.*, page 240.
(4) Brigade Redern.
(5) *Historique du Grand État-Major prussien*, 3ᵉ livraison, page 292.

D'autre part, le lieutenant von Ebart, du *3ᵉ* uhlans (1), chargé, le 5 août, de faire une reconnaissance avec 3 cavaliers sur la rive gauche de la Sarre « et de rapporter, coûte que coûte, des nouvelles de l'ennemi (2) », avait franchi cette rivière dans la nuit du 5 au 6 à Völklingen, et, passant par Nass-Weiler et Morsbach, était arrivé, le 6, vers 6 heures du matin, sur les hauteurs d'Œting.

Il constata la présence, à Forbach, de troupes nombreuses de toutes armes, observa un grand camp à l'Est, et des positions et tranchées, fortement occupées, au Sud de cette localité. Il aperçut aussi sur le Kaninchensberg et le Creutzberg, ainsi qu'au Nord et à l'Est de Forbach, des tranchées pour l'artillerie et l'infanterie, et apprit qu'aucune troupe n'avait quitté Forbach dans les derniers jours, mais que 5,000 hommes environ s'étaient repliés de Nass-Weiler sur Sarreguemines. Il rendit compte de la présence à Stiring d'infanterie et de cavalerie et d'environ deux divisions autour d'Emersweiller et à l'Ouest (3). Mais ces renseignements précieux ne parvinrent pas au commandement en temps utile, le lieutenant von Ebart n'ayant fait son rapport que dans la soirée du 6 août, après avoir rejoint son escadron. « La faiblesse de la patrouille lui permit, il est vrai, de se glisser sur les derrières de la position ennemie. Mais une patrouille si faible, lancée loin en avant, ne peut compter faire parvenir ses renseignements s'il n'existe point, pas trop loin d'elle, un poste de correspondance (4). »

---

(1) 6ᵉ division de cavalerie.
(2) Général de Pelet-Narbonne. *La cavalerie des Iʳᵉ et IIᵉ armées allemandes dans les journées du 7 au 15 août 1870*, page 23. Paris, 1900. Berger-Levrault.
(3) Ces renseignements sont extraits du Journal de marche de la 6ᵉ division de cavalerie. (Pelet-Narbonne. *Loc. cit.*, page 24.)
(4) Pelet-Narbonne. *Loc. cit.*, page 24.

Enfin, la *3ᵉ* division de cavalerie (Iʳᵉ armée), qui s'était rassemblée dans la matinée près de Labach, envoya deux fortes reconnaissances sur le territoire ennemi ; c'étaient 30 chevaux de divers escadrons, commandés par la capitaine von Hymmen, du *5ᵉ* uhlans, et 25 chevaux sous les ordres du lieutenant von Ramin, du *14ᵉ* uhlans. Ces deux officiers après s'être renseignés d'abord à Sarrelouis, auprès du commandant de la place (1), franchirent la frontière. Le capitaine von Hymmen passant à Ueberherrn, revint, après un détour, sur Forsweiler (2). Le lieutenant von Ramin observa, près de Tromborn, des troupes au bivouac qu'il évalua à deux bataillons d'infanterie et un régiment de cavalerie (3) ; trouva Bouzonville évacué et constata, près de cette localité, les traces d'un camp abandonné récemment. Il se replia ensuite sur Ittersdorf, perdant ainsi le contact.

Vers midi, le général von der Goltz qui commandait l'avant-garde de la *13ᵉ* division envoya, de Völklingen, le lieutenant Stumm du *8ᵉ* hussards (4), avec un sous-officier et 12 hommes, sur Saint-Avold, « afin de reconnaître les positions ennemies sur leurs derrières et sur leur flanc gauche ». La reconnaissance arriva par Carling à la lisière Sud de la forêt de Saint-Avold, constata la présence près de cette ville de deux camps ennemis (5), puis se dirigea vers le moulin de Porcelette, gagna la lisière Nord du bois voisin et aperçut, à la nuit, les feux de bivouac de nombreuses troupes françaises, campant sur les hauteurs à l'Ouest de Ham-sous-Vars-

---

(1) Qui avait rendu compte, le 5 août, de la présence de fortes masses ennemies sur la ligne Bouzonville—Tromborn—Saint-Avold.
(2) Il n'existe aucun rapport sur cette reconnaissance. (Pelet-Narbonne. *Loc. cit.*, page 14.)
(3) 2ᵉ brigade de la 1ʳᵉ division du 4ᵉ corps.
(4) Cavalerie divisionnaire de la *13ᵉ* division.
(5) Division Decaen, division de cavalerie Clérembault, réserves d'artillerie et du génie du 3ᵉ corps.

berg (1). Le lieutenant Stumm, après avoir adressé des rapports au général von der Goltz, continua sa mission, le 7 au matin.

Les renseignements très importants, recueillis par les lieutenants von Ebart, von Ramin et Stumm, arrivèrent trop tard pour être utilisés le 6 août. S'en tenant aux informations recueillies dans la matinée au Sud de Sarrebrück, le général de Rheinbaben expédia de Saint-Jean, à 11 heures du matin, un premier télégramme au commandant de la IIe armée à Hombourg, annonçant que les Français occupaient les hauteurs de Spicheren avec de l'infanterie et de l'artillerie, et qu'ils commençaient un mouvement de retraite. Il ajoutait qu'il tenterait de pousser dans la direction de Forbach aussitôt qu'il disposerait de forces de cavalerie plus nombreuses. On remarquera, à ce propos, qu'il avait prescrit d'autre part, vers 9 heures, au *17e* régiment de hussards, d'établir son bivouac sur le Terrain de Manœuvres de Sarrebrück, sans songer à réaliser l'information en profondeur au moyen de reconnaissances d'officiers lancées sur les ailes de l'adversaire.

Il semble aussi que le général de Rheinbaben eût dû profiter de sa présence sur les lieux, pour se rendre compte par lui-même de l'exactitude des renseignements qui lui avaient été fournis, avant de les transmettre au quartier général de la IIe armée. Il se contenta de placer les 3 escadrons qu'il avait sous la main en avant-postes sur les hauteurs de la rive gauche de la Sarre; ils furent immédiatement soumis à des feux d'infanterie, qui restèrent d'ailleurs sans efficacité. « Sur les hauteurs du Rother-Berg, on apercevait des batteries, mais elles ne tiraient point (2). »

---

(1) Division Grenier, du 4e corps.
(2) Journal de marche du *6°* cuirassiers. (Cardinal von Widdern. *Loc. cit*., page 268.) Il serait plus exact de dire qu'elles ne tiraient

Le général de Rheinbaben se rendit alors à son cantonnement, à Saint-Jean, d'où il expédia à 1 h. 5 au commandant de la II⁰ armée le télégramme suivant. « Les lignes ennemies se déploient sur les hauteurs en avant de Forbach ; on tire à de très grandes distances sur nos cavaliers isolés. La tête de la *14⁰* division entre à l'instant même à Sarrebrück ; 3 bataillons occupent la ville. Cette division doit bivouaquer ici aujourd'hui (1). »

§ 4. — *Marche de la Ire armée dans la matinée du 6 août* (2).

Dans la crainte d'être devancé sur la Sarre par la II⁰ armée, le général de Steinmetz n'avait pas tenu compte des ordres que lui avait adressés le grand quartier général le 4 août, et aux termes desquels il devait « rester jusqu'à nouvel ordre » sur les emplacements qu'il occupait (3).

---

plus. Il semble en effet bien établi que l'artillerie française du Rother-Berg ait tiré quelques coups de canon sur des détachements de cavalerie prussienne, car un télégramme du général Frossard au maréchal Bazaine, expédié à 9 h. 10 du matin, commence par ces mots : « J'entends le canon à mes avant-postes et je vais m'y porter ». On observera à ce sujet que la tête de colonne de la *14⁰* division ne franchit la Sarre à Saint-Jean qu'à 11 heures du matin. Le bruit du canon ne pouvait donc provenir, à 9 h. 10, ni de la batterie d'avant-garde de cette division, ni de la batterie française du Rother-Berg qui n'ouvrit plus tard, et à nouveau, le feu qu'en apercevant le bataillon, tête d'avant-garde.

(1) Cardinal von Widdern. *Loc. cit.*, pages 268-269.

En réalité, la *14⁰* division a commencé à traverser Sarrebrück dès 11 h. 30 du matin, et sa batterie d'avant-garde a ouvert le feu, comme on le verra, vers midi. Le télégramme ci-dessus ne fait pas mention de ce dernier fait. Il a donc été probablement rédigé antérieurement et retardé dans son expédition.

(2) Voir le croquis indiquant la situation dans la soirée du 5 août.

(3) *Correspondance militaire du maréchal de Moltke*, n° 102.

Dans la soirée du 5 août, il avait prescrit pour la journée du 6 :

A la *3ᵉ* division de cavalerie, de se diriger de Saint-Wendel sur Labach, pour couvrir le flanc droit de l'armée ;

Au VIIᵉ corps, de porter « ses têtes de colonne » de Lebach sur Guichenbach, avec des avant-gardes vers Völklingen et Sarrebrück ;

Au VIIIᵉ corps, de marcher de Mainzweiler sur Fischbach et de s'échelonner par Quierschied jusqu'à Merchweiler.

De nouvelles instructions étaient parvenues au commandant de la Iʳᵉ armée, le 6 août à 2 h. 30 du matin. Le maréchal de Moltke lui recommandait de se borner le 6 « à évacuer complètement la route Saint-Wendel, Ottweiler, Neunkirchen », et de se mettre en mouvement le 7, pour se préparer à franchir la Sarre, à partir du 9, entre Sarrelouis et Völklingen (1). Il eût été encore temps, à la réception de ces ordres, de contremander les marches prescrites pour le 6, et de les réduire à une nouvelle répartition des cantonnements, mais ces instructions, comme les précédentes, demeurèrent lettre morte pour le général de Steinmetz. Il ne modifia même pas les directions assignées à la Iʳᵉ armée pour les infléchir vers la Sarre en aval de Sarrebrück, et se conformer ainsi, sinon dans le temps, du moins dans l'espace, aux intentions du grand quartier général.

Les mouvements des éléments de la Iʳᵉ armée s'effectuèrent donc tels qu'ils avaient été réglés par l'ordre du 5 août au soir.

1° La *3ᵉ* division de cavalerie, partant des environs Nord et Ouest de Saint-Wendel, se porta à l'Ouest de

---

(1) *Correspondance militaire du maréchal de Moltke*, n° 102.

Labach pour s'établir à Hülzweiler, Saarwellingen, Bilsdorf, Bettstatd, Körperich, Nalbach.

2° Le VIIe corps (général de Zastrow), cantonné entre Lebach, Bettingen, Nunkirchen constitua deux colonnes. La *13e* division (général de Glümer), prenant l'itinéraire Labach, Ober-Salbach, Püttlingen, Völklingen, devait bivouaquer : le gros près de Püttlingen, l'avant-garde en un point tel que les avant-postes vinssent border la Sarre entre Völklingen et Rockershausen. L'ordre de marche était le suivant :

Avant-garde : Général von der Goltz, commandant la *26e* brigade.

    1er et 3e escadrons du *8e* hussards.
    Deux compagnies du *7e* bataillon de chasseurs.
    2e bataillon du *55e*.
    1er et 3e bataillons du *55e*.
    5e batterie légère du *7e*.
    Deux compagnies du *7e* bataillon de chasseurs.

Gros : Général d'Osten-Sacken, commandant la *25e* brigade.

    1er et 2e bataillons du *15e* (1).
    73e régiment d'infanterie.
    13e régiment d'infanterie.
    2e et 4e escadrons du *8e* hussards.
    6e batterie légère, 5e et 6e batteries lourdes du *7e*.

L'avant-garde, qui s'était rassemblée à 6 h. 30 du matin à Körperich, atteignit Völklingen vers 11 heures du matin, et plaça les avant-postes prescrits, en occupant Wehrden. Le *11e* hussards, de la brigade Redern (2), se rassemblait à ce moment à Völklingen, moins quelques pelotons qui n'étaient pas encore rentrés de leurs reconnaissances. Le général de Glümer estimant que la situa-

---

(1) Le 3e bataillon du *15e*, détaché comme soutien de l'artillerie de corps.

(2) *5e* division de cavalerie (colonne de droite).

tion n'exigeait pas que les troupes du gros de la division fussent bivouaquées, les fit cantonner à Püttlingen et au Nord de cette localité.

La *14e* division (général de Kamecke) suivit la route Lebach, Sarrebrück ; elle devait bivouaquer à Guichenbach, l'avant-garde établissant des avant-postes à la lisière Sud du Köllerthaler-Wald, face à Sarrebrück et à Louisenthal.

L'artillerie de corps avait l'ordre de se porter de Nunkirchen à Heusweiler.

L'avant-garde de la *14e* division, sous les ordres du général de François, commandant la *27e* brigade d'infanterie comprenait :

> 1er escadron du *15e* hussards.
> 3e bataillon du *39e*.
> 1re batterie légère du *7e*.
> 1er et 2e bataillons du *39e*.
> Détachement sanitaire.
> 1re compagnie du *7e* bataillon de pionniers avec l'équipage de ponts léger.

Elle se rassembla à 5 heures du matin près de Landsweiler (1) ; le général de Kamecke se joignit au bataillon de tête.

Le gros de la division, sous les ordres du général de Woyna, commandant la *28e* brigade, marchait dans l'ordre suivant.

> 2e, 3e et 4e escadrons du *15e* hussards.
> *74e* régiment d'infanterie.
> 2e batterie légère, 1re et 2e batteries lourdes du *7e*.
> 1er et 3e bataillons du *53e* (2).
> *77e* régiment d'infanterie.

---

(1) Au Sud-Est de Lebach. Ne pas confondre avec une autre localité de ce nom au Nord-Ouest de Neunkirchen.
(2) Le 2e bataillon détaché comme soutien de l'artillerie de corps.

Arrivé à Guichenbach, le général de Kamecke envoya au général de Zastrow, commandant le VIIe corps, un rapport (8 h. 30 du matin) faisant connaître que les Français avaient abandonné les hauteurs au Sud de Sarrebrück et occupé leur ancienne position de la Brême-d'Or et de la Baraque Mouton. Il demandait « si, dans ces circonstances, il pouvait franchir la Sarre, afin de s'assurer la possession des hauteurs au Sud de Sarrebrück, avant que l'ennemi ne trouvât peut-être opportun de les occuper de nouveau. La réponse autorisait le général de Kamecke à agir d'après ses propres inspirations (1) ».

L'avant-garde se remit donc en mouvement avec ordre d'aller occuper Sarrebrück et d'établir des avant-postes sur les hauteurs de la rive gauche de la Sarre (2). En approchant de la ville, la colonne rencontra le général de Gœben (3), commandant le VIIIe corps, qui venait de faire une reconnaissance sur le Terrain de Manœuvres (4), et qui se proposait d'appeler à Sarrebrück

---

(1) *Historique du Grand Etat-Major prussien*, 3e livraison, page 294.

(2) Il semble résulter de diverses communications faites au colonel Cardinal von Widdern par le commandant de Wangenheim, chef du 3e bataillon du *39e*, chargé d'établir les avant-postes, et par le colonel de Conrady, commandant le 77e, que le général de Kamecke était décidé à franchir la Sarre, avant même d'avoir reçu la réponse du général de Zastrow. (Cardinal von Widdern. *Die Befehlsführung am Schlachttage von Spicheren*, pages 23 et 24. Berlin, 1900. Eisenschmidt.)

(3) D'après Cardinal von Widdern, le général de Gœben n'aurait pas rencontré le général de Kamecke en personne. (*Loc. cit.*, page 173.)

(4) « En arrivant sur le champ de manœuvres, je trouvai le général de Rheinbaben et je m'aperçus que l'ennemi n'avait abandonné que les premières hauteurs, mais que les terrains au delà et les collines de Spicheren étaient fortement occupés ». (Lettre du général de Gœben à sa femme. Sarrebrück, 7 août. *August von Gœben, von Gebhard Zernin.* page 238. Berlin, 1901. Mittler.)

Par contre, le major Bumke, qui accompagnait le général von Gœben, a raconté au colonel Cardinal von Widdern que « l'on voyait les Franl'avant-garde de son corps d'armée, en marche sur Fischbach. « Il renonçait provisoirement à ce dessein en apprenant que la *14ᵉ* division s'y acheminait déjà, mais il offrait un appui pour le cas où l'ennemi se reporterait en avant (1) ». Le général de Kamecke fit répondre, — à s'en rapporter au témoignage du général de Gœben —, qu'il était en forces suffisantes, en raison de la faiblesse de l'adversaire (2). L'avant-garde de la *14ᵉ* division franchit alors la Sarre sur le pont d'aval. Il était 11 heures environ.

3º Le VIIIᵉ corps (général de Gœben) avait cantonné les 4 et 5 août dans la zone Tholey, Mainzweiler et Aschbach (*15ᵉ* division); à Ottweiler et environs (*16ᵉ* division); à Eppelborn et Dirmingen (artillerie de corps). L'ordre de la Iʳᵉ armée, en date du 5 août, lui prescrivait de gagner Fischbach et de s'échelonner en arrière par Quierschied jusqu'à Merchweiler. Il se mit en marche en deux colonnes : la *15ᵉ* division (général de Weltzien) et l'artillerie de corps prirent la route Tholey, Holz, Sarrebrück; la *16ᵉ* division (général de Barnekow) se porta sur Fischbach par Schiffweiler.

La *15ᵉ* division occupa, à l'issue de la marche : Holz, Waldschied, Göttelborn avec son avant-garde; Uchtelfangen, Wiesbach, Kaisen, Hierscheid, Merchweiler avec le gros (3).

L'avant-garde de la *16ᵉ* division arriva vers midi à Fischbach et tandis qu'elle plaçait les avant-postes, le gros s'installait au cantonnement à Wemmetsweiler, Illingen, Landsweiler.

çais se replier sous la protection d'une chaîne de tirailleurs. » (*Loc. cit.*, page 52.)

(1) *Historique du Grand État-Major prussien*, 3ᵉ livraison, page 295.

(2) August von Gœben. *Loc. cit.*, page 238. Cardinal von Widdern nie que cet appui ait été offert et que le général de Kamecke l'ait refusé. (*Loc. cit.*, page 174.)

(3) Cardinal von Widdern. *Loc. cit.*, page 356.

§ 5. — *Marche du IIIe corps de la IIe armée dans la matinée du 6 août.*

Le prince Frédéric-Charles avait été informé, le 6 août, au point du jour, par un rapport de la 6e division de cavalerie, que les Français avaient abandonné les hauteurs de Saint-Arnual.

« Certain, dès lors, d'une retraite partielle, et considérant comme fort probable une évacuation complète de la position, on jugeait opportun de s'assurer, à tout événement, le passage redevenu libre de la Sarre, et, sans entamer une offensive prématurée, de demeurer cependant en contact direct avec l'ennemi (1) ».

Le commandant de la IIe armée prescrivait, en conséquence, à 8 h. 5 par télégramme, aux 5e et 6e divisions de cavalerie de suivre l'adversaire de près, à la 5e division (IIIe corps) de s'avancer sur Sarrebrück (2) et au IVe corps de pousser, dans la journée même, une avant-garde jusqu'à Neu-Hornbach (3). Le général von Alvensleben, commandant le IIIe corps, reçut l'ordre qui le concernait, en arrivant à Neunkirchen, vers midi. Pendant ce temps, la 5e division (général de Stülpnagel) s'était portée, de Neunkirchen vers Duttweiler, en deux colonnes parallèles : la *9e* brigade combinée (4) avait

---

(1) *Historique du Grand État-Major prussien*, 3e livraison, page 296.

(2) Le IIIe corps cantonnait, le 5 août au soir, à Neunkirchen (*5e* division) et Saint-Wendel (*6e* division et artillerie de corps).

(3) Le IVe corps cantonnait, le 5 août au soir, à Deux-Ponts (*8e* division) et Hombourg (*7e* division).

(4)   *9e* brigade combinée : général de DOERING.

Avant-garde.

48e régiment d'infanterie.
1er et 2e escadrons du *12e* dragons.
3e batterie légère du *3e*.
Détachement sanitaire.

suivi la grande route de Sarrebrück par Duttweiler, la *10ᵉ* brigade combinée (1) avait marché sur Saint-Ingbert par Spiesen. La *6ᵉ* division et l'artillerie de corps venaient s'établir entre Neunkirchen et Saint-Wendel, occupant ces deux localités. A 11 heures du matin, toutes les troupes de la *5ᵉ* division avaient pris leurs cantonnements. L'avant-garde de la *9ᵉ* brigade combinée était à Sulzbach (III/*48*, 1/2 escadron) et Duttweiler (I, II/*48*, 3ᵉ batterie légère, 1 escadron 1/2); le gros à Friedrichsthal (I/8, *3ᵉ* bataillon de chasseurs, 3ᵉ batterie lourde) et Bildstock (II, III/*8*). La *10ᵉ* brigade combinée s'était établie à Saint-Ingbert (I, III/*52*, 3ᵉ escadron du *12ᵉ* dragons), une batterie, Spiesen (II/*52*, 4ᵉ escadron du *12ᵉ* dragons, une batterie) et Neunkirchen (*12ᵉ* régiment d'infanterie).

« Sur ces entrefaites, le commandant en chef de la IIᵉ armée s'était transporté de Kaiserslautern à Hombourg ; c'est là que, vers midi, il recevait les télégrammes du général de Rheinbaben (2). Comme il ressortait du second qu'une partie de la Iʳᵉ armée se trouvait sur la ligne d'opérations de la IIᵉ (3), le IIIᵉ corps

---

Gros.

8ᵉ régiment des grenadiers du corps.
3ᵉ bataillon de chasseurs.
3ᵉ batterie lourde du *3ᵉ*.

(1)   10ᵉ brigade combinée : Général de Schwerin.
12ᵉ régiment d'infanterie.
52ᵉ régiment d'infanterie.
3ᵉ et 4ᵉ escadrons du *12ᵉ* dragons.
4ᵉ batterie lourde et 4ᵉ batterie légère du *3ᵉ*.

(2) On remarquera que, d'après Cardinal von Widdern, le second télégramme du général Rheinbaben ne fut envoyé qu'à 1 h. 5 de l'après-midi (voir page 19) et arriva à Hombourg à 1 h. 30. *Loc. cit.*, page 99.)

(3) *14ᵉ* division. On se souvient que le 5 août, à midi 30, le grand

était invité à occuper Sarrebrück le jour même, et le prince Frédéric-Charles envoyait au général de Stülpnagel commandant la 5e division, plein pouvoir pour faire évacuer la ville et la route par la 14e division (1) ».

Mais la 5e division allait se mettre en mouvement d'elle-même sous la pression des événements.

§ 6. — *Engagement de la 14e division d'infanterie.*

Le 1er escadron du 15e hussards et le 3e bataillon du 39e, désignés pour fournir les avant-postes sur les hauteurs de la rive gauche de la Sarre, arrivèrent sur le Terrain de Manœuvres, le premier vers 10 h. 45, le second à 11 h. 30 (2). Le général de Kamecke, qui les accompagnait, reçut du lieutenant de Wilamowitz, du 15e hussards, envoyé en reconnaissance par le 1er escadron, les renseignements suivants :

---

quartier général avait adressé au prince Frédéric-Charles et au général Steinmetz le télégramme suivant :

« La route Saint-Wendel—Ottweiler—Neunkirchen doit être évacuée demain par la 1re armée ». (*Correspondance militaire du maréchal de Moltke*, I, nos 106 et 108.)

(1) *Historique du Grand État-Major prussien*, 3e livraison, page 297.

Le télégramme envoyé à cet effet au général de Stülpnagel est ainsi conçu :

Hombourg, 2 heures après-midi.

« La *14e* division d'infanterie n'a pas le droit d'utiliser la route qui conduit à Forbach. Cette route est à la disposition exclusive de la IIe armée. La *14e* division devra évacuer immédiatement Sarrebrück. Telle est ma volonté formelle ». (De la main même du prince Frédéric-Charles.) (*Kriegsgeschichtliche Einzelschriften herausgegeben vom Gr. Generalstabe. Heft* 18, page 486.)

(2) Le 3e bataillon du *39e* entra dans Saint-Jean, précédé de la musique du régiment qui jouait « comme si l'on avait été en temps de paix et comme si l'on ne s'attendait plus à trouver l'ennemi à proximité ». (*Chronique de Sarrebrück, pendant la guerre*, publiée en 1893 par des témoins oculaires.) Voir aussi l'*Historique du 39e*, page 285.

« La ligne de tranchées-abri du Rother-Berg semble, pour le moment, faiblement occupée, mais la force de l'ennemi paraît être de 6 bataillons. Derrière le saillant du bois (probablement le Gifert-Wald), se serait abritée une batterie dont on aperçoit encore une pièce. A la Brême-d'Or, se trouvent 2 pelotons de cavalerie ; le village de Stiring serait occupé par de l'infanterie, un bataillon au moins. Des trains continuent à se diriger de Forbach dans la direction de Metz ; on peut le constater aux sifflements et à la fumée des locomotives (1). »

Le général de Kamecke, arrivé sur le Terrain de Manœuvres, demanda au général de François son avis sur la situation. « Attaquer », répondit celui-ci immédiatement. « C'est mon intention depuis une demi-heure », déclara le général de Kamecke (2). Il était 11 h. 30 environ (3).

A peine la tête de colonne du 3ᵉ bataillon du *39ᵉ* a-t-elle débouché du chemin creux, qui mène de Sarrebrück sur le Terrain de Manœuvres, qu'elle est accueillie par le feu de la 8ᵉ batterie du 15ᵉ (4) (division de Laveaucoupet), en position sur le Rother-Berg. Le bataillon se forme aussitôt en lignes de colonnes de compagnies à l'Ouest de la route de Sarrebrück à Forbach, et marche sur le bois de Stiring ; la 1ʳᵉ batterie légère du 7ᵉ, prenant le trot, vient s'établir sur le versant Sud du Terrain de Manœuvres et contrebat l'artillerie ennemie ; les 1ᵉʳ et 2ᵉ bataillons du *39ᵉ* se déploient sur le versant

---

(1) Cardinal von Widdern. *Loc. cit.*, page 112.

(2) *Ibid.*, page 113. Conversation rapportée à l'auteur par le lieutenant de Wilamowitz.

(3) Cardinal von Widdern indique 11 h. 45 (*loc. cit.*, page 112), mais il faut tenir compte de la différence des heures française et allemande : près de 20 minutes.

(4) 1ʳᵉ et 2ᵉ sections et la 3ᵉ section de la 7ᵉ du 15ᵉ.

Nord du Repperts-Berg, derrière des levées de terre qu'avaient édifiées les Français le 2 août.

Les 1re et 2e sections de la 5e batterie du 5e (division Vergé), en position au Nord-Est de Stiring, ouvrent le feu à leur tour sur la batterie prussienne.

Le général de Kamecke aurait pu se borner à l'occupation des hauteurs qui dominent immédiatement Sarrebrück au Sud et dont la possession assurait aux troupes en arrière la libre traversée des ponts de la Sarre. Mais il avait la conviction que les forces françaises qui tenaient le Rother-Berg et Stiring n'étaient qu'une arrière-garde destinée à couvrir des embarquements de troupes à la gare de Forbach (1). Il se décida à prendre l'offensive, à la fois, semble-t-il, pour troubler cette opération et l'interrompre s'il était possible; pour déposter cette arrière-garde dont l'artillerie pouvait inquiéter les avant-postes du Terrain de Manœuvres et du Repperts-Berg; peut-être pour procurer aux VIIe et VIIIe corps une zone de rassemblement plus étendue sur la rive gauche de la Sarre; enfin, pour fixer un adversaire qui semblait vouloir battre en retraite.

En conséquence, il appela sur le Terrain de Manœuvres les 3 batteries et toute l'infanterie du gros de la division. La *28e* brigade (de Woyna) reçut l'ordre de franchir la Sarre au pont du chemin de fer de Burbach; le *74e* (2), celui d'occuper Sarrebrück et d'envoyer un bataillon (le 2e), par ce même pont, dans la tranchée que forme la voie ferrée à hauteur du Deutsch-Mühle. Ce bataillon devait se relier, par sa gauche, au *39e*. Les 1er et 3e bataillons du *74e*, à peine arrivés à Sarrebrück, furent d'ailleurs appelés sur la rive gauche de la Sarre pour y renforcer l'avant-garde, de sorte que le général de Fran-

---

(1) Cardinal von Widdern. *Loc. cit.*, page 117. Rapport du capitaine de Hilgers, attaché à l'état-major de la *14e* division.

(2) *2e* régiment de la *27e* brigade (de François).

çois disposa presque immédiatement des deux régiments de sa brigade.

Le général de Rheinbaben se joignait, à l'aile gauche, au mouvement de l'avant-garde de la *14e* division et établissait les deux escadrons (1) qu'il avait sous la main derrière le revers Nord du Galgen-Berg, où se dirigeait également le 4e escadron du *17e* hussards (2).

Jusqu'alors les Français n'avaient pas montré d'infanterie, et l'action ne paraissait pas devoir prendre un caractère sérieux (3).

« On pouvait voir dans cette attitude une confirmation de l'opinion primitivement accréditée, que les détachements ennemis n'avaient d'autre but que de couvrir des embarquements à Forbach. Cependant, de nouveaux renseignements, transmis par les partis de cavalerie lancés en avant, évaluaient maintenant les forces de l'ennemi à 3 régiments d'infanterie, ce qui concordait..... avec les informations venues d'autre part (4). »

§ 7. — *Dispositions prises par le 2e corps*

Des hauteurs de Spicheren, on avait aperçu les mouvements de la *14e* division à partir du moment où elle avait débouché, à Raschpfuhl, du Köllerthaler-Wald. « Les intentions de l'ennemi étaient manifestes et se lisaient du reste à merveille sur le terrain observé du haut de l'éperon (Rother-Berg). C'était une attaque en règle..... (5) »

---

(1) 5e du *6e* cuirassiers, 5e du *3e* uhlans.
(2) *Historique du Grand Etat-Major prussien*, 3e livraison, page 296.
Cardinal von Widdern rapporte que le général de Rheinbaben s'était rendu déjà à son cantonnement à Saint-Jean. (*Die Kavallerie-Divisionen während des Armee-Aufmarches*, page 268.
(3) *Historique du Grand État-Major prussien*, 3e livraison, page 296.
(4) *Ibid.*
(5) Rapport du général de Laveaucoupet.

Aux premiers coups de canon, les troupes du 2ᵉ corps avaient été disposées de la manière suivante, de la droite à la gauche :

3ᵉ *division* (de Laveaucoupet) sur deux lignes.

1ʳᵉ ligne :
2ᵉ brigade (Micheler) et 10ᵉ bataillon de chasseurs de la 1ʳᵉ brigade.

- 40ᵉ de ligne.
  - 3ᵉ bataillon, à la lisière Nord du Gifert-Wald.
  - 1ᵉʳ et 2ᵉ bataillons, au camp au Nord de Spicheren.
- 10ᵉ bataillon de chasseurs.
  - A la lisière Nord du Gifert-Wald, à gauche du 3ᵉ bataillon du 40ᵉ de ligne et au Rother-Berg.
  - Trois sections en soutien de l'artillerie.
- 24ᵉ de ligne.
  - 2ᵉ bataillon, en bataille, à cheval sur le chemin de Spicheren à Sarrebrück, un peu au Nord de la cote 340 ; la 6ᵉ compagnie, entre la Brême-d'Or et le pied du Rother-Berg.
  - 3ᵉ bataillon : les quatre premières compagnies à gauche du 2ᵉ bataillon, à la tête du ravin qui sépare le Rother-Berg du Forbacher-Berg ; la 5ᵉ compagnie à la lisière Nord du bois de Spicheren ; la 6ᵉ au pied des pentes, près de la Brême-d'Or.
  - 1ᵉʳ bataillon, derrière le 2ᵉ, en colonne par pelotons.

2ᵉ ligne :
1ʳᵉ brigade (Doens).
- En réserve à son camp, au Pfaffen-Berg.

Artillerie....
- 7ᵉ batterie du 15ᵉ.
  - 3ᵉ section, avec les deux premières de la 8ᵉ du 15ᵉ, au Rother-Berg.
  - 1ʳᵉ et 2ᵉ sections, avec la 3ᵉ section de la 8ᵉ, au Nord-Ouest de Spicheren.
- 8ᵉ batterie du 15ᵉ.
  - 1ʳᵉ et 2ᵉ sections au Rother-Berg, 3ᵉ section au Nord-Ouest de Spicheren avec les 1ʳᵉ et 2ᵉ sections de la 7ᵉ du 15ᵉ.
- 11ᵉ batterie du 15ᵉ (mitrailleuses), au Nord d'Etzling.

Compagnie du génie.
- 13ᵉ du 3ᵉ.. Tranchées-abri du Rother-Berg.

1re *division* (Vergé) sur deux lignes.

1re ligne : 2e brigade (Jolivet) et 3e bataillon de chasseurs de la 1re brigade.	77e de ligne.	1er bataillon : trois compagnies au Nord de Vieux-Stiring ; trois compagnies au camp, à 500 mètres au Nord-Est de Stiring. 2e bataillon : occupant les forges et les maisons de Stiring qui dominent le terrain au Nord. 3e bataillon : au camp, couvert par des tirailleurs.
	3e bataillon de chasseurs.	Dans la forêt de Stiring, sur le chemin de Schoeneck ; deux compagnies au Nord-Est de Vieux-Stiring observant la voie ferrée.
	76e de ligne.	En colonne sur la route de Forbach à Stiring. Sera réparti à son arrivée à Stiring, vers midi et demi : 1er bataillon : au soutien des deux sections d'artillerie de la 5e batterie du 5e, à l'Est du camp du 77e. 2e bataillon : au Sud-Ouest du bois de Stiring. 3e bataillon : trois compagnies avec celles du 77e, au Nord de Vieux-Stiring ; deux compagnies appuyant le 3e bataillon de chasseurs ; une à l'usine Wendel.
2e ligne : 1re brigade (Letellier-Valazé)..........		Appelée du Kaninchensberg à l'usine Wendel.
Artillerie...............		Deux sections de la 5e batterie du 5e, à 500 mètres au Nord-Est de Stiring, à 50 mètres à gauche de la route de Sarrebrück ; rejointes bientôt par la troisième section. Le reste au camp, au Sud-Ouest de Stiring.
Compagnie du génie.	9e du 3e...	Construit un épaulement pour les deux sections de la 5e batterie du 5e.

3e *division* (Bataille).

En réserve à Œting. Prend ses dispositions de combat.

Division de cavalerie (de Valabrègue). — Sans modifications, sauf les 1er et 2e escadrons du 7e régiment de dragons, attachés à la 3e division, envoyés en reconnaissance vers le moulin de Simbach.

Réserve d'artillerie. — A Forbach.

Réserve du génie. — Sans modifications.

II. — Combat de la 14e division.

§ 1. — *Double attaque de la 27e brigade.*

« Le peu de distance qui sépare les débouchés de la Sarre des premières hauteurs de la rive gauche rendait nécessaire, pour mieux assurer ces points de passage, de prendre pied plus avant et de déloger les forces, peu considérables en apparence, de l'adversaire, de leurs positions dominantes, du haut desquelles elles ne perdaient aucun mouvement des troupes prussiennes dans l'emplacement que ces dernières occupaient jusqu'alors (1). » Telles sont les raisons que donne l'*Historique du Grand État-Major prussien* pour expliquer l'attaque de la 14e division.

En conséquence, le général de Kamecke, donna l'ordre, vers midi, au général de François, commandant la 27e brigade « de débusquer l'artillerie ennemie du Rother-Berg (2). » Le général de François prit, à cet effet, les dispositions suivantes :

Tandis que le 2e bataillon du 74e marchait du Deutsch-Mühle sur Drathzug, le 3e bataillon du 39e (3) se portait du Terrain de Manœuvres dans la même direction ; tous deux devaient s'efforcer de gagner le flanc gauche de la position française sur les hauteurs de Spicheren. Le colonel d'Eskens était chargé d'exécuter la même ma-

---

(1) *Historique du Grand État-Major prussien*, 3e livraison, page 303.
(2) *Ibid.*
(3) Comptant trois compagnies seulement ; la 9e avait été dirigée par Neudorf sur Rockershausen afin de maintenir la communication avec la 13e division. Neudorf est au Nord de Louisenthal.

nœuvre, par le Stifts-Wald, contre la droite de l'ennemi avec les 1er et 2e bataillons du *39e*. Les 1er et 3e bataillons du *74e* demeuraient en réserve sur le Repperts-Berg et le Terrain de Manœuvres, où le général de Kamecke appelait aussi, de Neudorf (1), la 9e compagnie du *39e*.

Les deux attaques de la 27e brigade sont préparées par la batterie d'avant-garde de la division, 1/7, puis par les trois batteries du gros 2/7, I/7, III/7, qui viennent s'établir, à midi, sur le Repperts-Berg et ouvrent le feu sur l'artillerie française du Rother-Berg. La batterie d'avant-garde prend bientôt une nouvelle position sur le mamelon au Nord-Est de 'Drathzug, d'où elle bat d'enfilade, « avec apparence d'un plein succès (2) », la 8e batterie du 15e.

A midi et demi, les trois batteries du gros se portent, pour avoir de meilleures vues, à l'extrémité Sud-Ouest du Winter-Berg, et joignent leur tir d'écharpe au tir d'enfilade de la batterie d'avant-garde.

Les 1re et 2e sections de la 8e batterie du 15e, et la 3e section de la 7e batterie du même régiment sont bientôt contraintes au silence ; elles viennent se placer plus en arrière, au Nord-Ouest de Spicheren, et reprennent le feu contre l'artillerie ennemie, de concert avec les deux premières sections de la 7e, la 3e section de la 8e et la 5e batterie du 5e de la division Vergé.

a) *Attaque de gauche.* — Pendant ce temps, le colonel d'Eskens s'était porté en avant avec les 1er et 2e bataillons du *39e* (3), dans la direction du Stifts-Wald. En dépassant la crête du Repperts-Berg, ces troupes sont accueillies par une vive fusillade, que dirigent sur elles

---

(1) Voir note 3 de la page 33.
(2) *Historique du Grand État-Major prussien*, 3e livraison, page 304.
(3) Le 2e bataillon ne comptait que trois compagnies ; la 8e était détachée aux bagages.

le 10ᵉ bataillon de chasseurs (commandant Schenck), des tranchées-abri du Rother-Berg, et le 3ᵉ bataillon du 40ᵉ de ligne (commandant Roche), de la lisière Nord du Gifert-Wald. La 1ʳᵉ et la 3ᵉ compagnie du *39ᵉ*, particulièrement, subissent des pertes sensibles. Mais les deux bataillons prussiens, exécutant un mouvement de flanc vers le Sud-Est (1), trouvent bientôt un abri dans le vallon qui descend du Winter-Berg sur le Tief-Weiher. Ils s'y forment en colonnes de compagnie à grands intervalles : la 2ᵉ et la 3ᵉ compagnies en première ligne, la 1ʳᵉ et la 4ᵉ en arrière, suivies elles-mêmes des trois compagnies du 2ᵉ bataillon. De nouveaux feux d'infanterie et d'artillerie — ceux-ci assez inoffensifs (2) — les assaillent à la traversée de la dépression qui avoisine l'étang, puis, les 2ᵉ et 3ᵉ compagnies s'engagent, sans riposter (3), dans un sentier qui remonte le vallon à l'Ouest du Stifts-Wald, en prenant comme point de direction le col situé entre le Gifert-Wald et le Pfaffen-Wald. Après avoir laissé leurs sacs au pied de la hauteur, les soldats des 2ᵉ et 3ᵉ compagnies franchissent la lisière Nord-Est de la forêt, que le 3ᵉ bataillon du 40ᵉ de ligne n'occupait pas, et gravissent les pentes couvertes de bois épais, tout en appuyant à l'Ouest du col. Ils se heurtent, sur la crête seulement (4), à des fractions de ce bataillon, les refoulent et gagnent, sans peine, la lisière Sud-Est du Gifert-Wald. Mais là, il leur est impossible de progresser davantage, sous les feux des tirailleurs du 2ᵉ bataillon du 40ᵉ de ligne (commandant Hermieu), établis dans un chemin creux, au Sud du col, et appuyés par trois sections d'artillerie (deux de la 7ᵉ du 15ᵉ, une de la 8ᵉ du 15ᵉ), qui sont

---

(1) Historique du *39ᵉ*, page 287.
(2) *Historique du Grand État-Major prussien*, 3ᵉ livraison, page 304.
(3) Historique du *39ᵉ*, page 287.
(4) *Ibid.*, page 288.

venues prendre position au Nord-Est de Spicheren. Bientôt, les 1ʳᵉ et 4ᵉ compagnies du 1ᵉʳ bataillon du *39ᵉ* renforcent, en les prolongeant successivement sur leur gauche, les 2ᵉ et 3ᵉ, cherchant « à déborder le flanc droit du défenseur (1) » et atteignent ainsi la clairière qui sépare le Gifert-Wald du Pfaffen-Wald. Une première tentative, pour gagner du terrain au Sud, échoue avec des pertes telles que les 1ʳᵉ et 4ᵉ compagnies sont contraintes de regagner au plus vite l'abri de la forêt (2). » Une seconde, dirigée sur le flanc droit des tirailleurs du 2ᵉ bataillon du 40ᵉ de ligne demeure également infructueuse.

Le 2ᵉ bataillon du *39ᵉ* avait, tout d'abord, suivi le 1ᵉʳ. Mais, recevant en flanc un feu très vif, partant des tranchées-abri du Rother-Berg occupées par des fractions du 10ᵉ bataillon de chasseurs et par la 3ᵉ compagnie du 3ᵉ régiment du génie, il n'avait pas tardé à converser légèrement à droite. La 7ᵉ compagnie, garnissant les pentes du Gifert-Wald, s'engageait à droite de la 3ᵉ; la 6ᵉ compagnie, plus à droite encore, la 5ᵉ suivait en réserve. Le combat se poursuivait sous bois avec des alternatives diverses entre ces quatre compagnies et des fractions du 10ᵉ bataillon de chasseurs et du 3ᵉ bataillon du 40ᵉ de ligne. La situation demeurera stationnaire sur ce point du champ de bataille jusqu'à 3 heures environ.

b) *Dispositions prises par la division Bataille*. — Vers midi (3), le 5ᵉ régiment de chasseurs à cheval ralliait le camp d'Œting, après sa reconnaissance de la matinée (4),

---

(1) Historique du *39ᵉ*, page 305.
(2) *Ibid*.
(3) D'après l'Historique du 5ᵉ chasseurs.
Le rapport du général Bataille indique 10 heures, mais midi paraît plus vraisemblable, d'après d'autres documents, en particulier l'Historique du 5ᵉ chasseurs.
(4) Voir page 8.

et ne signalait au général Bataille aucune concentration sérieuse de forces ennemies vers Grosbliederstroff.

« On entendait depuis quelque temps une fusillade dont l'intensité croissait sans cesse, et à laquelle se mêlaient des coups de canon (1). »

Pour parer à toute éventualité, le général Bataille prit sans retard ses dispositions pour se porter rapidement au secours du général de Laveaucoupet (2), et aussi pour repousser une attaque qui pouvait se produire directement sur Œting, d'après certains renseignements (3).

Mais le doute ne fut bientôt plus possible. Tout restait calme devant lui, tandis que le canon redoublait vers Spicheren. Il donna immédiatement l'ordre au général Fauvart Bastoul, commandant la 2e brigade (66e et 67e de ligne), de la porter le plus vite possible sur les positions qui paraissaient si vigoureusement attaquées et, peu d'instants après, l'ordre qu'il recevait du général Frossard lui indiquait que telle était l'intention du commandant du 2e corps (4). Le 4e escadron du 5e chasseurs fut mis à la disposition de cette brigade.

Pour accélérer la marche de ses régiments, le général Bataille leur prescrivit de laisser au camp les sacs et les tentes, et de partir aussitôt pour Spicheren. Le mouvement commença vers midi et demi. Sur un nouvel ordre du général Frossard, le général Bataille envoya encore, peu de temps après, sur Spicheren, le 1er bataillon du 23e de ligne et une de ses batteries divisionnaires (8e du 5e).

« Mais l'ennemi ne tentait pas seulement un assaut furieux contre les hauteurs boisées de Spicheren, il

---

(1) Historique du 5e chasseurs.

(2) « S'il y a un coup de canon d'un côté ou d'un autre, j'appuierai », avait écrit le général Bataille au général Frossard, le 6 août au matin.

(3) Rapport du général Bataille au général Frossard.

(4) *Ibid.*

s'avançait encore en masses profondes sur nos positions de Forbach, et la 1,re division qui les occupait, avait besoin de renforts (1). »

Aussi, vers 2 heures, le général Bataille se décida-t-il à diriger sur Stiring le reste du 5ᵉ régiment de chasseurs, moins un escadron (le 6ᵉ) envoyé en reconnaissance sur Grosbliederstroff, les 2ᵉ et 3ᵉ bataillons du 23ᵉ de ligne ; à se porter de sa personne sur ce point, et à y appeler le 8ᵉ de ligne et les 7ᵉ et 9ᵉ batteries du 5ᵉ. Il laissa, à la garde du camp d'Œting, le 12ᵉ bataillon de chasseurs et la compagnie du génie divisionnaire.

c) *Attaque de droite.* — L'attaque de droite avait été confiée au 2ᵉ bataillon du *74ᵉ* et au 3ᵉ du *39ᵉ*. Le premier, après avoir suivi la tranchée que forme la voie ferrée, au Sud du pont de Malstatt, avait atteint Drathzug vers midi. Une compagnie occupait les bâtiments de la ferme, deux autres s'établissaient de part et d'autre du chemin de fer ; la quatrième, qui avait été laissée provisoirement au pont de Malstatt, rejoignait le gros du bataillon.

« Ce mouvement s'était exécuté sans que, sur aucun point, on rencontrât l'ennemi ; le saillant Nord-Est du bois de Stiring étant également dégarni, le peloton de tirailleurs de la 6ᵉ compagnie se hâtait de s'y établir. Alors seulement l'adversaire parut remarquer peu à peu la présence des troupes prussiennes..... (2) » qui, furent canonnées par l'artillerie du Rother-Berg. Le 2ᵉ bataillon du *74ᵉ* (3 compagnies 2/3) se jeta alors tout entier dans la forêt communale de Sarrebrück que les Français n'occupaient pas, et y chemina en se dirigeant vers la lisière Sud, que la 7ᵉ compagnie, tête de colonne, atteignit vers 1 h. 30.

Accueillie par le feu des 3 compagnies du 1ᵉʳ ba-

---

(1) Rapport du général Bataille au général Frossard.
(2) *Historique du Grand État-Major prussien*, 3ᵉ livraison, page 307.

taillon du 77ᵉ établies à la lisière du bois, vers Vieilles Houillères, elle se déploie tout entière en tirailleurs et subit immédiatement des pertes très sensibles. Les deux pelotons restants de la 6ᵉ compagnie (1) viennent se placer à la droite de la 7ᵉ; le reste du bataillon prend position en arrière en colonnes de compagnie. Quelques tentatives faites pour déboucher de la forêt échouent et le combat se transforme en une fusillade de pied ferme.

De son côté, le 3ᵉ bataillon du *39ᵉ*, venant du Terrain de Manœuvres, s'était avancé en trois colonnes de compagnie (2), entre la route et le chemin de fer, jusqu'à la Folster-Höhe. Là, il s'était trouvé en butte, d'abord aux obus de la 5ᵉ batterie du 5ᵉ (division Vergé) établie au Nord-Est de Stiring, puis à la fusillade des fractions du 10ᵉ bataillon de chasseurs et de la compagnie du génie, de la division de Laveaucoupet, qui occupaient les tranchées-abri du Rother-Berg. Tandis qu'un peloton de la 12ᵉ compagnie appuie vers la route pour couvrir le flanc gauche, le gros du bataillon pénètre dans le bois de Stiring où il se relie au peloton du 74ᵉ qui s'y trouvait déjà. Il progresse, sans coup férir, jusqu'au centre du bois (3), où il se heurte à deux compagnies du 3ᵉ bataillon de chasseurs qui étaient accourues de leur position au Nord-Est de Vieux-Stiring. Le gros du 3ᵉ bataillon de chasseurs, rappelé de la forêt de Stiring, les suivait en toute hâte. En même temps, le 2ᵉ bataillon du 76ᵉ de ligne, s'avançait dans le bois du Sud au Nord.

« Les trois compagnies (prussiennes), se raccordant tant bien que mal dans le bois, ne se maintiennent plus

---

(1) Le 3ᵉ peloton était dans le bois de Stiring.
(2) 12ᵉ compagnie à droite, 10ᵉ à gauche, 11ᵉ en seconde ligne, en arrière de l'intervalle séparant les 10ᵉ et 12ᵉ. (Historique du *39ᵉ*, page 293.)
(3) Un peu avant la ligne frontière. (Historique du *39ᵉ*, page 294.)

qu'avec peine et au prix de pertes sérieuses contre les attaques répétées de l'ennemi (1). » De son côté, le peloton de tirailleurs de la 12º compagnie du *39*ᵉ, ne parvenait pas non plus à gagner du terrain le long de la grande route, et se trouvait arrêté à 800 mètres environ de la maison de la douane et de la baraque Mouton, par les feux des compagnies de grand'garde du 24ᵉ de ligne (2).

La situation des compagnies du 3ᵉ bataillon du *39*ᵉ, devenait de plus en plus critique dans le bois de Stiring (3). Assaillies de front par le 2ᵉ bataillon du 76ᵉ et deux compagnies du 3ᵉ bataillon de chasseurs, débordées sur leur droite par les quatre autres compagnies de ce bataillon, qui arrivaient déjà à la pointe Sud de l'étang de Drathzug, elles perdent peu à peu du terrain.

Ce mouvement de recul entraîne la retraite du 2ᵉ bataillon du *74*ᵉ. qui évacue la lisière Sud de la forêt communale de Sarrebrück. Sa 8ᵉ compagnie parvient cependant à arrêter, par un feu à volonté exécuté à 100 mètres, la marche du 3ᵉ bataillon de chasseurs, le long de l'étang, et permet ainsi au bataillon du *74*ᵉ de repasser à l'Est du chemin de fer.

« Le bois de Stiring aurait été perdu complètement, sans aucun doute, si des renforts n'étaient pas intervenus en temps utile. Ils consistaient en plusieurs compagnies du *74*ᵉ (4). »

Pendant les péripéties de ce combat d'infanterie, l'artillerie de la *14*ᵉ division, impuissante à y intervenir, avait pris pour objectif la 5ᵉ batterie du 5ᵉ (division

---

(1) *Historique du Grand État-Major prussien*, 3ᵉ livraison, page 308.
(2) Les 6ᵉˢ compagnies des 2ᵉ et 3ᵉ bataillons du 24ᵉ de ligne.
(3) Historique du *39*ᵉ, page 293.
(4) Cardinal von Widdern. *Loc. cit.*, page 128.
C'étaient les 1ʳᵉ, 2ᵉ et 3ᵉ compagnies du *74*ᵉ, venant du Repperts-Berg. Voir page 46.

Vergé) dont la situation devint bientôt difficile. Elle allait être réduite au silence quand une batterie de 12 (10ᵉ du 5ᵉ) et une batterie à cheval (7ᵉ du 17ᵉ) de la réserve arrivèrent en ligne successivement à sa gauche et cherchèrent à rétablir l'équilibre (1). La batterie de mitrailleuses de la 1ʳᵉ division (6ᵉ du 5ᵉ) prit position à son tour « sur un espace très restreint compris entre la droite de la 5ᵉ et la route (de Sarrebrück), presque perpendiculairement à la ligne de bataille (2). » Prise immédiatement d'écharpe par la 1ʳᵉ batterie légère du 7ᵉ, établie sur le mamelon au Nord-Est de Drathzug, elle ne put tirer que quelques salves, et se retira à l'abri. La lutte continua alors entre les deux artilleries, sans trop de désavantage pour les trois batteries françaises (3) (5ᵉ et 10ᵉ du 5ᵉ, 7ᵉ du 17ᵉ).

« Pour contenir tout mouvement de l'ennemi sur le pied des hauteurs de droite (4) », le général Frossard avait envoyé à la division de cavalerie, l'ordre de porter deux escadrons du 4ᵉ chasseurs sur la route de Sarrebrück, ainsi qu'une des batteries à cheval (la 7ᵉ du 17ᵉ), dont il vient d'être question. Ces deux escadrons (1ᵉʳ et 6ᵉ), vinrent se ranger en bataille à droite et à gauche de la route, un peu en arrière des batteries et « ils restèrent pendant une heure et demie, dans la plus belle attitude, exposés à un feu considérable (5). » Il en fut de même des 3ᵉ et 5ᵉ escadrons du 7ᵉ dragons, qui constituaient la cavalerie divisionnaire de la 1ʳᵉ division et qui vinrent se former en arrière des chasseurs. Le lieutenant-colonel Ney d'Elchingen, de ce dernier régiment, eut deux

---

(1) Rapport du général commandant l'artillerie du 2ᵉ corps.
(2) Historique du 5ᵉ d'artillerie.
(3) *Ibid.*
(4) Journal de marche du 2ᵉ corps. Il s'agit probablement du plateau de Spicheren.
(5) Rapport du général commandant la division de cavalerie du 2ᵉ corps.

chevaux tués sous lui; les capitaines Médard et de Saint-Hilaire furent blessés ainsi que l'adjudant Fiole, et un certain nombre de cavaliers (1). Le feu de l'ennemi ne diminuant pas d'intensité, les quatre escadrons reçurent l'ordre de s'abriter derrière les bouquets de bois qui bordaient la route. Ils attendirent vainement l'occasion de charger, et, vers 3 heures, quand une partie de la division Bataille vint renforcer la division Vergé, le général Frossard leur prescrivit de se replier au Sud de Stiring pour soutenir l'artillerie de réserve du corps d'armée. Ils y furent rejoints par trois escadrons du 5e chasseurs (2), dont deux pelotons furent détachés, l'un avec le 66e, l'autre avec le 23e de ligne.

d) *Le général Frossard demande des renforts au Maréchal Bazaine.* — A 1 h. 25, quand le général Frossard fut bien certain de l'importance du combat, il télégraphia au maréchal Bazaine qu'il était « fortement engagé, tant sur la route et dans les bois que sur les hauteurs de Spicheren. » « C'est une bataille, ajoutait-il. Prière de faire marcher rapidement votre division Montaudon vers Grosbliederstroff et votre brigade de dragons sur Forbach. »

Sur ces entrefaites, le maréchal Bazaine avait expédié deux télégrammes au commandant du 2e corps, pour répondre à la demande de renforts qu'il en avait reçue dans la matinée (3).

Le premier (4), lui faisait connaître que, d'après les ordres de l'Empereur, le Maréchal avait porté les divisions Castagny et Metman sur Puttelange et Marienthal,

---

(1) Historique du 7e régiment de dragons.
(2) Un escadron de ce régiment (le 4e) avait été affecté à la brigade Bastoul; un autre (le 6e) envoyé en reconnaissance sur Grosbliederstroff.
(3) Télégramme de 9 h. 10 du matin. Voir page 3.
(4) Expédié à 11 heures.

qu'il n'avait plus personne à Merlebach, ni à Rosbrück, et qu'il envoyait une brigade de dragons (1) dans cette direction.

Le second était ainsi conçu :

« Quoique j'aie très peu de monde pour garder la position de Saint-Avold, je fais marcher la division Metman sur Macheren et Bening-lès-Saint-Avold ; la division Castagny sur Farschwiller et Theding. Je ne puis faire plus; mais comme vous avez vos trois divisions réunies, il me semble que celle qui est à OEting peut très bien envoyer une brigade sur Morsbach, afin de surveiller Rosbrück..... Notre ligne est malheureusement très mince par suite des dernières dispositions prises, et, si le mouvement est vraiment aussi sérieux, nous ferons bien de nous concentrer sur la position de Cadenbronn (2). »

Il n'était pas question de la division Montaudon; aussi, à 2 h. 25, le général Frossard envoya-t-il un nouveau télégramme au Maréchal :

« Je vous prie de me répondre, si vous faites marcher des troupes de Sarreguemines vers ma droite. » Deux dépêches expédiées à 2 heures et 2 h. 25 (3), apprirent au commandant du 2º corps que la division Montaudon partait pour Grosbliederstroff ; toutefois le maréchal Bazaine ne lui en envoya l'ordre qu'à 3 heures (4).

---

(1) Brigade de dragons de Juniac, de la division de cavalerie de Clérembault, du 3º corps.

(2) L'heure d'expédition de ce télégramme est contestée. Le général Frossard donne 11 h. 15. (Rapport sur les opérations de l'armée du Rhin, page 39.) Le maréchal Bazaine indique 1 heure du soir (*L'Armée du Rhin*, page 29). La copie qui existe aux *Archives de la guerre* porte le chiffre 11 h. 15, mais surchargé. La copie officielle, qui a été versée à l'instruction du procès Bazaine, porte 11 h. 15.

(3) Général Frossard. *Opérations du 2º corps de l'armée du Rhin*, page 54.

(4) Maréchal Bazaine. *L'Armée du Rhin*, page 34.

§ 2. — *Première attaque du Rother-Berg.*

a) *Le général de Kamecke engage ses dernières réserves.*
— « Pour déloger l'adversaire de sa forte position, il fallait nécessairement enlever cet éperon rocheux, dont les escarpements rougeâtres brillaient au loin et qui, sous le nom de Rother-Berg, se projetait en forme de bastion, en avant du front, enfilant ainsi tous les débouchés du pays découvert situé au-dessous (1). »

Le général de Kamecke, voyant que les 1er et 2e bataillons du 39e, sous les ordres du colonel d'Eskens, paraissaient gagner du terrain dans le Gifert-Wald, et espérant que cette attaque avait attiré les réserves françaises sur ce point, donna l'ordre, vers 1 heure, d'enlever le Rother-Berg.

Le général de François prend en personne la direction de l'opération dont sont chargés les deux derniers bataillons disponibles (1er et 3e du 74e) maintenus jusque-là en réserve sur le Repperts-Berg et le Terrain de Manœuvres. Les trois batteries du Winter-Berg (2) se portent sur le Galgen-Berg, pour mieux préparer l'attaque, et ouvrent le feu contre les troupes françaises du Rother-Berg.

La 8e batterie du 15e, dont le capitaine commandant Béguin venait d'avoir la jambe emportée par un obus, riposta à l'artillerie prussienne, et fut soutenue par la batterie de mitrailleuses (11e du 15e) de la 3e division qui était venue, des hauteurs au Nord d'Etzling, s'établir auprès d'elle au Nord-Ouest de Spicheren. La 1re batterie légère du 7e en position au Nord-Est de Drathzug, interrompit bientôt son feu, mais les trois batteries du Galgen-Berg concentrèrent le leur sur la batterie de mitrailleuses qui dut changer d'emplacement. Elle se porta sur le

---

(1) *Historique du Grand État-Major prussien*, 3e livraison, page 310.
(2) 2/7, 1/7, 11/7.

Forbacher-Berg, à la gauche d'une batterie de la 2e division (8e du 5e) qui, envoyée par le général Bataille, venait de s'y installer, et parvint encore une fois à réduire au silence la 1re batterie légère du 7e.

Mais, comme dans la situation précédente, l'artillerie ennemie du Galgen-Berg concentra de nouveau tous ses feux sur la batterie de mitrailleuses et, une fois son tir réglé, en moins de 20 minutes, 10 chevaux furent tués, plusieurs blessés, deux pièces furent momentanément mises hors de service et plusieurs hommes atteints; encore les projectiles n'éclataient-ils qu'accidentellement (1). La position de la batterie devint des plus critiques et, pour échapper à une destruction presque certaine, elle cessa le feu et se porta en avant d'une centaine de mètres.

« Une circonstance très défavorable au tir des canons à balles, c'est que le terrain sur lequel étaient dirigés leurs coups était couvert d'herbe verte ; il ne s'élevait aucune poussière et la cessation du feu des batteries ennemies, le désordre causé dans les rangs de l'infanterie, sont les seuls indices qui aient permis, par trois fois, de juger de la précision du tir (2). »

La 8e batterie du 15e et la 8e du 5e, que l'artillerie prussienne jugeait sans doute moins dangereuses que la batterie de mitrailleuses, purent continuer leur tir, tantôt sur cette artillerie, tantôt sur l'infanterie. La 7e batterie du 15e se maintint également au Nord-Est de Spicheren, contribuant à arrêter les tentatives de l'adversaire pour déboucher du Gifert-Wald et du Pfaffen-Wald.

Sur ces entrefaites, les 1er et 3e bataillons du 74e s'étaient portés en avant, dans la direction du Rother-Berg.

---

(1) Historique du 15e régiment d'artillerie, 11e batterie.
(2) *Ibid.*

« Tout en marchant, le bataillon de fusiliers (3ᵉ) s'était déployé sur une seule ligne, les compagnies à intervalles de 80 pas et tous les pelotons de tirailleurs à 150-200 pas en avant du front. Ainsi formé, il traverse, sous le feu meurtrier des batteries ennemies et des tranchées, le bas-fond découvert qui sépare le Repperts-Berg du Galgen-Berg (1) ». Les pertes qu'il subit déterminent bientôt une véritable fuite en avant pour gagner l'abri le plus proche ; il parvient à atteindre ainsi le pied des pentes du Rother-Berg et se borne à « entretenir un feu de tirailleurs très mesuré contre les chasseurs (du 10ᵉ bataillon) embusqués à une grande hauteur au-dessus du bataillon (2) ».

Le 1ᵉʳ bataillon suivait le 3ᵉ, en arrière et à droite, sauf la 3ᵉ compagnie qui, passant par le Deutsch-Mühle, longeait le versant oriental de la forêt communale de Sarrebrück. Informé de la situation critique de son aile droite dans le bois de Stiring, le général de François envoie à son secours les 1ʳᵉ et 2ᵉ compagnies (3) qui, peut-être, avaient entamé déjà ce mouvement d'elles-mêmes pour se mettre à couvert des feux efficaces des tirailleurs français ; la 4ᵉ, seule, poursuit son mouvement vers le Rother-Berg. Mais elle appuie peu à peu à gauche, invinciblement attirée par un couvert, et parvient, avec des pertes relativement faibles, au saillant Nord-Ouest du Gifert-Wald, où elle se relie, par sa gauche, à la 6ᵉ compagnie du *39ᵉ*. La 9ᵉ compagnie de ce dernier régiment, rappelée de Neudorf, atteint à ce moment le Terrain de Manœuvres et est dirigée également sur le Rother-Berg.

b) *Échec de l'attaque du Rother-Berg.* — A la vue des

---

(1) *Historique du Grand État-Major prussien*, 3ᵉ livraison, page 311.
(2) *Ibid.*
(3) *Ibid.*, page 309.

renforts qui arrivaient à l'ennemi, le général de Laveaucoupet avait donné l'ordre au général Micheler, commandant la 2e brigade, « d'appuyer le 10e bataillon de chasseurs et le 40e de ligne avec 2 bataillons du 24e de ligne (1) ».

Le 2e bataillon du 24e, déployé un peu au Nord de la cote 340, se porta en avant le premier : les 3e et 5e compagnies vinrent soutenir, à l'extrémité du Rother-Berg, la compagnie du génie dans ses tranchées-abri ; les 1re et 2e compagnies se placèrent, à la lisière Nord du Gifert-Wald, immédiatement à l'Est du chemin de Sarrebrück; la 4e compagnie, maintenue tout d'abord en réserve près de la corne Sud-Ouest de la forêt, souffrit tant du feu de l'artillerie ennemie qu'elle alla rejoindre les 3e et 5e dans les tranchées-abri (2).

Le 1er bataillon, formé d'abord en colonnes par pelotons, dans le Gifert-Wald, derrière les 1re et 2e compagnies du 2e bataillon, engagea bientôt ses 5e et 6e compagnies à la droite des précédentes pour se relier au 3e bataillon du 40e de ligne; les quatre premières restant en réserve.

« Établis de la sorte, les deux premiers bataillons du 24e, la compagnie du génie, le 10e bataillon de chasseurs et le 40e de ligne, formaient une ligne demi-circulaire dont les feux convergents fouillaient la vallée, à gauche et à droite du chemin de Sarrebrück et en avant du Rother-Berg (3). »

Le 3e bataillon du 24e conservait sa position à la tête du ravin qui sépare le Rother-Berg du Forbacher-Berg,

---

(1) Rapport du général de Laveaucoupet.
(2) La 6e compagnie du 2e bataillon du 24e de ligne avait été détachée, dès le début de l'action, entre la Brème-d'Or et le pied du Rother-Berg. (Historique du 24e de ligne.)
(3) Historique du 24e de ligne.

reliant par ses 5ᵉ et 6ᵉ compagnies la brigade Micheler à la droite de la division Vergé.

Grâce à l'entrée en ligne des deux bataillons frais du 24ᵉ de ligne, l'ennemi fut arrêté au pied du Rother-Berg, où il se mit à l'abri dans l'angle mort et perdit du terrain dans le Gifert-Wald. Peu à peu, le combat diminua d'intensité dans ce secteur du champ de bataille et se réduisit presque à un tir intermittent entre l'artillerie de la *14ᵉ* division et les batteries françaises du plateau de Spicheren.

c) *Combat dans le bois et la forêt de Stiring*. — Les 1ʳᵉ et 2ᵉ compagnies du *74ᵉ* que le général de François avait envoyées vers le bois de Stiring, au secours du 3ᵉ bataillon du *39ᵉ*, étaient arrivées à temps pour le recueillir avant qu'il en fût complètement chassé, et le ramener en avant. Voyant le combat se poursuivre sous bois, à l'avantage des Prussiens, qui ne tardent pas à gagner du terrain vers le Sud, ces deux compagnies en étaient ressorties par la lisière Ouest et s'étaient dirigées vers la voie ferrée qu'elles avaient suivie ensuite dans la direction du Sud-Ouest. Mais elles avaient été assaillies alors par les feux de deux batteries françaises établies au Nord-Est de Stiring (10ᵉ du 5ᵉ, 7ᵉ du 17ᵉ) (1) et du 2ᵉ bataillon du 77ᵉ de ligne posté dans l'usine Wendel et avaient cherché un abri ; la moitié de la 1ʳᵉ compagnie du *74ᵉ* s'était jetée dans une maison « située sur le chemin de fer, dans le voisinage d'Alt-Stiring (2) ».

De son côté, le 2ᵉ bataillon du *74ᵉ*, qui s'était reporté à l'Est du chemin de fer, voyant la situation dans le bois de Stiring rétablie puis améliorée, avait regagné sa position antérieure à la lisière Sud de la forêt communale de Sarrebrück. Vers 3 heures, les pelotons de tirailleurs des 5ᵉ, 6ᵉ, 7ᵉ compagnies en débouchent

---

(1) Appartenant à la réserve d'artillerie du 2ᵉ corps.
(2) *Historique du Grand État-Major prussien*, 3ᵉ livraison, page 310.

pour marcher sur les hauteurs des Vieilles Houillères que vient occuper la 5ᵉ compagnie tandis que les 6ᵉ et 7ᵉ se jettent dans la tranchée que forme la route de Vieux-Stiring à Schœneck. La 8ᵉ compagnie reste en réserve. Une vive fusillade continue sur ce point entre ces compagnies et celles des 76ᵉ et 77ᵉ de ligne détachées au Nord-Ouest de Vieux-Stiring, et que le général Vergé fait renforcer par les trois premières, puis par les trois dernières compagnies du 3ᵉ bataillon du 77ᵉ.

Quelques fractions prussiennes exécutent des feux de flanc sur les trois batteries françaises, en position au Nord-Est de Stiring. En même temps, la batterie d'avant-garde (1/7) de la *14ᵉ* division, se porte sur un nouvel emplacement au Sud-Est de Drathzug, et la 2ᵉ batterie lourde du 7ᵉ à l'Ouest de la route de Sarrebrück (1). Elles dirigent également leur tir sur ces trois batteries dont la situation « devint excessivement critique (2). » Déjà le lieutenant Chabord de la 7ᵉ batterie du 17ᵉ, avait été blessé aux jambes par un éclat d'obus pendant qu'il vérifiait le pointage d'une pièce de la section de gauche (3); les commandants Rey du 5ᵉ et Gougis du 17ᵉ, en cherchant à maintenir la batterie de leur groupe, avaient eu chacun un cheval tué sous eux.

La 4ᵉ pièce de la 7ᵉ batterie du 17ᵉ, perdait, à elle seule, plusieurs chevaux de trait. Le caisson de la 5ᵉ pièce, traversé par un obus, sautait au même moment et enlevait les derniers chevaux disponibles pour emmener les quatre pièces de gauche. Trois d'entre elles durent être abandonnées sur le terrain (4), pendant qu'à la

---

(1) L'*Historique du Grand État-Major prussien* (3ᵉ livraison, page 312) ne précise pas son emplacement.
(2) Rapport du général commandant l'artillerie du 2ᵉ corps.
(3) Historique de la 7ᵉ batterie du 17ᵉ.
(4) « Au moment où l'on avait été forcé de les abandonner, le lieutenant Chabord, de cette batterie, grièvement blessé, refusa de se laisser

section de droite, le lieutenant Rossin faisait les efforts les plus désespérés pour emmener une de ses pièces dont les attelages étaient également hors de service par suite de l'explosion d'un avant-train. Il réussit enfin, sous le feu le plus meurtrier, aidé du deuxième conducteur Baud et de quelques soldats d'infanterie, à conduire cette pièce jusqu'à la lisière de la forêt de Spicheren et à l'y cacher. Le maréchal des logis Renaud put la ramener quelque temps après à l'aide de son cheval. Le lieutenant Rossin et le trompette Véron tentèrent alors, en s'exposant vaillamment aux plus grands dangers, de sauver la quatrième pièce, mais sans pouvoir réussir dans leur périlleuse entreprise. Il fallut attendre le moment où il deviendrait possible d'aller chercher, sur le terrain de la première mise en batterie, les trois pièces abandonnées (1) ; on y parvint vers 6 heures du soir. Les 5ᵉ et 10ᵉ batteries du 5ᵉ, durent également se retirer au Sud de Stiring. La 2ᵉ batterie lourde du 7ᵉ prit alors position à l'extrémité Nord de la Folster-Höhe.

§ 3. — *Entrée en ligne de la 28ᵉ brigade d'infanterie.*

La *28*ᵉ brigade, après avoir franchi la Sarre, à midi, sur le pont du chemin de fer, au Sud de Malstatt, avait poursuivi son mouvement le long de la voie ferrée. En tête, marchaient les 1ʳᵉ et 4ᵉ compagnies du *53*ᶜ (2) ; le reste de ce régiment suivait, formant trois groupes de demi-bataillons, puis venait le 77ᵉ. Constatant que la forêt

---

emporter et dit à ceux qui voulaient lui venir en aide : « Sauvez mes « pièces avant tout, puis vous m'enlèverez si vous en avez le temps ». (Général Frossard. Rapport sur les opérations du 2ᵉ corps de l'armée du Rhin, page 44, note (1).

(1) Historique de la 7ᵉ batterie du 17ᵉ.

(2) Le *53*ᵉ ne comptait que deux bataillons (1ᵉʳ et 3ᵉ) ; le 2ᵉ était détaché en soutien de l'artillerie de corps.

communale de Sarrebrück était déjà occupée par le 2ᵉ bataillon du *74ᵉ* qui se disposait, précisément, à attaquer Vieilles-Houillères, le général de Woyna prend le parti « de se porter contre le flanc gauche de l'adversaire (1). » Il dirige personnellement le 1ᵉʳ bataillon du *53ᵉ*, en le faisant appuyer à droite, le long de la lisière Sud de la forêt de Stiring ; les deux demi-bataillons de fusiliers « qui suivaient péniblement ce mouvement, au travers de taillis très épais perdent, peu à peu, le contact avec le bataillon de tête (2). » Ces deux bataillons du *53ᵉ* s'engagèrent plus tard successivement à l'extrême droite, au Nord de Stiring.

Le 77ᵉ se déploya dans des directions très divergentes. Les 2ᵉ et 3ᵉ compagnies, après avoir gravi le Schanzen-Berg, près du Deutsch-Mühle, cherchaient à gagner, par un long détour, dans les fourrés de la forêt communale, le flanc gauche de l'adversaire. La 1ʳᵉ et la 4ᵉ compagnies se dirigeaient le long du chemin de fer ; vers 3 heures, la première occupait le saillant Sud du bois de Stiring où elle se reliait au 3ᵉ bataillon du *39ᵉ*; la seconde se trouvait à la même hauteur, sur la voie ferrée même. Les 2ᵉ et 3ᵉ bataillons avaient d'abord suivi le 1ᵉʳ, mais à leur arrivée, entre 2 et 3 heures, à hauteur du Deutsch-Mühle, un « adjudant d'infanterie » (3) invita le chef du 2ᵉ bataillon, à marcher sur le bois de Stiring, puis à appuyer à gauche vers les hauteurs de Spicheren (4). « Accédant à cette invitation, le 2ᵉ bataillon entrait, un peu avant trois heures, dans le bois en question (5) », les

---

(1) *Historique du Grand État-Major prussien*, 3ᵉ livraison, page 313.
(2) *Ibid.*
(3) Officier adjoint au colonel du *74ᵉ*.
(4) Le chef de bataillon pensa que cet adjudant lui donnait cet ordre de la part du général de Kamecke. (Cardinal von Widdern. *Loc. cit.*, page 132.)
(5) *Historique du Grand État-Major prussien*, 3ᵉ livraison, page 314.

6ᵉ et 7ᵉ compagnies en première ligne. D'autre part, le 3ᵉ bataillon du 77ᵉ, après avoir traversé le saillant Nord-Est du bois de Stiring, se porta, sur la demande du colonel du 74ᵉ, vers la baraque Mouton et la Brême-d'Or, pour déloger l'ennemi de ce point d'appui.

« Le 13ᵉ régiment de hussards (1) avait pris position au Sud du Terrain de Manœuvres, dans l'Ehrenthal, afin de maintenir la liaison entre les deux ailes de cette longue ligne de bataille (2). »

Le front de combat de la *14ᵉ* division, depuis les Vieilles-Houillères jusqu'au Pfaffen-Wald, en contournant l'éperon du Rother-Berg ne mesurait, en effet, pas moins de 5,500 mètres.

Cette dissémination des troupes prussiennes pouvait entraîner, pour elles, des conséquences d'autant plus graves, que le général Bataille, après avoir envoyé sur le plateau de Spicheren, sa 2ᵉ brigade (Fauvart Bastoul), un bataillon du 23ᵉ de ligne et une batterie (8ᵉ du 5ᵉ), avait pris la détermination de porter d'Œting sur Stiring cinq bataillons de sa 1ʳᵉ brigade (Ilaca), savoir : le 8ᵉ de ligne, les 2ᵉ et 3ᵉ bataillons du 23ᵉ de ligne et ses deux autres batteries (7ᵉ et 9ᵉ du 5ᵉ). Il n'avait laissé à Œting, pour garder son camp, que le bataillon de chasseurs et la compagnie du génie divisionnaire. Dès lors, le général Vergé à Stiring, aussi bien que le général de Laveaucoupet à Spicheren, allaient disposer bientôt de renforts dont l'arrivée semblait devoir les décider à prendre l'offensive. De plus, la brigade Letellier-Valazé, rappelée du Kaninchensberg, se dirigeait de Forbach sur Stiring par la voie ferrée, et le 32ᵉ de ligne, qui marchait en tête de la colonne, atteignait déjà la Verrerie Sophie.

---

(1) Cavalerie divisionnaire de la *14ᵉ* division.
(2) *Historique du Grand État-Major prussien*, 3ᵉ livraison, page 314.

§ 4. — *Situation vers 3 heures.*

a) *14ᵉ division d'infanterie.* — En allant de la droite à la gauche, les troupes de la *14ᵉ* division étaient réparties de la manière suivante :

1° *A droite*, à l'Ouest de la voie ferrée :

Le 1ᵉʳ bataillon du *53ᵉ*, au Nord de Vieilles Houillères, dans la forêt de Stiring, à cheval sur la route de Schœneck.

Derrière lui, le 3ᵉ bataillon du *53ᵉ* ; plus en arrière encore, les 2ᵉ et 3ᵉ compagnies du *77ᵉ*.

Le 2ᵉ bataillon du *74ᵉ*, occupant Vieilles Houillères.

Le 1ᵉʳ bataillon du *74ᵉ* (1) à la partie de la lisière de la forêt de Stiring contiguë à la pointe Sud de l'étang de Drathzug; la 4ᵉ compagnie du *77ᵉ* en échelon avancé sur la voie ferrée même.

2° *Au centre*, entre la voie ferrée et le chemin de Spicheren à Sarrebrück :

La 1ʳᵉ compagnie du *77ᵉ*, les 10ᵉ, 11ᵉ, 12ᵉ compagnies du *39ᵉ* dans la partie Sud du bois de Stiring ; en 2ᵉ ligne le 2ᵉ bataillon du *77ᵉ*, un peu au Nord de la ligne frontière.

Le 3ᵉ bataillon du *77ᵉ* et un peloton de la 3ᵉ compagnie du *74ᵉ* entre la Folster-Höhe et la partie Nord-Est du bois de Stiring, en marche vers la Brème-d'Or et la baraque Mouton.

Le 3ᵉ bataillon du *74ᵉ* au pied des pentes Nord du Rother-Berg.

3° *A gauche*, entre le chemin de Spicheren à Sarrebrück et le Pfaffen-Wald ;

La 4ᵉ compagnie du *74ᵉ* au pied des pentes Nord-Nord-Est du Rother-Berg.

La 6ᵉ compagnie du *39ᵉ* sur le versant Est du Rother-Berg.

---

(1) Moins un peloton de la 3ᵉ compagnie, et la 4ᵉ compagnie.

Les 5e, 7e, 3e, 2e compagnies du *39e* dans le Gifert-Wald.

Les 1re et 4e compagnies du *39e* au col situé entre le Gifert-Wald et le Pfaffen-Wald (1).

4° Le *15e* régiment de hussards dans l'Ehrenthal, au Sud du Terrain de Manœuvres.

5° Artillerie : la batterie d'avant-garde (1/7) au Sud-Est de Drathzug ; II/7 à l'extrémité Nord de la Folster-Höhe ; I/7 et 2/7 sur le Galgen-Berg.

b) *2e corps.* — En allant de la gauche à la droite, les troupes du 2e corps étaient réparties de la manière suivante :

1° *Division Vergé.*

1re ligne : 2e brigade (Jolivet) et 3e bataillon de chasseurs.	3e bataillon du 76e.	3 compagnies au Nord-Ouest de Vieux-Stiring ; 1 compagnie à l'usine Wendel, 2 compagnies appuyant le 3e bataillon de chasseurs.
	1er bataillon du 77e.	3 compagnies au Nord-Ouest de Vieux-Stiring ; 3 compagnies à 500 mètres au Nord-Est de Stiring.
	2e bataillon du 76e.	Au coude de la route de Schœneck, près des forges de Stiring, face à la lisière Sud du bois de Stiring, avec quelques fractions dans ce bois.
	3e bataillon de chasseurs.	*Ibid.*
	2e bataillon du 77e.	A droite des deux bataillons précédents, le long de la route de Vieux-Stiring à Spicheren.
	1er bataillon du 76e.	Brème-d'Or, baraque Mouton, et dans les fossés de la route de Forbach au Sud-Ouest.
	3e bataillon du 77e.	En marche vers Vieux-Stiring pour y renforcer les compagnies du 76e et du 77e qui s'y trouvent engagées.

---

(1) La 8e compagnie du *39e* est détachée aux bagages ; la 9e, rappelée de Neudorf, se dirige du Terrain de Manœuvres vers le Rother-Berg.

2e ligne : 1re brigade (Letellier- Valazé).	32e et 55e.	En marche de Forbach sur Stiring-Wendel.
Artillerie.	5e et 6e batteries du 5e.	Se réorganisent au Sud de Stiring.
	12e batterie du 5e.	Au Sud de Stiring, non encore engagée.
Compagnie du génie.	9e du 3e.	

2° *Division de Laveaucoupet* (de la gauche à la droite).

1re ligne : 2e brigade (Micheler) et 10e bataillon de chasseurs de la 1re brigade.	3e bataillon du 24e.	A la tête du ravin qui sépare le Forbacher-Berg du Rother-Berg ; la 5e compagnie à la Brême-d'Or, la 6e à la lisière Nord de la forêt de Spicheren, près de la baraque Mouton.
	2e bataillon du 24e.	Dans les tranchées-abri, construites sur les pentes Nord-Ouest du Rother-Berg ; 1re et 2e compagnies dans le Gifert-Wald.
	10e bataillon de chasseurs et compagnie du génie (13e du 3e).	Dans les tranchées-abri construites sur les pentes Nord-Est et Est du Rother-Berg.
	1er bataillon du 24e.	Dans le Gifert-Wald : les 5e et 6e compagnies seules engagées.
	3e bataillon du 40e.	Dans le Gifert-Wald.
	2e bataillon du 40e.	Au Sud du col situé entre le Gifert-Wald et le Pfaffen-Wald.
	1er bataillon du 40e.	En réserve derrière le 2e bataillon.

2º ligne : 1ʳᵉ brigade (Doëns).	2ᵉ et 63ᵉ de ligne.	En réserve près de Spicheren, moins le 1ᵉʳ bataillon du 2ᵉ de ligne, gardant les bois au Nord-Ouest de Grosbliederstroff (1).
Artillerie.	8ᵉ batterie du 5ᵉ (2ᵉ division)	Forbacher-Berg.
	8ᵉ batterie du 15ᵉ.	1ʳᵉ et 2ᵉ sections au Nord-Ouest de Spicheren avec la 3ᵉ section de la 7ᵉ du 15ᵉ.
	7ᵉ batterie du 15ᵉ.	1ʳᵉ et 2ᵉ sections au Nord-Est de Spicheren avec la 3ᵉ section de la 8ᵉ du 15ᵉ.
	11ᵉ batterie du 15ᵉ (mitrailleuses).	Se réorganise dans le vallon au Nord du Forbacher-Berg.
Cavalerie divisionnaire.	1ʳᵉ et 2ᵉ escadrons du 7ᵉ dragons.	Envoyés vers le moulin de Simbach pour surveiller le flanc droit de la division.

3º *Division Bataille.*

1ʳᵉ brigade (Haca) moins le 1ᵉʳ bataillon du 23ᵉ.	2ᵉ et 3ᵉ bataillons du 23ᵉ.	Arrivent à Stiring.
	8ᵉ de ligne.	En marche d'Œting sur Stiring, avec les 7ᵉ et 9ᵉ batteries du 5ᵉ.
2ᵉ brigade (Fauvart Bastoul) plus le 1ᵉʳ bataillon du 23ᵉ.		Arrive à Spicheren. Sera répartie à 4 heures ainsi qu'il suit :
	67ᵉ de ligne.	Forêt de Spicheren.
	1ᵉʳ bataillon du 66ᵉ.	A droite du 67ᵉ, en face de la baraque Mouton.

---

(1) Les 5ᵉ et 6ᵉ compagnies de ce bataillon, placées en réserve, derrière les bois, se rendirent « pendant l'action à l'éperon de Spicheren, jugeant alors qu'elles n'avaient aucune mission spéciale, et s'étant assurées, par une reconnaissance, qu'elles n'avaient pas à craindre d'ennemis qui puissent tourner notre droite ». Elles se joignirent au 3ᵉ bataillon du 2ᵉ de ligne. (Historique du 2ᵉ de ligne.)

2e brigade. (Suite.)	2e bataillon du 66e.	Envoyé vers le Rother-Berg.
	3e bataillon du 66e.	Placé en réserve avec la brigade Doëns.
	1er bataillon du 23e.	Sur les pentes au Sud-Ouest du Rother-Berg, face à la maison de la Douane.

4° *Division de cavalerie de Valabrègue.*

1re brigade. (De Valabrègue.)	4e chasseurs.	Au Sud de Stiring.
	5e chasseurs.	*Ibid.* Moins le 4e escadron avec la brigade Bastoul, et le 6e escadron envoyé en reconnaissance sur Grosbliederstroff.
2e brigade. (Bachelier.)	7e dragons.	3e et 5e escadrons au Sud de Stiring; 1er et 2e escadrons en reconnaissance au moulin de Simbach.
	12e dragons.	1er, 4e et 5e escadrons au Sud de Stiring; le 2e escadron les rejoint, au retour d'une reconnaissance sur la route de Forbach à Sarrelouis.

5° *Réserve d'artillerie.* — Au Sud-Ouest de Stiring.
6° *Réserve du génie.* — Au Nord-Ouest de Forbach.

§ 5. — *Combats sur les hauteurs de Spicheren.*

a) *Deuxième attaque et enlèvement du Rother-Berg.*—
La supériorité manifeste du feu qu'avaient acquise les batteries prussiennes, tant contre l'artillerie française du Rother-Berg que contre celle de Stiring, les progrès de l'infanterie de la *14e* division dans le bois et dans la forêt de Stiring, l'entrée en ligne prochaine du gros de la *28e* brigade, déterminent le général de Kamecke à renouveler, vers 3 heures, « son ordre antérieur d'aborder le Rother-Berg et d'en déloger le « défenseur (1) ».

---

(1) *Historique du Grand État-Major prussien*, 3e livraison, page 318.

En conséquence, le général de François, à la tête du 3ᵉ bataillon du *74ᵉ*, commence à gravir les pentes rocheuses de l'éperon. La 9ᵉ compagnie du *39ᵉ* suit le mouvement ; la 6ᵉ du *39ᵉ* l'appuie par ses feux. Les chasseurs à pied du 10ᵉ bataillon, les sapeurs de la 3ᵉ compagnie du 3ᵉ régiment du génie et les 3ᵉ, 4ᵉ et 5ᵉ compagnies du 2ᵉ bataillon du 24ᵉ de ligne reçoivent l'ennemi de pied ferme, mais l'intensité du feu de l'artillerie ennemie ne leur permet plus bientôt de rester sur le bord de l'escarpement ; dès lors, ils sont hors d'état de battre les pentes sur lesquelles les Prussiens s'avancent. Forcés de quitter les tranchées-abri qu'ils défendent depuis le début de l'action, ils reculent, prennent une position à une faible distance en arrière et, de là, exécutent un feu nourri sur l'assaillant qui atteint la crête. Mais déjà leurs rangs s'éclaircissent ; les forces comme les munitions diminuent. Le capitaine Lambert, le lieutenant Devant, le sous-lieutenant Bruant sont tués ; le commandant Schenck et six officiers blessés. La compagnie du génie a 26 hommes hors de combat sur 80 ; le lieutenant Feldhaus est frappé mortellement ; le lieutenant Cretin blessé deux fois. Dans ces conditions, il n'est plus possible d'empêcher l'ennemi, qui a pour lui l'appui de ses batteries, de prendre pied sur le retranchement et de s'y maintenir. Ce succès coûte la vie au général de François, et des pertes assez fortes au 3ᵉ bataillon du *74ᵉ*, dans les tentatives infructueuses qu'il exécute pour déboucher au delà de la pointe du Rother-Berg. Par deux fois le lieutenant-colonel Arnoux du 24ᵉ de ligne le rejette sur les pentes Nord de l'éperon par de brillantes charges à la baïonnette.

La lutte continuera sur ce point, avec des alternatives diverses, jusqu'à 4 heures de l'après-midi, sans toutefois que les Français parviennent à rejeter au bas des pentes les cinq compagnies prussiennes qui ont pris pied sur l'éperon.

b) *Contre-attaque des Français dans le Gifert-Wald.* —
Les 7 compagnies du *39ᵉ*, sous les ordres du colonel
d'Eskens. qui luttaient dans le Gifert-Wald et le Pfaffen-
Wald contre les 2ᵉ et 3ᵉ bataillons du 40ᵉ de ligne et les
5ᵉ et 6ᵉ compagnies du 1ᵉʳ bataillon du 24ᵉ, avaient redoublé d'efforts au moment où le général de François
prononçait son attaque sur le Rother-Berg. Un instant,
l'arrivée de la 4ᵉ compagnie du *74ᵉ* avait donné une
nouvelle impulsion à l'aile droite, puis au centre de la
ligne prussienne, dont les progrès avaient été vite arrêtés cependant par l'intervention du 1ᵉʳ bataillon du 40ᵉ
sur l'aile gauche du 1ᵉʳ bataillon du *39ᵉ*. Celui-ci avait
été contraint de battre en retraite jusqu'à la lisière Nord
du Gifert-Wald, d'où il avait été chassé peu après et
s'était replié en désordre jusqu'au Winter-Berg.

Ses débris s'y rallièrent et y demeurèrent jusqu'à la
fin de la bataille.

Mais le 2ᵉ bataillon du *39ᵉ* se maintenait encore énergiquement dans la partie occidentale du Gifert-Wald, de
même que le 3ᵉ bataillon du *74ᵉ* à la pointe Nord du
Rother-Berg.

Sur l'ordre du général de Laveaucoupet, le général
Doëns, commandant la 2ᵉ brigade, porta en avant les
1ᵉʳ et 2ᵉ bataillons du 63ᵉ de ligne sous la direction du
colonel Zentz, dans le but de « renforcer les défenseurs
de l'éperon et ceux du bois (1) ».

Le 1ᵉʳ bataillon à gauche, en colonne double, le 2ᵉ en
ligne déployée, « entrent dans le bois au pas de charge,
sans tirer un coup de fusil, et refoulent devant eux les
Prussiens (2) ». Ceux-ci résistent cependant sur la crête ;
un combat acharné et meurtrier s'engage dans le Gifert-
Wald, parfois à bout portant, au cours duquel 4 officiers

---

(1) Rapport du général de Laveaucoupet.
(2) Historique du 63ᵉ de ligne.

du 63e sont tués et 11 blessés. L'ennemi, après des alternatives diverses, finit par céder et évacue la forêt dont les deux bataillons du 63e garnissent la lisière Nord, et d'où ils se contentent de poursuivre le 2e bataillon du *39e* de leurs feux.

La division de Laveaucoupet se borna à ce succès partiel, sans doute parce que les débouchés du Gifert-Wald se trouvaient battus à bonne portée par les batteries prussiennes du Galgen-Berg, peut-être aussi en raison des inquiétudes qu'elle éprouvait pour la sécurité de son flanc droit.

Quoi qu'il en soit, le 2e bataillon du *39e* parvint à se reformer, sauf quelques fractions qui rétrogradèrent jusqu'au Winter-Berg et s'y réunirent aux débris du 1er bataillon du même régiment. Un peu plus tard, constatant que les Français, loin de poursuivre, paraissaient appuyer vers le Rother-Berg (1), les 5e, 7e et une partie de la 3e compagnie du *39e* pénétrèrent à nouveau dans la partie orientale du Gifert-Wald.

« La situation, du côté des Prussiens, rendait assurément fort urgente l'entrée en ligne de troupes fraîches pour venir en aide à la *14e* division, dans la lutte inégale qu'elle avait soutenue jusqu'alors sur un front de près de 6 kilomètres.

« On apercevait distinctement les colonnes profondes de la brigade Bastoul descendant des hauteurs du Pfaffen-Berg sur Spicheren. A tout instant, on pouvait s'attendre à voir l'ennemi profiter de sa grande supériorité numérique pour refouler ou pour rompre la faible ligne de bataille qui lui était opposée (2). »

---

(1) *Historique du Grand Etat-Major prussien*, 3e livraison, page 320.
(2) *Ibid.*

§ 6. — *Combats aux abords de Stiring.*

a) *L'ennemi s'empare de la Brême-d'Or et de la baraque Mouton.* — La situation de la *14ᵉ* division, assez critique à son aile gauche et stationnaire à droite, s'était un peu améliorée au centre, grâce à l'appui plus efficace que l'artillerie pouvait prêter à l'infanterie dans le secteur compris entre le bois de Stiring et les hauteurs de Spicheren.

« Depuis le début des engagements autour de ce bois de Stiring, on s'était préoccupé, du côté des Prussiens, de se couvrir vers la route de Forbach..... Le soin de pourvoir à la sécurité, dans cette direction, avait été confié primitivement au peloton de tirailleurs de la 12ᵉ compagnie du *39ᵉ*, auquel on adjoignit ensuite la majeure partie de la 3ᵉ compagnie du *74ᵉ* (1). Après 3 heures, la 7ᵉ compagnie du *77ᵉ*, se séparant de son bataillon, y arrivait également et s'avançait, de concert avec les deux détachements précités, contre la Douane qui forme l'extrémité la plus orientale du groupe d'habitations situées en bordure de la route (Brême d'Or et baraque Mouton) (2)..... »

Le 1ᵉʳ bataillon du 76ᵉ qui occupait ces points d'appui et les fossés de la route au Sud-Ouest, ouvre, sur l'adversaire, un feu d'une extrême violence, qui lui cause des pertes considérables et met tous ses officiers hors de combat. Les 5ᵉ et 6ᵉ compagnies du 3ᵉ bataillon du 24ᵉ de ligne, apportent leur concours aux tirailleurs du 76ᵉ. Mais l'ennemi est renforcé par le 3ᵉ bataillon du 77ᵉ qui, débouchant du bois de Stiring par demi-bataillons, déploie les 9ᵉ et 12ᵉ compagnies à droite contre la baraque Mouton, les 10ᵉ et 11ᵉ contre la Brême-d'Or.

---

(1) Voir pages 40 et 46.
(2) *Historique du Grand Etat-Major prussien*, 3ᵉ livraison, page 334.

Préparée par les deux batteries établies sur la Folster-Höhe (1/7, II/7), l'attaque progresse, malgré des pertes importantes, subies surtout par le demi-bataillon de droite. Un combat corps à corps s'engage dans les maisons qui sont défendues par le 1er bataillon du 76e avec la plus extrême opiniâtreté, et dont les Prussiens réussissent enfin à s'emparer vers 4 heures. Le 1er bataillon du 76e de ligne se replie alors vers les pentes boisées de la forêt de Spicheren.

b) *Engagements dans le bois et la forêt de Stiring.* — A ce moment, un retour offensif du 2e bataillon du 76e et de quelques fractions du 3e bataillon de chasseurs, chasse les trois compagnies du *39e* et la 1re compagnie du 77e, de la lisière Sud du bois de Stiring et les refoule dans l'intérieur. Mais le 2e bataillon du 77e les recueille et met un terme aux progrès des Français qui, à leur tour, perdent du terrain, et se replient vers Stiring. La 6e compagnie du 77e s'établit au Sud-Ouest du bois, près du coude de la route de Schœneck ; la 5e essaye de s'emparer des bouches à feu abandonnées par la 7e batterie du 17e, mais les feux du 2e bataillon du 77e, l'obligent à renoncer à cette entreprise.

Au Nord-Ouest de Vieux-Stiring, le 2e bataillon du 74e, qui avait enlevé Vieilles-Houillères vers 3 heures, s'était relié à gauche aux 1re et 2e compagnies du même régiment, venues par le bois de Stiring et avait progressé vers le chemin de fer, en refoulant devant lui les fractions des 76e et 77e de ligne, qui lui étaient opposées. En même temps, la 4e compagnie du 77e s'était rapprochée de Vieux-Stiring, en longeant la voie ferrée, y avait pénétré, et, gagnant de maison en maison, avait atteint un passage du chemin de fer, dont elle s'était emparée. L'arrivée des trois premières puis des trois dernières compagnies du 3e bataillon du 77e de ligne permettait cependant de limiter les progrès de l'ennemi au chemin de fer.

Dans la forêt de Stiring, le général de Woyna continuait avec le 1ᵉʳ bataillon du 53ᵉ, son mouvement tournant contre l'aile gauche française, en passant à l'Ouest de Vieilles-Houillères, et en refoulant quelques isolés du 3ᵉ bataillon de chasseurs, des 76ᵉ et 77ᵉ de ligne qui battaient en retraite en tiraillant. Plus à droite encore, marchait le 3ᵉ bataillon du 53ᵉ.

c) *Entrée en ligne de la 1ʳᵉ brigade (Letellier-Valazé) de la division Vergé*. — La brigade Letellier-Valazé qui, dans la matinée, se trouvait sur le Kaninchensberg, observant la route de Sarrelouis, avait été appelée par le général Frossard à Stiring, dès que le 2ᵉ corps s'était vu menacé d'une façon sérieuse dans la direction de Sarrebrück.

Le 32ᵉ de ligne, après avoir suivi la voie ferrée depuis Forbach jusqu'à Stiring, venait occuper cette dernière localité vers 4 heures. Le 1ᵉʳ bataillon, immédiatement en butte à des feux partant de la forêt de Stiring, établit les 4ᵉ, 5ᵉ et 6ᵉ compagnies dans l'usine ; les 1ʳᵉ, 2ᵉ et 3ᵉ à droite de celle-ci, derrière des piles de fonte.

Le 2ᵉ bataillon borde la lisière du village contiguë au chemin de fer ; le 3ᵉ reste d'abord en réserve sur la place et les rues adjacentes.

Le 55ᵉ de ligne quitte le chemin de fer à la Verrerie Sophie et forme ses 1ᵉʳ et 3ᵉ bataillons en colonne serrée sur la grande route au Sud-Ouest de Stiring. Son 2ᵉ bataillon qui avait été envoyé, vers 10 heures du matin, en reconnaissance sur Petite Rosselle, arriva peu après et fut désigné pour rester en réserve : deux compagnies au pont sur le chemin de fer, deux compagnies sur le flanc gauche en avant, deux compagnies à l'intersection du chemin de la Verrerie et de la grande route de Sarrebrück.

Le colonel de Waldner, commandant le 55ᵉ, faisait connaître au général Frossard, que la vallée de la Rosselle n'était occupée que « par quelques postes et grand' gardes (1) », mais qu'il ne s'y trouvait point, jusqu'ici, de forces importantes (2).

En même temps que ces renforts arrivaient à la brigade Jolivet, le général Frossard avait fait appeler deux nouvelles batteries pour remplacer celles qui se réorganisaient. La 8ᵉ batterie à cheval du 17ᵉ établit une section près et au Nord-Est de l'usine de Stiring, pour battre le chemin de fer et le bois de Stiring ; les deux autres se placèrent sur la lisière Nord-Est du village « tirèrent sur la route de Sarrebrück, ainsi que sur le terrain à

---

(1) Journal de marche du 2ᵉ corps.

(2) Le *Spectateur militaire* (4ᵉ série, tome XXVIII), dans un article anonyme, dû à un témoin oculaire, s'exprime ainsi :

« Les deux villages (Grande et Petite Rosselle) étaient occupés par une avant-garde ennemie composée de cavalerie et d'infanterie. Cette avant-garde fut délogée. La reconnaissance constata facilement que le cantonnement était préparé pour une division qui, au dire des habitants, ne devait arriver qu'entre 3 et 4 heures.

« Il était midi (1 h. 30 environ d'après une relation du colonel du 55ᵉ) quand le 55ᵉ reprit son emplacement du matin. Il avait perdu fort peu de monde.

« Le capitaine Parisot, attaché à l'état-major du 2ᵉ corps, attendait avec impatience, par ordre du général Frossard, les renseignements demandés et le retour de la reconnaissance.

« Le général Frossard apprenait, de façon à n'en pas douter, dès 1 heure de l'après-midi, que Forbach pouvait être attaqué dans la soirée, en arrière de l'extrême gauche de toute sa position.

« Le capitaine Parisot, après lui en avoir rendu compte, revint aussitôt pour prescrire au 55ᵉ tout entier de suivre la ligne du chemin de fer, en abandonnant les ouvrages du Kaninchensberg, et de se porter au feu.

« Il a le temps, ajoutait le commandant en chef, de dégager Stiring, puis de reprendre sa place. »

« En arrivant à Grande Rosselle, dit d'autre part le colonel de Waldner, du 55ᵉ de ligne, nous y trouvâmes une pointe d'avant-garde composée de cavalerie et de quelques fantassins. Elle se retira à notre approche, vers 11 h. 30 du matin..... Elle laissa son logement inscrit numériquement et à la craie sur les portes des maisons de Grande et de Petite Rosselle. » (*Spectateur militaire*, 3ᵉ série, tome XXIX, page 313).

gauche de cette route, et envoyèrent des obus sur les points du bois d'où partait un feu nourri de tirailleurs (1) ». La 12ᵉ batterie du 5ᵉ (sauf une pièce envoyée au Sud-Ouest de l'usine pour tirer sur les débouchés de la forêt de Stiring), prit position près du saillant Sud de Stiring pour en flanquer les abords ; deux pièces de la 7ᵉ batterie du 17ᵉ l'y rallièrent. « Enfin, deux pièces, l'une de la batterie Saget (7ᵉ du 17ᵉ), l'autre de la batterie d'Esclaibes (8ᵉ du 17ᵉ) furent placées dans l'intérieur du village pour battre les positions à gauche du talus du chemin de fer (2). »

Le colonel Beaudouin, commandant la réserve d'artillerie du 2ᵉ corps, prit le commandement de toutes les batteries qui se trouvaient aux environs de Stiring ; celles qui n'étaient pas au feu vinrent se former en bataille au Sud de cette localité : 5ᵉ et 6ᵉ du 5ᵉ (division Vergé), 7ᵉ et 9ᵉ du 5ᵉ (division Bataille), 10ᵉ et 11ᵉ du 5ᵉ, 6ᵉ et 10ᵉ du 15ᵉ (réserve). La 10ᵉ du 5ᵉ reçut l'ordre d'observer les bois au Nord de la Verrerie Sophie.

La 12ᵉ du 5ᵉ eut un tir très efficace contre la forêt de Stiring et réussit à arrêter « presque instantanément le feu de l'infanterie ennemie (1) », mais elle ne tarda pas à être prise d'enfilade par les batteries prussiennes et ne put conserver longtemps sa position. Elle exécuta alors un changement de front à droite, pour se placer face à l'artillerie ennemie et la contre-battre de concert avec la 8ᵉ batterie du 17ᵉ.

d) *Retraite de l'extrême droite prussienne sur Drathzug.* — Vers 4 heures, le 1ᵉʳ bataillon du *53ᵉ (28ᵉ brigade, Woyna)* arrive dans le voisinage de l'embranchement ferré venant des Vieilles Houillères, au point où celui-ci

---

(1) Rapport du général commandant l'artillerie du 2ᵉ corps.
(2) *Ibid.*
(1) Historique du 5ᵉ d'artillerie.

quitte la lisière de la forêt pour s'infléchir vers Stiring-Wendel (1), et occupe les maisons situées au Nord du chemin de fer de Sarrebrück. De là, il dirige sur les 1er et 2e bataillons du 32e de ligne qui, venant du Kaninchensberg, se disposaient à garnir les lisières Nord et Nord-Ouest de Stiring, un feu nourri et meurtrier pour les hommes et surtout pour les officiers. Les tirailleurs du 32e ripostent aussitôt par une violente fusillade qui, jointe aux obus d'une pièce d'artillerie établie dans le village même, oblige les Prussiens à évacuer les maisons et à regagner les bois (2). Le colonel du 32e s'empresse d'envoyer dans ces maisons deux compagnies de réserve (3e bataillon) qui lui assurent la possession complète de Stiring « tout en rendant impossible pour l'ennemi « l'occupation de la lisière du bois dans lequel il s'était réfugié (3) ».

Le général de Woyna, constatant qu'il avait perdu toute liaison avec le 3e bataillon du *53e*, et qu'il se trouvait « complètement en l'air devant une position reconnue comme excessivement forte (4) », prit le parti de faire replier le 1er bataillon du *53e* sur Drathzug pour reprendre le contact avec les autres troupes de la brigade. Il ignorait d'ailleurs qu'elles eussent reçu une autre destination (5).

Le mouvement s'exécute sans que les défenseurs de Stiring y mettent obstacle, sous la protection de la 4e compagnie, puis du peloton de tirailleurs de cette dernière.

L'apparition de fractions prussiennes dans la forêt de Stiring, à l'Ouest de Stiring-Wendel, jointe à la nouvelle

---

(1) *Historique du Grand État-Major prussien*, 3e livraison, page 332.
(2) Rapport du colonel du 32e de ligne.
(3) *Ibid.*
(4) *Historique du Grand État-Major prussien*, 3e livraison, page 332.
(5) Voir page 51.

de la présence de grand'gardes ennemies dans la vallée de la Rosselle, ne laissaient pas que d'inspirer des inquiétudes au général Frossard pour la sécurité de son flanc gauche, et pour la conservation de sa ligne de retraite sur Saint-Avold. Les préoccupations que lui causaient ces deux incidents étaient de nature en outre à détourner son attention du plateau de Spicheren. Toutefois, il lui était permis d'espérer que les divisions Metman et Castagny du 3º corps, viendraient le soutenir à son aile gauche, et que la division Montaudon, en marche sur Grosbliederstroff, déboucherait en temps utile à Spicheren pour renforcer son aile droite.

A 3 h. 20, il télégraphia au général Montaudon :

« Avez-vous reçu l'ordre de diriger des troupes sur ma droite vers Grosbliederstroff? Si oui, activez leur marche. »

A 4 heures, il demanda au général Metman s'il était encore à Bening et le pria, dans le cas de l'affirmative, de partir immédiatement pour Forbach.

A ce moment, la brigade de dragons de Juniac, 3º de la division Clérembault du 3º corps était arrivée à Forbach, mais le général Frossard, estimant qu'il disposait de troupes de cavalerie suffisantes, la fit rétrograder pour aller garder les trois points de Morsbach, Bening et Merlebach (1).

III.

§ 1. — *Arrivée des têtes de colonnes des 5º et 16º divisions prussiennes.*

a) *16º division.* — Le général de Gœben, commandant le VIIIº corps, après sa reconnaissance de la matinée sur

---

(1) Le général de Juniac au maréchal Bazaine. Puttelange, 7 août.

le Terrain de Manœuvres, était retourné à Sarrebrück, où il n'avait pas tardé à entendre le bruit d'une violente canonnade. Il s'empressa de rejoindre son corps d'armée pour diriger sur le champ de bataille la *16e* division dont l'avant-garde était arrivée à Fischbach à midi, et dont le gros s'installait dans les cantonnements de Wemmetsweiler, Illingen, Landsweiler. Le général de Barnekow, commandant cette division, « avait été au-devant de ses intentions (1) » et avait remis en marche sur Sarrebrück, par la voie romaine (2), son avant-garde, sous les ordres du colonel de Rex, comprenant (3 bataillons du *40e*, 4 escadrons du *9e* hussards, 2 batteries : 6/8 VI/8, 1 compagnie de pontonniers). (3). De plus, il avait prescrit au *72e*, deuxième régiment de la *32e* brigade (de Rex) de se porter à Fischbach avec les deux autres batteries divisionnaires (*5/8* et V/*8*) et à la *31e* brigade, de venir à Quierschied. De cette façon, le général de Gœben, considéra comme assurée la coopération de la *16e* division à l'action engagée sur la rive gauche de la Sarre et ne jugea pas nécessaire d'y appeler aussi la *15e* division, dont « la tête était à Holz (4) ». Il se hâtait ensuite de retourner à Sarrebrück (5).

Vers 1 h. 30, l'avant-garde de la *16e* division débouchait du Köllerthaler-Wald, quand un officier qui

---

(1) *Historique du Grand Etat-Major prussien*, 3e livraison, page 299.

(2) La voie romaine suit la crête du mouvement de terrain qui sépare les deux ruisseaux de Fischbach et de Sulzbach, aboutissant tous deux à la Sarre à Saint-Jean.

(3) D'après l'*Historique du Grand Etat-Major prussien*, le général de Gœben serait retourné jusqu'à Fischbach. D'après Cardinal von Widdern, au contraire, il ne serait allé que jusqu'à l'embranchement du chemin de Duttweiler à Fischbach et de la voie romaine, à peu près à hauteur d'Hirschbach. (*Loc. cit.*, page 54.)

(4) *Historique du Grand Etat-Major prussien*, 3e livraison, page 300.

(5) « Il avait déjà fait ainsi 54 kilomètres dans la journée ». (Cardinal von Widdern. *Loc. cit.*, page 55.)

avait été envoyé par le général de Barnekow au général de Kamecke, fit connaître que la *14ᵉ* division « n'avait pas, précisément, besoin d'être soutenue, mais qu'il serait à désirer, cependant, que la *16ᵉ* division se montrât au Sud de Sarrebrück (1) ». Le général de Barnekow portait en conséquence son avant-garde sur Saint-Jean et envoyait l'ordre au gros de suivre dans cette direction.

En arrivant à Sarrebrück, vers 3 heures, le général de Gœben avait pris aussitôt la direction du combat. Constatant la situation critique où se trouvait l'aile gauche de la *14ᵉ* division, tant sur le Rother-Berg, que dans le Gifert-Wald, il décide d'employer les troupes fraîches qui ne tarderont pas à apparaître, à « s'assurer définitivement la possession des versants Nord, abrupts et boisés des hauteurs de Spicheren, de manière à gagner ensuite, de là, vers le plateau, en prenant en flanc les positions ennemies (2) ». Il considère d'ailleurs qu'il est hors de propos de conserver des réserves pour le moment ; « le point essentiel étant, avant tout, de rétablir le combat devenu indécis (3) ».

Le *9ᵉ* régiment de hussards escortant les deux batteries d'avant-garde de la *16ᵉ* division, atteint le Repperts-Berg un peu après 3 heures ; il va se masser dans l'Ehrenthal, auprès du *15ᵉ* hussards, tandis que les batteries prennent position sur le Galgen-Berg, à l'Ouest (VI/8) et à l'Est (6/8) de la grand'route. Elles ouvrent le feu sur la batterie de mitrailleuses (11ᵉ du 15ᵉ) de la division de Laveaucoupet qui, à la suite du mouvement rétrograde de l'ennemi dans le Gifert-Wald s'était avancée jusqu'à l'angle Sud-Ouest de cette forêt.

---

(1) *Historique du Grand Etat-Major prussien*, 3ᵉ livraison, page 300.
(2) *Ibid.*, page 321.
(3) *Ibid.*

A 4 heures, le *40ᵉ* est rassemblé sur le Repperts-Berg ; les six premières compagnies se portent sur le Rother-Berg, les cinq autres vers le Gifert-Wald (1), sans égard pour le maintien des liens organiques. Il eût semblé plus logique de diriger un bataillon sur le Rother-Berg et les deux autres sur le point où l'on se proposait de progresser, c'est-à-dire au soutien de l'attaque du Gifert-Wald.

b) *5ᵉ division.* — Apprenant que des partis de cavalerie prussienne avaient franchi la Sarre sans résistance, dans la matinée du 6 août, le général de Dœring, commandant la *9ᵉ* brigade d'infanterie, laissant ses troupes poursuivre leur marche et s'installer dans leurs cantonnements, s'était porté sur les hauteurs au Sud de Sarrebrück. Il constata la présence au Nord de Stiring, entre le chemin de fer et les hauteurs de Spicheren, de lignes épaisses de tirailleurs français, derrière lesquels apparaissaient des colonnes, fortes, au total, d'une brigade environ. Il lui sembla de plus qu'il y avait au moins une division à Forbach-Stiring (2).

« Craignant que la *14ᵉ* division, lancée seule en avant ne se trouvât trop en l'air, il envoyait à sa brigade, alors en marche sur Duttweiler, l'ordre de continuer sans désemparer, sur Sarrebrück (3) ». Il en rendait compte, à midi, au général de Stülpnagel, commandant la 5ᵉ division, dont le quartier général se trouvait à Sulzbach et qui transmit, à 1 heure, ce rapport au général d'Alvensleben, commandant le IIIᵉ corps, à Neunkirchen, en ajoutant qu'il se rendait sur les lieux, et qu'il allait faire avancer toutes les troupes dont il pouvait disposer. Le général d'Alvensleben approuva ces mesures. Il ordonna

---

(1) *Historique du Grand État-Major prussien.* La 7ᵉ compagnie détachée à la garde du quartier général.
(2) Cardinal von Widdern. *Loc. cit.*, page 82.
(3) *Historique du Grand Etat-Major prussien*, 3ᵉ livraison, page 298.

à la *6*ᵉ division de se diriger sur Sarrebrück, soit en continuant la marche par voie de terre, soit en utilisant le chemin de fer; et à l'artillerie de corps de poursuivre son mouvement sans arrêt.

En conséquence : La *9*ᵉ brigade combinée (général de Dœring) ayant reçu l'ordre qui la concernait, vers midi, se porta de Sulzbach sur Sarrebrück. Le général de Stülpnagel prit les devants avec les 1ᵉʳ et 2ᵉ escadrons du *12*ᵉ dragons et la batterie légère d'avant-garde (3/3).

La *10*ᵉ brigade combinée (général de Schwerin) qui s'était rassemblée d'abord à Saint-Ingbert à 2 h. 30 (1), (sauf le *12*ᵉ régiment) se dirigea également sur Sarrebrück à 4 heures (2). Le général de Schwerin, à la tête des 3ᵉ et 4ᵉ escadrons du *12*ᵉ dragons et de ses 2 batteries (4/3, IV/3) précéda le *52*ᵉ. Le *12*ᵉ devait être transporté de Neunkirchen à Saint-Jean par voie ferrée, ainsi que le *20*ᵉ de la *6*ᵉ division. Le général d'Alvensleben et son état-major prirent place dans le train qui amenait le 2ᵉ bataillon du *12*ᵉ, et arrivèrent à Saint-Jean vers 3 h. 45. Aussitôt le major de Kretschman, de l'état-major du IIIᵉ corps, fut envoyé au général de Kamecke, pour se renseigner sur la situation et lui demander « où les secours étaient le plus nécessaires, ainsi que le point le plus favorable à l'attaque (3) ». Le commandant de la *14*ᵉ division, qui se trouvait sur le Galgen-Berg, fit répondre « qu'il ne pouvait plus être question d'une intervention dans le combat et qu'il fallait reprendre l'action sur de nouvelles bases (4) ». Le général

---

(1) En raison d'un rapport de la *6*ᵉ division de cavalerie, annonçant que des troupes ennemies paraissaient prononcer un mouvement de Habkirchen sur la Blies, vers Assweiler.

(2) La 1ʳᵉ compagnie du *52*ᵉ restait à la garde de la gare de Saint-Ingbert.

(3) *Kriegsgeschichtliche Einzelschriften. Heft* 18, page 505.

(4) *Ibid.* Le général d'Hilgers, alors attaché à l'état-major de la

d'Alvensleben se rendit alors, en personne, auprès du général de Kamecke ; il lui dit « qu'il ne se dissimulait pas la situation peu favorable de la *14ᵉ* division (1), mais qu'il considérait comme son devoir d'entrer en ligne avec toutes les forces qu'on pourrait amener sur les lieux, quelles que fussent les conséquences de sa détermination (2) ».

Déjà le général de Stülpnagel, commandant la *5ᵉ* division, arrivé sur le champ de bataille, vers 2 h. 15, avait dirigé le 1ᵉʳ escadron du *12ᵉ* dragons sur la rive droite de la Sarre, pour surveiller le pays dans la direction de Sarreguemines ; un peu plus tard, le 2ᵉ escadron du même régiment fut envoyé, par la rive gauche, vers Saint-Arnual. La batterie d'avant-garde (3/3) de la *9ᵉ* brigade, amenée sur le Winter-Berg, se portait ensuite sur le Galgen-Berg, mais là « à défaut d'objectifs convenables, elle n'entrait point en action (3) ».

A 3 h. 30, le *48ᵉ* (*9ᵉ* brigade) étant rassemblé sur le Winter-Berg, le général de Dœring porte les 1ᵉʳ et 3ᵉ bataillons de ce régiment sur le Gifert-Wald, vers le col situé entre cette forêt et le Pfaffen-Wald.

A 4 heures, le 1ᵉʳ bataillon du *12ᵉ* (*10ᵉ* brigade), marche du Repperts-Berg sur le Rother-Berg ; le 2ᵉ bataillon du même régiment suit d'abord le 1ᵉʳ et appuie ensuite vers le Sud-Sud-Est. Vers 4 h. 1/2, le général de Stülpnagel fait avancer le 2ᵉ bataillon du *48ᵉ* pour fermer la trouée entre ce régiment et le *12ᵉ*.

« Bien qu'émanant de divers commandants de corps d'armée ou d'armée, ces dispositions, de même que

---

14ᵉ division, a protesté dans une lettre au colonel Cardinal von Widdern contre l'exactitude de ces paroles.

(1) Du Galgen-Berg, on apercevait à ce moment les troupes prussiennes qui se repliaient du Gifert-Wald et du bois de Stiring.

(2) *Kriegsgeschichtliche Einzelschriften. Heft* 18, page 505.

(3) *Historique du Grand Etat-Major prussien*, 3ᵉ livraison, page 323.

toutes celles qui suivirent, concordaient avec la direction imprimée à la bataille par le général de Gœben et étaient aussi, en majeure partie, concertées entre les chefs supérieurs qui prenaient part à l'action. Dans l'ensemble, les généraux de Dœring, de Stülpnagel, et d'Alvensleben agissaient par le Winter-Berg ; les généraux de Kamecke, de Barnekow et de Gœben par le Repperts-Berg et le Galgen-Berg (1). »

c) *Ordres donnés par le général commandant le VIIe corps*. — Le général de Zastrow, prévenu par le général de Kamecke et par la *5e* division de cavalerie (2) « que l'ennemi avait évacué sa position de Sarrebrück, sur la rive gauche de la Sarre (3) » avait envoyé, dans la matinée, le capitaine de Westernhagen, de son état-major, au quartier général de la Ire armée, à Eiweiler, pour solliciter du général de Steinmetz l'autorisation d'amener le VIIe corps tout entier sur la Sarre. Le commandant de la Ire armée approuva l'occupation de Sarrebrück par une avant-garde et donna l'ordre de chercher à troubler les embarquements de troupes françaises qui avaient lieu à Forbach, et qui paraissaient faiblement protégés (4). En conséquence, le général de Zastrow prescrivit à 1 heure de l'après-midi :

A la *13e* division, de se diriger vers Völklingen et Wehrden, de pousser son avant-garde dans les directions de Ludweiler et de Forbach, et de se renseigner par des reconnaissances sur la force et les intentions de l'adversaire ;

A la *14e* division, d'établir une avant-garde renforcée sur la rive gauche de la Sarre, à Sarrebrück ; de porter

---

(1) *Historique du Grand État-Major prussien*, 3e livraison, page 324.
(2) Rapport du général de Redern, commandant la colonne de droite.
(3) Von Schell. *Les opérations de la Ire armée*, page 42.
(4) Journal de marche du VIIe corps, rédigé par le capitaine von Westernhagen. (Cardinal von Widdern. *Loc. cit.*, page 33.)

son gros sur Rockershausen, d'y établir un passage sur la rivière et de lancer des reconnaissances sur Forbach (1) ;

A l'artillerie de corps de se rendre à Püttlingen : les deux batteries à cheval détachées à Sarrebrück avec la *14ᵉ* division.

Vers 1 h. 15, le général de Zastrow fut prévenu par le général de Kamecke que l'avant-garde de la *14ᵉ* division s'était déployée à 11 h. 45 sur le Terrain de Manœuvres de Sarrebrück ; que sa batterie d'avant-garde avait ouvert le feu contre l'artillerie française établie sur les hauteurs de Spicheren ; que les batteries du gros étaient appelées ; que la brigade Woyna, enfin, franchirait la Sarre au pont de Burbach, tandis que le *74ᵉ* occuperait Sarrebrück.

A 2 h. 30, le général de Zastrow reçut un nouveau rapport du général de Kamecke (2), aux termes duquel la *14ᵉ* division livrait depuis une heure et demie « un combat d'infanterie sérieux. » A cette nouvelle, le commandant du VIIᵉ corps partit de Dilsburg pour Sarrebrück avec son état-major et envoya à la *13ᵉ* division le capitaine de Westernhagen pour lui faire connaître les événements qui étaient survenus à la *14ᵉ* (3). Le général de Zastrow arriva sur le champ de bataille vers 4 h. 30. De son côté, le général de Steinmetz avait chargé le

---

(1) Ces instructions se trouvaient annulées de fait, par suite de la faculté laissée au général de Kamecke d'agir d'après sa propre inspiration. Mais « on n'attendait pas de la *14ᵉ* division des entreprises offensives à Sarrebrück ». (Cardinal von Widdern. Loc. cit., page 35.)

(2) Expédié du Terrain de Manœuvres de Sarrebrück à 1 h. 30.

(3) *Kriegsgeschichtliche Einzelschriften*, page 508, note 2. Le capitaine de Westernhagen rejoignit la *13ᵉ* division un peu avant 6 heures. D'après Cardinal von Widdern, il avait été chargé aussi par le chef d'état-major du VIIᵉ corps d'inviter le commandant de la *13ᵉ* division à marcher avec toutes ses forces sur Forbach. (*Loc. cit.*, page 37.) La

colonel de Wartensleben, quartier-maître général de la Ire armée, de se rendre à Sarrebrück pour se renseigner exactement sur la situation.

Pendant le trajet, cet officier supérieur prenait lecture des derniers rapports adressés du champ de bataille au commandant du VIIe corps et desquels il ressortait clairement que l'action prenait déjà des proportions plus vastes et plus sérieuses, ce que confirmait d'ailleurs l'intensité toujours croissante de la canonnade. Le colonel en fit informer le général de Steinmetz à Eiweiler (1).

Le commandant de la 1re armée partit aussitôt et arriva à Sarrebrück vers 7 heures du soir.

En résumé, le tableau ci-après indique les heures d'arrivée sur le champ de bataille des renforts reçus par la *14e* division d'infanterie, de 2 à 7 heures du soir.

---

monographie précitée du Grand État-Major prussien insiste au contraire (page 522) sur ce fait, que le capitaine de Westernhagen n'apportait à la *13e* division ni un ordre ferme, ni même une invitation de prendre part au combat.

(1) *Historique du Grand Etat-Major prussien*, 3e livraison, page 302.

HEURES.	Ire ARMÉE.		
	VIIe CORPS.	VIIIe CORPS.	1er CORPS.
2 h. 15	....	....	....
3 h. 00	....	....	....
3 h. 15	....	Avant-garde de la *16e* division. { 9e hussards........ 6e batterie lourde du *8e*. 6e batterie légère du *8e*.	....
3 h. 30	....		....
4 h. 00	....	40e........	....
4 h. 30	....	....	....
5 h. 00	....	....	....
5 h. 45	....	....	....
6 h. 00	....	....	....
6 h. 15	....	....	4e batterie légère du *1er*.
6 h. 30	....	....	....
6 h. 45	2e bataillon du *53e*.. 2e et 3e batteries à cheval du *7e*.	....	....
7 h. 00	....	....	....

IIe ARMÉE.			
IIIe CORPS.		5e DIVISION de CAVALERIE.	EMPLACEMENT INITIAL.
Avant-garde de la 9e brigade combinée.	1er et 2e escadrons du 12e dragons........ 3e batterie légère du 3e. .... 48e.........................	.... 17e hussards.	Entre le Repperts-Berg et le Winter-Berg. Ehrenthal. Ehrenthal. Repperts-Berg. Repperts-Berg. Winter-Berg.
Faisant partie de la 10e brigade combinée.	1er bataillon du 12e... 2e bataillon du 12e... 3e bataillon du 12e....	19e dragons.. .... 11e hussards.	40e : Repperts-Berg. 1er bataillon du 12e : Repperts-Berg. 19 dragons : Drathzug. Repperts-Berg. 3e bataillon du 12e : Winter-Berg. 11e hussards : Ehrenthal.
Gros de la 9e brigade combinée.	1er bataillon du 8e.... 3e bataillon de chasseurs. 3e batterie lourde du 3e. 2e bataillon du 8e.....	....	Winter-Berg. Repperts-Berg. Repperts-Berg. Repperts-Berg.
Faisant partie de la 10e brigade combinée.	3e et 4e escadrons du 12e dragons........ 4e batterie lourde du 3e. 4e batterie légère du 3e.	....	A l'ouest du Repperts-Berg. Id. Id.
	.... 52e (10e brigade combinée)... 1re et 3e batteries à cheval du 3e. 3e bataillon du 8e......... 3e bataillon du 20e (6e division).....................	....	Repperts-Berg. Repperts-Berg. Repperts-Berg. Repperts-Berg. Repperts-Berg.

§ 2. — *La bataille à l'aile droite française entre 4 et 6 heures* (1).

a) *Combat dans le Gifert-Wald.* — Vers 3 h. 30, les 3ᵉ et 1ᵉʳ bataillons du *48ᵉ* (2) marchent du Winter-Berg sur le col situé entre le Gifert-Wald et le Pfaffen-Wald, sous un feu assez faible d'artillerie et de mousqueterie, et gagnent, au pas de course, le pied des hauteurs boisées. Tandis que le 1ᵉʳ bataillon reste provisoirement en réserve derrière un ressaut de terrain, le 3ᵉ commence à gravir les pentes et appuie ensuite vers le Sud-Ouest. Après une lutte d'une heure, contre des fractions du 1ᵉʳ bataillon du 24ᵉ et des 1ᵉʳ et 2ᵉ bataillons du 63ᵉ de ligne, il atteint la lisière Sud du Gifert-Wald. Les tirailleurs français du 2ᵉ bataillon du 40ᵉ, embusqués dans un chemin creux qui borde la forêt au Sud, empêchent encore, pendant une demi-heure, les Prussiens de déboucher des bois ; un retour offensif du 2ᵉ bataillon du 63ᵉ de ligne les rejette même à l'intérieur. Mais, à ce moment, le 3ᵉ bataillon du *48ᵉ* est recueilli et ramené en avant par le 1ᵉʳ du même régiment qui apparaît à sa gauche et par les cinq dernières compagnies du *40ᵉ* qui entrent en ligne à sa droite. Le 63ᵉ rétrograde à son tour, jusqu'à ce que le 1ᵉʳ bataillon du *48ᵉ* soit arrêté lui-même dans ses progrès par

---

(1) « La marche de cette affaire ne peut être esquissée qu'en traits généraux, attendu que le mélange qui ne tardait pas à se produire entre les troupes de quatre brigades différentes, rendant fort difficile l'indication précise des divers moments du combat, on ne saurait arriver à une complète concordance dans les détails ». (*Historique du Grand État-Major prussien*, 3ᵉ livraison, page 325.) Cette observation s'applique également aux éléments de la division de Laveaucoupet qui avaient combattu sous bois et se trouvaient entremêlés par les péripéties de la lutte.

(2) 9ᵉ brigade (5ᵉ division, IIIᵉ corps).

le 1er du 40e de ligne. La lutte continue ainsi sur ce point avec des alternatives diverses, et vers 6 heures, l'ennemi est définitivement maître de la lisière Sud du Gifert-Wald, contiguë au col. Puis, le combat reste stationnaire : les mouvements offensifs, exécutés de part et d'autre, sont repoussés par le feu.

Mais la partie occidentale de la forêt demeurait encore au pouvoir des Français. « C'est dans cette direction que se portent alors les communs efforts des nouvelles troupes qui arrivaient, coup sur coup, du Winter-Berg et du Repperts-Berg (1). »

Le 2e bataillon du 48e (2), chargé, vers 4 h. 1/2, de fermer la trouée entre les attaques du Rother-Berg et du Gifert-Wald, s'était déployé en colonnes de compagnies, en approchant de la lisière Nord de cette forêt. Deux d'entre elles appuient à gauche (3) et déterminent un mouvement offensif de la part des 5e, 6e et 7e compagnies du 2e bataillon du 39e et de la 4e compagnie du 74e qui, grâce à ces renforts prennent pied sur l'arête du Gifert-Wald. Le combat se poursuit au Sud entre ces unités et des fractions françaises du 3e bataillon du 40e et du 1er du 24e ; celui-ci avait engagé ses quatre compagnies de droite pour renforcer les 5e et 6e.

D'autre part, le 1er bataillon du 40e (4) partant du Repperts-Berg, un peu après 4 heures, jette également, dans le Gifert-Wald, ses 2e et 3e compagnies (5) qui seront soutenues vers 5 heures par les 5e et 6e compagnies de ce régiment.

L'arrivée de ces troupes fraîches fut, pour l'ennemi,

---

(1) *Historique du Grand Etat-Major prussien*, 3e livraison, page 327.
(2) *9e brigade (5e division, IIIe corps).*
(3) Les deux autres marchent sur le versant oriental du Rother-Berg.
(4) *32e brigade (16e division, VIIIe corps).*
(5) Les deux autres marchent à l'attaque du versant oriental du Rother-Berg.

le signal d'un mouvement général en avant dans le Gifert-Wald. A l'extrême droite, les 1er et 2e bataillons du 40e et quelques fractions du 2e bataillon du 63e de ligne, soutenus par le feu des 1re et 2e sections de la 7e batterie du 15e et de la 3e section de la 8e du 15e, en position au Nord-Est de Spicheren, empêchèrent les 1er et 3e bataillons du *48e* de progresser (1). Mais, dans la partie centrale de la forêt, le 1er bataillon du 63e et le 1er du 24e de ligne, furent bientôt très éprouvés; ils se replièrent lentement, et perdirent même, sur certains points, la lisière méridionale, malgré l'entrée en ligne du 1er bataillon du 23e de la division Bataille (2).

Le général de Laveaucoupet chargea alors le général Doëns de rétablir le combat avec les 2e et 3e bataillons du 2e de ligne, restés en réserve au Sud de Spicheren, l'un d'eux (le 3e), se portant vers le Rother-Berg. Celui-ci vint renforcer sur ce point le 2e du 24e de ligne qui commençait à perdre du terrain (3).

« Le 2e bataillon marche droit sur le bois en avant de Spicheren, ayant à sa tête le général Doëns, le colonel de Saint-Hillier et le lieutenant-colonel de Boucheman; après avoir parcouru un espace de 1500 mètres des plus mouvementés, le bataillon s'arrête sur la crête d'un ravin situé à 800 mètres du bois. « Ensuite, à l'instant où le bataillon vient aborder le bois, une décharge terrible couche par terre bon nombre d'hommes; néanmoins, enlevé par ses chefs, il continue sa marche, repousse l'ennemi, traverse le bois, et arrive sur le revers opposé, d'où il aperçoit les Prussiens fuyant dans la plaine (4). »

---

(1) Il ne faut pas oublier que l'effectif du 40e de ligne n'était que de 1613 hommes.
(2) Voir page 86.
(3) Voir page 84.
(4) Historique du 2e de ligne.

Le 1ᵉʳ bataillon du 24ᵉ et le 1ᵉʳ du 63ᵉ, entraînés en avant, regagnent une partie du terrain perdu.

Mais l'ennemi a reçu de nouveaux renforts. Le 2ᵉ bataillon du *12*ᵉ (1), débarqué à 4 heures, à Saint-Jean, avait été dirigé, du Repperts-Berg sur un point intermédiaire entre le Rother-Berg et la partie orientale du Gifert-Wald, « afin d'établir, entre les deux groupes isolés de la *5*ᵉ division, la liaison précédemment confiée au 2ᵉ bataillon du *48*ᵉ (2) ».

Un retour offensif exécuté par le 2ᵉ bataillon du *12*ᵉ, vers 5 heures, oblige les Français à se replier à leur tour. Le général Doëns tombe mortellement atteint, ainsi que le colonel de Saint-Hillier et le lieutenant-colonel de Boucheman, du 2ᵉ de ligne; le colonel Vittot, le lieutenant-colonel Rode, les chefs de bataillon Hermieu et Chardot du 40ᵉ de ligne, sont hors de combat; le lieutenant-colonel Arnoux, du 24ᵉ, déjà atteint d'un coup de feu à la tête, est grièvement blessé par un éclat d'obus. Dans ces deux derniers corps, les pertes sont considérables. La lisière Sud du Gifert-Wald tombe définitivement au pouvoir de l'ennemi, sauf le saillant Sud-Ouest, où se maintiennent encore quelques fractions françaises de divers corps. Une ligne de tirailleurs, appartenant aux 2ᵉ, 24ᵉ, 40ᵉ et 63ᵉ de ligne, et confondus par les péripéties de la lutte, se constitue à la lisière Nord des bois qui bordent les sources du Simbach (Nord-Est de Spicheren) et arrête, par ses feux, les Prussiens qui tentent de déboucher de la forêt. La 7ᵉ batterie du 15ᵉ, qui a occupé une nouvelle position sur le Pfaffen-Berg (3), et la 11ᵉ du 15ᵉ (mitrailleuses), qui l'y rejoignit un peu plus tard (4), venant du saillant Sud-

---

(1) *10*ᵉ brigade (*5*ᵉ division, IIIᵉ corps).
(2) *Historique du Grand Etat-Major prussien*, 3ᵉ livraison, page 328.
(3) Historique du 15ᵉ régiment d'artillerie.
(4) *Ibid.*

Ouest du Gifert-Wald, soutiennent très énergiquement l'infanterie, par leur tir dirigé sur les lisières du Gifert-Wald et du Pfaffen-Wald et sur le col qui les sépare.

Le colonel Zentz, du 63e, qui avait remplacé le général Doëns dans le commandement de la 1re brigade de la 3e division, « prenant quelques débris des compagnies du régiment, leur fait jalonner, avec les sacs que l'on avait posés pour marcher à l'assaut du bois, une nouvelle ligne de défense sur le sommet des pentes de la rive droite du Simbach; puis, ne pouvant faire entendre aucun signal à cause du canon et de la fusillade, il envoya les sous-officiers et les soldats qu'il avait sous la main pour rappeler les troupes engagées en avant. Il y eut là, de la part de tous ces hommes qui se rejetèrent dans la mêlée, de beaux actes de dévouement..... Le colonel put ainsi, avec les débris des trois régiments (24e, 40e, 63e), former deux lignes épaisses de tirailleurs, dont la seconde pouvait, grâce à la déclivité très prononcée du terrain, tirer par-dessus la première, sans aucun danger de l'atteindre (1). » Des fractions du 2e bataillon du 2e de ligne vinrent se joindre aux précédentes.

La lutte se continua ainsi, acharnée de part et d'autre. « En vain, à plusieurs reprises, les Prussiens, entraînés par leurs officiers, essaient de sortir du bois et de marcher à l'assaut de nos lignes. Notre feu et celui de notre artillerie les en empêchent d'une façon absolue et, chaque fois, ils sont obligés de regagner précipitamment leur couvert, laissant bon nombre des leurs sur le terrain » (2).

Abstraction faite des engagements particuliers que livraient les 1er et 3e bataillons du 18e dans le Pfaffen-Wald, « 32 compagnies prussiennes étaient en action,

---

(1) Historique du 63e de ligne.
(2) *Ibid.* Voir aussi Notes du colonel Zentz.

vers 6 heures du soir, dans le Gifert-Wald, et sur la croupe dénudée située à l'Ouest. Parmi ces troupes, les fusiliers du 74ᵉ restaient seuls constitués en bataillon » (1).

b) *Combat sur le Rother-Berg.* — Les cinq compagnies prussiennes (2) qui, sous la direction du général de François, s'étaient emparées de la crête la plus avancée du Rother-Berg, avaient réussi à s'y maintenir, grâce à l'appui de l'artillerie. La batterie établie sur la Folster-Höhe, face au Sud-Est (II/7), prenait d'enfilade les hauteurs de Spicheren et, à plusieurs reprises, elle avait contraint à la retraite le 2ᵉ bataillon du 24ᵉ de ligne et le 10ᵉ bataillon de chasseurs dans leurs tentatives pour reconquérir l'extrémité de l'éperon. Elle avait contribué à éteindre également, par deux fois, le feu de la batterie de mitrailleuses de la division de Laveaucoupet.

Les deux batteries établies à l'extrémité orientale du Galgen-Berg (2/7, 1/7), croisant leur tir avec celle de la Folster-Höhe (II/7), battaient d'écharpe tout le terrain compris entre le Forbacher-Berg et la lisière occidentale du Gifert-Wald. Presque tous les obus éclataient d'ailleurs, par suite de la composition rocailleuse du sol, et déterminaient des projections de pierres qui rendaient leurs effets plus meurtriers.

Les 1ʳᵉ et 2ᵉ sections de la 8ᵉ batterie du 15ᵉ, la 3ᵉ section de la 7ᵉ du même régiment et la 8ᵉ du 5ᵉ (2ᵉ division) placées, les premières, au Nord-Ouest de Spicheren, et la seconde, au Forbacher-Berg, parvinrent cependant à conserver leur position jusqu'à 6 heures du soir (3).

Bientôt, les cinq compagnies prussiennes du Rother-

---

(1) *Historique du Grand État-Major prussien*, 3ᵉ livraison, page 330.
(2) 3ᵉ bataillon du 74ᵉ, 9ᵉ compagnie du 39ᵉ.
(3) Historique du 15ᵉ régiment d'artillerie.

Berg, qui commençaient à manquer de munitions, reçurent des renforts. Le 3e bataillon du *40e*, primitivement dirigé sur le Gifert-Wald, gravit le Rother-Berg, les 9e et 12e compagnies en première ligne, et détermine un mouvement offensif de la part du 3e bataillon du *74e*. Le 2e bataillon du 24e de ligne est forcé d'abandonner successivement deux gradins de l'éperon et se replie à l'Est dans les parties adjacentes de la forêt où il est recueilli par le 3e bataillon du 2e de ligne (1). Le combat dégénère alors en une fusillade de pied ferme jusqu'à l'entrée en ligne des 11e et 10e compagnies du 3e bataillon du *40e*, cette dernière longeant le revers occidental et se portant ensuite contre la gauche du 2e bataillon du 24e. Les progrès de l'ennemi sont arrêtés à ce moment par l'entrée en ligne du 3e bataillon du 63e qui, après avoir cheminé dans le Gifert-Wald, près de la lisière occidentale, « pour se dérober à la vue des batteries prussiennes qui canonnaient violemment le Rother-Berg » (2), débouchait sur l'éperon par le saillant Nord-Ouest de la forêt. Des fractions du 10e bataillon de chasseurs et du 2e du 24e de ligne se joignent à ce mouvement offensif.

Assailli sur son flanc gauche par une violente fusillade de la part de la 10e compagnie du *74e*, le 3e bataillon du 63e oppose à celle-ci sa 1re compagnie, tandis que les cinq autres prennent position à la lisière Nord du Gifert-Wald et à la crête de l'éperon (3).

Mais, à ce moment, « les obus et les balles avaient largement creusé leurs sillons sanglants dans nos rangs; de plus, les Prussiens ont engagé, à cette heure, de nombreuses troupes fraîches contre les défenseurs de la lisière Nord du bois; et ceux-ci, décimés, épuisés par

---

(1) Voir pages 80 et 85. Effectif du 2e de ligne : 1429 hommes.
(2) Historique du 63e de ligne.
(3) *Ibid.*

la lutte, commençant à manquer de munitions, et ne se sentant plus soutenus par la moindre réserve, vont bientôt être obligés de reculer (1) ».

L'ennemi recevait, en effet, des troupes fraîches. C'était d'abord le 1ᵉʳ bataillon du *12*ᵉ (2), s'avançant sur le Rother-Berg, la 1ʳᵉ compagnie à l'Ouest du chemin de Sarrebrück à Spicheren, la 2ᵉ compagnie à l'Est, les 3ᵉ et 4ᵉ en seconde ligne, abordant le versant oriental de l'éperon. Les bataillons français du Rother-Berg (2ᵉ du 24ᵉ, 3ᵉ du 63ᵉ, 10ᵉ de chasseurs), écrasés par un feu d'artillerie violent, plient déjà, quand le général de Laveaucoupet, se mettant à leur tête, charge, l'épée à la main, pour reprendre l'éperon, et réussit à rétablir le combat. Le lieutenant-colonel Billot, chef d'état-major de la division, et le commandant du génie Peaucellier donnent également le plus brillant exemple de bravoure et de sang-froid.

De nouveaux renforts arrivent aux Prussiens sur le Rother-Berg : deux compagnies du 2ᵉ bataillon du *48*ᵉ (3), puis deux du 1ᵉʳ bataillon du *40*ᵉ (4). Le général de Laveaucoupet engage son dernier bataillon, 3ᵉ du 2ᵉ de ligne, et les 5ᵉ et 6ᵉ compagnies du 1ᵉʳ bataillon du même régiment sur les hauteurs de Spicheren et les dispose en repli à l'Ouest du saillant Sud-Ouest du Gifert-Wald (5).

La situation de la 3ᵉ division commençait à devenir critique sur le Rother-Berg, quand, vers 4 heures, arriva la 2ᵉ brigade (Fauvart Bastoul) de la 2ᵉ division

---

(1) Historique du 63ᵉ de ligne.
(2) *10*ᵉ brigade (*5*ᵉ division, IIIᵉ corps).
(3) Les deux autres engagées dans le Gifert-Wald. Voir page 79.
(4) Les 2ᵉ et 3ᵉ compagnies engagées dans le Gifert-Wald. Voir page 79.
(5) Le reste du 1ᵉʳ bataillon du 2ᵉ de ligne gardait les bois au Nord-Ouest de Grosbliederstroff.

(66ᵉ et 67ᵉ de ligne), suivie du 1ᵉʳ bataillon du 23ᵉ de ligne (1ʳᵉ brigade).

Le 67ᵉ fut dirigé vers les pentes boisées du Spicheren-Wald, au Nord-Ouest du Forbacher-Berg, face à la Brème-d'Or et à la baraque Mouton, d'où l'ennemi essayait de déboucher, refoulant devant lui les débris du 1ᵉʳ bataillon du 76ᵉ. « Le 67ᵉ déploya de suite un bataillon qui se couvrit d'un rideau de tirailleurs et précipita sa marche, gardant les deux autres bataillons en colonne derrière les ailes (1). » A peine avait-il pris ces dispositions, qu'un ordre du général Bataille l'appela à Stiring. Pendant ce temps, le 1ᵉʳ bataillon du 66ᵉ était venu se placer à sa droite, pour le relier au 3ᵉ bataillon du 24ᵉ de ligne, établi dans le grand ravin qui prend naissance au Forbacher-Berg et aboutit à la maison de Douane ; le 1ᵉʳ bataillon du 23ᵉ fut envoyé dans le Gifert-Wald (2).

Le colonel Ameller, avec le 2ᵉ bataillon du 66ᵉ, renforcé ensuite par le 3ᵉ (3), exécuta trois contre-attaques successives dans la direction de l'éperon, qu'envahissaient des troupes prussiennes de plus en plus nombreuses, et réussit à les contenir. Rassuré sur ce point, le général de Laveaucoupet donna l'ordre au 3ᵉ bataillon du 2ᵉ de ligne de se porter en avant et de surveiller le ravin du Rother-Berg orienté Sud-Est-Nord-Ouest, et qui aboutit à la Brème-d'Or, pour empêcher l'ennemi de déborder l'éperon de ce côté.

Vers 5 heures, le 2ᵉ bataillon du *12ᵉ*, débarqué à Sarrebrück à 4 heures, vint, du Repperts-Berg, établir la liaison, précédemment confiée au 2ᵉ bataillon du *48ᵉ*,

---

(1) Historique du 67ᵉ de ligne.
(2) Notes fournies à la Section Historique par M. le général Devaureix, alors sous-lieutenant au 66ᵉ de ligne. Effectif du 23ᵉ de ligne : 1632 hommes.
(3) Ce dernier tout d'abord placé en réserve près de Spicheren. (Documents annexes, page 26.) Effectif du 66ᵉ : 1530 hommes.

entre les troupes qui combattaient dans le Gifert-Wald et sur le Rother-Berg, sans que son arrivée déterminât, pour les fractions déjà engagées, un mouvement offensif sur ce dernier point.

La division de Laveaucoupet continuait à opposer une résistance opiniâtre (1) et l'ennemi semblait attendre de nouveaux renforts pour renouveler ses attaques. Les feux même perdaient de leur intensité, aussi bien d'ailleurs vers Stiring que sur les hauteurs de Spicheren. Le général Frossard s'était rendu de Forbach à Stiring vers 5 heures, à la nouvelle que la situation était un peu tendue (2). Prenant cette accalmie momentanée pour une suspension du combat, il prévint à 5 h. 35 le maréchal Bazaine que la lutte, après avoir été très

---

(1) *Historique du Grand État-Major prussien*, 3ᵉ livraison, page 330.

(2) L'heure d'arrivée du général Frossard sur le champ de bataille, qui n'est mentionnée dans aucun document, peut être approximativement indiquée par une déposition du lieutenant-colonel Gaillard, sous-chef d'état-major du 2ᵉ corps, à l'instruction relative au procès Bazaine (nº 72), et ainsi conçue : « Vers 4 heures du soir, M. le général Frossard me donna ordre de me rendre à Stiring, en avant duquel les troupes des divisions Vergé et Bataille contenaient l'ennemi. Sur le compte que je rendis au général que la situation était *un peu tendue, il jugea à propos de se rendre lui-même sur le terrain*. Dans la prévision d'un mouvement de retraite dans la direction des hauteurs, il disposa de l'artillerie et quelques troupes en avant de Forbach, pour tenir en respect l'ennemi, au moment où les troupes qui occuperaient Stiring traverseraient la plaine pour gagner la première pente. Après avoir pris ces dispositions, il revenait à Forbach, lorsque l'ennemi ouvrit un feu d'artillerie du haut de la route de Sarrelouis..... »

Parti de Forbach à 4 heures, le lieutenant-colonel Gaillard a pu arriver à Stiring à 4 h. 15 ; un quart d'heure a suffi pour lui permettre de se rendre compte de la situation aux abords de cette localité ; il a été vraisemblablement de retour à Forbach à 4 h. 45 et le général Frossard en est parti après avoir entendu son rapport.

Le général de Rivière, dans son rapport au procès Bazaine, admet également que le général Frossard « arriva assez tardivement sur le champ de bataille » (page 12).

vive, s'apaisait, qu'il espérait rester maître du terrain, mais que la bataille recommencerait le lendemain, peut-être même dans la nuit. Il demandait en même temps l'envoi, par chemin de fer, dans la soirée, d'un régiment d'infanterie au moins. Il retourna ensuite à Forbach et se porta plus tard sur les hauteurs de Spicheren.

c) *Reconnaissances de la cavalerie prussienne dans la vallée de la Sarre.* — Dans le courant de l'après-midi, deux escadrons du *12ᵉ* régiment de dragons (1) avaient battu le pays le long de la Sarre, en amont de Sarrebrück. Le 1ᵉʳ, chargé d'exécuter une reconnaissance sur Sarreguemines, s'était dirigé sur cette ville par la rive droite, sauf un peloton suivant la rive gauche. Tandis que ce dernier se trouvait arrêté dès Saint-Arnual par « de forts partis de cavalerie ennemie (2) », le gros de l'escadron atteignait les environs de Sarreguemines. « Au Nord de Welferding, ses patrouilles essuyaient le feu de fantassins ennemis ; deux escadrons français se montraient aussi sur les hauteurs, au Sud-Est de Zinzing (3). Entre Sarreguemines et le village voisin de Neunkirch, on remarquait une agglomération très considérable de troupes (4), dont l'effectif était évalué à vingt mille hommes (5) ».

Le 2ᵉ escadron observait le terrain sur le flanc gauche de l'infanterie engagée dans le Gifert-Wald ; un de ses pelotons, dirigé sur Grosbliederstroff, s'y heurtait à un

---

(1) Cavalerie divisionnaire de la *5ᵉ* division d'infanterie. Voir page 72.

(2) *Historique du Grand Etat-Major prussien*, 3ᵉ livraison, page 361. Probablement les 1ᵉʳ et 2ᵉ escadrons du 7ᵉ dragons, mis à la disposition du général de Laveaucoupet et chargés d'éclairer son flanc droit vers Grosbliederstroff.

(3) *Ibid.*

(4) Division Montaudon et brigade Lapasset.

(5) *Historique du Grand Etat-Major prussien*, 3ᵉ livraison, page 362.

escadron français (6ᵉ du 5ᵉ chasseurs à cheval), qui, après avoir tenté de lui couper la retraite, se retirait ensuite, laissant le passage libre (1).

§ 3. — *Engagements à l'aile gauche française, jusqu'à 6 heures du soir.*

a) *Combat au Nord de Stiring.* — Vers 5 heures, une nouvelle menace se produisit sur le flanc gauche de la position du 2ᵉ corps. Le 3ᵉ bataillon du *53ᵉ* atteignit la lisière de la forêt de Stiring, à l'Ouest du point où le 1ᵉʳ bataillon avait pris position précédemment contre Stiring (2).

Tandis que la 12ᵉ compagnie s'y établit pour assurer le flanc droit, la 9ᵉ traversant une petite clairière, située à l'Ouest du chemin de fer des Houillères, refoule au Sud de la voie ferrée de Sarrebrück des fractions du 2ᵉ bataillon du 32ᵉ de ligne, et occupe quelques maisons qu'elle ne tarde pas à évacuer, dans la crainte d'une attaque partant de la verrerie Sophie. Les 10ᵉ et 11ᵉ sont envoyées sur ce point et s'engagent contre deux compagnies du 2ᵉ bataillon du 55ᵉ de ligne (3).

Peu après, les 2ᵉ et 3ᵉ compagnies du *77ᵉ* se portent, de la ligne ferrée des Houillères sur les bâtiments de l'usine, construits extérieurement aux forges, au Nord du chemin de fer de Sarrebrück ; la 9ᵉ compagnie du *53ᵉ* se joint à ce mouvement, ainsi qu'un peloton de la 4ᵉ compagnie de ce régiment. Les deux compagnies du 3ᵉ bataillon du 32ᵉ de ligne, postées dans ces bâtiments, sont refoulées au Sud, dans l'usine même, mais les deux premiers bataillons de ce régiment, qui occupent le

---

(1) *Historique du Grand État-Major prussien*, 3ᵉ livraison, page 362.
(2) Voir page 65.
(3) Voir page 63.

village de Stiring, empêchent, par leurs feux, l'ennemi de progresser. Un détachement prussien essaie de traverser, par la tranchée du chemin de fer, la gauche des vastes constructions des forges, et ses tirailleurs poussent jusqu'à 70 pas de ceux du 32e de ligne qui se tiennent embusqués derrière des wagons de charbon et des piles de rails, mais il ne parvient pas à gagner du terrain dans cette direction. La situation, sur ce point, reste stationnaire : le combat se réduit peu à peu à une fusillade de pied ferme.

« De la position dominante qu'occupait le 74e à Vieux-Stiring, on remarquait, vers 5 heures, des masses d'infanterie ennemie avec de l'artillerie, descendant le versant du Spicheren-Wald, au Sud de Stiring-Wendel. C'était une partie de la division Bataille (1)..... En même temps, des mouvements offensifs de l'adversaire (des Français) étaient signalés sur la route, à l'Est de Stiring-Wendel. Le major Werner avait pris le commandement, en sa qualité de plus ancien officier supérieur ; jugeant que, dans ces conditions, il serait opportun de ne pas demeurer plus longtemps dans une position aussi voisine de l'ennemi, sans espoir d'être soutenu et d'obtenir de nouveaux avantages, il ordonnait donc aux six compagnies du 74e, présentes sur ce point, de rebrousser dans la direction de Drathzug (2) ». Des petits groupes du 39e, du 55e et du

---

(1) L'*Historique du Grand Etat-Major prussien* ajoute : « Dont les batteries commençaient aussitôt à envoyer leurs obus sur les troupes prussiennes d'Alt-Stiring ».

Il y a là une erreur : les 7e et 9e batteries du 5e, qui accompagnaient la 1re brigade de la division Bataille, ne prirent pas part au combat.

(2) *Historique du Grand Etat-Major prussien*, 3e livraison, page 337. Il est difficile de justifier ce mouvement de retraite, exécuté à la seule vue des troupes françaises descendant des hauteurs de Spicheren. Elles étaient encore assez éloignées pour que les six compagnies du 74e n'eussent rien à en redouter, et il n'était pas démontré que leur objectif

77ᵉ, qui avaient pris part à l'action dans ces environs, se joignaient à leur mouvement.

b) *Contre-attaque du 67ᵉ de ligne sur la forêt de Stiring*. — En arrivant d'Œting à Stiring, avec les 2ᵉ et 3ᵉ bataillons du 23ᵉ et le 8ᵉ de ligne, le général Bataille, constatant la situation un peu critique où se trouvait la division Vergé, s'était empressé de jeter le 2ᵉ bataillon du 23ᵉ à la lisière Est de Stiring, et de diriger le 3ᵉ dans l'intervalle, entre la verrerie Sophie et ce village, face au Nord-Ouest, pour s'opposer au mouvement débordant que l'ennemi semblait vouloir tenter par la forêt de Stiring. De plus, il avait donné l'ordre au 67ᵉ de ligne de descendre du Spicheren-Wald vers Stiring et de porter un de ses bataillons sur cette localité, les deux autres restant en réserve sur les pentes boisées qui longent la route de Forbach à Sarrebrück (1). Mais, peu après, il se rendit compte des progrès de l'ennemi sur le plateau de Spicheren et, craignant d'avoir trop affaibli le général

---

fût Vieux-Stiring. En outre, le major Werner abandonnait à elles-mêmes les fractions du 77ᵉ et du 53ᵉ qui combattaient au Sud-Ouest de Vieux-Stiring, entre ce point et le chemin de fer des Houillères.

« Aucune attaque n'avait eu lieu encore, ni contre le bois de Stiring, ni contre les troupes du major Werner elles-mêmes, ni contre l'extrême droite prussienne ». (Cardinal von Widdern. *Loc. cit.*, page 156.)

Dans l'ouvrage intitulé *Entwickelung der Taktik* (1ʳᵉ partie, page 55), le général de Boguslawski fait observer très justement que l'histoire n'a pas, jusqu'à présent, donné des raisons suffisamment claires de ce mouvement de retraite. Il ajoute que la contre-attaque du 67ᵉ de ligne contre la forêt de Stiring fut certainement facilitée par les mesures prises par le major Werner. La 18ᵉ monographie du Grand État-Major prussien dit à ce propos que le mobile principal de la détermination de cet officier supérieur fut le souci d'être coupé de la division ; que sa retraite était déjà décidée au moment de la contre-attaque française, mais que celle-ci, jointe au feu violent de l'artillerie, l'obligea à reculer jusqu'à Drathzug (page 513, note 2).

(1) Notes communiquées à la Section historique par M. le général Thibaudin, alors lieutenant-colonel du 67ᵉ.

de Laveaucoupet, en lui enlevant le 67ᵉ, il lui envoya les 2ᵉ et 3ᵉ bataillons du 8ᵉ de ligne, sous les ordres du lieutenant-colonel Gabrielli.

A ce moment, le 67ᵉ de ligne, qui avait pris la route en lacets qui conduit de Spicheren à Schœneck, atteignait la lisière Nord-Ouest du Spicheren-Wald. Le général Bataille l'appela aussitôt tout entier, près de l'usine Wendel, et ordonna au colonel de reprendre le bois de Stiring avec deux bataillons qui seraient soutenus par le 1ᵉʳ bataillon du 8ᵉ de ligne, maintenu jusque-là à l'abri, au Sud-Est de Stiring.

En conséquence, les 1ᵉʳ et 3ᵉ bataillons du 67ᵉ, celui-ci à gauche, dirigés par le lieutenant-colonel Thibaudin, vinrent se former à l'abri d'un talus adossé à l'usine, et le 2ᵉ resta dans les bâtiments mêmes, répondant au feu très vif que l'ennemi dirigeait des bois. Ils se portèrent aussitôt à cette attaque « avec un élan admirable et une vigueur sans égale, formés en colonne de division et précédés de tirailleurs. Pour gagner le saillant du bois, il fallait traverser à découvert un terrain battu de front et d'écharpe pendant trois ou quatre cents mètres. Le bois fut magnifiquement enlevé..... (1) », du premier élan (2).

Le 1ᵉʳ bataillon y pénétra par la lisière Sud, le 3ᵉ par le saillant Sud-Ouest. Il était 6 heures environ.

Malgré la rapidité de cette attaque, les pertes du ré-

---

(1) Rapport du général Bataille.
(2) « Du premier élan, les trois bataillons français atteignent le bois et y prennent pied ». (*Historique du Grand État-Major prussien*, 3ᵉ livraison, page 339.)
D'après l'Historique en question, trois bataillons (deux du 67ᵉ, un du 8ᵉ), auraient pris part à ce retour offensif. En réalité, le 1ᵉʳ bataillon du 8ᵉ ne fut pas engagé, ainsi que l'admet d'ailleurs la monographie 18 du Grand État-Major prussien, page 521, note 1. Ce dernier ouvrage dit qu'un bataillon du 55ᵉ appuya les deux bataillons du 67ᵉ. Les documents

giment furent sensibles ; il y eut une centaine d'hommes tués ou blessés ; le capitaine Quentin, frappé grièvement, mourut des suites de ses blessures ; le lieutenant Henriot, les sous-lieutenants Barbas et Ménétrez, furent également mis hors de combat (1). Le commandant Beaugeois, du 3e bataillon, et le capitaine Vadon, son adjudant-major, avaient eu leurs chevaux tués sous eux.

Les sept compagnies prussiennes qui occupaient le bois de Stiring (2), ne purent résister à ce vigoureux retour offensif. La 1re compagnie du 77e fut presque entièrement dispersée ; les autres compagnies de ce régiment se replièrent vers Drathzug où elles se rassemblèrent ; les trois compagnies du *39e* effectuèrent leur retraite dans la forêt communale de Sarrebrück, en franchissant la voie ferrée. Quant aux six compagnies du *74e*, sous les ordres du major Werner, elles continuèrent à rétrograder vers le Nord, sans chercher à rétablir le combat. Le bois de Stiring tout entier, tomba aux mains du 67e de ligne (3).

---

français ne permettent pas de l'affirmer. C'est sans doute un article du *Spectateur militaire* (4e série, 1885, page 177) qui a donné lieu à cette version. Le rapport du général Frossard ne parle que de deux bataillons du 67e et d'un bataillon du 8e, en réserve. D'après des notes communiquées par M. le général Thibaudin, deux bataillons seulement du 67e furent engagés.

(1) Historique du 67e de ligne.
(2) 10e, 11e, 12e du *39e* ; 1re, 5e, 6e, 8e du *77e*.
(3) D'après l'*Historique du Grand Etat-Major prussien*, le *39e* n'aurait été refoulé que « jusqu'au milieu des bois ». (3e livraison, page 339.) Le colonel Cardinal von Widdern déclare, au contraire, que « l'ennemi pénétra dans le bois de Stiring et l'enleva tout entier ». (*Loc. cit.*, page 158.) D'après l'Historique du *39e*, « quelques fractions se maintinrent avec peine dans la partie Nord du bois (page 297) ». Telle est également la version de la monographie n° 18, qui supprime toutefois les mots « avec peine ». Le colonel Cardinal von Widdern cite, à l'appui de son affirmation, un rapport du lieutenant Meese, attaché à l'état-major de la *14e* division, qui, accompagnant le général

« En même temps que cette attaque avait lieu contre le bois de Stiring, les troupes françaises avaient aussi débouché de Stiring-Wendel dans les autres directions (1) ».

Des fractions des 1ᵉʳ et 2ᵉ bataillons du 32ᵉ de ligne, qui occupaient l'usine et la lisière Nord-Ouest du village, entraînées par les quatre dernières compagnies du 3ᵉ bataillon, avaient franchi la voie ferrée et chassé les Prussiens des bâtiments dont ils s'étaient emparés précédemment. Les 2ᵉ et 3ᵉ compagnies du 77ᵉ et le 3ᵉ bataillon du *53ᵉ* se repliaient jusqu'à la lisière de la forêt de Stiring ; les deux compagnies du 77ᵉ parvenaient à s'y maintenir, tandis que les 11ᵉ et 12ᵉ du *53ᵉ* « couvraient la retraite en s'établissant sur le flanc, dans la tranchée du chemin de fer, en avant de la verrerie Sophie (2).

D'autre part, une partie des 1ᵉʳ et 3ᵉ bataillons du 77ᵉ de ligne et du 3ᵉ bataillon du 76ᵉ, reprenait également l'offensive au Nord-Ouest de Vieux-Stiring, refoulant des groupes du *39ᵉ*, du *53ᵉ* et du *77ᵉ* (3) ; « la 4ᵉ compagnie du 77ᵉ, demeurée seule au passage à niveau du chemin de fer, ne parvenait à effectuer sa retraite qu'avec des pertes fort sérieuses (4) ».

Profitant de la retraite générale de l'ennemi au Nord et au Nord-Est de Stiring, le commandant Gougis et le lieutenant Rossin, du 17ᵉ d'artillerie, aidés par le capi-

---

de Kamecke, aperçut un groupe de soldats français sortant du bois de Stiring par la lisière Nord, et trouva le 3ᵉ bataillon du *39ᵉ* se rassemblant dans la forêt de Sarrebrück. « L'ordre de se retirer du champ de bataille nous a été donné vers 6 heures ou 6 h. 30 du soir, sur la *lisière du bois que nous venions de conquérir* ». (Notes du général Thibaudin.)

(1) *Historique du Grand Etat-Major prussien*, 3ᵉ livraison, page 339.
(2) *Ibid.*, page 340.
(3) Entraînés par le mouvement de retraite des six compagnies du *74ᵉ*.
(4) *Historique du Grand Etat-Major prussien*, 3ᵉ livraison, page 339

taine Pacull du 76ᵉ de ligne, par le capitaine Hiver et le soldat Dunand du 77ᵉ, allèrent chercher les cinq pièces qui avaient été abandonnées quelques heures auparavant et parvinrent à les ramener (1).

La 7ᵉ batterie du 17ᵉ put ainsi se reconstituer au Sud de Stiring. Quant à la 12ᵉ batterie du 5ᵉ et à la 8ᵉ du 17ᵉ, qui n'avaient cessé de lutter, de leur position au Sud de l'usine Wendel, contre l'artillerie prussienne, elles s'établirent ensuite face au Nord-Ouest, entre Stiring et le chemin de Schœneck, à 100 mètres de la route de Sarrebrück, de façon à battre la lisière Sud de la forêt de Stiring. Plus tard, la 8ᵉ du 17ᵉ exécuta un changement de front à droite pour riposter à l'artillerie ennemie de la Folster-Höhe. Vers 6 heures, le général Vergé « fit placer les deux batteries devant l'usine de Stiring, pour s'opposer à une attaque directe, si l'ennemi profitait de la tombée de la nuit pour l'entreprendre (2) ».

Enfin, à la même heure, les 2ᵉ et 3ᵉ bataillons du 8ᵉ de ligne, que le général Bataille avait dirigés sur le plateau de Spicheren, vinrent occuper la lisière Nord du Spicheren-Wald, de part et d'autre du grand ravin qui s'ouvre au Sud de la baraque Mouton. Ils y recueillirent des fractions du 1ᵉʳ bataillon du 76ᵉ, qui avait été obligé d'abandonner ce point d'appui (3). Le 3ᵉ bataillon borda la croupe boisée qui avoisine la route de Sarrebrück, au Nord-Est de l'embranchement du chemin de Schœneck, en se couvrant, sur son flanc gauche, par une

---

(1) Le lieutenant Chabord, du 17ᵉ d'artillerie, qui avait été grièvement atteint à la jambe par un éclat d'obus, put recevoir les premiers soins à ce moment. Quand le lieutenant-colonel Thibaudin, dirigeant les 1ᵉʳ et 3ᵉ bataillons du 67ᵉ, passa près de lui, le lieutenant Chabord lui dit : « Mon colonel, sauvez nos pièces, et si après vous voulez bien penser à moi, je vous en serai reconnaisssant ». (Notes du général Thibaudin.)
(2) Historique du 5ᵉ régiment d'artillerie.
(3) Voir page 62.

compagnie chargée de surveiller ce chemin. Le 2ᵉ bataillon se plaça à sa droite, sur le versant oriental du ravin, se reliant, plus à l'Est, au 1ᵉʳ bataillon du 66ᵉ de ligne. Ces deux bataillons du 8ᵉ s'engagèrent immédiatement contre le 3ᵉ bataillon du 77ᵉ qui, de la Brême-d'Or et de la baraque Mouton, cherchait à prendre pied dans le Spicheren-Wald.

c) *Nouvelle demande de renforts du général Frossard.* — Malgré le succès qu'avaient obtenu les deux bataillons du 67ᵉ de ligne, dans le bois de Stiring, le général Frossard ne pouvait se dissimuler que la situation générale du 2ᵉ corps devenait de plus en plus critique. Il ne disposait plus d'aucune réserve, et à l'accalmie qui s'était produite sur le plateau de Spicheren, venait de succéder une reprise violente du combat. A 5 h. 45, il rendit compte au maréchal Bazaine de la nécessité où sa droite s'était trouvée de se replier et ajouta : « Je me trouve compromis gravement. Envoyez-moi des troupes très vite et par tous les moyens ».

Le Maréchal n'avait plus sous la main que la division Decaen à Saint-Avold, position qu'il ne croyait pas pouvoir dégarnir immédiatement (1). Il se contenta donc de diriger sur Forbach, par chemin de fer, le 60ᵉ de ligne (2), et prévint en même temps (6 h. 16 du soir), le commandant du 2ᵉ corps que le général de Castagny était en marche vers Spicheren, que le général Montaudon avait quitté Sarreguemines à 5 heures, marchant sur Grosbliederstroff, qu'enfin le général Metman était à Betting-lès-Saint-Avold.

d) *Marche de la 13ᵉ division par la vallée de la Rosselle.* — « Pendant que le combat se continue avec

---

(1) Le maréchal Bazaine au général Frossard. Voir page 18.
(2) 1ʳᵉ brigade de la 4ᵉ division du 3ᵉ corps.

acharnement sur les hauteurs de Spicheren et à Stiring, quelques inquiétudes commencent à se manifester sur nos derrières, où une attaque paraît imminente. Sur la route de Sarrelouis, une colonne d'infanterie, accompagnée d'artillerie et précédée de cavalerie, était signalée. La nécessité d'envoyer d'urgence des renforts successifs au général Vergé, avait forcé le général Frossard à découvrir complètement ce débouché, qui n'était plus gardé que par une seule compagnie du génie (1). »

Cette colonne était l'avant-garde de la *13e* division d'infanterie (général de Glümer). Vers midi, elle était entrée à Völklingen (2), tandis que le gros de la division s'établissait en cantonnements très serrés aux environs de Püttlingen (3). Des reconnaissances de hussards (4), « signalant des bataillons ennemis en marche par Grande-Rosselle, le général von der Goltz, commandant la *26e* brigade, postait provisoirement, en avant de Wehrden, le *7e* bataillon de chasseurs, ainsi qu'un escadron de hussards (5), et en rendait compte au commandant de la division (6) ». Celui-ci gagna aussitôt Wehrden, emmenant avec lui le 4e escadron du *8e* hussards et la 6e batterie légère du *7e*. Sur ces entre-

---

(1) Journal de marche du 2e corps.

(2) Les 1er et 3e escadrons du *8e* hussards, qui marchaient en tête de l'avant-garde, avaient atteint Völklingen dès 11 heures. (*Historique du Grand Etat-Major prussien*, 3e livraison, page 294.) Mais l'avant-garde elle-même n'y pénétra entièrement qu'à midi. (*Ibid.*, page 356.)

(3) Voir page 22.

(4) L'*Historique du Grand Etat-Major prussien* ne spécifie pas le régiment. Il s'agit très probablement des deux pelotons du *11e* hussards (brigade Redern, de la *5e* division de cavalerie), qui avaient franchi la Sarre à Wehrden, à 8 heures du matin. (Voir page 15.)

(5) 1er du *8e* hussards, cavalerie divisionnaire de la *13e* division. (Cardinal von Widdern, *Loc. cit.*, page 314.)

(6) *Historique du Grand Etat-Major prussien*, 3e livraison, page 357.

8e fascicule.

faites, le bruit d'une forte et persistante canonnade se fit entendre dans la direction du Sud-Est; d'autre part, des renseignements fournis par une reconnaissance d'officier du *11e* hussards, faisait connaître « que la *14e* division s'était avancée de Sarrebrück contre les positions de Spicheren—Stiring, et qu'un violent combat s'était engagé entre elle et les troupes françaises qui les défendaient (1) ».

Le général von der Goltz « prit alors le parti de se porter, avec toute l'avant-garde, dans le flanc de l'ennemi (2) ». Le général de Glümer approuvait cette décision et envoyait l'ordre au gros de la *13e* division de suivre le mouvement de l'avant-garde. Celle-ci, précédée par une compagnie de chasseurs et un peloton de hussards, qui se dirigèrent ensuite par Clarenthal sur Schœneck, rompit de Völklingen à 2 h. 15. En approchant de Grande-Rosselle, vers 4 heures, elle reçut l'ordre que lui avait envoyé de Dilsburg, trois heures auparavant, le général commandant le VIIe corps (3).

« Les opérations qu'il prescrivait se trouvaient exécutées quant aux points principaux. Depuis 5 heures du matin, les troupes avaient constamment marché, sans s'arrêter, même pour préparer leur repas; elles avaient parcouru 38 kilomètres environ, sans rencontrer l'ennemi et sans découvrir d'autre indice de sa présence, qu'un camp considérable, que l'on apercevait au loin sur les hauteurs de Forbach. A l'Est, le bruit de la canonnade, étouffé par la vaste étendue des bois, avait cessé de retentir; l'action engagée dans cette direction semblait terminée (4) ».

Les généraux de Glümer et von der Goltz convinrent,

---

(1) Cardinal von Widdern. *Loc. cit.*, page 315.
(2) *Historique du Grand Etat-Major prussien*, 3e livraison, page 357.
(3) Voir page 73.
(4) *Historique du Grand Etat-Major prussien*, 3e livraison, page 358.

d'un commun accord, de suspendre la marche de l'avant-garde à Grande-Rosselle ; l'ordre fut envoyé au gros de la division de bivouaquer à Völklingen (1), en envoyant toutefois à Grande-Rosselle le 2ᵉ escadron du *8ᵉ* hussards (2). De sa personne, le général de Glümer revint à Wehrden, où il reçut vers 5 h. 30, du quartier général de la Iʳᵉ armée, une communication « portant que le grand quartier général paraissait ne pas avoir encore l'intention d'entamer, ce jour-là, une affaire sérieuse sur la rive gauche de la Sarre (3) ».

Vers 6 heures, le bruit du canon se fit entendre de nouveau à Grande-Rosselle ; en même temps, des reconnaissances du *8ᵉ* hussards annonçaient que le combat continuait au Sud de Sarrebrück ; enfin, le capitaine de Westernhagen, de l'état-major du VIIᵉ corps, apportait à ce moment la nouvelle de l'engagement livré par la *14ᵉ* division, sans donner, d'ailleurs, des détails sur ses diverses péripéties. Le général von der Goltz reprit aussitôt, de sa propre initiative, sa marche sur Forbach par les deux rives de la Rosselle.

La marche de l'avant-garde de la *13ᵉ* division avait été signalée au général Frossard, qui avait envoyé vers

---

(1) L'Historique du *73ᵉ* dit que, des environs immédiats de Völklingen, on apercevait la fumée produite par les bouches à feu et même les points d'éclatement des obus.

(2) Le *8ᵉ* hussards tout entier se trouvait donc réuni à l'avant-garde de la *13ᵉ* division.

(3) *Historique du Grand État-Major prussien*, 3ᵉ livraison, page 358. L'Historique donne cette communication comme un des motifs qui auraient déterminé le général de Glümer à faire arrêter l'avant-garde de sa division à Grande-Rosselle. Cardinal von Widdern, au contraire, expose que cette communication parvint au général de Glümer postérieurement à l'ordre de stationnement. (*Loc. cit.*, page 326.)

Le rapport de la *13ᵉ* division pour la journée du 6 août, dit nettement que « le major de Lewinski, de l'état-major de la Iʳᵉ armée, arriva à Wehrden, auprès du général de Glümer, à 5 h. 30 », et lui remit la dépêche dont il s'agit (*Ibid.*).

4 heures, en reconnaissance sur la route de Forbach à Sarrelouis, le lieutenant-colonel Dulac, avec les 4e et 5e escadrons du 12e dragons. Leurs patrouilles ne tardèrent pas à se trouver au contact des avant-postes prussiens, au Sud-Est de Grande-Rosselle, et, vers 6 heures, au moment où la colonne ennemie se remit en mouvement, les deux escadrons se replièrent lentement sur le Kanichensberg.

§ 4. — *La bataille sur le plateau de Spicheren, à partir de 6 heures.*

a) *Le Forbacher-Berg choisi comme point d'attaque*, — Vers 4 h. 45, les généraux d'Alvensleben, de Gœben et de Zastrow, commandant les IIIe, VIIe et VIIIe corps, s'étaient rencontrés sur la route, à hauteur du Galgen-Berg, et « avaient arrêté de concert les dispositions à prendre pour mener le combat à bonne fin » (1). Le général de Zastrow, que son ancienneté appelait à prendre le commandement en chef, estima que ce rôle ne lui advenait pas, parce que toutes les troupes de la *14e* division étaient déjà engagées et que les renforts qui pouvaient leur arriver appartiendraient tous au IIIe corps. Il laissa, en conséquence, toute latitude au général

---

(1) *Historique du Grand État-Major prussien*, 3e livraison, page 340. L'Historique ajoute :

« A ce moment, notre aile droite occupait encore ses positions en face de Stiring-Wendel ; à l'aile gauche, nos troupes gagnaient progressivement du terrain dans le combat, sur les hauteurs ; le succès de la journée paraissait assuré. Du champ de bataille même, le général de Gœben avait adressé, par voie télégraphique, à Sa Majesté le Roi, un rapport provisoire conçu dans ce sens ».

La 18e monographie du Grand Etat-Major fait observer à ce sujet que la situation à laquelle ce télégramme fait allusion est plus tardive ; il n'a été expédié de Sarrebrück qu'à 6 h. 50 du soir. (Page 505, note 5.)

d'Alvensleben et se borna à surveiller le combat à l'aile gauche, en attendant des nouvelles de la *13e* division (1).

« Le général d'Alvensleben, qui, depuis quelque temps déjà, observait, du Winter-Berg, la marche de l'action, estimait opportun d'imprimer un redoublement de vigueur à l'attaque du plateau de Spicheren. Il se chargeait d'employer à cet effet les troupes de son corps, qui arrivaient encore sur le théâtre de la lutte, et de prendre, en général, la haute main dans cette partie du champ de bataille » (2).

A la suite d'un entretien avec le général de Stülpnagel et d'une reconnaissance personnelle, le général d'Alvensleben se décida à enlever le Forbacher-Berg par la Brême-d'Or et non par le Rother-Berg, en raison de la difficulté qu'éprouverait l'attaque partant de ce dernier point, dominé par l'adversaire et battu par le feu de ses batteries (3). « Mais, pour y parvenir, trois choses étaient nécessaires : réunir toutes les forces disponibles face à cet objectif unique ; tenir solidement le Rother-Berg à gauche et la Brême-d'Or à droite ; les reconquérir, si l'on venait à les perdre pendant ce temps.

Le combat avait repris plus violemment sur le Rother-Berg et dans le Gifert-Wald, et il importait avant tout de s'emparer définitivement de cette position essentielle » (4).

b) *Progrès de l'attaque sur le plateau de Spicheren.* — Le gros de la *9e* brigade avait quitté ses cantonnements de Friedrichsthal et de Bildstock vers 2 heures et parcouru d'une seule traite les 16 kilomètres qui le sépa-

---

(1) *Kriegsgeschichtliche Einzelschriften* n° 18, page 509, note 3.
(2) *Historique du Grand État-Major prussien*, 3e livraison, page 34
(3) *Kriegsgeschichtliche Einzelschriften*, n° 18, page 510.
(4) *Ibid.*, page 511. (Souvenirs du général d'Alvensleben.)

raient de Saint-Jean, où sa tête de colonne parvint avant 6 heures.

Il comprenait le régiment des grenadiers du corps n° 8, le 3ᵉ bataillon de chasseurs et la 3ᵉ batterie lourde, sous les ordres du lieutenant-colonel de l'Estocq.

Dans la précipitation du départ, le 3ᵉ bataillon de chasseurs s'était mêlé au bataillon de tête du régiment des grenadiers, de sorte que trois compagnies de ce dernier marchaient derrière les chasseurs. Tout d'abord on s'était proposé de jeter le régiment du corps tout entier, à travers le Stifts-Wald, sur le flanc droit de l'adversaire, et le commandant du 1ᵉʳ bataillon avait pris, du Winter-Berg, cette direction avec la 3ᵉ compagnie (1). Un peu plus tard, quand les trois autres compagnies de ce bataillon débouchèrent, on se décida à les diriger « vers le versant Ouest des hauteurs de Spicheren, pour s'emparer du col situé au Sud du Rother-Berg » (2).

Le 3ᵉ bataillon du 2ᵉ de ligne, qui y avait été posté par le général de Laveaucoupet, n'avait pu s'y maintenir en raison des feux d'artillerie intenses auxquels il s'était trouvé en butte.

Tandis que la 2ᵉ compagnie des grenadiers du corps demeure sur la pente occidentale des hauteurs pour concourir à la défense de la Brème-d'Or et de la baraque Mouton, les 1ʳᵉ et 4ᵉ compagnies s'engagent dans le ravin qui, partant de la maison de Douane, s'élève vers le col dans la direction de l'Est, arrivent sur la crête et pénètrent, en le prenant à revers, dans le saillant Sud-Ouest du Gifert-Wald.

En même temps, les fractions prussiennes qui luttent dans la partie Nord-Ouest de la forêt redoublent d'efforts,

---

(1) *Historique du Grand Etat-Major prussien*, 3ᵉ livraison, page 342.
(2) *Ibid.*

et, après une énergique résistance, les Français sont enfin définitivement chassés du Gifert-Wald.

Dans l'entretien qu'avaient eu les commandants de corps d'armée, ils avaient résolu, d'un commun accord, d'envoyer de la cavalerie et de l'artillerie sur le plateau de Spicheren, « afin de tirer un parti décisif des avantages obtenus jusqu'alors par l'infanterie ; le colonel de Rex, qui assistait aux engagements du *40e*, avait notamment sollicité l'appui de l'artillerie » (1).

Le général d'Alvensleben donna des ordres à cet effet au général de Rheinbaben, commandant les 5e et 6e division de cavalerie, et au général de Bülow, commandant l'artillerie du IIIe corps. Il fit demander, en outre, aux généraux de Zastrow et de Gœben de constituer une forte ligne de batteries sur la Folster-Höhe pour préparer l'attaque du Forbacher-Berg. Le général de Rheinbaben disposait à ce moment, sur le versant Nord du Galgen-Berg, de dix escadrons : quatre du *17e* hussards (2), quatre du *19e* dragons (3), un du *6e* cuirassiers (4), un du *3e* uhlans (5). Il désigna le *17e* hussards pour tenter l'opération sur le Rother-Berg. Formé en colonne par

---

(1) *Historique du Grand Etat-Major prussien*, 3e livraison, page 342.

(2) 5e division de cavalerie, brigade de Redern. Ce régiment avait traversé Sarrebrück à la suite de son escadron d'avant-postes et était arrivé dans l'Ehrenthal vers 3 heures.

(3) 5e division de cavalerie, brigade Barby. Ce régiment revenait d'une reconnaissance sur Saint-Avold. Voir page 15.

(4) Cet escadron se trouvait sur les hauteurs de la rive gauche de la Sarre depuis le matin. Voir page 14.

(5) *Ibid*. Un peu plus tard arrivèrent encore sur le Galgen-Berg le 11e hussards et, vers 6 heures, le reste du 6e cuirassiers, d'après l'*Historique du Grand Etat-Major prussien*, page 343. Au total, 17 escadrons, sans compter les régiments de cavalerie des trois divisions d'infanterie. On observera toutefois que, d'après l'Historique du 6e cuirassiers (page 127), ce régiment n'est parti de son cantonnement de Bischmisheim qu'à 7 heures du soir.

pelotons, le régiment part au trot, franchit la dépression située au Sud-Ouest du Galgen-Berg, et, à défaut d'un chemin, essaie de gravir directement les pentes de l'éperon par le versant occidental. Une vive fusillade l'oblige à se replier avec pertes. Sur l'ordre du général d'Alvensleben de renouveler cette tentative, le *17e* hussards se dirige vers la partie Nord du Rother-Berg, par le chemin de Sarrebrück à Spicheren. Parvenu sur la hauteur, le 1er escadron essaye de se déployer, mais « le terrain, coupé de carrières, d'éboulements, de tranchées-abri, était impraticable pour les chevaux (1) » et le feu de l'infanterie et de l'artillerie françaises lui cause des pertes telles qu'il rétrograde vers le chemin creux, que les autres escadrons étaient en train de gravir. Le régiment s'y maintient pendant quelque temps, puis, « rappelé en arrière, il vient prendre position au pied de la montagne » (2).

Sur ces entrefaites, le général de Bülow avait donné l'ordre aux deux batteries de la *9e* brigade (3/*3* — III/*3*) qui étaient arrivées sur le Galgen-Berg, de suivre le mouvement du *17e* hussards. Après avoir échoué, comme ceux-ci, dans leur tentative pour gravir le Rother-Berg par le versant Ouest, ces deux batteries avaient pris le chemin de Sarrebrück à Spicheren, qu'elles trouvaient encombré par le *17e* hussards. Tout d'abord, on ne parvient à amener qu'une seule pièce de la 3e batterie légère au sommet de l'escarpement : les autres, retardées par un accident survenu à la deuxième pièce, arrivent ensuite. Un peu plus tard, une section de la 3e batterie lourde réussit à s'établir sur le rebord même du versant occidental ; enfin, vers 6 h. 15, les deux autres sections prirent position sur le plateau, en arrière et à gauche de la 3e légère. Le tir de l'infanterie fran-

---

(1) *Historique du Grand État-Major prussien*, 3º livraison, page 344.
(2) *Ibid.*

çaise et, en particulier, celui de fractions des 2e et 3e bataillons du 66e de ligne qui exécutaient des feux à commandement, causa à l'artillerie ennemie des pertes considérables en officiers, hommes et chevaux, qui ne l'empêchèrent pas, cependant, de se maintenir jusqu'à la fin de la bataille et d'avoir une action matérielle et morale très efficace (1). En face d'elle se trouvaient : sur le Pfaffen-Berg les 7e et 11e batteries du 15e, et sur le Forbacher-Berg la 8e du 5e. La 8e du 15e, manquant de munitions, venait de cesser le feu et de se porter, de sa position au Nord-Ouest de Spicheren, sur le Pfaffen-Berg où elle s'établit à côté de la 7e du 15e qui la ravitailla (2). La 8e du 5e les y rejoignit un peu plus tard.

c) *Préparation de l'attaque du Forbacher-Berg.* — « Bien que les renforts qui, depuis 3 h. 1/2, avaient été dirigés sur le Rother-Berg et le Gifert-Wald eussent avantageusement modifié la situation du combat sur ce point, ce mouvement tournant, gêné par le long ravin qui se développe au Sud (3), n'avait pas produit sur la position ennemie l'effet que l'on en attendait. L'entrée en ligne des trois compagnies des grenadiers du corps et des deux batteries n'avaient pu non plus imprimer à l'action une tournure décisive (4)..... » Une ligne de tirailleurs français, longue et confuse, comprenant des fractions de tous les corps qui avaient coopéré à la défense du Rother-Berg et de la partie occidentale du

---

(1) « L'action de ces pièces était destructrice; leur apparition soudaine fut d'un effet d'autant plus puissant, que l'ennemi ne croyait pas possible que l'artillerie pût escalader la montagne par ce chemin ». (Colonel de Voigts-Rhetz, chef d'état-major du IIIe corps. *Kriegsgeschichtliche Einzelschriften*, n° 18, page 514, note 1.)

(2) Historique du 15e régiment d'artillerie.
A ce moment les 3es sections des 7e et 8e batteries du 15e rejoignirent leurs batteries respectives.

(3) Il s'agit du ravin du Simbach, au Sud du Gifert-Wald.

(4) *Historique du Grand Etat-Major prussien*, 3e livraison, page 346.

Gifert-Wald, s'étendait depuis les environs de la cote 340, où elle se reliait au 3ᵉ bataillon du 24ᵉ, jusqu'au Nord de Spicheren. Là, s'était replié le 3ᵉ bataillon du 63ᵉ, qui se soudait à droite avec les troupes dont le colonel Zentz avait pris le commandement (1). « De nombreux retours offensifs tentés par l'adversaire du haut de cette position qu'il occupait en force, témoignaient clairement de son intention de regagner le terrain perdu, à la conservation duquel les Prussiens devaient borner tous leurs efforts. Cependant, il restait encore un moyen de se rapprocher de cette position de l'ennemi, en tentant de s'avancer vers le Forbacher-Berg, par l'Ouest, à travers le Spicheren-Wald » (2).

Le général d'Alvensleben, commandant le IIIᵉ corps, s'arrêtait à cette solution et décidait d'employer à l'exécution de l'attaque, qu'il considérait comme devant être décisive, les troupes non encore engagées. C'étaient : le 3ᵉ bataillon du *12ᵉ*, qui se tenait rassemblé, depuis 5 heures, dans les vignes du Winter-Berg ; le *3ᵉ* bataillon de chasseurs et le 2ᵉ bataillon du régiment des grenadiers du corps n° *8*, établis sur le Repperts-Berg ; le *52ᵉ* (3), dont la tête de colonne, venant de Saint-Ingbert, par Saint-Jean, approchait du champ de bataille ; deux escadrons et deux batteries de la *10ᵉ* brigade (4) ; enfin, la 4ᵉ batterie légère du Iᵉʳ corps, qui annonçait, vers 6 h. 15, son arrivée imminente (5).

---

(1) Voir page 82.
(2) *Historique du Grand État-Major prussien*, 3ᵉ livraison, page 346.
(3) Le *52ᵉ* formait avec le *12ᵉ* la *10ᵉ* brigade. Toute la 5ᵉ division allait donc se trouver engagée.
(4) 3ᵉ et 4ᵉ escadrons du *12ᵉ* dragons, 4ᵉ batterie lourde et 4ᵉ batterie légère du *3ᵉ*.
(5) Cette batterie, qui arrivait directement en chemin de fer de Kœnigsberg, devait débarquer à Neunkirchen. A la nouvelle de l'action qui était engagée au Sud de Sarrebrück, le commandant de cette batterie avait pris le parti de continuer, sans désemparer, jusqu'à Saint-Jean. Une fois débarqué, il accourait en hâte sur le champ de bataille.

Les trois bataillons immédiatement disponibles (III/*12* —III/ch—II/8), sous les ordres du lieutenant-colonel de l'Estocq, reçoivent l'ordre d'enlever le Forbacher-Berg, en progressant d'abord le long de la grand'route, jusqu'à la Brême-d'Or, puis en faisant face au Sud ; le *52*ᵉ formera seconde ligne (1). Ces six bataillons sont placés sous le commandement du général de Schwerin (2).

Pour préparer cette attaque, six batteries viennent s'installer sur la Folster-Höhe, au moment même où l'infanterie commence son mouvement (6 h. 30). L'artillerie de la *14*ᵉ division prend position à l'Ouest de la grand'route ; les deux batteries affectées à la *10*ᵉ brigade, à l'Est. Faute d'espace, la batterie légère de l'avant-garde de la *16*ᵉ division (6/*8*) et la batterie du Iᵉʳ corps restent provisoirement en réserve au pied du Rother-Berg. Les six batteries prussiennes, après avoir réduit au silence la batterie française du Forbacher-Berg (8ᵉ du 5ᵉ), ouvrent le feu, partie sur Stiring, partie contre les défenseurs des hauteurs de Spicheren et des bois qui les bordent au Nord. Elles continuent à contre-battre, en même temps, l'artillerie ennemie du Pfaffen-Berg (3).

Les pentes Nord du Forbacher-Berg étaient occupées : à l'Ouest du ravin qui aboutit à la baraque Mouton, par le 3ᵉ bataillon du 8ᵉ de ligne et des fractions du 1ᵉʳ du 76ᵉ, à l'Est, par le 2ᵉ bataillon du 8ᵉ, le 1ᵉʳ du 66ᵉ et le 3ᵉ du 24ᵉ, jusqu'au chemin qui passe au Nord de la cote 340 et se dirige vers le Nord-Est ; les unités étaient déployées à la lisière des bois ; aucune réserve ne les soutenait en seconde ligne. Elles se trouvaient exposées, en outre, aux feux croisés de l'artillerie

---

(1) *Kriegsgeschichtliche Einzelschriften*, nº 18, page 519.
(2) Commandant la *10*ᵉ brigade.
(3) 7ᵉ, 8ᵉ et 11ᵉ batteries du 15ᵉ. Voir page 105.

de la Folster-Höhe et des batteries du Rother-Berg ; celles-ci avaient une action particulièrement efficace sur le bataillon du 66ᵉ.

d) *Exécution de l'attaque.* — La première ligne d'attaque, sous les ordres du lieutenant-colonel de Lestocq, arrivée à hauteur de la Brème-d'Or et de la maison de Douane, exécute prématurément son mouvement de conversion à gauche, avant d'avoir gagné suffisamment de terrain dans la direction du Sud-Ouest (1). La raison en est, sans doute, dans l'obligation où se trouvèrent les bataillons prussiens de répondre aux feux qu'ils recevaient sur leur flanc gauche, du 3ᵉ bataillon du 24ᵉ, du 1ᵉʳ bataillon du 66ᵉ et du 2ᵉ du 8ᵉ de ligne. Le 3ᵉ bataillon du *12ᵉ*, marchant en tête, en colonnes de compagnie, s'engage dans le ravin qui aboutit à la maison de Douane, contre le 1ᵉʳ bataillon du 66ᵉ de ligne ; le *3ᵉ* bataillon de chasseurs remonte le vallon situé à l'Est de cette maison, cherchant à se relier par sa gauche avec les compagnies du 1ᵉʳ bataillon du régiment des grenadiers du corps n° *8*, qui avaient déjà pris pied sur le plateau, à l'angle Sud-Ouest du Gifert-Wald (2). Le 2ᵉ bataillon du *8ᵉ* grenadiers suit le mouvement des chasseurs. Mais ceux-ci ne tardent pas à être arrêtés par le feu du 3ᵉ bataillon du 24ᵉ de ligne, qui exécute ensuite une charge à la baïonnette, et les rejette au bas des pentes. « Le lieutenant-colonel de l'Estocq ne tarde pas à se convaincre qu'une attaque de front contre le Forbacher-Berg est impraticable par ce côté, où, d'ailleurs, se trouvait déjà réuni un nombre de troupes suffisant pour occuper et contenir l'adversaire. Il s'arrête donc au parti de ramener sur la route les chasseurs et le 2ᵉ bataillon du

---

(1) *Kriegsgeschichtliche Einzelschriften*, n° 18, page 516.
(2) Voir page 102.

régiment des grenadiers du corps, qui s'approchait sur le versant, et de prendre par les fermes pour tenter d'attaquer plus à droite (1). »

Ce dernier bataillon fait demi-tour, franchit au pas de course le terrain découvert compris entre le pied des hauteurs boisées, la Douane et la Brème-d'Or, puis, arrivé en ce point, il commence à gravir les pentes du Spicheren-Wald, en arrière et à droite du 3ᵉ bataillon du *12ᵉ*. La 3ᵉ compagnie du régiment se joint à lui, tandis que la 5ᵉ reste à la Brème-d'Or, qu'avaient quittée le 3ᵉ bataillon et la 7ᵉ compagnie du *77ᵉ*, ainsi que des fractions du *39ᵉ* et du *74ᵉ*, pour suivre le mouvement du 3ᵉ bataillon du *12ᵉ*. Le *3ᵉ* bataillon de chasseurs, après s'être reformé, traverse, également au pas de course, la zone non défilée qui le sépare du ravin au Sud de la baraque Mouton. A ce moment, le 2ᵉ bataillon du 8ᵉ de ligne exécute une contre-attaque sur son flanc gauche, mais les feux des batteries de la Folster-Höhe et ceux du 3ᵉ bataillon du *12ᵉ* l'obligent à reculer. Le *3ᵉ* bataillon de chasseurs poursuit alors sa marche vers le Sud-Ouest, puis, par un mouvement de conversion à gauche, il vient se placer derrière le 2ᵉ bataillon du régiment des grenadiers du corps.

En présence de cette manœuvre, le 3ᵉ bataillon du 8ᵉ à gauche, le 1ᵉʳ du 66ᵉ et le 3ᵉ du 24ᵉ à droite, s'étaient resserrés sur le 2ᵉ du 8ᵉ, de façon à coopérer à la défense de la croupe boisée qui descend du Forbacher-Berg vers le Nord.

Un combat acharné s'engage alors sous bois. Le 3ᵉ bataillon du 8ᵉ de ligne (Colonna d'Istria) « repoussa avec la plus grande énergie les attaques successives des Prussiens (2) »; le 2ᵉ bataillon du même régiment,

---

(1) *Historique du Grand Etat-Major prussien*, 3ᵉ livraison, page 349.
(2) Rapport du colonel Gabrielli au général Bataille.

« foudroyé sur son flanc droit (1) » par l'artillerie ennemie du Rother-Berg, se comporta non moins vaillamment. Son chef, le commandant Avril de Lenclos, les capitaines Curel, Arson, Étienne, le lieutenant Odinet furent tués; « le nombre des officiers, sous-officiers et soldats blessés pendant la lutte dépassa la moitié de l'effectif présent (2) ». Le lieutenant-colonel Gabrielli, blessé une première fois et resté néanmoins à la tête des deux bataillons du 8e de ligne, était atteint grièvement à la cuisse et obligé de se faire transporter à l'ambulance.

Sur ces entrefaites, le 52e (3), dirigé par le général de Schwerin, avait quitté le Repperts-Berg, le 3e bataillon marchant en tête. Il traverse la ligne des batteries de la 14e division, à l'Ouest de la grand'route (4), et atteint la Brème-d'Or, dans le but de former la seconde ligne de l'attaque décisive contre le Forbacher-Berg. Mais, à ce moment, l'attention du général de Schwerin fut attirée du côté de Stiring par la recrudescence du combat qui s'y livrait. Il oublia la mission dont il était chargé (5), et laissa le 52e continuer sa marche vers ce village (6). Le major de Kretschman, de l'état-major du IIIe corps, lui fut envoyé pour remettre le 52e dans la direction du Forbacher-Berg, et le mouvement de conversion était déjà en voie d'exécution quand les Français ouvrirent à nouveau, à Stiring, un feu violent d'infanterie et d'artillerie. Il sembla en même temps au général de

---

(1) Rapport du colonel Gabrielli au général Bataille.
(2) *Ibid.*
(3) Onze compagnies; la 1re était restée à la garde de la gare de Saint-Ingbert.
(4) *Historique du Grand Etat-Major prussien*, 3e livraison, page 351.
(5) *Kriegsgeschichtliche Einzelschriften*, no 18, page 517.
(6) « Il y était attiré, dit le colonel de Voigts-Rhetz, comme le fer l'est par l'aimant ». (*Kriegsgeschichtliche Einzelschriften*, no 18, page 520.)

Schwerin qu'ils se disposaient à en déboucher dans la direction du Nord-Est. Il considéra dès lors qu'il était nécessaire de se couvrir sur son flanc droit et renvoya vers Stiring six compagnies du 52e, tandis que la 11e compagnie et le 2e bataillon continuaient seuls la conversion déjà entamée vers le Forbacher-Berg (1).

Deux compagnies du 2e bataillon s'engagent dans le grand ravin qui aboutit à la baraque Mouton, flanquées sur chaque versant par une compagnie, la 11e formant l'extrême droite et cherchant à déborder le 3e bataillon du 8e de ligne. A la tombée de la nuit (2), les compagnies de droite du 2e bataillon du 52e atteignaient la lisière Sud du Spicheren-Wald, à l'Ouest de la tête du grand ravin. Les quatre bataillons français, qui commençaient partout à plier sous le nombre et sous la violence des feux d'artillerie, se repliaient lentement vers le Forbacher-Berg.

e) *Retour offensif de la division de Laveaucoupet.* —

---

(1) *Historique du Grand État-Major prussien*, 3e livraison, page 451.

« Le commandement suivait avec la plus grande émotion la marche de ces bataillons. Chacun sentait qu'il s'agissait là de la victoire ou de la défaite. Si cette attaque échouait, si ces bataillons étaient repoussés, il faudrait entamer la retraite, sans espoir de remédier à la situation. On combattait avec la Sarre à dos, et le passage de la rivière, s'effectuant dans l'obscurité, à travers les rues étroites de Sarrebrück, encombrées par l'artillerie et les autres voitures, pouvait être très dangereux. Si l'adversaire prenait une offensive énergique, ou si les forces dont on connaissait la présence à Sarreguemines se portaient en avant, assaillant ainsi l'aile gauche allemande en retraite, une catastrophe était inévitable ». (*Kriegsgeschichtliche Einzelschriften*, n° 18, page 519. Récit du colonel de Voigts-Rhetz.)

« A ce moment, ajoute la monographie, arriva auprès du général d'Alvensleben un aide de camp du général de Gœben, qui apprit au commandant du IIIe corps que l'on venait de télégraphier au Roi la nouvelle de la victoire. A l'état-major du général d'Alvensleben, on ne partageait nullement cet optimisme ». (Note 5 de la page 519.) Le télégramme partit en réalité de Sarrebrück à 6 h. 50 soir.

(2) Coucher du soleil le 6 août : 7 h. 30.

Vers 7 heures, tous les bataillons de la division de Laveaucoupet se trouvaient confondus sur deux longues lignes partant l'une de la cote 340 et bordant la lisière Nord des bois de la rive gauche du Simbach, au Sud du Gifert-Wald; l'autre sur la crête au Nord-Est de Spicheren. Elle exécuta néanmoins un vigoureux retour offensif, tant dans la direction du Pfaffen-Wald et du Gifert-Wald que vers le Rother-Berg. En même temps, son artillerie, établie sur le versant Nord du Pfaffen-Berg, reprenait le feu.

« Après une action fort meurtrière, les contingents prussiens postés dans le Gifert-Wald se voient contraints de céder encore une fois devant la violence du choc, de sorte que, à la tombée de la nuit, l'ennemi se trouve maître, pendant quelques instants, du versant Sud de ce bois » (1).

Les Français l'évacuèrent plus tard, quand la division de Laveaucoupet eût reçu du général Frossard l'ordre de couvrir la retraite du 2ᵉ corps (2), et revinrent prendre leurs positions primitives dans les bois qui bordent le ravin du Simbach au Nord et sur les hauteurs au Nord-Est de Spicheren.

Le retour offensif exécuté dans la direction du Rother-Berg eut moins de succès. Après avoir refoulé d'abord des fractions du 40ᵉ et être parvenues jusqu'au saillant Sud-Ouest du Gifert-Wald (3), les fractions françaises virent leur élan rompu par le feu des batteries prussiennes et par une contre-attaque du 1ᵉʳ bataillon des grenadiers du corps, sur leur flanc gauche. Elles

---

(1) *Historique du Grand Etat-Major prussien*, 3ᵉ livraison, page 352.
(2) A l'inverse de l'*Historique du Grand Etat-Major prussien*, le colonel Cardinal von Widdern reconnaît que les Français sont restés en possession de la lisière Sud du Gifert-Wald *pendant plus de quelques instants*. (*Loc. cit.*, page 219.)
(3) Cardinal von Widdern. *Loc. cit.*, page 219, note 1. (D'après le lieutenant-colonel prussien Klaeber.)

furent obligées de rétrograder et de regagner leurs emplacements au Nord-Ouest de Spicheren. Mais sur ce point, comme en face de la lisière Sud du Gifert-Wald, l'ennemi fut tenu en échec; toutes les fois qu'il tenta de se porter en avant, il fut contraint de se replier presque aussitôt (1).

« Du côté de l'éperon, comme du côté du bois, la lutte dura jusqu'à la nuit, terrible, sanglante, opiniâtre, mais sans que jamais l'ennemi arrivât jusqu'à la ligne de mes tentes, qui jalonnaient une seconde ligne de bataille.

« Mais nos soldats étaient harassés par onze heures et demie de combat; les munitions commençaient à manquer depuis 4 heures du soir, et je n'avais réussi à prolonger la lutte jusqu'à la nuit qu'en les ménageant avec soin.

« D'un autre côté, j'avais vu le corps d'armée refuser son aile gauche, l'ennemi s'avancer dans la vallée vers Forbach; je pouvais craindre d'être tourné sur ma gauche pendant la nuit, ou attaqué au point du jour par de nouvelles colonnes.

« Je ne voulais cependant pas me résoudre à quitter la position, persuadé que, si je l'évacuais, le 2ᵉ corps serait tourné par sa droite et que la retraite des divisions Vergé et Bataille serait compromise. D'ailleurs, l'ennemi ayant cessé toute attaque, si j'avais pu espérer recevoir des renforts avant le jour, j'aurais couché sur la hauteur pour recommencer la bataille le lendemain, ayant ainsi conservé mon champ de bataille » (2).

A la tombée de la nuit, les Prussiens cessèrent le feu sur la lisière du Gifert-Wald. Le général de Laveaucoupet fit rallier alors les 2ᵉ et 63ᵉ de ligne et leur fit occuper le Pfaffen-Berg, dans l'éventualité possible d'une retraite, avec leurs avant-postes à Spicheren.

---

(1) Rapport du général de Laveaucoupet. Notes du colonel Zentz
(2) *Ibid.*

D'autre part, il envoya au général Frossard le commandant du génie Peaucellier, pour lui demander ses instructions. A 10 h. 30 du soir, le capitaine Truchy, attaché à l'état-major de la division Bataille, arriva auprès du général de Laveaucoupet, le mit au courant de la situation générale, du mouvement de retraite exécuté par les troupes qui avaient combattu à Stiring, et lui transmit, de la part du général Frossard, l'ordre de se replier sur Behren et Œting. Le mouvement commença vers 11 heures du soir; deux bataillons et l'artillerie de la division furent envoyés à l'avance prendre position sur les hauteurs d'Œting.

Le 1ᵉʳ bataillon du 66ᵉ et les 2ᵉ et 3ᵉ bataillons du 8ᵉ de ligne, qui avaient entendu la sonnerie de la charge à la division de Laveaucoupet (1), s'étaient aussitôt portés en avant et avaient reconquis une partie du terrain perdu (2). Trouvant ensuite, dans le Spicheren-Wald, des forces supérieures en nombre, ils s'étaient ralliés sur le Forbacher-Berg, où ils résistèrent avec la plus grande énergie et empêchèrent l'ennemi d'avancer sur le plateau (3); ils se reliaient à droite à des fractions des 2ᵉ et 3ᵉ bataillons du 66ᵉ et des 3ᵉ et 40ᵉ de ligne. Ils conservèrent cette position jusqu'au moment — à la nuit très avancée — où ils reçurent l'ordre de battre en retraite, ce qu'ils firent, d'ailleurs, sans être inquiétés (4). Le commandant Colonna d'Istria, remplaçant le lieutenant-colonel Gabrielli, blessé vers 7 h. 30,

---

(1) Journal de marche du 8ᵉ de ligne.
(2) L'Historique du *12ᵉ* grenadiers mentionne ce retour offensif du 8ᵉ de ligne, qu'il place à 7 h. 45, et reconnaît qu'il obtint un succès partiel (page 441).
(3) Rapport du colonel Gabrielli au Ministre de la guerre.
(4) D'après l'*Historique du Grand Etat-Major prussien* (pages 352 et 353), les troupes prussiennes auraient enlevé le Forbacher-Berg, en le tournant par l'Ouest, et *obligé* le 8ᵉ de ligne à l'abandonner à la nuit

rassembla les débris des deux bataillons du 8ᵉ de ligne et les dirigea sur Œting, où ils arrivèrent vers 11 heures du soir. C'est sur ce point également que se replia le 66ᵉ de ligne, dont les trois bataillons s'étaient ralliés au préalable sur les hauteurs du Pfaffen-Berg.

A la nuit tombante, les troupes prussiennes formaient, autour du village de Spicheren, un arc de cercle qui, partant de la route de Schœneck, à son entrée dans le Spicheren-Wald, longeait la lisière Est de cette forêt jusqu'à 300 mètres environ au Nord du Forbacher-Berg, rejoignait ensuite le saillant Sud-Ouest du Gifert-Wald, bordait ce massif boisé au Sud et atteignait enfin la lisière Sud-Ouest du Pfaffen-Wald.

« En arrière de cette longue ligne de troupes, pour la plupart épuisées et confondues par une lutte incessante et acharnée, une réserve compacte s'était constituée, dans la soirée, au pied du Rother-Berg et des hauteurs de Spicheren. Elle comprenait, indépendam-

---

tombante. Il ressort, au contraire, d'une lettre du colonel Gabrielli, du 8ᵉ de ligne, au Ministre de la guerre (juin 1872), que le 8ᵉ de ligne a résisté sur le Forbacher-Berg à toutes les attaques de l'ennemi, et ne s'est replié « qu'à la nuit très avancée », en même temps que la division de Laveaucoupet. (Documents annexes, page 54.)

D'après l'Historique du *12ᵉ grenadiers*, l'obscurité était déjà assez profonde quand « toutes les fractions prussiennes présentes sur les lieux se portèrent contre le sommet du Forbach-Berg » (page 443).

Le colonel Cardinal von Widdern admet que le 8ᵉ de ligne avait déjà reçu l'ordre de battre en retraite quand il abandonna le Forbacher-Berg.

« Sans cet ordre, ajoute-t-il, les Français s'y seraient maintenus plus longtemps..... Si le général Frossard s'était décidé à conserver ses positions, les Prussiens auraient rencontré, dans l'attaque du Forbacher-Berg, une résistance longue et énergique..... Il est très douteux qu'ils eussent disposé de forces suffisantes pour enlever cette hauteur ». (*Loc. cit.*, pages 220-221.)

Cette appréciation du colonel Cardinal von Widdern vient donc à l'appui du rapport du colonel du 8ᵉ de ligne.

ment de la cavalerie, les trois batteries du VIII⁰ et du I⁰ʳ corps, présentes sur le champ de bataille, plus l'infanterie, arrivée postérieurement à 6 h. 1/2, c'est-à-dire les bataillons de fusiliers (3ᵉˢ) du régiment des grenadiers du corps et du *20ᵉ*, et le 2ᵉ bataillon du *53ᵉ*..... » (1).

§ 5. — *Combat sur le Kaninchensberg.*

Peu après 6 heures, le général von der Goltz, commandant l'avant-garde de la *13ᵉ* division, avait repris son mouvement sur Forbach par les deux rives de la Rosselle. Le 3ᵉ bataillon du *55ᵉ*, ayant avec lui le 3ᵉ escadron du *8ᵉ* hussards et la 5ᵉ batterie légère du 7ᵉ, marchait de Grande-Rosselle sur Emersweiller ; trois compagnies (2) du 7ᵉ bataillon de chasseurs se portaient par la rive droite sur le moulin Loh ; le reste de l'avant-garde (deux bataillons du *55ᵉ*) suivait la route directe de Petite-Rosselle à Forbach. Le 1ᵉʳ escadron du *8ᵉ* hussards « mandait que les hauteurs situées à l'Ouest de Forbach étaient retranchées et que la ville elle-même paraissait fortement gardée (3) ».

Les 1ᵉʳ et 2ᵉ bataillons du *55ᵉ* se forment alors par demi-bataillons dans le Layisch-Wald, pour continuer ensuite leur mouvement de part et d'autre de la route ; la 6ᵉ batterie légère du 7ᵉ (4) ouvre le feu sur le Kaninchensberg et la région à l'Est (5).

Les 4ᵉ et 5ᵉ escadrons du 12ᵉ dragons, sous les ordres

---

(1) *Historique du Grand Etat-Major prussien*, 3ᵉ livraison, page 356.

(2) La quatrième envoyée sur Schœneck par Clarenthal. Voir page 98.

(3) *Historique du Grand Etat-Major prussien*, 3ᵉ livraison, page 358.

(4) Batterie du gros de la division.

(5) L'*Historique du Grand Etat-Major prussien* n'indique pas son emplacement.

du lieutenant-colonel Dulac, avaient rétrogradé lentement devant l'ennemi, puis, arrivés sur le Kaninchensberg, avaient mis pied à terre et occupé les tranchées qui y avaient été construites. Un officier fut envoyé au général Frossard pour le prévenir de ce qui se passait. La compagnie du génie de réserve du corps d'armée (2e du 3e) et un détachement de la 4e compagnie du 16e régiment d'artillerie-pontonniers (1) avaient renforcé les dragons. Accueillies, au débouché de la forêt, par une grêle de balles, les compagnies de la colonne prussienne de gauche s'étaient embusquées derrière les broussailles et les accidents de terrain qui bordent la route, et avaient ouvert le feu contre le front de la position. La 6e batterie légère s'était rapprochée et dirigeait son tir sur les environs de Forbach, « où d'incessants mouvements de troupes semblaient avoir lieu (2) »; elle obligeait un train de chemin de fer, en marche vers l'Ouest, à rebrousser chemin.

Sur ces entrefaites, un détachement de 200 réservistes du 2e de ligne, sous les ordres du sous-lieutenant Arnaud, débarqués à 3 h. 30 à la gare de Forbach, avaient été envoyés par un officier d'état-major sur le Kaninchensberg et étaient venus se mettre à la disposition du lieutenant-colonel Dulac. Ils étaient sans cadres et ignoraient même le maniement de leur arme. On les plaça à côté des dragons dans la tranchée-abri, et, pendant une heure, cette faible et vaillante troupe réussit à contenir l'ennemi (3). D'ailleurs, « le crépuscule naissant et l'épaisse fumée qui enveloppait la hauteur, ne permettaient pas d'apprécier la force de la position et le nombre des troupes qui l'occupaient (4) ».

---

(1) Historique du 16e régiment d'artillerie-pontonniers.
(2) *Historique du Grand Etat-Major prussien*, 3e livraison, page 359.
(3) Rapport du sous-lieutenant Arnaud, du 2e de ligne.
(4) *Historique du Grand Etat-Major prussien*, 3e livraison, page 359.

Mais, vers 7 h. 30, le manque de munitions commença à se faire sentir. D'autre part, la majeure partie du 2ᵉ bataillon du 55ᵉ s'était dirigée, au Sud de la route, vers la pente occidentale du Kaninchensberg, et se joignait aux trois compagnies du 7ᵉ bataillon de chasseurs, venant du moulin Loh. Bientôt, les tirailleurs français furent pris d'enfilade dans le fossé de la tranchée-abri (1). Le lieutenant-colonel Dulac se vit forcé de battre en retraite. Il en donna l'ordre aux défenseurs du Kaninchensberg, puis, faisant remonter ses dragons à cheval, il les lança contre l'infanterie prussienne, pour couvrir le mouvement rétrograde. Cette charge s'exécuta avec intrépidité, sous un feu meurtrier de la 5ᵉ compagnie du 55ᵉ et de la 3ᵉ compagnie de chasseurs ; le lieutenant-colonel Dulac se replia ensuite, avec ses deux escadrons, sur Forbach, où le reste du détachement se ralliait derrière la voie ferrée. Un peloton du 5ᵉ escadron, sous les ordres du lieutenant Guillaumin, couvrit cette retraite en défendant le passage voûté du chemin de fer, que la compagnie du génie avait barricadé. Au même instant, deux batteries de 4 de la réserve, qui n'avaient pas encore donné, les 6ᵉ et 10ᵉ du 15ᵉ, prirent position sur les hauteurs à l'Est de Forbach, et dirigèrent leurs coups sur les Prussiens postés sur le Kaninchensberg.

L'ennemi s'avança alors jusqu'à 500 mètres du bourg, « mais là, reçu par une vive fusillade, il dut croire que nous voulions lui tendre un piège..... Cependant, nous brûlions nos dernières cartouches (2), et il ne nous restait plus qu'à nous servir de la baïonnette dans le cas où la barricade serait forcée. A cet effet, nous avions disposé nos hommes en bataille de chaque côté

---

(1) Rapport du sous-lieutenant Arnaud.
(2) On s'en était procuré à l'hôpital de Forbach, où les blessés commençaient à affluer. (Historique du 12ᵉ dragons.)

de la route, et nous attendions le moment décisif. Soit que l'ennemi fût intimidé, soit qu'il ne jugeât pas à propos de tenter une attaque sur Forbach, il rétrograda à son tour et nous rentrâmes dans la ville (1). » L'avant-garde de la *13e* division se contenta d'occuper le Kaninchensberg (2).

Le 12e dragons avait perdu 4 officiers et 23 sous-officiers et cavaliers ; le 2e de ligne quelques hommes seulement.

Sur ces entrefaites, la colonne de droite avait atteint Emersweiller, et sa batterie (5/7) avait pris position sur la hauteur à l'Ouest de ce village. « De ce point, son feu commandait la route de Forbach à Morsbach et le chemin de fer, ce qui contraignait les renforts envoyés de Saint-Avold par les Français à faire demi-tour (3) ». Le 60e de ligne, de la 4e division du 3e corps, qui arrivait à Forbach en chemin de fer, rétrograda en effet partie sur Saint-Avold, partie sur Puttelange.

Tandis que ce combat se livrait sur le Kaninchensberg, le gros de la *13e* division s'était remis en marche de Völklingen sur Petite-Rosselle, où il arriva vers 9 heures du soir.

§ 6. — *La bataille à Stiring-Wendel à partir de 6 heures.*

a) *Le général Frossard donne l'ordre de la retraite.* — Au vigoureux retour offensif des deux bataillons du

---

(1) Rapport du sous-lieutenant Arnaud.

(2) « L'adversaire continuait, notamment du pont du chemin de fer, un feu tellement vif, que l'on jugeait hors de propos d'engager un combat dans les rues pour s'assurer, dès la nuit même, la possession de la ville. Les fractions de troupes prussiennes qui avaient poussé en avant étaient donc ramenées vers les ouvrages défensifs établis par les Français sur le Kaninchensberg ». (*Historique du Grand Etat-Major prussien*, 3e livraison, page 360.)

(3) *Ibid.*

67ᵉ de ligne et à la retraite de l'aile droite prussienne dans la forêt de Stiring, avait succédé, aux environs de Stiring-Wendel, une accalmie momentanée, au moins en ce qui concerne les combats d'infanterie.

A 7 heures, le général de Woyna se reporte en avant avec les fractions de sa brigade réunie à Drathzug (1ᵉʳ bataillon et partie du 3ᵉ bataillon du *53ᵉ*; 2ᵉ bataillon et partie du 1ᵉʳ du *77ᵉ*). Ce mouvement offensif coïncidait avec celui dont était chargé, à ce moment, le général de Schwerin contre le Forbacher-Berg. En même temps, l'avant-garde de la *13ᵉ* division s'emparait du Kaninchensberg et obligeait les fractions françaises qui l'avaient si vaillamment défendu, à se replier derrière la voie ferrée qui leur servait de seconde ligne de résistance.

« Les Prussiens font avancer des renforts considérables, télégraphiait le commandant du 2ᵉ corps au maréchal Bazaine (6 h. 45). Je suis attaqué de tous côtés. Pressez le plus possible le mouvement de vos troupes. »

« Le 2ᵉ corps, épuisé,..... était grandement menacé sur sa droite et était pris à revers par sa gauche. Au centre, les troupes placées à Stiring, en entendant la canonnade sur Forbach, voyaient leur ligne de retraite compromise. Toutes nos réserves étaient engagées; les renforts annoncés n'arrivaient pas.

« Sans espoir d'être soutenu le lendemain, tandis que l'ennemi se renouvelait sans cesse, il était urgent de prendre une position solide pour assurer la retraite. Ordre fut donné de se replier sur le plateau d'Œting, que l'on pouvait gagner par les bois et sur lequel conduisait la seule route qui fût ouverte à ce moment » (1).

---

(1) Journal de marche du 2ᵉ corps. Ce document n'indique pas l'heure à laquelle le général Frossard se décida à battre en retraite, et l'on ne trouve pas dans les rapports des généraux, commandant les divisions, de renseignement à ce sujet. Toutefois, la dépêche suivante

Les deux bataillons du 67ᵉ de ligne qui, par l'occupation du bois de Stiring, formaient un échelon avancé, commencèrent, les premiers, à se conformer aux prescriptions du général en chef (1). Aussi, le général de Woyna, à la tête des quatre bataillons de la *28ᵉ* brigade, auxquels s'étaient jointes des fractions du *39ᵉ*, fit-il bientôt, sans difficultés, « des progrès sérieux dans le bois » (2).

Pendant ce temps, six compagnies du *52ᵉ* s'avançaient sur Stiring (3), entre la lisière orientale du bois et la route; mais elles ne tardèrent pas à être arrêtées dans ce mouvement par la fusillade partant de Stiring et par la 8ᵉ batterie du 17ᵉ, en position près de l'usine Wendel. La marche des quatre bataillons engagées dans le bois, se trouva suspendue, et il ne fallut rien moins que l'entrée en ligne, au Nord de la Brème-d'Or, de la 2ᵉ batterie légère du 7ᵉ, à 1200 mètres environ de la batterie française, pour permettre au *52ᵉ*, puis aux

---

du général Frossard au maréchal Bazaine permet de croire que les ordres de retraite furent donnés vers 7 heures :

Le général Frossard au maréchal Bazaine (D. T.).

Forbach, le 6 août, 7 h. 22 soir. Expédiée à 7 h. 35.

« Nous sommes tournés par Wehrden; je porte tout mon monde sur les hauteurs. »

L'Historique du 12ᵉ régiment de dragons confirme cette opinion.

(1) « Sur votre ordre, je prescrivis qu'on se retirât..... » (Rapport du général Bataille.)

« L'ordre vint d'évacuer le bois que nous avions conquis, par échelons et lentement; la retraite commençait ». (Journal de marche du 67ᵉ de ligne.)

« Un officier de l'état-major du général Bataille m'apportait l'ordre de battre en retraite ». (Notes du général Thibaudin.)

(2) *Historique du Grand État-Major prussien*, 3ᵉ livraison, page 354.

(3) Voir page 111.

bataillons de la 28ᵉ brigade de reprendre l'offensive (1). Le général de Woyna parvint ainsi jusqu'à la lisière Sud du bois de Stiring sans éprouver « de résistance sérieuse » (2).

Déjà, sur l'ordre du général Frossard, la 12ᵉ batterie du 5ᵉ s'était repliée au Sud de Stiring, où elle avait rejoint les autres batteries du 2ᵉ corps. L'une d'elles, la 7ᵉ du 17ᵉ, reconstituée, avait pris position au Sud-Ouest du village et canonné la cavalerie prussienne qui, après s'être avancée jusqu'à 600 mètres de Stiring, avait été définitivement dispersée par la 8ᵉ batterie du 17ᵉ (3).

« Pendant ce temps, le général de Woyna avait refoulé l'adversaire en retraite sur Stiring-Wendel et occupait la lisière Sud du bois où la 4ᵉ compagnie du 52ᵉ se joignait à lui. Tandis que des hauteurs de Spicheren, les Français sonnent déjà le signal de la retraite, le 39ᵉ, des fractions du 77ᵉ et cette dernière compagnie se portent à l'attaque des forges et des amas de scories qui les entouraient d'un rempart circulaire derrière lequel l'ennemi se tenait embusqué » (4).

D'autres fractions prussiennes débouchent également sur Stiring, les unes de la forêt de Stiring, les autres de celle de Spicheren, dans le but de s'opposer à la retraite des troupes de la division Vergé. Le général Valazé, « reconnaissant l'urgence d'un mouvement offensif

---

(1) « La reprise du bois de Stiring et la marche en avant des bataillons du général de Woyna furent la conséquence, non pas de leur énergie propre, mais ne se produisirent qu'au moment où le général de Schwerin se porta en avant entre le bois de Stiring et la route. Ce mouvement détermina l'ennemi à évacuer complètement le bois qu'il avait déjà commencé à abandonner volontairement ». (Cardinal von Widdern. *Loc. cit.*, page 160.)

(2) *Historique du Grand État-Major prussien*, 3ᵉ livraison, page 354.

(3) Historique de la 8ᵉ batterie du 17ᵉ.

(4) *Historique du Grand État-Major prussien*, 3ᵉ livraison, page 354.

vigoureux » (1), fit exécuter, vers 8 heures, une double contre-attaque par le 55ᵉ de ligne, dans le secteur entre le bois de Stiring et la grand'route, et par le 3ᵉ bataillon de chasseurs sur ce bois même. Le 3ᵉ bataillon du 76ᵉ appuya le 55ᵉ. Ces troupes se précipitèrent, sans tirer, à la baïonnette, sur l'ennemi qui n'attendit pas le choc et se replia vivement (2). La 8ᵉ batterie du 17ᵉ, après avoir appuyé la contre-attaque de l'infanterie, se porta, en très bon ordre, au Sud de Stiring et se reforma derrière la 7ᵉ du 17ᵉ. Celle-ci s'établit un peu plus tard à côté de la 8ᵉ, et toutes deux protégèrent, jusqu'au dernier moment (9 heures), la retraite de l'infanterie.

b) *Derniers combats à Stiring-Wendel.* — Les 32ᵉ et 55ᵉ de ligne, le 3ᵉ bataillon de chasseurs et un bataillon du 77ᵉ de ligne, commandés par le général Valazé, se maintinrent jusqu'à 9 heures du soir dans le village de Stiring pour arrêter l'ennemi. Le 32ᵉ occupait la lisière Nord-Ouest et une partie des forges ; le 3ᵉ bataillon de chasseurs et le bataillon du 77ᵉ l'autre partie des forges. De ces bâtiments jusqu'aux maisons qui bordent la route, s'étendait une grande barricade qu'avaient construite et que défendaient, à droite, le 3ᵉ bataillon, à gauche, le 1ᵉʳ bataillon du 55ᵉ. Le 2ᵉ bataillon était en réserve près de la route.

Les quatre bataillons dirigés par le général de Woyna, le *39ᵉ*, et, à sa gauche, les cinq compagnies du *52ᵉ*, vinrent garnir peu à peu le chemin qui conduit de la forêt de Spicheren à Schœneck, et tentèrent, vers 8 h. 45, d'enlever la barricade ; mais ils furent repoussés par le feu et rétrogradèrent jusqu'à hauteur de la lisière sud du bois de Stiring.

---

(1) Rapport du général Vergé.
(2) Général Février. Notes sur la bataille de Forbach, communiquées à la Section historique.

Le général Valazé profita de ce moment de répit pour retirer de la lutte les 1er et 2e, puis le 3e bataillon du 32e de ligne, ainsi que le 3e bataillon de chasseurs et le bataillon du 77e et les dirigea sur Œting. Un peu plus tard, le colonel du 55e, constatant que l'attaque des Prussiens ne se renouvelait pas, reforma ses 1er et 3e bataillons derrière le 2e et se replia lentement, en s'arrêtant plusieurs fois pour faire face en avant. Ce mouvement fut, d'ailleurs, à peine inquiété.

En raison de l'obscurité, on ne put communiquer l'ordre de la retraite à de nombreux officiers et soldats qui se battaient dans des maisons éloignées. Ils furent cernés et faits prisonniers; quelques-uns résistèrent en désespérés et, jusqu'à 11 heures du soir, des combats partiels et très meurtriers eurent lieu au Nord de Stiring, au milieu des feux de l'incendie qui consumaient les bâtiments de l'usine.

Dans cette retraite générale, quelques voitures de bagages furent abandonnées, ainsi que l'équipage de ponts du 3e corps, envoyé de Metz, sans attelages, et qu'il fallut, pour ce motif, laisser à Forbach. Un certain nombre de bataillons, n'ayant pu rejoindre leurs bivouacs, perdirent leurs effets de campement; mais pas un canon, pas un trophée, ne restèrent entre les mains des Prussiens. Le corps d'armée, quoique cruellement éprouvé, n'était nullement désorganisé (1).

« Les troupes du 2e corps, dans cette sanglante journée, s'étaient remarquablement conduites. Si la 3e division avait eu à supporter la plus grande part du poids de la lutte, en contenant, par son énergique résistance, les troupes considérables qui l'assaillirent, toutes avaient combattu avec une grande valeur, pendant douze heures, sans repos, sans avoir pu prendre de nourriture. L'en-

---

(1) Le général Frossard au Major général. Gros-Tenquin, le 8 août.

nemi s'était trouvé impuissant à les déloger de leurs positions ; celles-ci, à 10 heures du soir, étaient encore sensiblement les mêmes que celles occupées le matin » (1).

§ 7. — *Pertes.*

Les pertes subies par le 2ᵉ corps, proportionnelles à la valeur dont les troupes avaient fait preuve, s'élevaient à : 249 officiers, 3,828 sous-officiers et soldats, ainsi réparties (2) :

DÉSIGNATION des DIVISIONS OU CORPS.	OFFICIERS			SOUS-OFFICIERS ET SOLDATS		
	TUÉS.	BLESSÉS.	DISPARUS.	TUÉS.	BLESSÉS.	DISPARUS.
État-major............	2	1	1	»	»	»
1ʳᵉ division............	9	27	23	99	396	689
2ᵉ division............	5	33	1	26	404	301
3ᵉ division............	19	100	13	140	620	1,022
Cavalerie.............	»	3	5	3	10	27
Artillerie.............	1	3	»	10	46	4
Génie................	1	2	»	4	13	6
Gendarmerie..........	»	»	»	»	2	»
TOTAUX.......	37	169	43	282	1,497	2,049
	249 (1).			3,828 (2).		

(1) Voir les documents annexes pour l'état numérique des officiers tués ou blessés par corps. L'ouvrage du général Frossard donne, page 132, cet état nominatif.
(2) L'*Historique du Grand État-Major prussien* indique que le 2ᵉ corps laissa 1200 à 1500 prisonniers.

---

(1) Général Frossard. *Rapport sur les opérations du 2ᵉ corps de l'armée du Rhin*, page 51.
(2) D'après les rapports des généraux commandant les divisions et d'après l'ouvrage cité à la note (1) ci-dessus. Pièce n° 5, page 131.

L'*Historique du Grand État-Major prussien* accuse les pertes suivantes : 223 officiers, 4,648 sous-officiers et soldats se répartissant ainsi :

DÉSIGNATION DES CORPS.	OFFICIERS			SOUS-OFFICIERS ET SOLDATS		
	TUÉS.	BLESSÉS.	DISPARUS.	TUÉS.	BLESSÉS.	DISPARUS.
IIIe corps d'armée	18	65	»	250	1,571	91
VIIe corps d'armée	26	86	»	478	1,520	219
VIIIe corps d'armée	5	20	»	61	361	61
5e division de cavalerie	»	3	»	5	29	1
6e division de cavalerie	»	»	»	»	1	»
TOTAUX	49	174	»	794	3,482	372
	223			4,648		

§ 8. — *Situation des deux armées dans la soirée du 6 août.*

a) *Troupes prussiennes.* — « A l'issue de la bataille de Spicheren, le général de Steinmetz (1) donnait l'ordre de reconstituer, autant que possible, les unités tactiques qui s'étaient désunies au cours du combat, et de faire bivouaquer les troupes sur le champ de bataille » (2).

Les avant-postes étaient fournis, de la gauche à la droite, par :

Le 3e bataillon du régiment des grenadiers du corps, au Sud du Gifert-Wald, s'étendant jusqu'à la crête des hauteurs de Spicheren, où restaient également les deux batteries de la 9e brigade (3/*3*, III/*3*); le 3e bataillon

---

(1) Arrivé vers 7 heures.
(2) *Historique du Grand État-Major prussien*, 3e livraison, page 360.

du 20ᵉ se reliant au précédent et allant jusqu'au versant Nord du Forbacher-Berg ; le 3ᵉ du 12ᵉ occupant les pentes Ouest de ce mamelon ; cinq compagnies du 52ᵉ entre le Creutzberg et la verrerie Sophie ; l'avant-garde de la 13ᵉ division devant Forbach.

L'infanterie de la 5ᵉ division, non affectée au service des avant-postes, se rassemblait vers le Repperts-Berg ; les 1ᵉʳ et 2ᵉ bataillons du 20ᵉ (1), débarqués très tard dans la soirée à Saint-Jean, allaient rejoindre le 3ᵉ bataillon au pied du Forbacher-Berg. La 14ᵉ division se ralliait près du bois de Stiring ; la 13ᵉ se trouvait à Petite-Rosselle.

L'artillerie bivouaquait sur ses dernières positions de la Folster-Höhe et du Galgen-Berg. Outre les batteries qui avaient pris part à la lutte, il en était encore arrivé d'autres sur le champ de bataille : les batteries à cheval des IIIᵉ et VIIᵉ corps, deux batteries montées de la 6ᵉ division, une seconde batterie du Iᵉʳ corps, venue en chemin de fer de Neunkirchen.

Le gros de la 16ᵉ division n'arrivait à Saint-Jean qu'après la fin de l'action et bivouaquait entre cette localité et Malstatt, où le 40ᵉ le rejoignait en partie.

« L'obscurité et la configuration particulièrement défavorable du terrain sur le plateau de Spicheren, dit l'*Historique du Grand État-Major prussien*, faisaient paraître impraticable de lancer des masses nombreuses de cavalerie à la poursuite d'un adversaire qui se retirait en bon ordre » (2). Entre 8 et 9 heures du soir, les 3ᵉ et 4ᵉ escadrons du 12ᵉ dragons, qui avaient gravi le Forbacher-Berg et s'étaient reformés au sommet, avaient essuyé le feu de fantassins isolés. Deux pelotons seulement furent dirigés sur Spicheren et Etzling et

---

(1) 11ᵉ brigade (6ᵉ division, IIIᵉ corps).
(2) 3ᵉ livraison, page 362.

trouvèrent, près de ce dernier village, un camp encore occupé. Dans la nuit, deux escadrons du *17e* hussards poussèrent au delà de Saint-Arnual et de Grosbliederstroff et firent quelques prisonniers.

b) *2e corps.* — Le général Frossard avait donné l'ordre au 2e corps de se replier sur le plateau d'Œting, « que l'on pouvait gagner par les bois et sur lequel conduisait la seule route qui fût ouverte en ce moment » (1).

En y arrivant, il apprit que la division Montaudon, du 3e corps, était en position à Grosbliederstroff et que le 5e corps avait quitté Sarreguemines pour se porter vers Bitche. Par contre, il ignorait les emplacements des divisions Metman et Castagny, du 3e corps (2).

« Cette situation rendait inadmissible toute idée de retraite par la route de Saint-Avold qui, d'ailleurs, était à cette heure complètement menacée par les colonnes prussiennes, massées dans la vallée de la Rosselle et dont les têtes canonnaient Forbach en ce moment. Il fallait, en outre, songer à la division Montaudon qui se trouvait complètement isolée et aurait pu être compromise. En conséquence, Sarreguemines fut indiqué comme point de ralliement (3). »

Le commandant du 2e corps considérait, de plus, qu'en choisissant cette direction, il démasquerait les divisions du 3e corps, qui devaient se trouver en arrière de lui, et qu'il retarderait de la sorte la marche ultérieure de l'adversaire, qui rencontrerait sur son front ces divisions et aurait le 2e corps sur son flanc gauche (4).

Le mouvement commença par la division Vergé et

---

(1) Rapport du général Frossard.
(2) *Ibid.*
(3) *Ibid.*
(4) Général Frossard. *Rapport sur les opérations du 2e corps de l'armée du Rhin,* page 51.

la réserve d'artillerie qui suivirent la route de Lixing, tandis que la division de cavalerie Valabrègue se dirigeait sur Bousbach et, de là, sur Sarreguemines, par les deux chemins de Theding et de Tenteling. La division de Laveaucoupet rompit de Behren à 2 heures du matin ; enfin, la division Bataille, chargée de couvrir la retraite du corps d'armée, ne se mit en route d'Œting qu'au point du jour sans être nullement inquiétée et après avoir fait prendre les devants aux convois et à son artillerie.

Arrivé dans la nuit à Sarreguemines, le général Frossard y apprit la défaite du 1er corps à Frœschwiller. Il résolut aussitôt d'évacuer cette ville, où le 2e corps pouvait se trouver pris entre deux armées ennemies (1) et de se diriger sur Puttelange (2), et il prescrivit à la brigade Lapasset de suivre le mouvement en formant l'arrière-garde. Les troupes du 2e corps atteignirent cette dernière localité le 7, entre 11 heures du matin (division de cavalerie) et 4 heures de l'après-midi, et campèrent au Sud de Puttelange, couvertes par le Moderbach, sauf la cavalerie, qui resta au Nord de la ville et la brigade Lapasset qui fut laissée à Ernestwiller. Elles avaient supporté de grandes fatigues ; privées de sommeil pendant la nuit du 5 au 6 août, elles n'en avaient pas moins combattu avec une bravoure et une énergie dignes d'admiration, et marché ensuite toute la nuit suivante et la matinée du 7, presque sans interruption.

---

(1) Général Frossard. *Rapport sur les opérations du 2e corps de l'armée du Rhin*, page 51.

(2) Dans l'ordre suivant : Divisions Vergé, de Laveaucoupet, Bataille.

CONSIDÉRATIONS

SUR LA

BATAILLE DE FORBACH

I. — ARMÉE ALLEMANDE.

La bataille de Forbach, engagée contre les prévisions du grand quartier général allemand, faillit aboutir, pour les têtes de colonnes de la Ire armée et pour la 5e division de la IIe armée, à un échec grave dont elles ne furent exemptes que par la défense passive du 2e corps français et la non-intervention du 3e.

L'*Historique du Grand État-Major prussien* cherchant à expliquer et à justifier les mesures prises par diverses autorités dans la journée du 6 août, s'exprime ainsi : (1)

« De même qu'à Wœrth, à Spicheren aussi, les troupes avancées, en appuyant sur l'ennemi, avaient déterminé une solution qui n'était point encore projetée pour la journée du 6 août.

« Mais sur la Sauer, on savait l'adversaire devant soi et on comptait bien qu'il tiendrait. Toutes les dispositions étaient prises en vue d'une bataille, qui se trouva seulement avancée de vingt-quatre heures.

« Sur la Sarre, on supposa l'ennemi en retraite. Pour

---

(1) 3e livraison, page 366.

l'arrêter ou pour garder tout au moins le contact, il fallait donc nécessairement agir.

« Chacun, pour ainsi dire, en avait le sentiment instinctif et, comme il semblait que ce fût la question, non plus même d'un jour, mais de quelques heures peut-être, les troupes de tête passaient à l'action, d'elles-mêmes et sans plus tarder. Mais cette démarche répondait aussi aux vues des autorités supérieures, bien qu'au moment où l'on s'y décidait, leurs ordres ne fussent pas encore parvenus ».

L'*Historique* fait allusion, dans cette dernière phrase, à un télégramme adressé au commandant de la Ire armée et auquel il attribue la date du 5 août au soir (1) :

« L'ennemi semble abandonner la Sarre. Sa Majesté vous laisse libre de franchir la frontière. La Sarre doit être passée en aval de Sarrebrück, la route Sarrebrück-Saint-Avold étant réservée à la IIe armée..... (2) »

Ce télégramme établirait, en effet, une sorte de concert entre le grand quartier général et la Ire armée. Mais en réalité, il ne fut envoyé de Mayence au général de Steinmetz que le 6 août, à 5 h. 45 du soir. Les ordres des « autorités supérieures », loin d'être *parvenus*, n'étaient donc pas encore *expédiés*, au moment où la lutte avait déjà pris une grande extension sur la rive gauche de la Sarre (3).

L'engagement de la *14e* division, dans les conditions où il se produisit et se développa, répondait-il réellement « aux vues » du grand quartier général ?

La correspondance militaire du maréchal de Moltke

---

(1) *Historique du Grand État-Major prussien*, 3e livraison, pages 293 et 366. Ce télégramme ne serait parvenu à la Ire armée que dans la nuit du 7 août.

(2) *Correspondance militaire du maréchal de Moltke*, tome I, n° 112.

(3) Cette erreur de l'*Historique du Grand État-Major prussien* a été reconnue ultérieurement par la 18e monographie, page 491, note 1.

permet, tout au moins, de formuler quelques doutes à cet égard.

Le 4 août, le maréchal de Moltke fait connaître au général de Blumenthal que « l'entrée en ligne simultanée des trois armées dans la bataille décisive est le but désiré et c'est dans cette intention, ajoute-t-il, que l'on cherchera d'ici à en régler les mouvements (1) ».

A cet effet, il prescrit le même jour au général de Steinmetz de « rester jusqu'à nouvel ordre » (2), dans la région Tholey, Lebach, Ottweiler, jusqu'au moment où la IIe armée aura terminé son déploiement stratégique sur la Sarre (3). « Le rôle prévu pour la Ire armée consiste, dit-il, en une attaque tout à fait décisive dirigée dans la bataille contre le flanc gauche de l'ennemi. Cette attaque ne doit naturellement pas avoir lieu isolément, mais seulement de concert avec la IIe armée..... Une offensive partielle contre un ennemi qui semble avoir étroitement concentré toutes ses forces, ne pourrait conduire qu'à un désastre (4) ».

Le 5 août, il recommande encore au général de Steinmetz, qui manifestait une certaine impatience d'en venir aux mains, de conserver ses emplacements jusqu'au 7, et de se mettre en mouvement à cette date « pour être prêt à franchir la Sarre à partir du 9 août entre Sarrelouis et Völklingen et à prendre éventuellement l'offensive contre le flanc gauche de l'adversaire que la IIe armée aborderait de front (5). »

Il semble donc que l'engagement des têtes de colonnes des VIIe, VIIIe et IIIe corps n'ait pas répondu « aux vues des autorités supérieures ». Le maréchal de Moltke a déclaré

---

(1) *Correspondance militaire du maréchal de Moltke*, n° 101.
(2) *Ibid.*, n° 102.
(3) *Ibid.*, n° 103.
(4) *Ibid.*, n° 105.
(5) *Ibid.*, n° 107.

d'ailleurs nettement qu' « on n'avait pas l'intention de livrer bataille ce jour-là » et qu'il « n'était pas probable qu'il y en eût une (1). »

Comment concilier, du reste, l'assertion de l'*Historique du Grand État-Major prussien* avec l'appréciation suivante de la situation, émise par le même ouvrage le 4 août?

« Il s'agissait donc de commencer tout d'abord par amener, le plus promptement possible, la IIe armée hors de la région montagneuse qui gênait son déploiement; puis, ce résultat obtenu, il paraissait conforme au plan fondamental que poursuivait le quartier général de Sa Majesté, de se maintenir dans une position expectante et de chercher à contenir l'armée française sur la Sarre jusqu'à ce que les progrès de la IIIe armée lui permissent d'agir efficacement. Dans le cas d'une rencontre décisive sur la frontière française même, la Ire et la IIe armées pourraient alors s'engager de front, et la IIIe ne tarderait peut-être pas à être en mesure d'attaquer en flanc par la Sarre supérieure (2). »

On observera enfin, que dès le 5 août au soir, le commandant de la IIe armée avait fait connaître, par télégramme au grand quartier général, que « l'ennemi levait ses camps de la Sarre et de la Blies et battait en retraite (3). » S'il était entré dans les vues du maréchal de Moltke de franchir la Sarre le 6 août, cette nouvelle l'aurait sans doute déterminé à en donner l'ordre aux Ire et IIe armées. Il estimait, tout au contraire, « que ni la IIe armée, ni la Ire, encore trop faible, ne devaient être exposées isolément à une rencontre avec le gros des masses françaises (4). »

---

(1) *Mémoires du maréchal de Moltke* (*La guerre de* 1870). Paris, 1891, Le Soudier, page 25.
(2) *Historique du Grand État-Major prussien*, 2e livraison, page 165.
(3) *Ibid.*, page 167.
(4) *Ibid.*, page 154.

L'intention du maréchal de Moltke était donc de ne pas « franchir la frontière, avant d'être en état d'accepter la bataille n'importe quel jour (1) » avec les forces des Ire et IIe armées réunies, et avec la coopération, sur l'aile gauche, de la IIIe. « Si, ainsi qu'il est vraisemblable de l'admettre, écrivait-il dans un de ses Mémoires, la IIe armée se maintient sur la frontière, les renforts de la réserve (2) viendront la rallier, tandis que la Ire et la IIIe armée appuieront les ailes. On pourra immédiatement passer à l'offensive en pays ennemi (3). »

Le plan fondamental du maréchal de Moltke visait donc à réaliser, pour la seconde fois, et à la frontière même, la manœuvre de Sadowa.

La bataille de Forbach fit échouer ce projet et fut, en réalité, un insuccès stratégique. Le 2e corps, formant inconsciemment l'avant-garde générale de l'armée du Rhin, attira à lui les têtes de colonnes des VIIe, VIIIe et IIIe corps et sauva peut-être d'un désastre les autres corps français, en leur procurant le temps de se retirer librement dans la direction de Metz. Que l'on suppose, au contraire, la Ire armée constituant d'abord la couverture de la IIe, puis formant son avant-garde générale et renforcée, dans ce double but, en temps opportun, par les 3e, 5e et 6e divisions de cavalerie réunies en corps provisoire. Le général de Steinmetz, muni dans cette hypothèse d'instructions précises, et bien fixé sur les desseins du généralissime, se serait borné, le 6 août, à faire suivre la retraite de l'ennemi par son corps de cavalerie. Si l'adversaire continuait à reculer, la Ire armée aurait franchi la Sarre le 6 au soir ou le 7 dans la mati-

---

(1) *Correspondance militaire du maréchal de Moltke* (Mémoire du 6 mai 1870), n° 20.
(2) IXe et XIIe corps.
(3) *Correspondance militaire du maréchal de Moltke* (Mémoire de l'hiver 1868-1869), n° 18.

née, dès que la cavalerie lui aurait assuré qu'il existait, au Sud de Sarrebrück, une zone libre d'une profondeur suffisante. Mais si les Français limitaient leur mouvement de recul à quelques kilomètres seulement, il devenait indispensable d'en référer au grand quartier général avant de rien entreprendre.

La responsabilité de la bataille de Forbach incombe au premier degré, au point de vue stratégique, au général de Steinmetz qui, dans son impatience à attaquer l'ennemi, et dans la crainte d'être devancé par la IIe armée, transgressa les ordres du maréchal de Moltke (1). Elle incombe au second degré, au point de vue tactique, au général de Kamecke qui, sur la foi de renseignements erronés et sous l'empire d'une idée préconçue, ne se contenta pas d'occuper les ponts de la Sarre et les hauteurs qui les dominent immédiatement au Sud, mais engagea à fond et compromit la 14e division.

Les dispositions prises par ces deux officiers généraux et notamment par le second, amenèrent la rencontre d'une partie de l'armée prussienne avec l'adversaire, « et cela, dans des conditions telles, qu'aucune occasion plus favorable ne pouvait se présenter pour les Français. Si, malgré tout, les Prussiens échappèrent à une défaite, ils ne le doivent pas à leur mérite, mais uniquement aux fautes commises par les Français (2) ».

Le général de Zastrow, commandant le VIIe corps, à qui le général de Kamecke avait demandé l'autorisation de franchir la Sarre, le laissa libre « d'agir d'après ses propres inspirations (3) ». N'était-ce pas, en quelque sorte, décliner la responsabilité des événements qui pouvaient se produire et faire abdication de son autorité,

---

(1) Voir fascicule VI, journée du 5 août en Lorraine, pages 36 et suivantes.

(2) Général de Woyde. *Loc. cit.*, page 60.

(3) *Historique du Grand État-Major prussien*, 3e livraison, page 294.

sous prétexte de laisser toute initiative à son subordonné?

« Nul supérieur, dit très justement le général de Woyde, n'est en droit de renoncer à faire connaître catégoriquement ses vues et à manifester sa volonté, sous prétexte de favoriser le principe de l'initiative, parce que toute concession superflue faite à l'initiative est tout aussi funeste que l'attachement opiniâtre à une centralisation à outrance qui n'est plus de notre temps (1) ».

Puisque le général de Zastrow n'avait pas cru devoir marcher avec l'avant-garde, soit de la *13*ᵉ, soit de la *14*ᵉ division, n'était-il pas judicieux de se porter rapidement de sa personne à Sarrebrück pour se prononcer, en toute connaissance de cause, sur la question qui lui était soumise? D'après le colonel Cardinal de Widdern, son état de santé ne lui aurait plus permis de supporter les grandes allures à cheval (2).

« Contrairement à son commandant d'armée, Steinmetz, âgé de 74 ans, le général de Zastrow, quoique plus jeune de quatre ans, n'était plus apte, en réalité, à faire campagne. A un âge aussi avancé, l'énergie morale et l'activité physique nécessaires à un chef à la guerre, n'existent plus qu'exceptionnellement. L'historien ne remplirait pas son devoir s'il n'attirait pas l'attention sur le contraste que présentent les actes de deux généraux (de Zastrow et Gœben) dont l'un dispose encore de toutes ses forces intellectuelles et physiques et dont l'autre ne les possède plus qu'en partie. Cette question est des plus importantes. Les effets s'en manifestèrent à Spicheren dans l'activité très dissem-

---

(1) *De l'initiative des chefs en sous-ordre à la guerre.* Paris, Baudoin, 1895, page 50.
(2) *Die Befehlsführung am Schlachttage von Spicheren und am Tage darauf,* pages 18 et 38.

blable des généraux commandant les VII⁰ et VIII⁰ corps (1) ».

Tandis que le général de Zastrow n'avait quitté, en effet, son quartier général de Lebach qu'avec l'intention de gagner son nouveau cantonnement de Dilsburg (12 kilom.), le général de Gœben était parti d'Ottweiler de grand matin et, devançant ses colonnes, s'était rendu sur les hauteurs de la rive gauche de la Sarre pour y faire une reconnaissance. Il rejoignit ensuite la *16⁰* division, puis revint sur le champ de bataille, après avoir parcouru ainsi plus de cinquante kilomètres.

« Il était de seize ans plus jeune que le général de Zastrow, bien portant et alerte, plein de confiance et désireux d'aborder l'ennemi ; d'ailleurs absolument indépendant de son chef d'état-major pour prendre ses décisions et les exécuter (3) ».

Toutefois, l'état de santé du général de Zastrow n'était pas tel qu'il ne pût se rendre de Dilsburg à Sarrebrück (4), (15 kilom.) ; il s'y décida, en effet, à 2 h. 30, au reçu du premier rapport du général de Kamecke et y arriva vers 4 h. 30 (5).

Le général de Kamecke n'avait pas attendu la réponse du général de Zastrow pour porter toute la *14⁰* division au delà de la Sarre. Le fait ressort de rapports adressés

---

(1) Cardinal von Widdern. *Loc. cit.*, page 38.
(2) *Ibid.*, page 55.
(3) *Ibid.*, page 41.
(4) D'après Cardinal von Widdern, le général de Zastrow n'était pas encore arrivé à Dilsburg au moment où il reçut la demande du général de Kamecke. (*Loc. cit.*, page 16.)
(5) Voir page 74.

au colonel Cardinal de Widdern : par le major de Wangenheim, commandant le 3ᵉ bataillon du *39ᵉ*, et chargé d'établir des avant-postes à la lisière Sud du Köllerthaler-Wald (1); par le capitaine de Reiswitz, commandant l'escadron du *15ᵉ* hussards, affecté à l'avant-garde (2); par le colonel de Conrady, commandant le *77ᵉ* (3); enfin par le général d'Hilgers, alors major à l'état-major de la *14ᵉ* division. Ce dernier s'exprime ainsi :

« Quand je rejoignis le général de Kamecke, il m'orienta sur la situation et m'apprit qu'il venait d'envoyer un compte rendu au général commandant le corps d'armée, en même temps qu'une demande de poursuivre sa marche sur Sarrebrück. Il ajouta qu'il était résolu, en raison de l'urgence, à se mettre en mouvement, sans attendre la réponse... (4) ».

Le général de Kamecke estima plus tard qu'on ne pouvait se borner à tenir les points de passage de la Sarre, et qu'il était nécessaire de ménager aux masses encore en arrière, une tête de ponts sur la rive gauche. Ainsi en jugea également le général de Steinmetz qui approuva le VIIᵉ corps dans sa prise de possession des hauteurs au Sud de Sarrebrück, « dans l'intérêt de la IIᵉ Armée (5) ».

L'occupation, par de forts avant-postes, des hauteurs jalonnées par le Schanzen-Berg, le Repperts-Berg et le Winter-Berg et l'établissement du gros de la *14ᵉ* division dans des cantonnements-bivouacs, à Sarrebrück, suffisaient à assurer la libre utilisation des ponts de Sar-

---

(1) Cardinal von Widdern. *Loc. cit.*, page 22.
(2) *Ibid.*, page 28.
(3) *Ibid.*, page 24.
(4) *Ibid.*, page 26.
(5) *Historique du Grand Etat-Major prussien*, 3ᵉ livraison, page 301. On observera que cette approbation fut envoyée quand déjà le fait était accompli.

rebrück (1), mais non une zone de manœuvres suffisante pour les autres éléments de la Ire Armée. Il est bien probable, cependant, que le général de Kamecke aurait limité son mouvement à cette ligne si la cavalerie ne lui avait fourni des renseignements inexacts, venant confirmer d'ailleurs, dans son esprit, l'idée préconçue qu'il s'était formée de la retraite de l'ennemi. Il fit remplir alors, inconsciemment peut-être, à sa division le rôle d'avant-garde générale, dans des conditions défectueuses du reste, car il n'avait nullement la certitude d'être soutenu par le gros de l'armée en temps utile.

Cependant, certaines circonstances auraient dû commander la prudence au général de Kamecke. Le capitaine de Knesebeck, adjoint à l'état-major de la 5ᵉ division de cavalerie, avait évalué les troupes ennemies du Rother-Berg et de Stiring à 20,000 hommes au minimum (2). Le général de Dœring, commandant la 9ᵉ brigade, après une reconnaissance personnelle très complète, rendait compte à midi au général de Stülpnagel de la présence, à Stiring-Forbach, d'une division française au moins (3). Enfin, peu après l'engagement de l'avant-garde de la 14ᵉ division, « de nouveaux renseignements transmis par les partis de cavalerie lancés en avant, évaluaient..... les forces de

---

(1) « En ce qui concerne la sécurité des points de passage de Sarrebrück, occupés par la 14ᵉ division d'infanterie prussienne, elle aurait pu être pleinement assurée par l'occupation des hauteurs situées immédiatement au Sud de la ville, et il n'était pas nécessaire de prendre encore possession de la chaîne de collines suivante, dont l'éperon le plus avancé, le Rother-Berg, paraissait être occupé par les Français. » (De Woyde. *Causes des succès et des revers dans la guerre de 1870*, tome I, page 58).

(2) Cardinal von Widdern. *Die Kavallerie-Divisionen wahrend des Armee-Aufmarches*, page 237.

(3) Cardinal von Widdern. *Die Befehlsführung am Schlachttage von Spicheren*, page 82.

l'ennemi à 3 régiments d'infanterie, ce qui concordait... avec les informations venues d'autre part (1) ».

Le général de Kamecke pouvait-il, à ce moment, « compter sur le concours des corps voisins (2) » et ne prit-il la résolution d'attaquer qu'avec la certitude d'en recevoir des renforts? Nullement, d'après une communication du général d'Hilgers, au colonel Cardinal de Widdern (3). Dans une lettre écrite le 7 août, le général de Gœben dit, il est vrai, qu'il « aurait envoyé (quelqu'un) au général de Kamecke pour lui demander s'il avait besoin de secours (4) ». Mais les deux officiers, le major Bumke et le lieutenant Boch qui accompagnaient le général de Gœben, ne furent point chargés de cette mission et il est bien peu probable que cet officier général l'ait confiée à un simple cavalier. D'ailleurs, l'affirmation du général d'Hilgers est absolument péremptoire. « Aucun officier de l'état-major de la division, dit-il, n'avait rencontré ni le général de Gœben, ni le général de Dœring, ni n'était entré en contact avec eux d'une manière quelconque. Il en est de même du général de Kamecke. Au début du combat, nous n'avions pas la moindre idée d'être secourus par des troupes d'autres corps d'armée (5) ».

Le général de Kamecke ne pouvait, à ce moment, compter davantage sur le concours de la *13e* division. Il ne fut informé que vers 3 h. 30 de l'ordre qui lui avait été donné par le général de Zastrow de franchir la Sarre à Völklingen et de se porter sur Forbach (6). Il attribuait donc à la *14e* division le rôle d'avant-garde

---

(1) *Historique du Grand État-Major prussien*, 3e livraison, page 296.
(2) *Ibid.*, page 303.
(3) *Die Befehlsführung am Schlachttage von Spicheren*, page 175.
(4) *August von Gœben von Gebhard Zernin*, page 238.
(5) Cardinal von Widdern. *Loc. cit.*, page 175. — Voir page 24.
(6) Cet ordre avait été expédié de Dilsburg à 1 heure de l'après-midi.

générale, sans savoir dans quelle mesure il serait soutenu.

Sa responsabilité ne semble pas, dès lors, devoir comporter, à ce point de vue, l'atténuation que l'*Historique du Grand État-Major prussien* invoque en sa faveur. Toutefois, il est juste de reconnaître qu'il avait été mal renseigné par la cavalerie et insuffisamment orienté sur la situation générale, la mission attribuée au VIIe corps et les projets du commandement suprême. L'ordre de la Ire armée pour la journée du 6 août (1) ne donne aucune indication sur ces points essentiels et ne paraît pas avoir été complété par des instructions verbales, qui auraient dû, logiquement, être transmises jusqu'aux généraux de brigade (2). Il est fort douteux aussi que le général de Steinmetz ait communiqué aux commandants des VIIe et VIIIe corps les « directives » qu'il avait reçues du grand quartier général dans la nuit du 5 au 6 août, et qui lui prescrivaient de ne se mettre en mouvement que le 7, pour franchir la Sarre le 9, entre Sarrelouis et Völklingen (3). A la vérité, il lui était bien difficile de les faire connaître à ses subordonnés, dès l'ins-

---

(1) Voir fascicule VI, journée du 5 août en Lorraine, page 35.

(2) Cardinal von Widdern. *Loc. cit.*, page 20.

(3) « Il appartenait au commandant en chef de la Ire armée de faire connaître aux généraux les directives qu'il avait reçues du grand quartier général. D'après ces directives, on devait éviter toute affaire sérieuse jusqu'au moment où la IIe armée, encore en arrière, aurait achevé son déploiement à la gauche de la Ire armée. L'intention du Roi était d'attendre la complète exécution de ce mouvement et les progrès de la IIIe armée pour prendre l'offensive (9 août) avec les Ire et IIe armées, réunies au delà de la Sarre. Jusque-là, il fallait éviter toute entreprise de la part de fractions appartenant à la Ire ou à la IIe armée, pour ne pas donner à l'adversaire l'occasion de remporter des succès partiels..... Instruit de ces directives, de Kamecke aurait pris sans doute la détermination d'occuper les hauteurs de la rive gauche de la Sarre, abandonnées par l'ennemi, mais il s'en serait ensuite tenu là. » (Cardinal von Widdern. *Loc. cit.*, pages 177 et 178).

tant où il était résolu à n'en tenir aucun compte. Mais il est probable que, si le général de Kamecke en avait été instruit, il se serait borné à l'occupation des hauteurs qui dominent immédiatement Sarrebrück. Son projet même, d'inquiéter l'ennemi dans sa retraite et de troubler ses embarquements à Forbach, aurait été exécuté avec une certaine prudence, de façon à ne pas amener un engagement de quelque importance si, contre toutes prévisions, les Français se décidaient à une résistance sérieuse sur le plateau de Spicheren et à Stiring. Peut-être était-il resté sous l'impression de la dépêche du grand quartier général, du 3 août, annonçant à la Ire armée que l'on avait « en vue une offensive générale » (1). Cette hypothèse est assez plausible si l'on observe que les difficultés entre le général de Steinmetz et le grand quartier général ont commencé à cette date et si l'on admet que le commandant de la Ire armée, décidé à agir suivant sa propre inspiration, ait considéré comme lettre morte les instructions du maréchal de Moltke et ne les ait pas communiquées à ses subordonnés.

Ainsi peuvent s'expliquer, sans se justifier complètement d'ailleurs, les diverses résolutions prises par le général de Kamecke dans la matinée du 6 août.

Toute différente avait été, dans une situation analogue, le 13 octobre 1806, l'attitude du maréchal Lannes, arrivé la veille avec les 5e et 7e corps, au contact des avant-postes de l'armée du prince de Hohenlohe, sur la rive gauche de la Saale. Après avoir fait occcuper Iéna, évacuée par les Prussiens qui s'étaient repliés sur Weimar, le Maréchal porta la division Suchet à quatre kilomètres au delà vers cette dernière localité, puis écrivit à l'Empereur, le 13 octobre vers midi :

---

(1) *Correspondance militaire du maréchal de Moltke*, n° 94.

« Je vais pousser des reconnaissances pour savoir au juste où l'ennemi se trouve. Je désirerais savoir si l'intention de Votre Majesté est que je marche avec mon corps d'armée sur Weimar. Je n'ose prendre sur moi d'ordonner ce mouvement...... (1) ».

Si le Maréchal eut attaqué l'ennemi incontinent et de sa propre initiative, le 13 octobre 1806, il se serait trouvé dans une situation périlleuse et aurait fait échouer peut-être la belle manœuvre d'Iéna, comme « l'échauffourée » de Spicheren anéantit le projet du maréchal de Moltke qui consistait à renouveler sur la Sarre la bataille de Sadowa (2).

« Dès qu'un général sort des instructions qu'il a reçues », écrivait le Comité de Salut public aux généraux en chef le 14 frimaire an II, « et hasarde un parti qui paraît avantageux, il peut ruiner la chose publique, par un succès même, qui ne serait que de localité ; il rompt l'unité des plans, il en détruit l'ensemble. »

Les événements de Forbach montrent qu'il ne faut lancer de l'infanterie en nombre considérable sur des forces ennemies, si faibles qu'elles paraissent, surtout lorsqu'elles n'ont pu être reconnues, qu'à la condition d'être en mesure de donner le développement le plus étendu aux engagements qui pourront en être la conséquence. « On reconnaît une armée entière avec une armée entière », disait le maréchal Bugeaud.

L'*Historique du Grand Etat-Major prussien* admet la possibilité d'un échec qu'aurait subi la 11e division si elle n'avait pas été soutenue, mais il estime que « cet échec partiel, infligé à une petite fraction de l'armée par

---

(1) Foucart. *Campagne de Prusse* 1806, page 583.

(2) Le maréchal de Moltke aurait dit, en apprenant la bataille de Forbach : « Tout est à recommencer, depuis le début. » (Cardinal von Widdern. *Loc. cit.*, page 267).

des forces supérieures serait demeuré sans résultats sérieux sur le cours des opérations (1) ».

Mais ne dit-il pas également, à propos de Spicheren, que « la valeur morale d'une victoire se fait sentir bien au delà du champ de bataille (2) »?

Pourquoi cette conséquence ne serait-elle applicable qu'à l'armée allemande? L'impression qu'aurait produite un succès du 2ᵉ corps n'aurait-elle pu être de nature à contre-balancer l'effet de la défaite de Frœschwiller? D'ailleurs, ce n'est pas la division Kamecke seule qui aurait été battue, mais, en même temps qu'elle, toutes les troupes prussiennes qui ont pris part à la bataille de Forbach, si le 2ᵉ corps n'était pas resté rivé à ses positions ou si les divisions du 3ᵉ étaient venues le secourir en temps opportun.

« Cette vérité évidente, l'ouvrage du Grand Etat-Major n'en tient nul compte, bien qu'il décrive et même blâme la manière d'opérer des divisions françaises en question. Ce silence complet observé par l'ouvrage du Grand Etat-Major prussien sur la possibilité aussi évidente d'une telle éventualité, est précisément l'aveu que la *14ᵉ* division prussienne a entraîné une partie des forces allemandes dans une opération extrêmement téméraire, et qu'il n'est pas possible d'invoquer des raisons ayant quelque valeur en vue de justifier une telle manière d'opérer (3) ».

*
* *

« L'armée allemande, le 6 août, a montré deux qualités maîtresses qui, vis-à-vis de nous, en 1870, ont fait

---

(1) 3ᵉ livraison, page 367.
(2) *Ibid.*, page 369.
(3) Général de Woyde. *Causes des succès et des revers dans la guerre de* 1870, tome I, page 61.

sa force; nous voulons parler de l'unité de pensée et du sentiment de solidarité.

« Unité de pensée : Apprenant que les ponts sont intacts et que le passage est libre, le général de Kamecke a l'idée de profiter d'une semblable bonne fortune ; le général de Gœben, venu à Sarrebrück, ne songe qu'à y amener son avant-garde ; un général de brigade (de Dœring) qui, lui aussi, a devancé sa colonne, est frappé de l'importance des ponts et retourne vers ses troupes pour les amener à Sarrebrück ; les généraux de cavalerie sont du même avis.... tous sans exception jugent la situation « de même »; tous d'ailleurs sont venus voir.

« En arrière d'eux, les commandants d'armée ont la même pensée ; leurs ordres ne parviendront que plus tard, et ne seront plus qu'une sanction ; peu importe ! ils jugent la situation de la même manière..... Tous ces généraux pensent, réfléchissent.... ils ont des ordres ; mais la situation est changée ; l'attitude de l'ennemi est différente et l'on n'en profiterait pas !

« Ce n'est pas tout..... ces chefs s'entendent et se soutiennent.....; il ne s'agit pas de savoir *qui* battra l'ennemi, mais de le battre ; aussi voit-on les six ou sept colonnes converger vers Sarrebrück, comme de véritables torrents qui déverseraient leurs eaux dans la Sarre (1) ».

Pendant la bataille, l'accord des volontés ne cesse de se manifester. Les décisions des subordonnés sont acceptées sans récriminations par leurs chefs qui en prennent aussitôt toute la responsabilité. C'est le général de Stülpnagel, accordant une telle faveur au jugement du général de Dœring, qu'il n'hésite pas à y conformer

---

(1) Général Maillard. Cours de l'École supérieure de guerre, 1887-1888, page 375.

sa conduite ; c'est le général d'Alvensleben qui approuve leurs dispositions ; c'est le général de Steinmetz acceptant le fait accompli et le renforçant de toute son autorité.

Vers 2 h. 15, le général de Stülpnagel, commandant la 5ᵉ division, s'entend avec le général de Kamecke pour l'engagement de l'avant-garde de la 9ᵉ brigade. Vers 3 heures, le général de Gœben, commandant le VIIIᵉ corps, prend la direction du combat et, loin de modifier les mesures prises antérieurement, les consacre de son approbation. A 4 heures, le général d'Alvensleben, commandant le IIIᵉ corps, arrive à Sarrebrück, offre son concours personnel au général de Gœben et se charge de donner une certaine unité aux attaques de gauche. Enfin, à 4 heures 30, le général de Zastrow, commandant le VIIᵉ corps, arrive sur le théâtre de la lutte, prend, en qualité de plus ancien en grade, le commandement supérieur, à l'aile gauche, succédant ainsi au général de Gœben, et contribue de tout son pouvoir à poursuivre l'exécution des mesures adoptées par ceux qui l'ont précédé dans la direction du combat. Toutes les énergies sont tendues vers un seul but : maintenir le terrain conquis en prévision de la lutte à continuer, soit le jour même, soit le lendemain, avec le concours de troupes fraîches dont l'arrivée ne fait de doute pour personne (1).

Tout en rendant justice aux qualités que possédaient les chefs de l'armée allemande de 1870, il n'est pas

---

(1) Le colonel de Wartensleben, quartier-maître supérieur de la Iʳᵉ armée, et qui assista à la bataille, dit à ce sujet :

« Nos succès de cette époque sont dus surtout à ce que chacun, du haut en bas de la hiérarchie, ne songeait ni à sa gloire, ni à son intérêt personnel, mais agissait pour la cause commune de tout son savoir et de tout son pouvoir..... Les querelles qui se sont élevées sur l'importance relative des services rendus à Spicheren me rappellent un

superflu de constater qu'elles existaient, non moins solides, dans les armées françaises du commencement du siècle.

« On doit remarquer qu'à cette époque (1800), la rare intelligence et le parfait accord des généraux commandant les grandes divisions ou divers corps d'armée, contribuèrent puissamment à ces rapides succès. Les exemples les plus saillants de cette confiance, de ce dévouement mutuel entre les chefs, furent donnés dans les deux principales actions de cette campagne : à la bataille de Hohenlinden, par le général Richepance, à celle de Pozzolo par les généraux Dupont et Suchet ; ils se trouvèrent dans ces cas imprévus où le salut de l'armée dépend du prompt jugement, de la résolution et du dévouement personnel. Dans la campagne précédente, on avait vu les généraux Desaix et Kellermann en agir ainsi à la bataille de Marengo (1) ».

Mais on ne saurait trop établir une ligne de démarcation bien nette : d'une part, entre les actes de chefs subordonnés qui s'exercent dans le sens des intentions du commandement suprême et qui peuvent être définis, l'initiative dans l'obéissance ; d'autre part, entre les procédés arbitraires, contraires à ses projets, voisins de l'indiscipline, et qui constituent une source de graves dangers, tout au moins de difficultés imprévues.

---

peu Waterloo. Sans l'intervention de Blücher, Wellington était perdu et, sans la ténacité de Wellington, Blücher ne pouvait vaincre seul. Il en est de même le 6 août 1870. Sans les Brandebourgeois (5ᵉ division), pas de victoire, mais, sans la préparation des autres troupes, pas de succès possible pour eux. » (*Militär Wochenblatt*, 1898, n° 8).

(1) Général Mathieu Dumas. *Précis des événements militaires*, tome II.

« Desaix, Richepance ont brillamment défendu le *principe de l'initiative* à une époque où il n'en était même pas question en théorie. » (De Woyde. *De l'initiative des chefs subordonnés*, page 18).

« Les trois batailles livrées sous Metz, dit l'*Historique du Grand État-Major prussien* (1), présentent....., sur une échelle encore plus grande, les mêmes caractères distinctifs que Wœrth et Spicheren..... Le succès de semblables entreprises, issues de l'initiative individuelle, dépend de l'attitude de l'adversaire. Il est certain que, le 14 comme le 16 août (2), des moments se produisirent, au cours du combat, où, du côté des Français, une volonté ferme, bien pénétrée de la véritable situation et dirigeant avec ensemble, aurait pu se ménager bien des succès.....

L'expérience y démontrait de nouveau que les tentatives de cette nature sont rarement à même d'amener un véritable dénouement et que, en général, elles ne doivent pas prétendre au delà d'un succès partiel..... Aussi longtemps qu'elles agissent dans un sens conforme aux intentions de principe du commandant en chef, on aurait tort de les proscrire dans la pratique de la guerre; car, si cet élément d'audace est insuffisant à lui seul pour atteindre aux succès grandioses, il sert du moins à les préparer. »

Tout en louant sans réserve les divers généraux prussiens qui, acceptant le fait accompli, n'ont plus songé qu'à secourir une division compromise, il est impossible d'approuver ni le général de Steinmetz, transgressant les instructions du grand quartier général, ni le général de Kamecke, attaquant, sans savoir s'il serait soutenu, un adversaire non encore entamé. Quand bien même, d'ailleurs, ce dernier aurait eu la certitude de la coopération des troupes voisines, il ne lui appartenait pas de provoquer une bataille et d'engager peut-être, ainsi, l'avenir de la campagne.

---

(1) 6ᵉ livraison, page 879.
(2) On pourrait ajouter : comme le 6 août, à Forbach

*
* *

Si certaines unités ont marché au canon sans hésitation et fait les efforts les plus méritoires pour arriver à temps sur le théâtre de la lutte, d'autres, au contraire, les *13*ᵉ et *15*ᵉ divisions, n'ont pas été, à cet égard, exemptes de toute critique.

Vers 4 heures de l'après-midi, l'avant-garde de la *13*ᵉ division atteignait Grande-Rosselle ; « à l'Est, le bruit de la canonnade, étouffé par la vaste étendue des bois, avait cessé de retentir ; l'action engagée dans cette direction semblait terminée » (1). Les troupes avaient déjà parcouru 38 kilomètres (2) et le général de Glümer, commandant la division, crut devoir arrêter l'avant-garde au Nord de Grande-Rosselle et donner au gros de la colonne l'ordre de bivouaquer à Völklingen.

Il ne semble pas que l'on se soit préoccupé, dès le moment où des renseignements étaient parvenus, relativement à une action engagée entre Stiring-Wendel et Forbach, c'est-à-dire à midi, d'envoyer sur le champ de bataille un officier chargé d'annoncer l'arrivée prochaine de la *13*ᵉ division et de tenir celle-ci au courant des péripéties de la lutte. On ne s'explique pas, d'ailleurs, que les trois escadrons du *8*ᵉ hussards, attribués à l'avant-garde, n'aient pas été à même de signaler au général de Glümer ce qui se passait à l'Est de la forêt de Forbach (3). On

---

(1) *Historique du Grand Etat-Major prussien*, 3ᵉ livraison, page 357.
(2) *Ibid.*
(3) « On ne comprend pas comment l'avant-garde, sous le général von der Goltz, put persister si longtemps dans son erreur (à savoir qu'on n'entendait plus la canonnade) ; la première patrouille venue, opérant convenablement dans la direction de Forbach, situé à une distance d'au plus 3 kilomètres de Klein-Rossel, aurait dû atteindre la lisière opposée de la forêt, qui faisait face à cette dernière localité, et

ne discerne pas, enfin, les motifs qui ont empêché le commandant de la *13e* division d'envoyer de Grande-Rosselle un officier sur Forbach ou Stiring pour lui faire connaître la cause et l'issue de la canonnade, qui avait duré de midi à 4 heures et que l'on n'entendait plus (1).

On observera que l'arrêt dans la marche de la *13e* division ne se serait pas produit si le général commandant le VIIe corps ne s'était pas rendu si tardivement à Sarrebrück, d'où il avait envoyé le capitaine de Westernhagen auprès du général de Glümer, avec mission de lui apprendre que la *14e* division était fortement engagée.

Les deux heures que perdit le général de Glümer à

---

entendre, indubitablement, le feu d'artillerie sur le terrain découvert qui s'étendait de ce côté. On ne peut pas admettre qu'il n'y avait pas lieu d'envoyer la moindre patrouille dans la direction de Forbach; car, d'une part, le détachement von der Goltz disposait de trois escadrons et, d'autre part, les règles fondamentales de la tactique enseignent, notamment, que, lorsqu'on fait halte en arrière de la lisière intérieure d'une forêt, on doit occuper ou tout au moins reconnaître la lisière extérieure. » (Général de Woyde. *Loc. cit.*, page 52).

« Le service de reconnaissances du *8e* hussards, à Grande-Rosselle et à Emersweiler, ne paraît pas s'être étendu bien loin, car les mouvements de l'ennemi, à Morsbach, Rosbrück et Merlebach, n'auraient pas dû échapper aussi complètement à son observation. » (Cardinal von Widdern. *Loc. cit.*, page 335, note 1).

(1) « On put constater, au sujet de la bataille de Spicheren, ainsi que de nombreuses expériences l'avaient déjà enseigné, que le fait de ne plus percevoir le bruit du canon n'est pas un indice suffisant de la cessation du combat. Les troupes qui marchent au canon ne négligeront donc pas, dès qu'elles ne l'entendront plus, d'envoyer des reconnaissances d'officier sur le champ de bataille, chargées de se rendre compte si la lutte est effectivement terminée. Il sera même très prudent d'en expédier une dès le début de la marche en avant. Arrivée à destination, elle annoncera l'approche de renforts et fonctionnera ensuite, pour le chef dont elle dépend, comme source de comptes rendus. » (Cardinal von Widdern. *Loc. cit.*, page 320).

Grande-Rosselle lui enlevèrent l'occasion de déboucher sur Forbach en temps utile et de jouer, dans la bataille, un rôle absolument décisif (1).

On comprend que le commandant de la *13e* division, ignorant les événements qui s'étaient passés au Nord de Spicheren et de Stiring, et incertain sur le nombre des troupes adverses qui occupaient Forbach, se soit abstenu d'une attaque de nuit. Mais ses avant-postes, placés à quelques centaines de mètres de cette localité, comme d'ailleurs ceux du IIIe corps, qui occupaient Stiring, auraient dû garder le contact de l'ennemi. Il ne serait pas arrivé ainsi qu'une division française tout entière ait pu défiler sur la route de Saint-Avold, à 700 mètres à peine des sentinelles doubles prussiennes, traverser Forbach entre minuit et 3 heures du matin, et prendre ensuite la route d'Œting, pour suivre le 2e corps sur Sarreguemines (2).

A la *15e* division, le général de Strubberg, commandant la *30e* brigade, parcourait, vers Holz, la ligne des avant-postes (3) quand, à midi, le canon se fit entendre dans la direction de Sarrebrück. Il adressa un rapport (4) à ce sujet au quartier général de la division, à Uchtelfangen (7 kil. 1/2 de Holz).

Mais le général de Weltzien, commandant la *15e* division, ne jugea pas à propos de se rendre personnellement aux avant-postes pour entendre et constater par lui-même ce qui se passait devant son front. Il n'envoya pas non plus un officier de son état-major aux nouvelles

---

(1) *Historique du Grand Etat-Major prussien*, 3e livraison, page 368.
(2) Le bruit de la marche de cette division fut entendu par le 7e bataillon de chasseurs, qui bivouaquait près du Webers-Lohmühle. (Moulin Loh). (Historique du 7e bataillon de chasseurs).
(3) Voir page 24.
(4) De Wahlschied, 6 août, 1 heure après midi.

pour connaître la cause de la canonnade et avoir des renseignements sur le développement du combat (1).

Le bruit du canon continuait à être perçu très nettement à Uchtelfangen (2) et même plus au Nord, à Humes et Hierscheid (3) ; un second, un troisième rapport du général de Strubberg (4) ne déterminèrent pas le commandant de la *15e* division à diriger ses troupes vers le champ de bataille. Le général de Gœben ne lui envoya, du reste, aucun ordre à ce sujet. Considérant « comme assurée la coopération de la *16e* division à l'action engagée au delà de la Sarre, il ne jugeait pas nécessaire d'y appeler aussi la *15e*..... » (5). Il n'en est pas moins vrai que si le 2e corps avait été renforcé, comme il pouvait l'être, par les divisions Montaudon, Castagny et Metman, du 3e corps, le général de Gœben aurait été amené à regretter de n'avoir pas appelé à Sarrebrück la *15e* division.

On remarquera que, des cinq divisions des Ire et et IIe armées qui étaient en première ligne le 6 août, en marche vers la Sarre, la *15e* était la seule dont le chef ne se trouvât pas à l'avant-garde (6).

Le prince Frédéric-Charles qui, dans la matinée du 6 août, s'était rendu par voie ferrée de Kaiserslautern à Hombourg, ne parut pas sur le champ de bataille

---

(1) Cardinal von Widdern. *Loc. cit.*, page 358.
(2) *Ibid.*, page 359.
(3) Historique du *33e* régiment.
(4) Cardinal von Widdern. *Loc. cit.*, pages 362 et 364.
(5) *Historique du Grand Etat-Major prussien*, 3e livraison, page 300. D'après Cardinal von Widdern, le général de Gœben aurait donné l'ordre verbal de faire venir à Sarrebrück la *15e* division et l'artillerie de corps, mais cet ordre aurait été mal interprété. (*Loc. cit.*, page 64.)
(6) A vrai dire, le général commandant la *13e* division marchait également avec le gros de la colonne, mais il se porta à l'avant-garde dès que parvint à sa connaissance la nouvelle d'un engagement sur la rive gauche de la Sarre.

de Forbach. Le général de Rheinbaben, commandant supérieur des 5ᵉ et 6ᵉ divisions de cavalerie, l'avait tenu au courant des événements (1) jusqu'à l'engagement de la 14ᵉ division, dont il avait été informé, d'autre part, à 2 h. 30, par un télégramme du général d'Alvensleben. Le Prince n'ignorait pas que la 5ᵉ division d'infanterie, portée sur Sarrebrück (2), participerait au combat. On entendait d'ailleurs, à Hombourg, le bruit du canon (3).

Le commandant de la IIᵉ armée disposait du chemin de fer et sa présence sur le champ de bataille lui aurait permis une intervention conforme aux « Directives » du grand quartier général, en même temps qu'elle aurait donné une solution au conflit qui avait surgi entre les Iʳᵉ et IIᵉ armées pour l'utilisation de la route Ottweiler-Sarrebrück.

Telle fut en effet sa première intention. Il en fut dissuadé par le général de Stiehle, chef d'état-major général et par le colonel de Hertzberg, quartier-maître supérieur, qui redoutaient les conséquences d'une rencontre du prince Frédéric-Charles avec le général de Steinmetz, en raison de l'inimitié qui existait entre eux (4).

Mais ne pouvait-il pas se produire, au cours de la lutte, telle circonstance, impossible à prévoir, qui ne laissât plus qu'une valeur toute relative à cet argument et rendît

---

(1) Voir page 19.
(2) Ordre envoyé, par télégramme de 8 h. 5 du matin, au général commandant le IIIᵉ corps.
(3) Cardinal von Widdern. *Loc. cit.*, page 101. Les généraux von Hæseler et Hugo, qui appartenaient alors au quartier général de la IIᵉ armée, l'ont affirmé à l'auteur.
(4) Cardinal von Widdern. *Loc. cit.*, pages 103 et 104.
Le général de Steinmetz, écrivant quelques jours après à sa femme, disait : « Nous sommes en présence comme deux pierres dures, dont le choc produit des étincelles. »

très opportune la présence du commandant de la IIe armée à Sarrebrück? Il semblait donc judicieux d'y envoyer immédiatement un officier d'état-major chargé de renseigner le prince Frédéric-Charles sur la situation et sur les péripéties du combat. Cette mesure ne fut pas prise : le major de Hæseler qui sollicitait l'autorisation d'aller sur le champ de bataille se heurta même à un refus formel.

Dès le début de l'action, le général de Kamecke, au lieu de se montrer très parcimonieux de son infanterie, la dépense presque tout entière : deux bataillons du *74e* restent seuls disponibles sur le Terrain de Manœuvres. Dans sa conviction de n'avoir devant lui qu'une arrière-garde, il cherche à en déborder les deux ailes et s'étend immédiatement sur un front de plus de cinq kilomètres; puis, vers 1 heure, il lance prématurément ses deux derniers bataillons sur le Rother-Berg. « Bientôt il fut impossible à la *14e* division de progresser. D'autre part, elle ne pouvait reculer sans s'exposer à une catastrophe (1) ». Vers 3 heures, elle se trouvait dans une situation très critique et ne dut son salut qu'à la passivité de l'adversaire (2). On s'explique difficile-

---

(1) *Kriegsgeschichtliche Einzelschriften*, Heft 18, page 494. Papiers du général d'Alvensleben.

(2) « Après avoir traversé la Sarre et laissé les défilés derrière elle, la *14e* division s'avance, dans des conditions dont il est impossible de prévoir les conséquences, contre des positions naturellement fortes et occupées par l'adversaire, sous prétexte de garder le contact avec lui.

« Cette manière de comprendre son rôle est basée sur une idée préconçue toujours funeste. Bientôt, elle ne pourra ni avancer, ni reculer, sans courir à une catastrophe. Que l'ennemi exécute une contre-attaque et la division est renversée comme un château de cartes. » (*Ibid.*).

ment que le général de Kamecke ait voulu, dès l'abord, exécuter un mouvement enveloppant double. Ne suffisait-il pas, pour arriver au but qu'il se proposait, de déborder l'aile gauche des Français? Dès lors, l'emploi des forces aurait pu être : deux bataillons et l'artillerie, face au Rother-Berg et au Gifert-Wald, neuf bataillons marchant sur Stiring, de front le long de la voie ferrée, de flanc à travers bois. On menaçait ainsi directement Forbach où étaient signalés les embarquements en chemin de fer de l'ennemi et l'on était en mesure de se relier à la *13*ᵉ division.

De plus, on disposait de la sorte, en un point du champ de bataille, de forces importantes et susceptibles d'obtenir un résultat, au lieu de présenter à l'adversaire, du Pfaffen-Wald par Drathzug et Vieilles-Houillères, une ligne uniformément mince, incapable d'un effort soutenu en un point quelconque.

On pouvait encore agir sur l'aile droite du 2ᵉ corps, dans des conditions plus favorables peut-être. Par Saint-Arnual et le Stifts-Wald, on aurait atteint à couvert la lisière Sud du Gifert-Wald et de là on aurait été en mesure de déborder la droite de la division de Laveaucoupet.

La cavalerie traversant la zone boisée dans sa plus faible largeur, aurait trouvé un terrain propice pour couvrir l'aile extérieure de l'attaque et reconnaître les mouvements de l'adversaire en arrière de son front.

L'artillerie enfin, tout en conservant sa position, pouvait appuyer l'infanterie de ses feux et même prendre d'écharpe les lignes françaises qui feraient face aux troupes prussiennes du Stifts-Wald.

On ne s'explique pas d'ailleurs, en admettant l'idée de l'effort simultané sur les deux ailes, que le commandant de la *14*ᵉ division n'ait pas chargé un régiment entier de chacune des attaques, le *74*ᵉ à droite, le *39*ᵉ à gauche. Au lieu de procéder ainsi, on désigna les bataillons des divers régiments, sans aucun respect des liens organiques et l'on aboutit ainsi fatalement à l'impuissance du commandement et à la confusion (1).

Vers 2 heures de l'après-midi, le général de Kamecke savait que l'adversaire occupait, en forces, une ligne d'une étendue considérable puisque ses deux attaques d'ailes s'étaient transformées en attaques de front et que sur aucun point les troupes prussiennes ne parvenaient à progresser. Il paraissait hors de doute que la 14e division ne se trouvait pas en présence d'une faible arrière-garde, ainsi qu'on l'avait pensé tout d'abord, mais qu'elle livrait en réalité un engagement d'avant-garde contre un ennemi sur la défensive. Ces considérations commandaient d'agir avec prudence, de s'en tenir au terrain conquis, de l'organiser par la fortification de campagne, de fixer l'adversaire et surtout d'attendre le gros des forces pour chercher à progresser davantage. Au lieu d'agir de la sorte, le général de Kamecke prend le parti de lancer les deux derniers bataillons qui lui restent à l'attaque du Rother-Berg. Ce n'est plus là de l'esprit d'offensive, c'est une témérité qui méritait d'être cruellement punie par un ennemi moins passif que ne l'était le 2e corps.

Les mesures défectueuses prises par le général de Kamecke exercèrent d'ailleurs leur influence jusqu'à 6 heures du soir, en obligeant le commandement, sous la pression des événements, à envoyer au feu, sur tous les points, les bataillons frais, au fur et à mesure de leur

---

(1) « Ces dispositions divisaient donc le régiment en deux fractions opérant sur des champs d'action distants d'un demi-mille (4 kilomètres), ce qui excluait, dès le début du combat, l'unité de direction, et rendait impossible, pour toute la journée, la réunion des parties ainsi volontairement séparées. » (Historique du *39e* régiment d'infanterie).

arrivée (1). Aussi fut-il impossible, pendant longtemps, d'en rassembler un certain nombre au préalable, de façon à porter à l'adversaire un coup décisif. Quant aux mouvements enveloppants, la faiblesse des moyens mis en œuvre les fit échouer. L'extension relativement démesurée du front, détermina donc le caractère « de combat parallèle pur (2) » que prit la bataille de Forbach, du côté prussien, où pourtant le général d'Alvensleben, au moins, eut le sentiment de l'attaque décisive (3).

Le choix du Forbacher-Berg était-il, à cet égard, bien justifié? Sans doute, aux deux ailes, le combat ne pouvait aboutir à une solution à cause des bois qui empêchaient d'y développer l'action combinée des trois armes. D'autre part, il était tentant de chercher la décision de la lutte dans une attaque centrale, brisant en deux tronçons l'armée française, déjà désunie par le Spicheren-Wald. Mais les chemins qui permettaient d'accéder sur le plateau de Spicheren étaient étroits, encaissés et raides et présentaient à l'artillerie et à la cavalerie des difficultés que l'attaque du Rother-Berg avait amplement fait ressortir. Au surplus, à supposer que ces obstacles eussent été surmontés, le déploiement d'une masse d'artillerie et de cavalerie semblait, d'après le seul examen de la carte, ne pouvoir s'exécuter aisément. Enfin, l'effet de surprise indispensable pouvait-il être obtenu tant que l'ennemi tenait le Spicheren-Wald, d'où il apercevait de loin la masse d'attaque? Ne fallait-il pas au préalable l'en chasser, c'est-à-dire poursuivre encore sur ce point le combat de préparation? Si l'heure avancée

---

(1) « Arrivant successivement, les renforts s'engageaient aussitôt pour rétablir ou pour entretenir le combat. » (*Historique du Grand État-Major prussien*, 3ᵉ livraison, page 369).

(2) Boguslawski. *Die Entwickelung der Taktik*, II ter Theil, page 57.

(3) *Kriegsgeschichtliche Einzelschriften*. Heft 18.

déterminait le commandement, à faire abstraction de cette dernière considération, il paraissait, en tout état de cause, plus judicieux de lancer l'attaque décisive dans la trouée, large de 1500 à 1800 mètres, comprise entre le bois de Stiring et le Spicheren-Wald et permettant l'action combinée des trois armes.

De fait, l'attaque dirigée contre le Forbacher-Berg ne réussit que très incomplètement car, si l'idée en elle-même était rationnelle, son application devait se heurter à des difficultés très sérieuses, dues aux causes qui viennent d'être énumérées. Les troupes prussiennes atteignirent, il est vrai, ce point à la nuit tombante, mais ses défenseurs l'avaient abandonné volontairement pour se conformer à l'ordre de retraite du général Frossard (1).

Les combats livrés dans le Gifert-Wald et la forêt de Stiring présentent des caractères analogues à ceux des bois de Frœschwiller et du Nieder-Wald : difficulté de la direction ; mélange des unités ; alternance, chez les deux adversaires, d'opérations offensives et défensives ; usure rapide de l'infanterie ; longueur de la lutte ; succès partiels de part et d'autre.

« Une partie de l'attaque est refoulée par une contre-attaque de la défense, sans que le restant de la ligne de combat s'en aperçoive ; l'assaillant gagne du terrain sur un point, il en perd sur un autre ; amis et ennemis marchent parallèlement, dans une même direction ; on croit poursuivre alors que l'on se retire ; on s'imagine que l'on fait

---

(1) Voir page 114.

« Le centre de la ligne française qui défendait le Forbacher-Berg aurait fait une résistance plus opiniâtre si, pendant le combat, des ordres ne lui étaient pas parvenus pour la retraite générale. La force de résistance des Français, en particulier de leur centre et de leur aile gauche, était loin d'être épuisée. » (Cardinal von Widdern. *Loc. cit.*, page 264).

une retraite heureuse, quand on débouche par le côté occupé par l'ennemi (1). »

Les bois constituent, en général, des pôles attractifs, dangereux pour la conservation des réserves, en raison des abris qu'ils offrent aux vues et aux coups et l'on ne saurait trop réagir contre la tendance à y engager beaucoup de monde. C'est à l'extérieur qu'aura lieu la décision; c'est pour elle qu'il faut être parcimonieux de l'infanterie (2).

La nombreuse cavalerie dont disposaient les Prussiens (3) resta à peu près inutilisée pendant la bataille, à part la tentative téméraire du *17ᵉ* régiment de hussards sur le Rother-Berg, et la reconnaissance exécutée par les 1ᵉʳ et 2ᵉ escadrons du *12ᵉ* dragons dans la vallée de la Sarre, vers Sarreguemines.

L'absence, de midi à 5 heures, du général de Rheinbaben, qui resta à son cantonnement personnel de Sarrebrück (4), n'est pas étrangère, peut-être, à cette passivité d'un grand nombre d'escadrons.

---

(1) Périzonius. *Traité d'art militaire*, tome II, page 176.

(2) « La lutte sous bois, avec ses alternatives, peut être continuée plusieurs heures sans résultat, jusqu'à ce que l'action décisive, livrée à l'extérieur, prenne fin. » *Ibid.*

(3) Jusqu'à 3 heures : sept escadrons : *15ᵉ* hussards, 2/*12ᵉ* dragons, 4/*3ᵉ* uhlans, 4/*6ᵉ* cuirassiers.

Après 3 heures : onze escadrons : les précédents, plus le *17ᵉ* hussards.

Après 3 h. 30 : quinze escadrons : les précédents, plus le *9ᵉ* hussards.

Après 4 heures : dix-huit escadrons : les précédents, plus 1, 2, 3/*19ᵉ* dragons.

Après 5 heures : vingt escadrons : les précédents, plus 3, 4/*12ᵉ* dragons.

Après 5 h. 30 : vingt-quatre escadrons : les précédents, plus le *11ᵉ* hussards.

Vers 9 heures : vingt-huit escadrons : les précédents, plus 1, 2, 3/*6ᵉ* cuirassiers, 1/*12ᵉ* dragons.

(4) Cardinal von Widdern. *Loc. cit.*, page 370.

« Le premier coup de canon aurait dû le décider à monter à cheval et à ne plus quitter le champ de bataille. Là, il aurait observé les péripéties de la lutte de façon à pouvoir se rendre utile en temps opportun, aussi bien en appelant ses régiments sur la rive gauche de la Sarre qu'en utilisant les escadrons déjà présents pour le combat et la continuation de l'exploration (1). »

A ce dernier point de vue, la cavalerie avait insuffisamment rempli sa mission avant la bataille, en se bornant à une appréciation, d'ailleurs inexacte, des contours, et en ne cherchant pas à réaliser l'information en profondeur. Celle-ci s'imposait d'autant plus que l'on croyait les Français en retraite et qu'il était nécessaire de se rendre compte des directions suivies par leurs colonnes. Le général de Rheinbaben ne fit presque rien, pendant le combat, pour obtenir des renseignements plus circonstanciés, en cherchant à gagner les flancs et les derrières de l'adversaire. Il se borna à envoyer au général de Redern, commandant la colonne de droite de la 5ᵉ division de cavalerie, la prescription vague de pousser « quelques escadrons sur la route de Forbach » pour inquiéter l'ennemi, sans spécifier s'il s'agissait de la route de Stiring à Forbach, de Völklingen à Forbach, ou de Saint-Avold à Forbach. Plus tard (2 h. 45), au retour d'un officier de son état-major envoyé, dans la matinée, de Neunkirchen au quartier général de la IIᵉ armée, à Hombourg, il transmit au général de Redern un ordre du prince Frédéric-Charles relatif à la destruction de la bifurcation des voies ferrées à Merlebach, avec la recommandation d'inquiéter la retraite de l'ennemi, de faire connaître la direction de sa marche, et de ramener des prisonniers.

Quand, vers 5 heures du soir, le général de Rhein-

---

(1) Cardinal von Widdern. *Loc. cit.*, page 371.

baben arriva sur le champ de bataille, il ne jugea pas à propos d'employer les nombreux escadrons disponibles pour opérer, par Saint-Arnual et la vallée de Simbach, une diversion sur l'aile droite de la division de Laveaucoupet. Il ne prit aucune mesure, sinon celle de faire venir à Sarrebrück le 6ᵉ régiment de cuirassiers, qui se trouvait à Bischmisheim.

« Divers auteurs ont affirmé, dit le général d'Alvensleben, qu'il fallait renoncer à employer les 29 escadrons dont on disposait. Je suis d'un avis contraire. Sans parler de leur intervention possible sur le flanc droit de l'ennemi, au cours de la bataille, en partant de la vallée de la Sarre, leur action à la tombée de la nuit n'était pas impossible (1). »

La zone d'action favorable à la cavalerie était évidemment le plateau de Spicheren, et ses cheminements d'approche sont jalonnés par Saint-Arnual, le moulin de Simbach et Alsting. Qu'on se représente l'effet produit par le débouché, vers 6 heures du soir, en arrière de l'aile droite française, d'une masse de cavalerie appuyée par des batteries et prenant à revers la division de Laveaucoupet. Il est probable qu'après la longue période de crise qu'elle avait traversée, elle n'aurait pas résisté à cette surprise et aurait abandonné ses positions plus rapidement et avec moins de calme qu'elle ne le fit (2).

*
* *

La bataille de Forbach ne fut suivie d'aucune poursuite. Les troupes prussiennes avaient, pour la plupart,

---

(1) *Kriegsgeschichtliche Einzelschriften*, n° 18, page 523.
(2) « Le général de Rheinbaben n'avait pas l'étoffe nécessaire pour être un chef de cavalerie à hauteur de sa tâche, ainsi qu'il le prouva à Vionville et après la bataille de Sedan, dans les opérations contre Vinoy. » (Cardinal von Widdern. *Loc. cit.*, page 377).

perdu leurs liens tactiques et étaient harassées de fatigue. L'obscurité était d'ailleurs devenue profonde à la fin de l'action, et l'adversaire, nullement démoralisé ni désorganisé, ne semblait pas devoir être facilement entamé. Enfin, la *3e* division de cavalerie, poussée sur Sarrelouis le 6 août, signalait, assez tard dans la soirée, la présence de forces ennemies considérables à Saint-Avold et à Tromborn (1). Le général de Steinmetz, dit von Schell, estimait « qu'un mouvement en avant isolé eût pu conduire à une défaite, alors surtout qu'une grande partie de nos troupes était encore trop loin en arrière (2) ». Il jugea, d'autre part, « que l'obscurité et la configuration particulièrement défavorable du terrain sur le plateau de Spicheren faisaient paraître impraticable de lancer des masses nombreuses de cavalerie à la poursuite immédiate d'un adversaire qui se retirait en bon ordre (3) ».

Ces raisons semblent admissibles à la rigueur. Le général d'Alvensleben est cependant d'un avis opposé : « Abstraction faite de la possibilité d'agir sur le flanc droit de l'ennemi en partant de la vallée de la Sarre, ce qui, déjà, eût été réalisable au cours même de la bataille, il n'était pas impossible d'agir à la nuit (4).

---

(1) Rapports du capitaine von Hymmen, du *5e* uhlans, et du lieutenant von Ramin, du *14e* uhlans. Voir, général de Pelet-Narbonne : *La cavalerie des Ire et IIe armées allemandes du 7 au 15 août 1870*, page 11 et suivantes.

(2) Von Schell. *Opérations de la Ire armée*, page 73.
Le général de Dœring, commandant la *9e* brigade, était d'un avis contraire et s'était déjà porté en avant, de la Brême-d'Or, avec deux bataillons frais, quand il reçut du général de Stülpnagel l'ordre de ne pas poursuivre son mouvement. (*Kriegsgeschlichtliche Einzelschriften*, Heft 18, page 523.)

(3) *Historique du Grand État-Major prussien*, 3e livraison, page 362. Rapport du général de Steinmetz au Roi, daté de Völklingen, 7 août. (Cardinal von Widdern. *Loc. cit.*, page 285.)

(4) Le général d'Alvensleben fait allusion ici, en particulier, aux

Deux grandes routes conduisent de Stiring au Forbacher-Berg et à Forbach. Si une masse de cavalerie s'était portée sur cette dernière localité, le général de Dœring n'aurait pas été arrêté dans son mouvement et la division française Metman n'aurait pas occupé Forbach pendant la nuit (1). »

En réalité, on n'avait nullement l'impression, dans l'armée allemande, d'avoir remporté un succès décisif : on s'attendait, au contraire, à la continuation du combat le lendemain et l'on restait sur place, prêt à répondre à une attaque ou à recommencer la lutte contre l'adversaire qui pouvait avoir occupé une position en arrière (2). Ainsi s'explique-t-on que les Prussiens n'aient même pas tenté de s'emparer de Forbach où ils avaient lieu d'espérer la capture d'un matériel de chemin de fer et d'approvisionnements, et où ils auraient pu s'opposer, soit à des embarquements de troupes, soit à des débarquements de renforts pendant la nuit (3).

Le commandant de la Ire armée ne donna aucun ordre à ce sujet et le général de Rheinbaben, commandant supérieur des 5e et 6e divisions de cavalerie, ne suppléa pas, de sa propre initiative, à cet oubli regrettable. N'était-ce pas méconnaître l'esprit des instructions du

---

3e et 4e escadrons du 12e dragons, qui avaient gravi le Forbacher-Berg, et à deux escadrons du 17e hussards, qui s'étaient avancés sur Saint-Arnual et Grosbliederstroff.

(1) *Kriegsgeschichtliche Einzelschriften*, Heft 18, page 524.

(2) Cardinal von Widdern. *Loc. cit.*, page 253. Voir aussi, général de Pelet-Narbonne : *Verfolgung und Aufklärung der deutschen Reiterei am Tage nach Spicheren*. Berlin, 1901, Mittler, page 1.

(3) Le colonel Cardinal von Widdern rappelle à ce sujet que, dans la soirée qui suivit le combat de Gitschin, quatre bataillons prussiens marchèrent, à la nuit tombée, sur cette ville, pour en prendre possession. Des officiers, qui ont assisté aux deux affaires de Spicheren et de Gitschin, lui ont affirmé que l'obscurité était aussi profonde dans l'une et l'autre circonstance. (*Loc. cit.*, pages 255 et 257.)

prince Frédéric Charles qui avait recommandé dans la nuit du 5 au 6 aux deux divisions de cavalerie « de se tenir en contact immédiat avec l'ennemi, de lui enlever des prisonniers, et de rapporter soigneusement tout ce qu'elles pourraient apprendre sur la direction de retraite éventuelle des Français? (1) » Il faut reconnaître, toutefois, qu'en prévision d'une poursuite pour le lendemain, le général de Rheinbaben donna l'ordre, le 6 août, à 10 heures du soir, aux 4 régiments et à la batterie à cheval, constituant la colonne de droite de la 5ᵉ division de cavalerie, de se trouver à Sarrebrück, le 7 août, de bon matin (2). Mais il n'en demeurait pas moins indispensable d'envoyer au moins des patrouilles de Stiring sur Forbach et du Kaninchensberg sur Morsbach; d'Etzling sur Œting, Behren et Lixing; d'Alsting sur Grosbliederstroff. On aurait eu connaissance ainsi, sinon par la vue, du moins par l'ouïe, de la présence de troupes françaises à Forbach, et de la retraite de fortes colonnes ennemies sur Sarreguemines. A défaut d'ordres du commandement, une cavalerie bien instruite aurait dû, d'elle-même, pousser ces patrouilles au delà des avant-postes pour garder le contact. « Ni la fatigue, ni l'obscurité ne la relèvent de cette mission essentielle et de ce devoir (3) ».

C'est également à l'incertitude du succès et à la possibilité d'une nouvelle bataille le lendemain qu'il faut attribuer, semble-t-il, la décision du général de Steinmetz de n'exécuter aucune poursuite le 7 août, et de ne faire suivre l'ennemi que par des reconnaissances de cavalerie (4).

---

(1) *Historique du Grand Etat-Major prussien*, 2ᵉ livraison, page 168.
(2) Cardinal von Widdern. *Loc. cit.*, page 275.
(3) *Ibid.*, page 248.
(4) Une autre raison, donnée par le colonel Cardinal von Widdern, serait que le général de Steinmetz n'aurait pas voulu tolérer, devant

« On peut fort bien affirmer qu'on ne pouvait élever aucune objection sérieuse contre un emploi décisif de la cavalerie accompagnée d'artillerie à cheval ; à ce point de vue, les dispositions du chef de la Ire armée doivent être tenues pour notoirement insuffisantes (1) ».

La bataille de Forbach suggère une dernière remarque relative au commandement des armées allemandes.

Le grand quartier général était encore à Mayence le 6 août et déjà deux batailles importantes avaient eu lieu sans que le maréchal de Moltke y eût assisté. A la vérité, celle de Forbach avait été absolument imprévue ; et son intention était peut-être de n'arriver sur la Sarre que le 9 août, date à laquelle la IIe armée devait avoir terminé son déploiement stratégique au delà des défilés du Harz. Les renseignements que l'on avait reçus dans les journées précédentes semblaient indiquer que l'adversaire ne mettrait pas obstacle à cette opération. Mais on n'en possédait nullement la certitude. D'autre part, le grand quartier général devait assurer la concordance entre les opérations des Ire et IIe armées, et les relations télégraphiques n'étaient pas suffisantes pour faire face aux diverses éventualités qui pouvaient se présenter. Il est bien probable, par exemple, que si le maréchal de Moltke se fût trouvé le 6 août à proximité de la Ire armée, il l'au-

---

son front, des troupes de cavalerie appartenant à la IIe armée (*Loc. cit.*, page 277). Ce motif paraît secondaire, car, si le général de Steinmetz avait voulu réellement exécuter une poursuite, il aurait pu disposer, à cet effet, de deux ou trois de ses régiments de cavalerie divisionnaire et faire appel à la *3e* division de cavalerie, ce qui n'eut pas lieu.

(1) Général de Pelet-Narbonne. *La cavalerie des Ire et IIe armées*, page 29.

rait empêchée de transgresser ses instructions. On ne peut guère citer de campagne de l'Empire, sauf celle de 1809, où Napoléon soit resté si éloigné de la zone de concentration de ses armées à dater du moment où une rencontre avec l'ennemi était possible. Encore, dans ce cas particulier, arriva-t-il en Bavière avant que la première bataille eût été livrée.

Au sujet de la répartition des zones de marche des deux armées, le général de Woyde fait très justement l'observation suivante :

« Les Prussiens savaient bien que, derrière la Sarre, sur la route Sarrebrück-Metz, se trouvait pour ainsi dire, le centre de gravité de l'armée française. Aussi la nécessité se faisait-elle sentir de porter en avant, dans cette direction, une importante masse de troupes, ayant toute la cohésion nécessaire ; il fallait, autant que possible, subordonner immédiatement cette masse à une seule tête et à une seule volonté. Or, en réalité, il arriva que la route, dans le prolongement de laquelle les Prussiens devaient s'attendre à la plus grande résistance de la part de l'ennemi, constitua précisément la ligne de démarcation des deux armées (1). »

A ce point de vue aussi, la présence du maréchal de Moltke eût été de nature à atténuer et à faire disparaître, complètement peut-être, cet inconvénient dont la journée du 6 août a permis de constater les effets fâcheux.

II. — IIe CORPS.

Le grand quartier général de l'armée du Rhin semble avoir eu, dans la matinée du 6 août, le pressentiment « d'une attaque sérieuse, qui pourrait avoir lieu dans la

---

(1) *Causes des succès et des revers dans la guerre de* 1870, tome I, page 64.

journée même », disait un télégramme adressé par le major général aux commandants des 2ᵉ et 3ᵉ corps (1). Cet avertissement, utile, sans doute, n'était point suffisant. Le général Frossard devait-il, en cas d'attaque, accepter ou refuser le combat? Si on le laissait libre d'agir suivant les circonstances, du moins était-il essentiel de lui faire connaître les intentions du commandement et les motifs de la présence du 2ᵉ corps à Forbach-Spicheren. Si, au contraire, on désirait qu'il se repliât sur Cadenbronn, où seraient venues converger les divisions du 3ᵉ corps, il importait de lui envoyer des instructions nettes à cet égard (2). Si enfin, considérant que son corps d'armée constituait une sorte d'avant-garde générale, on voulait lui en faire jouer le rôle, il était indispensable de l'en informer et de donner des ordres en conséquence au 3ᵉ corps. Or, ni le major général, ni le maréchal Bazaine, qui avait le commandement en chef des 2ᵉ, 3ᵉ et 4ᵉ corps, ne spécifièrent rien et ne témoignèrent leur volonté d'adopter l'une ou l'autre de ces solutions. La situation du 2ᵉ corps ne laissait pas, pourtant, que de présenter certaines analogies — aux effectifs et aux distances près — avec celle de la division Douay, à Wissembourg, et la défaite qu'elle avait subie eût dû servir de leçon pour l'avenir. Mais, pour munir le général Frossard des directives nécessaires, il eût fallu avoir un plan bien arrêté et tel ne paraît pas avoir été le cas au grand quartier général français.

« Le hasard avait tant de fois servi l'Empereur,

---

(1) Voir Documents annexes, pages 11 et 12. Télégrammes expédiés à 4 h. 40 et 5 h. 7 du matin.

(2) « Le Maréchal (Bazaine) estimait, lui, ainsi qu'il le dit dans son interrogatoire, qu'il était avantageux d'occuper les hauteurs de Cadenbronn. C'était donc à lui, puisque le général Frossard hésitait à prendre cette détermination, à la prescrire et à ordonner l'occupation immédiate de la position. » (Procès Bazaine. Rapport, page 11).

surtout dans sa campagne d'Italie, qu'il comptait peut-être sur le même bonheur, et ne voulait prendre la responsabilité d'aucune résolution (1). »

Peut-être objectera-t-on que le major général avait prévenu le général Frossard, dès le 4 août, de se replier sur Saint-Avold, dans le cas où il se trouverait en présence de forces plus nombreuses que ne l'annonçait le Service des renseignements (2). Mais à cette date, le grand quartier général envisageait surtout l'éventualité du débouché de l'ennemi par Sarrelouis (3) et les modifications qui s'étaient produites dans la situation générale depuis deux jours nécessitaient des instructions nouvelles.

Trois raisons semblent avoir déterminé le général Frossard à ne pas se replier sur la position de Cadenbronn, dès la réception du télégramme du major général. « J'attendais, dit-il, les ordres du Maréchal (Bazaine), je pouvais être attaqué dans ma marche rétrograde ; enfin, il aurait fallu abandonner la garde de Forbach et de tout ce qui s'y trouvait (4). »

De ces trois arguments, le premier seul avait une valeur sérieuse ; encore le général Frossard, ne recevant pas d'instructions, aurait pu en demander à son chef ; les deux autres perdaient toute importance par la constitution d'une division d'arrière-garde, chargée de couvrir la retraite et l'évacuation des magasins de Forbach (5). En supposant d'ailleurs qu'on ne réussît pas à

---

(1) *Metz. Campagne et négociations*, page 30.
(2) Voir fascicule V, journée du 4 août, page 305.
(3) *Ibid.*, page 247.
(4) Instruction relative au procès Bazaine. Déposition du général Frossard.
(5) L'approvisionnement existant à Forbach put être sauvé en grande partie. Le 6 au matin, il y avait environ 350 wagons chargés de denrées de toute espèce occupant, au Sud-Ouest de la gare de Forbach,

replier à temps les approvisionnements qui y avaient été réunis imprudemment, si près de la frontière, il était préférable de les abandonner à l'adversaire que de s'exposer à un échec dont les conséquences seraient par surcroît de les faire tomber entre ses mains (1).

Au demeurant, à bien considérer le télégramme du major général, il semble que le maréchal Bazaine et le général Frossard aient pu y voir, implicitement contenu, non pas l'ordre, mais l'avis, d'accepter la bataille. On leur disait, en effet, de se tenir prêts à une attaque sérieuse et l'idée de retraite ne s'y trouvait pas formulée, comme elle l'était dans le télégramme du 4 août. Toutefois, dans cette hypothèse, on ne s'expliquerait pas que le maréchal Bazaine n'eût pas pris aussitôt des dispositions spéciales pour soutenir, le cas échéant, le 2ᵉ corps qui se trouvait sous ses ordres depuis la veille.

Que l'ennemi débouchât par Sarrelouis, Sarrebrück

---

plusieurs kilomètres de voie. Vers 11 heures, l'intendant du 2ᵉ corps, M. Bagès, demanda au commandant du 2ᵉ corps ses instructions au sujet de l'évacuation de ces wagons. On lui répondit « qu'il ne pouvait être question de retraite et qu'il fallait attendre ». M. Bagès prit néanmoins l'initiative de faire chauffer les huit locomotives qui se trouvaient à la gare, de façon à pouvoir commencer la retraite en temps opportun par trains de 40 voitures. Vers 4 heures de l'après-midi, le premier train partit pour Metz, et 300 wagons chargés purent ainsi être sauvés. Il fallut abandonner cependant les denrées déchargées ou en déchargement et onze fours de campagne. (Instruction relative au procès Bazaine. Déposition n° 213 de l'intendant militaire Bagès).

De ce qui précède on peut conclure que, si l'évacuation des approvisionnements avait commencé dès 6 heures du matin, elle aurait pu être terminée avant que la *14ᵉ* division prussienne, contenue par la division d'arrière-garde du 2ᵉ corps, eût été en mesure de s'y opposer.

(1) « Les chemins de fer et les approvisionnements sont faits pour les troupes, et non les troupes pour eux. » (*Militärische Blätter*, 1872, page 199).

ou Sarreguemines, ou même par ces trois points à la fois, il y avait lieu de considérer les divisions Metman, Castagny, Decaen, comme une masse de manœuvre, chargée de porter le coup décisif et de prendre les mesures préparatoires à cet effet.

Enfin, le général Frossard pouvait-il prévoir que, des quatre divisions du 3e corps qui se trouvaient respectivement à 14, 19, 20 et 18 kilomètres du champ de bataille, aucune ne viendrait le soutenir dans le combat qu'il engageait? Peut-être n'a-t-il accepté la lutte qu'avec la conviction, très justifiée d'ailleurs, d'être renforcé dans la journée par le 3e corps tout entier.

A la vérité, dans son télégramme expédié à 1 h. 15 du soir, le maréchal Bazaine émettait l'avis de la concentration sur la position de Cadenbronn si les mouvements de l'ennemi étaient « vraiment aussi sérieux ». Mais était-ce là faire acte de commandant en chef? Si telle était l'opinion du Maréchal, il devait l'exprimer à son subordonné, non pas sous forme de conseil, mais par un ordre formel. En admettant à la rigueur qu'il voulût, avant de se prononcer, voir plus clair dans la situation, le compte rendu du général Frossard, expédié à 1 h. 25 et contenant ces mots : « C'est une bataille », ne lui laissait plus aucun doute. Or, les télégrammes ultérieurs du maréchal Bazaine, envoyés de Saint-Avold, à 2 heures et 2 h. 25 du soir, loin de prescrire la retraite sur Cadenbronn, annoncent au contraire le départ de la division Montaudon de Sarreguemines sur Grosbliederstroff. Dans ces conditions, le général Frossard pouvait, à bon droit, former l'espoir d'être secouru avant la fin de la journée et d'infliger un échec à l'adversaire.

Les considérations qui précèdent expliquent, de la part du général Frossard, l'acceptation et la continuation de la lutte, malgré la nouvelle qui lui était parvenue de la marche d'une colonne prussienne sur ses derrières par la vallée de la Rosselle (1). Elles font comprendre aussi sa détermination de ne battre en retraite, qu'au moment où, désespérant de recevoir des renforts, il craignit de voir son aile gauche débordée par l'avant-garde de la *13e* division.

* * *

« Pour que le 2e corps fût établi dans les conditions militaires les meilleures, en cas d'une attaque, dit le général Frossard, il aurait fallu assurément porter aussi sur les plateaux la 1re division (Vergé) et ne laisser dans la vallée de Forbach que des postes d'observation ; mais il y avait nécessité de protéger fortement la gare de cette ville, notre tête de ligne ferrée, où nous avions du matériel et nos vivres » (2).

Le général Frossard semble donc regretter de s'être trouvé dans cette obligation. La relation de la bataille de Forbach a montré, au contraire, que cette nécessité, d'ordre administratif, eut relativement d'excellents résultats. La 1re division fut amenée tout naturellement, en effet, à défendre le village de Stiring et annihila ainsi tous les efforts des Prussiens pour déborder et envelopper l'aile gauche française.

Toutefois, il est certain que les emplacements attribués aux divisions de 1re ligne présentaient l'inconvénient d'être séparés par le Spicheren-Wald, qui rendait la liaison entre elles difficile et les exposait à livrer des

---

(1) Il est difficile de préciser l'heure à laquelle le général Frossard fut informé de ce mouvement; ce fut certainement avant 4 heures, car c'est à ce moment que le lieutenant-colonel Dulac fut envoyé en reconnaissance dans la vallée de la Roselle. Voir, à ce sujet, page 64, note 2.

(2) Rapport sur les opérations du 2e corps de l'armée du Rhin, page 34.

combats échappant à une direction d'ensemble (1). C'est cette circonstance qui inspira sans doute au général d'Alvensleben l'idée d'une attaque décisive sur le Forbacher-Berg.

A ce point de vue, et aussi dans le double but de reconnaître l'ennemi avec un minimum de forces et de réduire le front probable des engagements, il eût été judicieux de constituer une forte ligne de grand'gardes, de Saint-Arnual à Drathzug, par le Galgen-Berg. Mais, en 1870, on n'avait pas, dans l'armée française, la notion de la manœuvre à l'abri d'une avant-garde ou d'un réseau d'avant-postes et, d'ailleurs, on se préoccupait surtout de trouver des positions dominantes, considérant comme mal postée une troupe d'infanterie placée dans une vallée.

La 2ᵉ division même, formant, suivant toute apparence, la réserve du corps d'armée, occupait le plateau d'Œting, « position avantageuse, disait le général Frossard, qui permettait de bien voir la division de première ligne, de surveiller, sur la droite, le ravin et la route de Grosbliederstroff et, sur la gauche, la vallée en avant de Forbach » (2).

Ces conditions, très appréciables pour le choix de l'emplacement d'un fort d'arrêt, étaient d'une valeur très secondaire, eu égard au rôle de la 2ᵉ division, qui consistait logiquement à prononcer un mouvement offensif. Dans ce cas, les massifs boisés du Spicheren-Wald et du Gifert-Wald limitaient immédiatement son action, tandis que le terrain, au Nord-Est de Stiring, pré-

---

(1) « Le front de combat était coupé en deux par des pentes boisées et abruptes, praticables seulement à l'infanterie, appelées forêt de Spicheren et placées entre Stiring et Spicheren. » (Général Derrécagaix. *La guerre moderne*, 1ʳᵉ partie, page 548).

(2) Général Frossard. *Opérations du 2ᵉ corps de l'armée du Rhin*, page 33.

sentait toutes facilités à cet égard et se prêtait à l'emploi combiné des trois armes. La place de la 2ᵉ division, formant réserve, était donc bien plutôt à Forbach.

Dans cette hypothèse, le terrain de combat du 2ᵉ corps eût compris deux secteurs bien distincts :

a) Champ défensif : de la route Stiring-Sarrebrück à la lisière orientale du Gifert-Wald, attribué à la division de Laveaucoupet.

b) Champ offensif : entre la voie ferrée et la route de Stiring à Sarrebrück, réservé aux divisions Vergé et Bataille, établies l'une derrière l'autre, la première sur deux lignes, détachant un bataillon à Vieux-Stiring et à Vieilles-Houillères et son bataillon de chasseurs, avec quelque cavalerie, vers Schœneck, formant une sorte de flanc-garde mobile et indépendante, chargée d'éventer et de retarder les mouvements possibles de l'adversaire par la forêt de Sarrebrück et celle de Stiring. De même, à l'extrême droite, les avant-postes de Saint-Arnual auraient eu une mission analogue en avant du Stifts-Wald.

L'organisation du champ défensif, dans le but d'y contenir l'adversaire avec le minimum de forces possible, ne s'étendit pas, en réalité, au delà du Rother-Berg. En raison du manque de temps et d'outils, peut-être aussi par suite de la fatigue des troupes, arrivées très tard à leurs bivouacs dans la nuit du 5 au 6 août, on n'exécuta aucun travail sur les lisières Nord du Spicheren-Wald et du Gifert-Wald. On ne peut que le regretter en considérant les services qu'ont rendu les tranchées-abri du Rother-Berg et du Kaninchensberg.

« Il était assurément étrange de trouver intacts tous les ponts de la Sarre », dit, avec raison, l'*Historique du Grand État-Major prussien* (1). Cette circonstance fut-elle le résultat d'un oubli ou d'une intention de la part

---

(1) 3ᵉ livraison, page 293.

du commandant du 2ᵉ corps ? Avait-il reçu des instructions à ce sujet du grand quartier général ou, en leur absence, ne songea-t-il pas à les provoquer ? Il est impossible de se prononcer. On peut dire, en tout état de cause, que la destruction des ponts s'imposait dès l'instant où l'on était résolu à rester sur la défensive et où l'on avait perdu, par la retraite sur les hauteurs de Spicheren, non seulement toute action, mais aussi toute vue sur la vallée de la Sarre.

« Je savais bien, a dit le général Frossard, en me retirant ainsi et en n'allant pas plus loin, parce qu'il fallait bien couvrir Forbach, qui était la tête de ligne du chemin de fer et où nous avions de grands approvisionnements, je savais, bien dis-je, que je serais attaqué dans cette position-là. Je m'y attendais parfaitement » (1).

Néanmoins, le convoi du quartier général du 2ᵉ corps, qui se composait d'environ 35 voitures du train régulier et de 300 voitures du train auxiliaire, et les convois des divisions ne reçurent aucun ordre, en prévision d'une bataille, pour refluer vers l'arrière et dégager l'unique route de Saint-Avold. Le premier fut massé, vers 2 heures de l'après-midi, à l'extrémité Sud-Ouest de la ville de Forbach et y resta jusqu'au moment (5 heures) où l'intendant du 2ᵉ corps fit demander instamment l'autorisation de commencer la retraite sur Folckling. Quand il la reçut enfin, l'avant-garde de la 13ᵉ division prussienne ouvrit le feu sur les voitures du train auxiliaire dont les conducteurs civils, pris de panique, s'enfuirent en grande partie. 150 voitures tombèrent ainsi entre les mains de l'ennemi ou disparurent (2).

Le commandant du 2ᵉ corps ne semble pas s'être

---

(1) Procès Bazaine. Déposition du général Frossard, page 293.
(2) Instruction relative au procès Bazaine. Déposition (nº 213) de l'intendant militaire Bagès, du 2ᵉ corps.

préoccupé du ravitaillement en munitions au cours et à la suite de la bataille qu'il prévoyait. A la suite du combat de Sarrebrück, les approvisionnements des troupes en cartouches et en projectiles avaient été reconstitués le 5 août par l'arrivée à Forbach d'un détachement du parc du 2ᵉ corps (1). Ce détachement avait été renvoyé à Saint-Avold le même jour (2), sans que des ordres aient été donnés ou provoqués pour le recompléter, et sans qu'on songeât à faire appel à ses dernières ressources dès que l'engagement du 6 août prit un caractère sérieux. Or, l'infanterie de la division de Laveaucoupet, en particulier, commença à manquer de munitions dès 4 heures du soir (3); l'une de ses batteries de 4 (7ᵉ du 15ᵉ) n'avait plus, à la fin de la bataille, que 40 coups environ par pièce, l'autre (8ᵉ du 15ᵉ) ne disposait plus, à 6 h. 30, que de deux obus ordinaires. Les 5ᵉ, 8ᵉ et 12ᵉ batteries du 5ᵉ, les 7ᵉ et 8ᵉ du 17ᵉ firent également une grande consommation de projectiles (4) et ne purent être réalignées dans la soirée. Dans ces conditions, il eût été bien difficile au général Frossard de recommencer la lutte le lendemain, à supposer que les événements le lui eussent permis. On a vu déjà, à propos de la bataille de Frœschwiller, que la crainte de manquer de munitions avait déterminé le général commandant l'artillerie du 1ᵉʳ corps, à cesser le feu des batteries de réserve avant midi et à ne le reprendre que dans la dernière période de la lutte. Cette question du ravitaillement en munitions d'artillerie acquiert dans les grandes batailles modernes, qui pourront durer plusieurs jours comme Bautzen, Dresde, Leipzig, le Mans, la

---

(1) Voir page 5.
(2) Voir fascicule VI, journée du 5 août en Lorraine, Documents annexes, page 60.
(3) Rapport du général de Laveaucoupet.
(4) Historiques des 5ᵉ et 17ᵉ régiments d'artillerie.

Lisaine, une importance exceptionnelle. Les plus grands efforts doivent être entrepris pour que les canons à tir rapide ne manquent jamais de projectiles, mais les batteries ont le devoir strict d'être économes de leurs munitions et de ne les employer que dans un but tactique parfaitement déterminé.

* *

Au début de la bataille, le 2ᵉ corps était disposé sur trois lignes : les deux premières constituées par les divisions de Laveaucoupet et Vergé formées par brigades successives, la troisième par la division Bataille. C'était la formation de combat que recommandaient les *Instructions tactiques* (1). « Dans chaque corps d'armée, disaient-elles, une forte réserve d'une division ou d'une brigade, formera une troisième ligne en colonnes serrées à la disposition du commandant de corps d'armée seul. » Malheureusement, ces sages prescriptions ne demeurèrent pas longtemps en vigueur; la 2ᵉ division vint bientôt se confondre avec les 1ʳᵉ et 3ᵉ. Dès le début de l'action, vers midi, la brigade Fauvart Bastoul reçut du commandant du 2ᵉ corps l'ordre de se porter sur Spicheren au secours de la 3ᵉ division, et un peu plus tard, la brigade Haca fut envoyée à Stiring pour appuyer la 1ʳᵉ. Dès lors, le général Frossard, se trouvant démuni de réserve, ne pouvait plus avoir sur la marche du combat qu'une influence très restreinte et la lutte allait nécessairement prendre, du côté français, un caractère de défensive à peu près passive et d'uniformité sur tout le front. D'une manière générale, l'usure des divisions Vergé et de Laveaucoupet semble s'être produite très promptement. Dans un sentiment très louable en soi, mais très préju-

---

(1) Voir fascicule IV, journée du 1ᵉʳ août, Documents annexes, pages 67 et suiv.

diciable à la bonne tournure finale du combat, les bataillons de la deuxième ligne sont engagés prématurément pour porter secours à ceux de la première. On dépense l'infanterie sans compter, au lieu de s'en montrer parcimonieux ; on cède immédiatement aux demandes de renforts au lieu de laisser les troupes de première ligne développer seules toute la force de résistance dont elles sont susceptibles.

La notion du combat de préparation semble s'être perdue dans l'armée française de 1870, à en juger du moins par l'étude des batailles de Frœschwiller et de Forbach.

Bien que n'ayant encore devant elles que la seule division Kamecke, les 1re et 3e divisions du 2e corps ne tardent pas à réclamer des secours.

« Il était 11 heures du matin (1)..... J'envoyai à Votre Excellence, dit le général de Laveaucoupet, le lieutenant Libermann, du 24e de ligne, attaché provisoirement à mon état-major, pour vous faire connaître que j'étais fortement attaqué sur mon front et que pour me mettre à l'abri d'une attaque de flanc, venant du moulin de Simbach ou de Grosbliederstroff, il était nécessaire de me faire appuyer par une brigade de la division Bataille (2). »

A l'aile gauche, dès que l'ennemi gagne un peu de terrain dans la forêt de Stiring, « le général Vergé demande du renfort au général Frossard qui dirige sur Stiring un des deux régiments (le 32e) de la brigade Valazé..... (3) », et, vers 3 heures, sur les instances du commandant de la 1re division (4), on lui envoie encore le 55e de ligne.

---

(1) Un peu plus tard, semble-t-il ; vers 1 h. 30.
(2) Rapport du général de Laveaucoupet.
(3) Général Frossard. *Rapport sur les opérations du 2e corps de l'armée du Rhin*, page 38.
(4) *Ibid.*, page 42.

Napoléon disait à ce sujet au général Gouvion-Saint-Cyr que « les corps les plus à proximité étant engagés, il les laissait faire sans trop s'inquiéter de leurs bonnes ou mauvaises chances ; qu'il avait seulement grand soin de ne pas céder trop facilement aux demandes de secours de la part de leurs chefs. Il cita pour exemple Lützen, où Ney lui avait demandé les plus prompts renforts, ayant encore deux divisions qui n'avaient pas donné ; il assura que, dans la même affaire, un autre maréchal lui en avait aussi demandé avant d'avoir un ennemi devant lui (1) ».

Peut-être faut-il attribuer en partie l'usure très prompte des divisions Vergé et de Laveaucoupet à ce fait qu'elles ne garnirent pas en temps utile les lisières Nord du bois de Stiring et du Gifert-Wald. Les documents de la journée du 6 août ne permettent pas, du reste, de savoir si la responsabilité en doit incomber au commandement ou aux chefs subordonnés car ils ne contiennent pas les ordres donnés par le général Frossard et par les généraux de division pour l'occupation du terrain de combat. Mais il ressort de l'*Historique du Grand État-Major prussien* que l'ennemi put pénétrer dans ces deux bois presque sans coup férir (2). Il y acquit, dès lors, à peu près, les mêmes avantages que le défenseur et les combats qui

---

(1) Gouvion-Saint-Cyr. *Mémoires pour servir à l'histoire militaire sous le Directoire, le Consulat et l'Empire*, tome IV, page 41.

« Il (Napoléon) voyait nettement le nœud de la bataille. A Lützen, il m'en a fourni une grande preuve. Pendant que le 3ᵉ corps soutenait, à Kaya, un combat d'infanterie très opiniâtre, Napoléon accourut sur ce point. Les forces que j'avais devant moi (à Starsiedel) ne cessaient de s'accroître. J'envoyai lui demander des renforts. Il me fit répondre que la bataille était à Kaya et non à Starsiedel, et il avait raison. J'avais empêché (à Starsiedel) que la bataille ne fût perdue au début, mais c'est au centre, à Kaya, qu'elle fut gagnée. » (Marmont. *Esprit des institutions militaires*, 1ʳᵉ partie, chapitre IV, page 26).

(2) 3ᵉ livraison, pages 305 et 306.

s'y livrèrent furent caractérisés par des alternatives diverses au cours desquelles chaque insuccès partiel des Français entraîna, de leur part, l'engagement d'une nouvelle fraction de troupes. Il en eût été sans doute tout autrement si ces bois eussent été méthodiquement reconnus, organisés et occupés par l'infanterie française dès le début de la bataille. L'enlèvement de leurs lisières aurait coûté à l'adversaire des efforts et des pertes sérieux, ainsi qu'on a pu le constater pour le Nieder-Wald et le bois de Fræschwiller. Les chefs des 1re et 3e divisions n'auraient pas été amenés à une dépense d'infanterie aussi prompte et leurs réserves leur auraient permis d'assurer l'inviolabilité du front, en particulier au Rother-Berg.

« Les Français commirent là, la même faute qu'à Wœrth. Là, comme à Wœrth, il convenait d'exécuter une forte contre-attaque pour infliger un échec décisif aux premières troupes assaillantes, mais dans les deux circonstances, on ne sut pas employer à ce but en temps utile, des forces suffisantes (1) ».

La brigade Fauvart Bastoul, de la division Bataille, était déjà au feu à ce moment et le général de Laveaucoupet ne disposait plus d'aucune réserve pour obtenir au Rother-Berg un succès analogue à celui que remportèrent les deux bataillons du 67e de ligne dans le bois de Stiring.

A l'engagement prématuré de la division Bataille vinrent s'ajouter plus tard les inconvénients dus à l'extrême dissémination et au mélange de ses éléments. Vers 5 heures de l'après-midi, la répartition de cette division est la suivante :

---

(1) Boguslawski. *Loc. cit.*, page 51.

Général de division à Stiring.

1ʳᵉ brigade : Colonel HACA, à Stiring.

- 12ᵉ bataillon de chasseurs...... } A Œting.
- 8ᵉ de ligne...... { 1 bataillon à Stiring. / 2 bataillons dans le Spicheren-Wald.
- 23ᵉ de ligne ..... { 1 bataillon dans le Gifert-Wald. / 2 bataillons à Stiring.

2ᵉ brigade : Général BASTOUL, à Spicheren.

- 66ᵉ de ligne...... { 1 bataillon dans le Spicheren-Wald. / 1 bataillon sur le Rother-Berg. / 1 bataillon en face du Gifert-Wald.
- 67ᵉ de ligne...... A Stiring.
- Artillerie........ { 1 batterie au Forbacher-Berg. / 2 batteries au Sud de Stiring.
- Compagnie du génie.......... } A Œting.

Les brigades et les régiments, à part le 67ᵉ de ligne, chevauchent donc les uns sur les autres et sont mélangés aux unités des 1ʳᵉ et 3ᵉ divisions. Comment, dans ces conditions, était-il possible d'obtenir une direction et une action d'ensemble? Par surcroît, les emplacements des généraux de division et de brigade, dont le choix exige, dans un combat, un soin extrême, sont le résultat du hasard. Le commandant du 2ᵉ corps, deux généraux de division et trois généraux de brigade se trouvent réunis près de Stiring, où les péripéties de la lutte sur le plateau leur échappent. Entre Spicheren et le Gifert-Wald sont : un général de division et trois généraux de brigade, complètement séparés du général en chef. Au centre, près du Forbacher-Berg, sur un front de 1500 mètres, pas un seul officier général.

*
* *

A l'inverse de ce que l'on constate pour l'infanterie, l'artillerie du 2ᵉ corps — l'arme disponible par excellence — est employée avec une regrettable parcimonie. Au début du combat, trois batteries seulement, sur quinze, sont en action : deux de la 3ᵉ division (7ᵉ et 8ᵉ du 15ᵉ), une de la 1ʳᵉ (5ᵉ du 5ᵉ), et pendant la bataille on n'en trouve jamais plus de six tirant simultanément, tant à Stiring que sur les hauteurs de Spicheren. Certaines d'entre elles, les 7ᵉ et 9ᵉ du 5ᵉ (3ᵉ division) et la 11ᵉ du 5ᵉ (réserve) ne sont pas engagées de toute la journée; deux autres (6ᵉ et 10ᵉ du 5ᵉ) n'ouvrent le feu que dans la dernière période de la lutte, contre l'avant-garde de la *13ᵉ* division. Le combat de Sarrebrück et la bataille de Frœschwiller ont déjà révélé des errements analogues, ainsi que le fractionnement, sans raison apparente, de certaines batteries (7ᵉ et 8ᵉ du 15ᵉ) (1). La cause de ce mode d'emploi défectueux de l'artillerie semble devoir être attribuée aux *Observations sur le service de l'artillerie en campagne*, de 1869.

« Dans une division d'infanterie comptant trois batteries, disaient-elles, la troisième batterie reste habituellement en réserve, soit entre les deux premières lignes, soit en arrière de la deuxième..... » (2). « La réserve d'artillerie de corps d'armée prend habituellement place en troisième ligne, généralement à hauteur des autres troupes de réserve..... Elle se tient prête à marcher pour renforcer les points sur lesquels l'artillerie divi-

---

(1) Les *Observations sur le service de l'artillerie en campagne* disaient pourtant qu'on pouvait diviser la batterie quelques fois en deux demi-batteries, mais très rarement par sections (page 36).

(2) Page 38.

sionnaire est trop faible, ou pour concourir aux grands effets d'artillerie jugés nécessaires par le général en chef » (1). Le Règlement considérait que l'action de l'artillerie de réserve devait être « courte et décisive » (2) et paraissait méconnaître l'importance et même l'existence de la lutte d'artillerie.

Abstraction faite des idées erronées de l'époque en cette matière, il est juste de reconnaître, d'ailleurs, que l'artillerie du 2e corps, engagée le 6 août, « a, pendant tout le temps du combat, fait noblement et énergiquement son devoir » (3). En particulier, les batteries à cheval de la réserve à Stiring, comme celles de la 3e division à Spicheren, soutinrent l'infanterie jusqu'au dernier moment et protégèrent sa retraite d'une façon très efficace.

*
* *

Les reconnaissances de cavalerie, envoyées dans la matinée par le 2e corps, manquèrent d'envergure. Elles ne dépassèrent pas Petite-Rosselle à l'aile gauche, les lisières Nord du Gifert-Wald et du Stifts-Wald sur le front, Hesseling à l'aile droite, et se replièrent ensuite.

Les Règlements en vigueur étaient loin de limiter ainsi son action (4) et prévoyaient même l'envoi de partis de cavalerie légère « à plusieurs lieues en avant » (5).

---

(1) Page 32.
(2) Page 45.
(3) Rapport du général commandant l'artillerie du 2e corps ; général Frossard. *Opérations du 2e corps de l'armée du Rhin*, page 51.
(4) « C'est la cavalerie seule qui peut pousser au loin les reconnaissances, informer le général en chef des mouvements et des dispositions de l'ennemi..... veiller à la sécurité de l'armée en occupant les postes les plus éloignés. » (*Observations sur le service de la cavalerie en campagne*, page 7.)
(5) *Ibid.*, page 40.

« Dans la défense, disaient les *Observations sur le service de la cavalerie en campagne,* la cavalerie divisionnaire est en avant; elle envoie des éclaireurs au loin pour surveiller les mouvements de l'ennemi, reconnaître la direction et la force de ses colonnes » (1). Or, depuis le 2 août, le général Frossard redoutait, avec raison, d'être tourné sur son flanc gauche par la vallée de la Rosselle. On ne s'explique pas, dès lors, qu'il n'ait pas fait lancer vers Sarrelouis et vers Völklingen-Wehrden des reconnaissances d'officier qui auraient pris le contact de l'adversaire, éventé sa marche et prévenu en temps utile le commandement de tout danger surgissant du Nord-Ouest. D'autres reconnaissances se seraient portées en même temps sur Assweiler, Saint-Ingbert, Neunkirchen, Lebach, pour recouper les routes venant du Nord-Est et du Nord. Quant à la cavalerie divisionnaire (un régiment), sa place était sur la Sarre, aux ponts et gués compris entre Grosbliederstroff et Wehrden.

Un autre régiment, avec une batterie à cheval et une compagnie de chasseurs en soutien, eût été chargé de surveiller les débouchés au Nord-Ouest de Forbach et de former, en quelque sorte, le réservoir des reconnaissances lancées sur Sarrelouis et Wehrden. Il est probable que la présence à Grande et Petite Rosselle d'un détachement français, comprenant les trois armes, aurait rendu plus circonspecte encore, qu'elle ne le fut effectivement, la marche de l'avant-garde de la *13e* division. Les retards qu'elle aurait subis de ce fait et du ralentissement que lui aurait causé le combat en retraite livré par ce détachement, eussent suffi peut-être pour l'empêcher de parvenir avant la nuit sur le Kaninchens-Berg. Si l'on observe, d'ailleurs, que l'apparition de l'ennemi

---

(1) *Ibid.*, page 69.

en ce point semble avoir été la cause déterminante de la retraite du 2e corps, on est amené à conclure que cette seule mesure de précaution, prise dans la vallée de la Rosselle, eût permis peut-être au général Frossard de conserver ses positions de Spicheren et de Stiring. La bataille demeurait indécise et l'arrivée de trois divisions du 3e corps dans la nuit du 6 et, au plus tard dans la matinée du 7 août, pouvait changer la face des événements.

Le gros de la division de cavalerie de Valabrègue, vraisemblablement inutilisable à l'aile gauche, où il lui fallait, pour se déployer, franchir au préalable le défilé de Stiring, aux vues de l'ennemi, aurait été rassemblé, à la droite du 2e corps. A la faveur du col qui sépare le Gifert-Wald du Stifts-Wald, ces escadrons gagnant ce passage par des cheminements défilés, pouvaient déboucher à l'improviste sur le flanc gauche de l'adversaire. Par une conversion vers l'Ouest, il leur eût été possible ensuite de prendre à revers le centre aminci de l'assaillant et d'y jeter une grande confusion. Tel au moins semble avoir été, à Forbach, un moyen de tirer parti d'une masse de cavalerie, bien que, d'une manière générale, le terrain ne se prêtât pas à son action.

Au cours de la bataille, la cavalerie du 2e corps fut utilisée à deux reprises et de façons bien distinctes. Vers 2 heures, « pour contenir le mouvement de l'ennemi contre notre centre, le général de Valabrègue, commandant la division de cavalerie, reçoit l'ordre de s'y porter avec deux escadrons du 4e chasseurs et l'une des batteries à cheval de la réserve, auxquels s'adjoignent les deux escadrons du 7e dragons attachés à la division Vergé... Nos escadrons attendent résolument l'occasion de charger (1) ».

---

(1) Général Frossard. *Opérations du 2e corps de l'armée du Rhin*, page 39.

Très bravement, et « dans la plus belle attitude (1) », ils restèrent pendant une heure et demie « exposés à un feu considérable (2) ». Ils subirent ainsi des pertes, sans nécessité aucune, enlevant en même temps à une charge éventuelle une grande partie de ses chances de succès, car il ne leur était plus possible de surprendre l'ennemi (3).

A l'aile gauche, au contraire, le lieutenant-colonel Dulac fit un emploi très judicieux de ses deux escadrons pour reconnaître la marche de la colonne ennemie, pour la retarder, pour l'arrêter sur le Kaninchensberg par le combat à pied, pour dégager enfin l'infanterie par une charge brillante, audacieusement conduite dans l'obscurité du soir (4). Il parvint, avec une faible troupe, à en imposer à l'avant-garde de la *13e* division qui, se croyant en présence de forces considérables, ne jugea pas prudent d'attaquer Forbach avant la matinée du lendemain (5).

La brigade de dragons de Juniac (division de cavalerie du 3e corps) était arrivée sur le champ de bataille vers 4 heures. « Comme ce n'était pas de cavalerie que

---

(1) Rapport du général commandant la division de cavalerie du 2e corps.

(2) *Ibid.*

(3) « La cavalerie doit mettre tous ses soins à ne pas stationner à portée et en vue de l'ennemi. Cette arme ayant pour elle la célérité dans les allures, mais étant privée de feux, doit profiter des abris ou des ondulations qui lui permettent de s'approcher sans être vue. » (*Observations sur le service de la cavalerie en campagne*, 1869, page 74.)

(4) *Historique du Grand Etat-Major prussien*, 3e livraison, page 359.

(5) « Après ce brillant exploit, les deux escadrons du 12e dragons se replièrent derrière la ligne du chemin de fer ; avec l'aide de la compagnie du génie, ils maintinrent leurs positions assez longtemps pour permettre aux troupes qui occupaient Forbach de prendre leurs dispositions militaires. » (Général Bonie: *La cavalerie française. Campagne de* 1870.)

le général Frossard manquait, comme cette brigade encombrait la route qu'il importait de tenir libre pour l'artillerie de réserve et le service des ambulances, il dut la faire rétrograder sur Bening (1) ». Elle fut chargée d'occuper les trois points de Morsbach, Bening et Merlebach (2).

Le général Frossard eût préféré, sans nul doute, recevoir du 3ᵉ corps des renforts en infanterie et en artillerie, mais cette brigade de dragons ne pouvait-elle rendre d'excellents services en se portant, dans la vallée de la Rosselle, au-devant de la colonne ennemie qui y était signalée ? L'heure de son arrivée sur le champ de bataille coïncide précisément avec l'envoi dans cette direction des deux escadrons du lieutenant-colonel Dulac. Si, d'ailleurs, le commandant du 2ᵉ corps ne jugeait pas utile d'engager dans cette vallée, relativement resserrée, des forces aussi nombreuses, il était superflu, d'autre part, de la renvoyer sur Bening pour éviter qu'elle encombrât la route de Saint-Avold (3). Il suffisait de lui donner l'ordre de se masser au Sud-Est de Forbach, ou peut-être de l'envoyer à Spicheren à la disposition du général de Laveaucoupet qui avait des inquiétudes pour la sécurité de son flanc droit.

Les *Observations sur le service de la cavalerie en campagne*, de 1869, prévoyaient que, dans une retraite, la cavalerie divisionnaire devait se tenir en arrière des divisions (4). Cette prescription fut appliquée tout

---

(1) Général Frossard. *Opérations du 2ᵉ corps de l'armée du Rhin*, page 46.
(2) Rapport du général de Juniac au maréchal Bazaine.
(3) Le général Frossard avait été prévenu, dans la matinée, que l'ennemi se présentait à Rosbrück et à Merlebach. (Télégramme adressé au maréchal Bazaine à 10 h. 50.) Ce renseignement ne fut peut-être pas sans influence sur l'envoi de la brigade de dragons de Juniac à Bening. Toutefois, le général Frossard ne le mentionne pas à ce propos.
(4) Page 79.

d'abord par la division de cavalerie de Valabrègue dont la majeure partie vint se grouper sur les hauteurs d'Œting, mais il paraît résulter des Historiques des corps de cette division que les divers régiments se dirigèrent ensuite sur Sarreguemines, soit à travers champs, soit par des chemins qu'ils trouvèrent libres. Aucune patrouille ne fut laissée au contact de l'ennemi.

*
* *

Vers 3 heures de l'après-midi, la *14e* division prussienne, dispersée sur un front de près de six kilomètres et ne disposant plus d'aucune réserve, se trouvait dans une situation très critique, qui « rendait assurément fort urgente l'entrée en ligne de troupes fraîches (1) ». Sa droite et son centre ne se maintenaient qu'avec peine et son aile gauche venait de subir un échec qui lui avait fait perdre la possession du Gifert-Wald.

A ce moment, la division de Laveaucoupet était plus près des ponts de Sarrebrück que ne l'étaient les fractions prussiennes engagées dans la forêt de Stiring (2); par surcroît, la division Bataille entrait en ligne, tant sur le plateau de Spicheren qu'à Stiring. Le général d'Alvensleben atteste que si le général Frossard avait jeté alors cette division entière sur l'une ou l'autre aile de la *14e* division, la défaite de celle-ci était certaine (3). « Le IIIe corps », ajoute-t-il, « saisit la victoire que le général Frossard abandonnait (4). » On peut être plus

---

(1) *Historique du Grand État-Major prussien*, 3e livraison, page 320. (De Woyde. *Loc. cit.*, pages 49 et 50.)
(2) *Kriegsgeschichtliche Einzelschriften. Heft* 18, page 494. (Notes du général d'Alvensleben.)
(3) *Ibid.*
(4) *Ibid.*

affirmatif encore et prendre la situation telle qu'elle s'est présentée réellement. Certes, il eût été préférable, au double point de vue de la promptitude et de l'amplitude des résultats, de passer à l'attaque avec la division Bataille réunie. Mais, en raison même de l'infériorité numérique des troupes adverses, de leur dissémination et de l'insuccès qui avait marqué leurs efforts dans le Gifert-Wald, il est bien probable qu'une offensive générale des 1re et 3e divisions, étayées chacune par une brigade fraîche de la 2e, eût eu les plus grandes chances de rejeter l'ennemi dans la Sarre. « En renonçant à une contre-attaque partant du Gifert-Wald et du Rother-Berg, les Français sauvèrent eux-mêmes la *14e* division et lui épargnèrent une lourde catastrophe (1). »

Les causes de la défensive à peu près passive du 2e corps sont multiples :

1° Les troupes françaises luttent avec la plus grande bravoure, mais ne connaissent ni le but, ni le plan du général en chef. On se bat pour conserver des positions, et non point pour obtenir la victoire ; les échecs que subit l'ennemi dans ses attaques sont considérés à l'égal du succès, et l'on s'en tient à cette satisfaction.

2° Les idées en cours dans l'armée du Rhin attribuent à la défensive la supériorité sur l'offensive, et les incidents du combat qui vient de se dérouler tendent, tout naturellement, à confirmer cette théorie. On persévère donc dans l'attitude que l'on a adoptée.

3° L'offensive générale ne peut dériver que de la

---

(1) Notes du général d'Alvensleben. (Cardinal von Widdern. *Loc. cit.*, page 172.)

« Kamecke s'était imprudemment engagé..... Toutes ses troupes étaient engagées sans réserves. La situation était critique et mon arrivée lui fut un grand soulagement. » (Le général de Gœben à sa femme, Sarrebrück, 7 août 1870. *August von Gœben; Gebhard Zernin*, page 239.)

volonté du chef. Or, il se trouve derrière son aile gauche, à Forbach, et ne peut suivre la marche générale de la lutte. Le moment favorable va donc lui échapper. L'emplacement le plus avantageux pour lui semble avoir été la hauteur du Forbacher-Berg, point dominant et central où il se serait trouvé à égale distance de ses deux ailes et aurait pu observer par lui-même, en se déplaçant très peu, tous les mouvements importants de l'assaillant.

4° Dans une bataille défensive, les propriétés du terrain deviennent presque fatalement l'élément essentiel et font oublier celles du mouvement. Le chef et les troupes restent attachés au sol et ne savent pas s'en dégager en temps opportun. Il importe de se rendre un compte exact de l'énergie toute spéciale qu'exige, de la part du chef et des troupes, le brusque changement d'attitude nécessité par la prise de l'offensive. Telle parait être la raison pour laquelle l'histoire militaire moderne ne mentionne qu'une seule bataille défensive-offensive : c'est Austerlitz et, pour la livrer, il fallait être Napoléon.

5° Il est possible, enfin, que le commandant du 2⁰ corps ait voulu attendre, avant de passer à l'attaque, l'arrivée des renforts envoyés par le maréchal Bazaine, mais, dans ce cas, il eût été judicieux de faire entrer en ligne de compte les secours que l'adversaire pouvait recevoir lui-même et qui, peut-être, rétabliraient l'équilibre, momentanément rompu à l'avantage des Français.

Il importait donc de ne pas laisser échapper l'occasion que l'ennemi avait si imprudemment offerte.

Il y eut, à la vérité, quelques contre-attaques brillantes de la part de fractions du 2ᵉ corps, et elles furent généralement couronnées de succès. Mais les résultats obtenus ne pouvaient être durables que si les efforts, au lieu d'être successifs et individuels, avaient été simultanés et concordants.

« En raison du mélange général des unités, non seulement des compagnies et des bataillons, mais même des régiments et des brigades, chaque chef d'unité, laissé à sa propre initiative, croyait bien faire de tenter, à un moment donné, une vigoureuse contre-attaque. Mais ce mouvement n'était pas suivi par les troupes voisines, qui obéissaient à d'autres chefs. Les efforts restaient fatalement isolés et, dès lors, impuissants. La ligne ennemie ne cédant que sur le point attaqué, l'unité qui s'était portée en avant se trouvait bientôt engagée dans un demi-cercle de feux convergents qui l'obligeaient à une retraite des plus meurtrières. De toutes les manœuvres tactiques, la conduite des retours offensifs est donc une de celles qui exigent le plus d'unité de vue et de commandement ; unité qui nous fit complètement défaut dans la journée de Forbach (1). »

*
* *

Au moment (7 heures du soir), où le général Frossard donna l'ordre de la retraite, le 2ᵉ corps contenait l'ennemi tant à Stiring-Wendel et dans le bois de Stiring que dans la forêt de Spicheren et au Sud du Gifert-Wald. Sur ce dernier point même, une contre-attaque avait été couronnée de succès. Tout faisait espérer que les troupes françaises pourraient conserver leurs positions jusqu'à la nuit, bien que toutes les réserves fussent engagées (2). « Mais, dans l'état des choses, le général, abandonné à ses propres forces, en présence des troupes fraîches que

---

(1) *Souvenirs et observations du colonel Devaureix sur la campagne de 1870*, fascicule n° 2.

(2) Il ne restait plus que le 12ᵉ bataillon de chasseurs que le général Bataille avait laissé à son camp d'Œting, et trois batteries (deux de la 2ᵉ division, une de la réserve).

l'ennemi reçoit sans cesse, reconnait, par lui-même, que l'ensemble de sa position n'est plus tenable (1) ».

Ainsi jugeait-il les événements en 1872. Le journal de marche du 2ᵉ corps est moins pessimiste : « La situation générale n'en était pas moins critique ; le 2ᵉ corps, épuisé par douze heures de lutte, était grandement menacé sur sa droite (2) et était pris à revers par sa gauche. Au centre, les troupes placées à Stiring, en entendant la canonnade sur Forbach, voyaient leur ligne de retraite compromise. Toutes nos réserves étaient engagées ; les renforts attendus n'arrivaient pas. *Sans espoir d'être soutenu le lendemain*, tandis que l'ennemi se renouvelait sans cesse, il était urgent de prendre une position solide pour assurer la retraite. Ordre fut donné de se replier sur le plateau d'Œting (3)..... »

Deux considérations semblent donc avoir déterminé le général Frossard à ordonner la retraite :

a) L'entrée en ligne de l'avant-garde de la *13ᵉ* division prussienne ;

b) Le manque d'espoir de recevoir des renforts le lendemain.

Avant de les examiner, on peut dire que la seconde eût été sans valeur si la première avait exercé une influence capitale ; inversement : de ce que le général Frossard invoque la seconde on peut en induire que la première ne fut pas d'une importance décisive.

Rien ne servait, en d'autres termes, de recevoir des renforts le lendemain, au point de vue de la reprise de la lutte à Stiring-Spicheren, si l'intervention de la

---

(1) Général Frossard. *Rapport sur les opérations du 2ᵉ corps de l'armée du Rhin*, page 49.

(2) Dans l'ouvrage précité, le général Frossard ajoute : « Quoique l'ennemi y eût été contenu ».

(3) Voir Documents annexes, page 9.

La partie soulignée ne l'est pas dans le texte.

*13*ᵉ division, dans la soirée du 6, avait pour conséquence inéluctable d'obliger le 2ᵉ corps à la retraite immédiate.

Quelle est la valeur de ces deux arguments, considérés en eux-mêmes ?

a) Il est indéniable que le débouché, par la vallée de la Rosselle, d'une colonne prussienne, dont la force était inconnue, mais qui visiblement comprenait de l'infanterie et de l'artillerie, dut exercer sur le moral des troupes françaises, combattant à Stiring, une influence déprimante. A l'effet de surprise produit par son apparition inattendue sur les hauteurs du Kaninchensberg, vinrent s'ajouter à la fois la menace de l'interception de la ligne de retraite sur Saint-Avold et le sentiment si pénible d'être pris à revers. Toutefois, la démoralisation fut probablement moindre à la division de Laveaucoupet, plus éloignée de Forbach que la division Vergé, certaine d'ailleurs de pouvoir se replier sur Sarreguemines par Etzling et Grosbliederstroff. La contre-attaque énergique qu'elle exécuta vers 7 heures du soir, tant contre le Gifert-Wald que contre le Rother-Berg, vient à l'appui de cette assertion. Quant au général en chef, les renseignements qu'il avait reçus dans la journée lui faisaient prévoir l'entrée en ligne de l'avant-garde de la *13*ᵉ division ; il n'y eut donc pas pour lui surprise, au sens propre du terme. Enfin, les événements qui se déroulaient sur le Kaninchens-Berg lui permettaient d'espérer que l'ennemi serait contenu à Forbach jusqu'à la nuit. Il pouvait y appeler d'Œting le 12ᵉ bataillon de chasseurs et la compagnie du génie de la 2ᵉ division qui n'avaient pas été engagés jusqu'à présent. En supposant, au pis aller, Forbach enlevé et Stiring évacué, la division Vergé et la brigade Haca, de la 2ᵉ division, pouvaient résister encore dans le Spicheren-Wald et dans les bois du Creutzberg et du Kleinwald. Si l'on imagine un instant le maréchal de Mac-Mahon, placé à la tête du 2ᵉ corps et déployant à Forbach toute l'admirable énergie et l'indomptable ténacité dont il a fait preuve à Frœschwiller, il est permis de présumer qu'il n'aurait pas donné l'ordre de la retraite avant d'y être absolument contraint (1).

« A Spicheren, le caractère des chefs opposés a joué le rôle principal. Au cours de ce combat imprévu, la direction a consisté, de part et d'autre, à remplir les vides, à renforcer les parties faibles, mais nulle part, en dépit de certaines intentions louables, elle n'a présenté un effort d'ensemble, voulu et préparé, pour amener la décision de la lutte.

« Le général Frossard, non battu, a cru l'être, et il l'a été ; le général de Zastrow, à moitié battu, mais ne voulant pas l'être, ne l'a pas été. Voilà le secret de la victoire prussienne (2). »

b) Le général Frossard devait-il abandonner l'espoir d'être secouru le lendemain ?

A 6 h. 16, le maréchal Bazaine lui avait envoyé le télégramme suivant : « Je vous envoie un régiment par le chemin de fer ; le général de Castagny est en marche vers vous ; il reçoit l'ordre de vous joindre ; le général Montaudon a quitté Sarreguemines à 5 heures, marchant sur Grosbliederstroff ; le général Metman est à Betting (3)..... »

Il semble donc que le 2ᵉ corps pouvait espérer être renforcé le 7 août au matin, tout au moins par les divi-

---

(1) Le dispositif des troupes, dans le combat de Spicheren, échappe à la critique par l'absence même d'ordres donnés ; il n'en est pas ainsi pour la retraite que décida le commandant du 2ᵉ corps. De l'avis de plusieurs généraux qui combattaient, elle n'était pas nécessaire et en tout cas il ne fallait abandonner Forbach et le plateau d'Œting qu'à la dernière extrémité. » (*Metz. Campagne et négociations*, page 48.)

(2) Général Bonnal. La manœuvre de Saint-Privat, cours professé en 1894 à l'École supérieure de guerre.

(3) Ce télégramme est parvenu au général Frossard. (*Rapport sur les opérations du 2ᵉ corps de l'armée du Rhin*, page 54.)

sions Montaudon et Castagny, du 3º. On pourrait objecter toutefois que le général Frossard estima peu prudent de conserver pour la nuit les positions de Stiring, en raison de la présence, sur les hauteurs du Kaninchensberg, de forces adverses qui pouvaient être nombreuses. Mais rien ne l'obligeait à abandonner également le plateau de Spicheren. Peut-être ne voulut-il pas rester aussi étroitement au contact de l'ennemi, mais il n'était pas nécessaire, dans ce but, de rétrograder jusqu'à Sarreguemines, d'autant plus qu'en arrivant à Œting, le commandant du 2º corps avait appris que la division Montaudon occupait Grosbliederstroff (1). Il paraissait judicieux de l'appeler aussitôt à Kerbach et Behren, où elle aurait recueilli le 2º corps qui se serait rallié et aurait passé la nuit à Gaubiving et à Bousbach. Œting serait resté occupé par le 12º bataillon de chasseurs de la division Bataille. Dans cette position centrale entre les vallées de la Rosselle et de la Sarre, le général Frossard avait bien des chances d'être rejoint par la division Castagny qu'il savait avoir été dirigée sur Farschwiller (2), ainsi que par la division Metman, dont il connaissait l'arrivée à Betting-lès-Saint-Avold. Il eût été utile de leur envoyer des officiers pour hâter et guider leur mouvement.

En tout état de cause, même « sans espoir d'être soutenu le lendemain », il était préférable, pour le 2º corps, de ne pas effectuer, d'une seule traite, son mouvement sur Sarreguemines, mais de s'arrêter, jusqu'au point du jour, vers Behren. Il n'y avait pas à craindre de poursuite sérieuse pendant la nuit, car la division de Laveaucoupet avait pu se replier des hauteurs de Spicheren, « sans qu'un seul coup de fusil fût tiré de part

---

(1) Journal de marche du 2º corps.
(2) Le maréchal Bazaine au général Frossard. (D. T., Saint-Avold, 6 août, 1 h. 15 soir.)

et d'autre (1) ». Une halte à Behren offrait les avantages de procurer quelques heures de repos aux troupes fatiguées par la marche de nuit du 5 au 6 et par la bataille du 6, de rallier les isolés, de reconstituer les unités et de permettre aux convois de prendre une certaine avance sur les combattants. Cette mesure semble même être d'une application générale à l'issue d'un combat qui s'est terminé à la nuit et qui n'a pas été suivi d'une poursuite immédiate.

En choisissant la direction de Sarreguemines comme ligne de retraite, le général Frossard paraît avoir cédé surtout au désir d'atteindre une grande route, celle de la rive gauche de la Sarre, plutôt qu'à l'intention d'exécuter une « retraite latérale », en démasquant les divisions du 3e corps » (2) et en se plaçant sur le flanc gauche de l'ennemi, s'il poursuivait sa marche. Le 2e corps était, en effet, pour quelques jours au moins, hors d'état d'entreprendre des opérations importantes, non pas tant en raison de l'échec qu'il avait subi, que des fatigues et des privations auxquelles il avait été astreint au cours de la bataille du 6, dans la nuit du 6 au 7 et dans la journée du 7 (3).

---

(1) Général Frossard. *Opérations du 2e corps de l'armée du Rhin*, page 50.

(2) *Ibid.*, page 51.

(3) On remarquera d'ailleurs que le Journal de marche du 2e corps ne parle pas de cette intention de retraite latérale ; on ne la trouve formulée que dans l'ouvrage du général Frossard, de 1872.

« En admettant que la retraite fût indispensable, pourquoi prendre cette direction divergente de Sarreguemines, qui eût permis à l'ennemi de séparer complètement le 2e corps et de l'entourer ? D'Œting et de Bousbach, il y avait tout avantage à se rabattre directement au Sud, où l'on savait être les divisions du maréchal Bazaine et à indiquer Saint-Avold comme point de ralliement, au centre de ses positions. » (*Metz. Campagne et négociations*, page 49.)

DEUXIÈME PARTIE.

1. — Les opérations du 3ᵉ corps.

Le 6 août au matin, les éléments du 3ᵉ corps occupaient les emplacements suivants :

Quartier général...............	à Saint-Avold.
1ʳᵉ division (Montaudon)........	à Sarreguemines—Neunkirch.
2ᵉ — (Castagny).........	à Puttelange.
3º — (Metman)..........	à Marienthal.
4ᵉ — (Decaen)..........	à Saint-Avold.
Division de cavalerie Clérembault.	à Saint-Avold.
Réserves d'artillerie et du génie..	à Saint-Avold.

§ 1ᵉʳ. — 1ʳᵉ *division (Montaudon)*.

La 1ʳᵉ division du 3ᵉ corps était arrivée à Sarreguemines, le 5 août, de 5 à 7 heures du soir, pour remplacer dans cette ville la brigade Lapasset du 5ᵉ corps qui devait se rendre à Bitche après avoir été relevée (1). Son camp avait été établi près de Neunkirch, sauf celui du 95ᵉ de ligne qui se trouvait sur les hauteurs au Sud-Ouest de Sarreguemines avec une batterie. D'après les renseignements fournis par « les autorités locales, la gendarmerie, les employés du chemin de fer et du télégraphe (2) », et confirmés par les reconnaissances du

---

(1) Le général de Failly au général Lapasset. (6ᵉ fascicule, page 103.)

(2) *Souvenirs militaires du général Montaudon*, page 70.

général Lapasset, les Prussiens avaient rompu la voie ferrée entre Bitche et Sarreguemines (1) et paraissaient se masser en face de Neunkirch. Leurs avant-postes, d'après les mêmes rapports, occupaient aussi le Jacobswald.

« Les troupes prennent des dispositions en conséquence et se trouvent toute la nuit prêtes à recevoir l'ennemi, malgré un violent orage (2) ». La 1re brigade prend position à Neunkirch ; l'artillerie, le 3e régiment de chasseurs à cheval et le 84e de ligne entre Neunkirch et Sarreguemines ; la brigade Lapasset s'établit également près de Neunkirch (3). Il n'y eut qu'une alerte sans importance entre minuit et 1 heure du matin ; le général Montaudon persista cependant à croire, jusqu'à 2 heures du matin, qu'il serait attaqué dans la journée par des forces supérieures (4).

A 5 heures, ses appréhensions se calmèrent à la suite d'une reconnaissance personnelle qu'il exécuta à l'Est de Neunkirch et au cours de laquelle il n'aperçut que quelques cavaliers ennemis (5). Les troupes rentrèrent dans leurs bivouacs.

---

(1) En réalité, la voie n'était pas rompue ; les fils télégraphiques seuls avaient été coupés de part et d'autre de la station de Bliesbrücken. (6e fascicule, page 103.) La voie ferrée ne fut coupée que le lendemain 6 à Hermscapel, par le 1er escadron du 15e uhlans (brigade Grüter de la 6e division de cavalerie).

(2) Journal de marche de la division Montaudon, 5 août.

(3) La brigade Lapasset se composait du 14e bataillon de chasseurs, des 84e et 97e de ligne et était renforcée du 3e lanciers et de la 7e batterie du 2e d'artillerie.

(4) Au maréchal Bazaine (D. T.). Sarreguemines, 6 août, 1 h. 50 matin.

(5) Au maréchal Bazaine (D. T.). Sarreguemines, 6 août, 5 h. 20 matin.

« Les renseignements donnés à l'arrivée n'ont pas été justifiés ; tout est tranquille ce matin. »

Vers 6 heures, il reçut du général de Failly un télégramme qui l'autorisait à retenir la brigade Lapasset à Sarreguemines, s'il estimait qu'elle ne pouvait gagner sûrement Bitche, même débarrassée de son convoi. Le général Lapasset répondit à 6 h. 20 que, ses troupes étant un peu fatiguées par une alerte de nuit, il ne se mettrait en marche pour Rohrbach qu'à midi.

Mais le convoi du 5ᵉ corps, parti de Neunkirch dans la matinée, s'étant heurté à des cavaliers ennemis, avait rétrogradé sur Sarreguemines où il était rentré, un peu avant 10 heures (1), et, d'autre part, des reconnaissances du 3ᵉ lanciers signalaient, « vers 8 h. 30 du matin, à 500 mètres en arrière de Wising, trois régiments de cavalerie, deux bataillons d'infanterie et une batterie d'artillerie (2) ». Rohrbach paraissait également menacé au général Montaudon et, dans ces conditions, il croyait devoir retenir la brigade Lapasset à Sarreguemines.

Vers 10 heures, le canon se fit entendre dans la direction de Sarrebrück (3), et cessa ensuite pour reprendre un peu après midi (4) avec vivacité (5). A partir de ce moment, le bruit dut être continu et on pouvait en induire que le 2ᵉ corps était fortement engagé. Cependant, aucune mesure spéciale ne paraît avoir été prise à la 1ʳᵉ division du 3ᵉ corps. Les documents ne mentionnent

---

(1) Le sous-préfet de Sarreguemines au général de Failly. (7ᵉ fascicule, Documents annexes, page 169.)

(2) C'était sans doute la reconnaissance exécutée par le 1ᵉʳ escadron du *15ᵉ* uhlans (brigade Grüter, de la 6ᵉ division de cavalerie) qui avait donné lieu à ce compte rendu inexact et déterminé la retraite du convoi du 5ᵉ corps.

(3) Instruction relative au procès Bazaine. (Déposition du général Montaudon, nᵒ 53.) Journal de marche de la brigade Lapasset.

(4) *Souvenirs militaires du général Montaudon*, page 72.

(5) Journal de marche de la division Montaudon.

ni l'envoi d'un officier d'état-major à Forbach, ni un rapport télégraphique au maréchal Bazaine, provoquant des ordres, ni enfin une dépêche adressée au général Frossard dans le but d'avoir des nouvelles du combat et d'offrir son concours.

« Comme j'étais en communication télégraphique avec le maréchal Bazaine et avec le général Frossard, dit le général Montaudon, je n'avais aucune préoccupation en dehors sur ce qui se passait ailleurs (1) ».

Le commandant de la 1re division était-il bien certain que le maréchal Bazaine entendit le canon et ne devait-il pas, dans ces circonstances critiques, aller au-devant des ordres qu'on pouvait lui envoyer ? Le général Frossard savait-il que la 1re division n'avait en face d'elle que des reconnaissances de cavalerie et n'était-il pas opportun de le lui faire connaître dès l'instant où il se trouvait engagé ?

Au lieu de rester dans ses bivouacs, la 1re division aurait dû, semble-t-il, faire immédiatement ses préparatifs pour rompre vers le Nord-Ouest au premier signal, la brigade Lapasset fournissant les avant-postes avec mission de couvrir le mouvement et de garder le débouché de Sarreguemines. Ces mesures prises, à supposer que le maréchal Bazaine n'eût pas encore envoyé d'ordres et que le général Frossard n'eût pas fait appel à la 1re division, celle-ci passait sur la rive gauche de la Sarre et s'échelonnait en deux colonnes sur la route de Grosbliederstroff et sur le chemin de Rouhling. Elle était prête ainsi, soit à marcher au canon, si la bataille continuait, soit à faire demi-tour si les ordres du 3e corps ou si la situation à Sarreguemines l'exigeaient.

Vers 2 h. 30, le général Montaudon fut informé par le

---

(1) Instruction relative au procès Bazaine : Déposition du général Montaudon.

Major général que le général Frossard était attaqué, ainsi que le maréchal Bazaine et qu'il devait s'attendre à l'être également (1). Les troupes de la 1re division et de la brigade Lapasset reprirent aussitôt les positions de combat qu'elles avaient occupées dans la nuit du 5 au 6 et dans la matinée du 6 près de Neunkirch. Suivant les errements de cette époque, au lieu de les tenir massées à l'abri d'un réseau d'avant-postes, on les déploya presque complètement sur le plateau entre la Sarre et la Blies.

L'ennemi ne montrait pourtant, sur les hauteurs de la rive gauche de la Blies, que quelques détachements de cavalerie (2). D'autre part, l'heure avancée déjà permettait de présager qu'aucun engagement sérieux n'aurait lieu, très vraisemblablement, dans la journée, à l'Est de Sarreguemines.

Vers 3 h. 30 (3), le général Montaudon reçut du maréchal Bazaine le télégramme suivant expédié de Saint-Avold à 2 h. 50 :

« Laissez la garde de Sarreguemines aux troupes du général Lapasset et dirigez-vous avec toute votre division, sans vos impedimenta, sur Grosbliederstroff. Tenez-vous à la disposition du général Frossard qui est fortement engagé du côté de Spicheren. Suivez, bien entendu, la rive gauche de la Sarre et voyez s'il ne serait pas

---

(1) Télégramme expédié de Metz à 2 h. 18 soir.

Le journal de marche du 3e corps dit que la division Montaudon fut informée dès midi, par un télégramme du Major général, de la possibilité d'une attaque sur Sarreguemines. (Documents annexes, page 87.)

Dans ses *Souvenirs*, le général Montaudon ne fait allusion qu'à la dépêche de 2 h. 30 (page 72). Il en est de même de son rapport daté de Puttelange, 7 août 1870.

(2) *Souvenirs militaires du général Montaudon*, page 72, et Procès Bazaine : Déposition du général Montaudon, page 286.

(3) Procès Bazaine : Déposition du général Montaudon, page 286.

bon, pour vous servir de point d'appui, de diriger une colonne sur Rouhling ».

Il ne semble pas qu'à la réception de cet ordre, le général Montaudon ait envoyé au général Frossard une dépêche lui demandant ses instructions, et un officier d'état-major, chargé d'établir la liaison entre le 2º corps et la 1ʳᵉ division du 3º. Ces deux mesures s'imposaient.

Le général Montaudon perdit un temps précieux à replier ses avant-postes, à rassembler sa division, et donna l'ordre à la brigade Lapasset de s'établir sur la rive gauche de la Sarre, au Sud-Ouest de Sarreguemines. Tous les bagages devaient suivre le mouvement de cette brigade et parquer sous sa protection. Cette dernière précaution, judicieuse en soi, était tardive; elle aurait dû être prise dès le matin, en prévision d'un combat sur la rive droite de la Sarre.

Vers 4 heures, le général Montaudon reçut du général Frossard le télégramme suivant : « Avez-vous reçu l'ordre de diriger des troupes sur ma droite? Si oui, activez votre marche ».

La tête de colonne de la 1ʳᵉ division sortit de Sarreguemines à 5 heures (1), c'est-à-dire une heure et demie après l'arrivée de l'ordre du maréchal Bazaine. Or, le 81ᵉ de ligne se trouvait sur le plateau entre Neunkirch et Sarreguemines, le 95ᵉ au Sud-Ouest de cette ville. Si les troupes de la 1ʳᵉ division avaient été prêtes à partir au premier signal (2), il n'y aurait eu d'autre perte de temps que celle nécessaire à la transmission de l'ordre et le 81ᵉ de ligne aurait pu déboucher de Sarreguemines vers 4 heures, précédé du 95ᵉ et suivi des deux régi-

---

(1) Rapport du général Montaudon sur la journée du 6 août.
(2) Les troupes préparaient leur repas; des corvées de vivres avaient quitté le camp. (Lettre du général Montaudon au général Frossard, novembre 1871.)

ments de la 1ʳᵉ brigade, puis s'engager, par Welferding, sur le chemin de Rouhling (1).

Au moment où la tête de colonne de la 1ʳᵉ division sortait de Sarreguemines, arriva, vraisemblablement du général de Failly (2), une dépêche prescrivant de lui renvoyer « de suite la brigade Lapasset (3) ». Le général Montaudon la transmit au général Lapasset, en lui laissant toute la responsabilité de la décision à prendre; mais en prévision de ce mouvement, il ordonna au convoi de la division de suivre son mouvement sur Grosbliederstroff. Le 95ᵉ de ligne et un peloton du 3ᵉ chasseurs, sous les ordres du général Clinchant, formèrent l'arrière-garde qui, au départ du camp, eut à tirailler avec la cavalerie ennemie. Quant à la brigade Lapasset, elle se replia sur la rive gauche de la Sarre et vint s'établir au Sud-Ouest de Sarreguemines.

Le général Montaudon ne jugea pas opportun de suivre, pour se rendre à Grosbliederstroff, la grande route qui longe la rive gauche de la Sarre, « où il n'y avait pas, dit-il, de positions à prendre en cas d'attaque (4) ». Cette

---

(1) Ce retard n'a pas échappé au rapporteur du procès Bazaine. On lit, en effet, dans la déposition du général Montaudon :

« D. — Le mouvement de départ a-t-il été retardé par suite de l'hésitation bien naturelle qui devait résulter pour vous d'un télégramme du Major général, en date de 2 h. 18, vous annonçant que le général Frossard était attaqué, ainsi que le maréchal Bazaine, et que vous alliez l'être; ou bien cela a-t-il tenu à votre situation sur la rive droite de la Sarre? »

« R. — Je n'ai pas eu un seul instant d'hésitation..... »

(2) Le général Montaudon dit : « du maréchal de Mac-Mahon ». Il est probable qu'il a fait confusion et qu'il s'agit du télégramme expédié au général Lapasset, par le général de Failly, à midi et débutant ainsi : « Par ordre du maréchal de Mac-Mahon, prenez vos dispositions pour partir demain matin, le 7, à 4 heures..... » (7ᵉ fascicule, Documents annexes, page 169.)

(3) Rapport du général Montaudon sur la journée du 6 août.

(4) *Ibid.*

prudence était peut-être excessive. La brigade Lapasset et, à son défaut, l'arrière-garde de la colonne, garantissaient la division contre une attaque venant de Sarreguemines et il n'y avait pas à craindre un mouvement de l'adversaire sur son flanc droit, couvert par la Sarre, qu'aucun pont ne permettait de franchir entre Sarreguemines et Guidingen. Tout au plus pouvait-on redouter l'action de quelques batteries ennemies qui seraient venues s'établir sur les hauteurs d'Auersmacher, mais il suffisait pour s'en garantir d'y envoyer un bataillon en flanc-garde.

La 1re division s'engagea donc tout entière sur le chemin de Welferding à Rouhling, en couvrant sa droite au moyen du 3e régiment de chasseurs, et atteignit, vers 6 heures, cette dernière localité, au Nord de laquelle elle se rassembla. Le canon ne cessait pourtant de se faire entendre dans la direction de Spicheren et nul motif ne justifiait cette nouvelle perte de temps. D'ailleurs, le rassemblement était à peine terminé que le général Montaudon fit reprendre la marche jusqu'au Sud de Lixing, où il arriva vers 7 h. 45. Il fut rejoint, à ce moment, par le capitaine Allaire, de l'état-major du 2e corps.

« Il venait prier avec instance le général Montaudon, de la part du général Frossard, de se rendre à Forbach avec sa division. Le général Montaudon, malgré la nuit qui arrivait rapidement, se remit en marche et la division, prenant à travers champs, se dirigea sur Forbach (1) ».

Mais le bruit du canon cessait avec la tombée de la nuit (9 heures). Le général Montaudon, arrivé sur les hauteurs qui dominent Bousbach au Sud et à l'Est, résolut, avant de pousser plus avant, de connaître la situation du 2e corps.

---

(1) Rapport du général Montaudon sur la journée du 6 août.

Des officiers furent envoyés en reconnaissance ; l'un d'eux, le capitaine Lahalle, accompagné du capitaine Allaire, se rendit à Forbach pour rendre compte au général Frossard de l'emplacement de la 1re division. A leur retour, ils annoncèrent que le 2e corps était en retraite sur Sarreguemines.

Le général Montaudon, se conformant à ce mouvement, se replia à 1 h. 30 du matin sur Woustwiller « afin d'appuyer la gauche du 2e corps (1) », mais apprenant en route que celui-ci se dirigeait sur Puttelange (2), il marcha également sur ce point qu'il atteignit, le 7 août, à 10 heures du matin.

*
* *

« Ainsi, écrit le général Frossard, la division Montaudon, qui a reçu tard l'ordre qu'elle a attendu pour marcher au canon, n'est pas venue en aide au 2e corps (3) ».

En réservant momentanément la question de l'heure d'arrivée tardive des instructions du maréchal Bazaine, et en constatant les efforts louables qu'a faits la 1re division du 3e corps pour prendre part à la bataille, on ne saurait laisser dans l'ombre, à titre d'enseignement, les erreurs commises le 6 août, imputables d'ailleurs aux errements de l'époque.

---

(1) Rapport du général Montaudon sur la journée du 6 août.
(2) Ainsi s'exprime le général Montaudon dans le rapport précité. Au contraire, dans ses *Souvenirs* (page 74), le général dit qu'il reçut, à la pointe du jour, une note de l'état-major du 3e corps lui prescrivant de se diriger sur Puttelange. On trouvera, en effet, cette note dans les Documents annexes du 7 août.
(3) *Rapport sur les opérations du 2e corps de l'armée du Rhin*, page 56.

Le général Montaudon devait-il marcher au canon dès l'instant où il en entendait le bruit? La réponse à cette question est subordonnée à une autre. Quelles instructions avait-il reçues, le 5 août, au moment où il fut dirigé sur Sarreguemines? Les documents n'en contiennent pas et il semble que son mouvement n'ait eu d'autre but que de relever la brigade Lapasset appelée à Bitche, et d'occuper un point géographique.

Peut-être le maréchal Bazaine n'était-il pas mieux informé lui-même, car la dépêche de l'Empereur, en date du 4 août, 9 h. 10 du soir, lui prescrivait d'envoyer, le 5, la 1re division à Sarreguemines, sans autre explication (1). Dès lors, le général Montaudon, ignorant des intentions du commandement, pouvait s'attribuer la mission de garantir le 2e corps contre tout mouvement à revers qu'aurait pu tenter l'ennemi en franchissant la Sarre à Sarreguemines. Peut-être objectera-t-on qu'il pouvait y laisser la brigade Lapasset et marcher sur Spicheren avec toute sa division. Mais si cette brigade, appartenant à un autre corps d'armée, venait à être rappelée, le débouché de Sarreguemines ne serait-il pas ouvert à l'adversaire? Il pouvait dès lors laisser une arrière-garde tirée de sa propre division, et marcher

---

(1) Faisant allusion à cette dépêche et à l'ordre qu'elle modifiait (Voir 5e fascicule, page 316), le général de Woyde s'exprime ainsi :

« L'empereur Napoléon ne fait nullement connaître ses propres intentions. Il dispose lui-même des divisions isolées, en les désignant même en partie nominativement, et rend, de cette manière, inutiles les prescriptions des commandants de corps d'armée. Il en résulte que personne ne sait pourquoi on dispose de lui de telle ou telle manière, et ce qu'on exige ou ce qu'on attend, à proprement parler, de lui. On comprend que, dans une telle situation, chacun n'a d'autre chose à faire que de demeurer les bras croisés et d'attendre, dans l'inaction, les événements ultérieurs, jusqu'à ce que, soit le commandement supérieur, soit même l'ennemi lui donne une nouvelle impulsion ». (*Causes des succès et des revers dans la guerre de* 1870, tome I, page 70.)

avec le reste, imitant en cela l'exemple d'initative donné le 4 août par le général commandant le XIe corps.

Dans l'hypothèse qui précède et qui seule rend explicable l'abstention de la 1re division, certains doutes durent surgir dans l'esprit du général Montaudon, et l'on ne s'explique pas qu'il n'ait pas cherché à les dissiper par un télégramme au maréchal Bazaine. En attendant sa réponse, il eût été opportun de faire tous les préparatifs de départ et même de porter toute la division sur la rive gauche de la Sarre en ne laissant vers Neunkirch que la brigade Lapasset.

Le télégramme de 2 h. 30 du Major général dut avoir pour effet de fortifier le général Montaudon dans la conviction que sa présence était nécessaire à Sarreguemines. Mais, d'autre part, l'heure s'avançait, l'ennemi ne paraissait pas, la bataille continuait, et le général Montaudon, présent sur les lieux, était meilleur juge de la situation que le Major général. Il lui appartenait donc de lui en rendre compte et de prendre toutes les mesures pour se porter au premier signal au secours du 2e corps. On a vu, au contraire, qu'il s'écoula une heure et demie entre le moment où l'ordre du maréchal Bazaine parvint à Sarreguemines et celui où la tête de colonne de la 1re division sortit de la ville.

Si l'on admet que cette perte de temps ait été évitée, et elle pouvait l'être, soit en profitant de l'échelonnement des troupes entre Neunkirch et les hauteurs au Sud-Ouest de Sarreguemines, soit en les disposant au préalable sur deux colonnes, le général Montaudon, partant à 4 heures, pouvait suivre le double itinéraire Grosbliederstroff, Etzling (13 kilomètres), et Rouhling, Lixing, Kerbach, Etzling (12 kilomètres), et atteindre cette dernière localité vers 7 heures. Le général Frossard, informé de cette marche, d'abord par le télégraphe, puis par un officier d'état-major, n'aurait pas donné l'ordre de retraite général et se serait borné peut-être à porter tout le 2ᵉ corps sur les hauteurs d'Œting-Spicheren. Alors la bataille du 6 demeurait indécise et pouvait être reprise le lendemain avec l'appui immédiat des 1ʳᵉ, 2ᵉ et 3ᵉ divisions du 3ᵉ corps.

§ 2. — *2ᵉ division (Castagny).*

Le 5 août, à midi 30, la 2ᵉ division du 3ᵉ corps avait quitté Saint-Avold et était arrivée à 6 heures du soir à Puttelange, où elle établit son camp au Nord de cette localité. En traversant Saint-Avold, le général de Castagny était allé prendre les ordres du maréchal Bazaine qui le mit au courant de la situation des corps voisins, l'invita à se mettre en communication avec eux et l'autorisa à se porter à leur secours dans le cas où ils le feraient appeler (1).

Le 6 août, à 7 heures du matin, le général de Castagny envoya le commandant Ruyneau de Saint-Georges, de son état-major, au général Montaudon, à Sarreguemines, et un gendarme au général Frossard (2), à Forbach. Le premier était porteur de la lettre ci-après :

« Je vous envoie un officier de mon état-major qui vous dira la position que j'occupe. Je vous prie de lui donner des renseignements sur la position de l'ennemi, de manière que je puisse être informé si notre frontière est plutôt menacée du côté de Forbach que du côté de Sarreguemines.

---

(1) Procès Bazaine : Déposition du général de Castagny, page 287.
Dans sa déposition à l'instruction relative au procès, le général de Castagny a même dit que le maréchal Bazaine l'avait informé, le 5 août, à Saint-Avold, qu'il serait sous les ordres du général Frossard. Il semble que les souvenirs du général de Castagny l'aient trompé sur ce point, car il est probable qu'une mesure de ce genre eût fait l'objet d'un ordre écrit et d'une communication au général Frossard.

(2) Procès Bazaine : Déposition du général de Castagny, page 287.

« Si vous étiez attaqué, je me porterais naturellement à votre aide (1) ».

Il n'est pas possible d'affirmer qu'un message semblable ait été adressé au général Frossard ; on n'en trouve du moins nulle trace dans les documents. En tout cas, il ne parvint jamais au commandant du 2ᵉ corps, et son importance était telle que le chef d'état-major de la 2ᵉ division aurait dû l'envoyer par un officier, peut-être même par deux voies différentes.

---

(1) Procès Bazaine : Déposition du capitaine d'état-major Bécat, aide de camp du général de Castagny, page 289.

D'après la déposition du général de Castagny au procès Bazaine, cette lettre aurait été envoyée dès le 5 août, à 7 heures du soir, aux généraux Frossard et Montaudon. Le fait et la date sont également indiqués par le général de Castagny dans un rapport adressé au Ministre de la guerre le 4 novembre 1871. La déposition du capitaine Bécat, aide de camp du général de Castagny, confirme cette version.

Il semble, toutefois, que les souvenirs du général de Castagny et du capitaine Bécat les aient trompés sur ce point. Dans sa déposition à l'instruction relative au procès Bazaine, le commandant de Saint-Georges dit, en effet, que ce n'est pas le 5 août, à 7 heures du soir, mais le 6 août, à 7 heures du matin, qu'il fut chargé de porter la lettre en question. Il fut d'ailleurs envoyé, non pas au général Frossard, ainsi que croyait se le rappeler le général de Castagny dans son rapport au Ministre, mais au général Montaudon, dont il rapporta une réponse écrite vers midi. Le Journal de marche du 3ᵉ corps, rédigé par le maréchal Le Bœuf pendant sa captivité, mentionne aussi la date du 6 août au matin.

Le général Frossard a déclaré, du reste, au procès Bazaine, sur une question que lui posait le général de Chabaud-Latour à ce sujet, que le message du général de Castagny ne lui était jamais parvenu, même pas le 7 au matin..

« Si j'avais su, dit-il, le 5 au soir ou le 6 au matin, que le général de Castagny était en arrière de moi et qu'il devait, le cas échéant, se mettre à ma disposition, je n'aurais pas eu besoin de dire à M. le maréchal Bazaine de donner des ordres pour qu'on vînt à moi ; je me serais adressé directement au général de Castagny pour lui prescrire de venir ». (Procès Bazaine : Déposition du général Frossard, page 294.)

Vers midi, on entendit le canon dans la direction de Spicheren-Sarrebrück (1). Le général de Castagny fit prendre les armes à ses troupes et, laissant au camp les sacs, les bagages et les cuisiniers, se porta droit vers le Nord, par le chemin à un seul trait qui passe à l'Ouest de Guebenhausen et se dirige sur Diebling et Tenteling. Il avait fait choix de cet itinéraire, surtout parce qu'il y voyait l'avantage, « tout en marchant au canon », d'arriver ainsi à Cadenbronn, « le point stratégique le plus important du pays, clef de la position entre Sarre et Rosselle (2) ».

Vers une heure, le général de Castagny fut rejoint par le capitaine du Parc de Locmaria, de l'état-major du 3ᵉ corps, chargé par le maréchal Bazaine de transmettre des ordres aux 2ᵉ et 3ᵉ divisions. La 2ᵉ devait se porter de Puttelange sur Farschwiller, par le chemin de grande communication n° 24, y laisser une brigade et continuer avec le reste sur Theding d'où elle se relierait à gauche avec la 3ᵉ et entrerait en liaison avec le 2ᵉ corps.

« Il était recommandé au général de Castagny de choisir les positions qui lui paraîtraient les plus importantes (3) », mais il ne lui était nullement prescrit de se mettre à la disposition du général Frossard (4). Le général de Castagny, ne voulant pas faire rétrograder

---

(1) D'après un Mémoire communiqué à la Section historique le 6 juin 1901, par M. le général Saussier, membre du conseil supérieur de la guerre, sur le 41ᵉ régiment d'infanterie, dont il était alors colonel, le canon se fit entendre dès 9 heures du matin, dans la direction du Nord. Le général de Castagny, inquiet, avait aussitôt convoqué ses généraux et chefs de corps « afin de prendre leur avis sur la conduite à tenir ; à l'unanimité, on décide de marcher au canon. »

(2) Rapport du général de Castagny au Ministre de la guerre.

(3) Enquête sur les capitulations : Déposition du capitaine de Locmaria.

(4) Instruction relative au procès Bazaine : Dépositions du capitaine de Locmaria, nᵒˢ 17 et 331.

sa division pour prendre le chemin de Farschwiller, continua sa marche par l'itinéraire qu'il avait adopté.

Vers 2 heures, « ayant rencontré une belle position (1) » au Sud de Diebling, le général de Castagny y déploya sa division, bien que le canon grondât toujours, « mais beaucoup plus distinctement (2) » et envoya vers Cadenbronn une reconnaissance, composée d'un escadron du 10ᵉ chasseurs et d'un bataillon du 90ᵉ de ligne et accompagnée du capitaine d'état-major Bécat. Celui-ci, arrivé au signal de Cadenbronn, y trouva des paysans qui lui dirent que la canonnade avait cessé depuis une demi-heure. Le détachement fit demi-tour, et le capitaine Bécat, après être resté quelque temps à son observatoire, et n'entendant plus rien, revint aussi à Diebling. Il eût été indispensable, avant de prendre cette détermination, d'envoyer tout au moins une reconnaissance d'officier sur Spicheren pour établir la liaison avec le 2ᵉ corps, et pour s'enquérir des causes et des résultats de la canonnade. Il fallait à tout prix être sûrement renseigné.

A 4 heures, le combat paraissait avoir complètement cessé, et le général Frossard n'ayant envoyé aucun ordre au général de Castagny qui, de son côté, n'en avait pas provoqué, la 2ᵉ division reprit le chemin de Puttelange où elle arriva à 5 heures. Une demi-heure à peine s'était écoulée depuis le retour quand le bruit du canon retentit de nouveau, cette fois avec beaucoup plus de violence. Le général de Castagny fit reprendre les armes et se dirigea sur Farschwiller et Théding, le chemin de grande communication étant jugé avec raison plus praticable pour une marche de nuit que l'ancien itinéraire. La bataille, d'ailleurs, semblait s'être déplacée vers Forbach.

---

(1) Procès Bazaine : Déposition du général de Castagny, page 287.
(2) Mémoire du général Saussier sur le 41ᵉ de ligne.

La 2ᵉ division avait dépassé Théding, à 7 heures, quand elle rencontra des voitures du train auxiliaire et du train des équipages du 2ᵉ corps qui battaient en retraite, puis, un peu plus loin, le capitaine Thomas, de l'état-major du même corps d'armée, qui lui apprit la tournure fâcheuse que prenait le combat. Le général de Castagny fit occuper les hauteurs qui dominent Folckling, de part et d'autre de la route, et poussa sur Forbach le général Duplessis, commandant la 2ᵉ brigade, avec le 90ᵉ de ligne (1). Puis, vers 8 heures, il envoya deux officiers d'état-major et deux officiers de cavalerie à la recherche du général Frossard ; ceux-ci lui apprirent que le 2ᵉ corps était en retraite sur Sarreguemines et que la division Metman se trouvait près de Forbach. Le général de Valabrègue, commandant la division de cavalerie du 2ᵉ corps, confirma bientôt ces nouvelles, dont le général de Castagny fit rendre compte sans retard au maréchal Bazaine par le capitaine Bécat, son aide de camp.

---

(1) C'est pendant cette marche, sans doute, que parvint au général de Castagny la dépêche suivante qui ne porte aucune indication d'heure :

« Portez-vous sans retard et avec tous vos moyens d'action à portée et à hauteur du général Frossard. Entrez immédiatement en relations avec lui et faites ce qu'il vous commandera. »

On peut la rapprocher en effet des deux télégrammes suivants :

Le maréchal Bazaine au général Frossard.

Saint-Avold, 6 août, 6 h. 6 soir.

« Je vous envoie un régiment par chemin de fer ; le général de Castagny est en marche vers vous ; il reçoit l'ordre de vous rejoindre..... »

Le maréchal Bazaine à l'Empereur.

7 heures du soir.

« Je fais partir un régiment d'infanterie par chemin de fer. Je donne ordre au général de Castagny de pousser jusqu'au général Frossard... . »

Vers 9 heures, le général Metman fit prévenir le général de Castagny qu'il comptait quitter bientôt sa position ; que l'ennemi était en forces (1) et, qu'au point du jour, la 2ᵉ division allait se trouver seule en face de toute l'armée prussienne, si elle n'abandonnait pas les hauteurs de Folckling (2). Le général de Castagny s'y maintint néanmoins jusqu'à une heure du matin. Sur ces entrefaites, il reçut du maréchal Bazaine les instructions suivantes, datées du 6 août, 8 h. 45 du soir.

« Dites-moi quelle position vous occupez ; avez-vous dépassé Théding ? Si le général Frossard vous appelle à lui, allez-y ; sinon tenez la position de Théding à Cadenbronn, afin de lui servir d'échelon et d'être également utile au général Montaudon qui est à Rouhling et Grosbliederstroff, mais qui bien certainement ne sera pas sur ce dernier point, le général Frossard groupant tout son monde sur les hauteurs d'Œting et de Kerbach. »

Le général de Castagny estima qu'il n'était pas possible de se conformer à ces ordres en raison de la retraite du général Frossard sur Sarreguemines. Après s'être assuré que tous éléments du 2ᵉ corps l'avaient dépassé, il quitta sa position de Folckling à 1 h. 30 du matin et reprit la direction de Puttelange où il arriva à 4 heures du matin. Il écrivit aussitôt au commandant du 2ᵉ corps :

« Mon Général, Son Excellence le maréchal Bazaine m'avait mis sous votre commandement. Je n'ai pu me mettre en communication avec vous. Le général Metman m'a dit qu'il se dirigeait sur Sarreguemines, que tout le corps d'armée que vous commandez s'y dirigeait. Je suis

---

(1) Le général de Castagny au maréchal Bazaine. Puttelange, 7 août 7 h. 30 du matin.
(2) Journal du général de Castagny.

revenu prendre mes sacs à Puttelange, et maintenant je marcherai sur Sarreguemines, me mettant en route vers les 9 heures, à moins que le maréchal Bazaine, à qui j'écris, ne me donne l'ordre de me porter sur un autre point (1) ».

Un ordre du Maréchal l'appela, en effet, immédiatement sur Saint-Avold.

*
* *

A deux reprises, le général de Castagny avait marché au canon de sa propre initiative. Mais, la première fois, il se laissa tenter par les avantages hypothétiques d'une belle position à Diebling, s'y arrêta et y déploya sa division, au lieu de poursuivre sa marche en se faisant précéder de reconnaissances d'officiers chargées de se porter jusqu'au contact des troupes engagées. La cessation de la canonnade était un motif insuffisant pour reprendre le chemin de Puttelange; il fallait, au préalable, être renseigné sur les causes et sur les résultats du combat qui s'était livré. L'aide de camp du général de Castagny a rempli sa mission incomplètement en ne détachant pas, de Cadenbronn sur Spicheren, au moins une patrouille de cavalerie, chargée de rapporter des renseignements certains. Il ne devait pas quitter son poste d'observation avant de les avoir obtenus.

On remarquera que, ni le général Montaudon, ni le général de Castagny n'ont su, comme les généraux allemands de Stüpnagel et de Schwerin, précéder leur division, en emmenant avec eux les éléments plus mobiles, cavalerie et artillerie, et en confiant le commandement de la colonne au plus ancien général de brigade.

---

(1) *Rapport sur les opérations du 2ᵉ corps de l'armée du Rhin*, page 57.

L'adoption d'une semblable mesure aurait eu, certainement, des résultats moraux et matériels très appréciables.

« En somme, la division de Castagny a fait, ce jour-là, toutes les tentatives indiquées par la saine appréciation des événements pour se porter au secours du 2ᵉ corps. Malheureusement, ces tentatives, dans la première partie de la journée surtout, ne furent pas poussées assez loin. Les reconnaissances s'arrêtèrent pour une simple interruption dans la canonnade et les officiers envoyés à la découverte revinrent sur leurs pas sans avoir rien vu.

« En réalité, notre éducation militaire était, à cette époque, bien imparfaite. C'est à cela principalement qu'il convient d'attribuer non pas l'inaction de la division de Castagny, puisqu'elle a marché jour et nuit, mais la stérilité de ses efforts. Arrivée vers 1 h. 30 de l'après-midi à Diebling, à 8 kilomètres de la portée de l'ennemi, la division pouvait se trouver, à 4 heures au plus tard, à Spicheren, si les reconnaissances d'officiers et autres avaient bien fonctionné, tandis que se serait continué le mouvement en avant. Son intervention à ce moment eût certainement modifié le dénouement de la journée, indépendamment du concours également possible des autres divisions du 3ᵉ corps, qui se trouvaient en situation d'intervenir en temps utile pour participer à la bataille et donner alors à l'armée française une énorme supériorité (1). »

§ 3. — 3ᵉ *division* (*Metman*).

A 5 h. 5 du matin, le Major général avait télégraphié au maréchal Bazaine de se tenir prêt à une attaque sérieuse qui pourrait avoir lieu dans la journée même.

---

(1) Mémoire précité du général Saussier sur le 41ᵉ de ligne.

En conséquence, le commandant du 3ᵉ corps prescrivit à la division Metman, stationnée à Marienthal, d'envoyer camper au Nord-Nord-Ouest de Macheren sa 2ᵉ brigade avec un peloton de cavalerie, une section d'artillerie et une section du génie (1). Ces troupes devaient faire occuper la position de Mittenberg et y construire des tranchées-abris. Leur départ de Marienthal eut lieu à 10 heures du matin (2).

Sur ces entrefaites, un télégramme du général Frossard, expédié de Forbach à 9 h. 10 du matin, avait prévenu le maréchal Bazaine que le canon se faisait entendre aux avant-postes du 2ᵉ corps, et lui avait demandé s'il ne jugeait pas opportun de porter la division Decaen de Saint-Avold sur Merlebach et Rosbrück, et une brigade de la division Montaudon de Sarreguemines sur Grosbliederstroff. Un second télégramme de 10 h. 20 mentionnait l'apparition de fortes reconnaissances ennemies. Le maréchal Bazaine ordonna au général Metman (11 h. 45) de marcher avec le reste de sa division sur Bening-les-Saint-Avold « par la ligne la plus courte » en laissant à son camp de Marienthal tous ses impedimenta avec une garde suffisante.

Il l'informait aussi qu'il dirigeait une brigade de dra-

---

(1) Par télégramme de 7 h. 45 du matin, le maréchal Bazaine prescrivait à *toute* la 3ᵉ division de se porter à Macheren ; le général Metman était chargé de transmettre le même ordre à la division Montaudon. Il est probable que ces dispositions furent rapportées, car on a vu que la division Montaudon resta à Sarreguemines, et on constatera plus loin que le reste de la division Metman reçut une autre destination.

(2) Le Journal de marche de la division Metman indique pour l'heure de départ de la 2ᵉ brigade 6 heures du matin. Il est probable qu'il y a là une erreur, car dans sa déposition à l'instruction du procès Bazaine, le général Metman mentionne 10 heures, d'accord sur ce point avec l'Historique du 59ᵉ de ligne. Il est difficile d'ailleurs d'admettre que le Maréchal, ayant expédié l'ordre à la division Metman, au plus tôt à 5 h. 10 du matin, la 2ᵉ brigade de cette division ait pu se mettre en marche à 6 heures. (Voir aussi la note 3 de la page 218.)

gons sur Haut-Hombourg avec mission d'observer la route Merlebach, Rosbrück, Morsbach et de se mettre en relations avec la 3ᵉ division. Il avisait enfin (11 h. 45) le général Frossard de ces mouvements.

L'ordre envoyé à la 3ᵉ division fut complété par des instructions dictées par le général Manèque, chef d'état-major général du 3ᵉ corps, au capitaine de Locmaria et apportées par cet officier à Marienthal à midi. Le général Metman, à son arrivée à Bening-les-Saint-Avold, était chargé de « faire occuper la gare et les positions militaires ; il lui était spécialement recommandé de surveiller le débouché de Merlebach, par où on signalait les coureurs ennemis (1) ». Ces instructions, non plus que l'ordre précédent, ne lui prescrivaient donc nullement de se mettre à la disposition du général Frossard ; elles ne visaient même pas l'éventualité d'un appui à prêter au 2ᵉ corps (2).

A midi 30, le général Metman, avec le reste de sa

---

(1) Instruction relative au procès Bazaine : Déposition du capitaine de Locmaria n° 17.

(2) Dans son ouvrage intitulé *L'armée du Rhin*, le maréchal Bazaine s'exprime ainsi :

« La division Metman (3ᵉ du 3ᵉ corps) reçut, à midi un quart, l'ordre porté par un officier de mon état-major général de se rendre, à la légère, à Bening-les-Saint-Avold, laissant un régiment et une section d'artillerie à Macheren, sur la position de Mittenberg ; elle devait se tenir prête à recevoir l'attaque par Merlebach, que le général Frossard me faisait pressentir, ou à se porter à l'aide du 2ᵉ corps suivant les circonstances. » (Page 31.)

Il semble que la mémoire du maréchal Bazaine l'ait trompé sur ce dernier point. Interrogé en effet tout spécialement à ce sujet, par le général rapporteur, le capitaine de Locmaria a déclaré qu'il n'était pas fait mention de cette prescription dans le texte des ordres écrits sur son calepin sous la dictée du général Manèque. (Dépositions nᵒˢ 17 et 331.)

A la vérité, la déposition, à l'instruction relative au procès Bazaine, du général Metman est ainsi conçue :

« L'ordre reçu au départ de Marienthal comportait d'abord une recon-

division, quittait le camp de Marienthal (1) et se portait, par Guenwiller et Betting-les-Saint-Avold, sur Bening où elle arriva vers 3 heures. Le 7ᵉ bataillon de chasseurs s'établit au Nord de Cocheren; les 7ᵉ et 29ᵉ de ligne et l'artillerie le long de la voie ferrée (2). Pendant ce temps, la 2ᵉ brigade, après avoir occupé le Mittenberg entre 11 heures et midi (3), s'était portée ensuite vers le Nord et était venue, vers 3 heures, se placer sur les hauteurs qui dominent au Sud les villages de Haut et Bas-Hombourg (4). Les deux fractions de la 3ᵉ division avaient entendu la canonnade du côté de Forbach, sans prendre le parti d'envoyer un officier aux nouvelles, pour

---

naissance sérieuse, par conséquent une perte de temps, puis l'arrêt à Bening où je devais recevoir des ordres, c'est-à-dire l'obligation d'y attendre, soit l'appel autorisé du général Frossard, soit de nouvelles instructions du maréchal Bazaine. » (N° 116.)

Mais on observera que le général Metman ne dit pas avoir reçu, *au départ de Marienthal*, l'ordre de se mettre éventuellement à la disposition du général Frossard, mais qu'il pensait, au cours d'un arrêt à Bening, recevoir de nouvelles instructions du maréchal Bazaine, ou être appelé par le général Frossard.

L'incertitude du général Metman ne fut d'ailleurs que de courte durée, ainsi qu'on le verra plus loin : il reçut vers 4 heures l'ordre de prendre position sur les points défensifs voisins de la gare de Bening. Si donc le maréchal Bazaine avait eu l'intention primitive de porter sa 3ᵉ division à l'aide du 2ᵉ corps, ainsi qu'il l'écrit, ce projet ne persista pas.

(1) La 3ᵉ division laissait au camp les bagages, le campement, la garde de police, les malades, le demi-bataillon de droite du 1ᵉʳ bataillon du 29ᵉ et 537 sous-officiers et soldats du 7ᵉ de ligne arrivés le jour même, le tout sous le commandement du commandant de Beausire, du 29ᵉ de ligne.

(2) L'Historique de la 3ᵉ division ne donne aucun détail sur les emplacements des corps; ces renseignements sont extraits de l'Historique du 7ᵉ de ligne.

(3) Dans sa déposition au procès Bazaine, le général Arnaudeau, commandant la brigade, dit qu'il arriva à Mittenberg « vers 11 heures au plus tôt » (page 291). D'après les Historiques des 59ᵉ et 71ᵉ de ligne, la brigade était partie de Marienthal à 10 heures.

(4) Historique du 71ᵉ de ligne.

être fixées sur les causes et le résultat d'une affaire qui semblait prendre des proportions inquiétantes, et se livrait à moins de 10 kilomètres d'elles (1). On ne songea pas davantage à demander au maréchal Bazaine si, en raison de ces événements imprévus, l'ordre d'occuper Bening et de se borner à surveiller le débouché de Merlebach subsistait sans modifications. Une autre mesure s'imposait encore à la 3ᵉ division : l'envoi dans la vallée de la Rosselle, en amont de Rosbrück, de reconnaissances de cavalerie qui auraient éventé peut-être le mouvement de la *13ᵉ* division prussienne. Il ne semble pas qu'elle ait employé, à cet effet, l'escadron du 10ᵉ régiment de chasseurs à cheval qui lui était attribué. Enfin, puisqu'elle n'avait qu'à surveiller le débouché de Merlebach, où l'on ne signalait que des « coureurs ennemis », pourquoi n'y avoir pas laissé le 7ᵉ bataillon de chasseurs, comme soutien de la brigade de dragons de Haut-Hombourg, et marché au canon avec sa 1ʳᵉ brigade d'infanterie et son artillerie?

Vers 4 heures, le général Metman reçut du maréchal Bazaine les ordres ci-après :

« Par suite de nouvelles dispositions, ce soir vous vous établirez, avec toute votre division, entre Bening-les-Saint-Avold et Betting-les-Saint-Avold. La carte au 1/80,000ᵉ indique une série de croupes qui bordent le chemin de fer entre le Bas-Hombourg et Cocheren, aux points indiqués : *Arbre de Bening, Knee Busch.* Choi-

---

(1) L'abstention du général Arnaudeau, commandant la 2ᵉ brigade, s'explique dans une certaine mesure. « Nous étions inquiets, dit-il, d'entendre tant de bruit, quand je vis arriver un officier de l'état-major du général Frossard qui se promenait dans les groupes. Je lui demandai : « Qu'est-ce qui se passe là-bas? » Il me dit : « Pour aujourd'hui, ce n'est pas sérieux, le général Frossard n'est pas inquiet, mais demain ce « sera autre chose..... » Il devait être alors à peu près 3 heures. » (Déposition au procès Bazaine, page 291.) On remarquera cependant qu'entre midi et 3 heures, le commandant de la 2ᵉ brigade n'avait pris aucune mesure pour se renseigner sur ce qui se passait à Forbach.

sissez sur ce terrain votre position militaire défensive ; surveillez et soyez toujours prêt à défendre le terrain entre le chemin de fer et la frontière. Voyez, d'après les renseignements que vous recueillerez et ce que vous reconnaîtrez du pays, la composition et la force du détachement que vous devrez établir et maintenir à Merlebach.

Vos impedimenta vous rejoindront de Marienthal à votre nouvelle position ce soir, en arrière de votre nouvelle position..... »

Ainsi, le maréchal Bazaine ne faisait même pas mention de la bataille qui se livrait à Spicheren, dont il entendait les échos depuis plus de quatre heures et dont une dépêche du général Frossard, expédiée à 1 h. 25, ne permettait pas de méconnaître l'importance (1).

Ses ordres immobilisaient la 3e division, à laquelle ils indiquaient une mission déterminée, défensive et de première urgence, semblait-il; aussi le général Metman a-t-il pu dire avec raison :

« Je savais le maréchal Bazaine en relations télégraphiques d'une rapidité telle avec le général Frossard que je devais considérer ce second ordre comme impliquant la nécessité de garder une position dont l'importance était évidente (2). »

A 4 heures du soir, le général Frossard avait télégraphié au général Metman :

« Si le général Metman est encore à Bening, qu'il parte de suite pour Forbach (3). »

Cette dépêche ne paraît pas être parvenue à destination (4).

---

(1) « Je suis fortement engagé tant sur la route et dans les bois que sur les hauteurs de Spicheren. C'est une bataille..... »
(2) Déposition dans l'instruction relative au procès Bazaine, n° 116.
(3) Cette dépêche est de la main du général Frossard, sur papier du 2e corps, sans indication d'expédition.
(4) Dans son ouvrage *Rapport sur les opérations du 2e corps de l'armée du Rhin*, le général Frossard dit que « le Journal des marches de la

Vers 7 h. 1/2, le général Metman venait d'inspecter les emplacements des bivouacs et des avant-postes lorsqu'il fut appelé à la gare, où venait d'arriver, du général Frossard, un télégramme ainsi conçu : « Metman est-il là? » Le commandant de la 3º division y répondit immédiatement en exposant la teneur de l'ordre du maréchal Bazaine, et reçut peu après l'ordre suivant : « Qu'il vienne. »

Convaincu que le général Frossard agissait après entente avec le commandant du 3ᵉ corps, le général Metman rassembla en toute hâte sa 1ʳᵉ brigade et l'artillerie au Nord de Bening, envoya l'ordre à la 2ᵉ de venir le rejoindre et se mit en marche sur Forbach. Il commençait à faire nuit (1). La tête de colonne de la 1ʳᵉ brigade atteignit Forbach vers 10 heures du soir (2), mais

---

3ᵉ division mentionne la dépêche ci-dessus, reçue à 4 h. 1/2 » (page 58).

En réalité ce dernier document ne mentionne que l'arrivée d'un télégramme du général Frossard, à 7 h. 1/2 du soir. Ce second télégramme n'est pas libellé de la même manière que celui dont il est question ci-dessus, ce qui tendrait à prouver qu'il y a eu, dans l'après-midi du 6 août, deux dépêches adressées par le commandant du 2ᵉ corps au général Metman.

« Ni moi, ni personne que je sache de mon état-major général ni de mon état-major particulier, n'a eu connaissance d'un télégramme arrivé à 4 h. 1/2, heure à laquelle j'étais présent à quelques minutes de distance du bureau télégraphique..... La supposition d'une recherche infructueuse, de la part du messager porteur du télégramme, est inadmissible, puisque, de 4 h. 30 à 7 h. 30, je n'ai pas quitté les abords de la gare, abords entourés par les troupes de ma 1ʳᵉ brigade. » (Instruction relative au procès Bazaine. Déposition du général Metman, nº 116.)

(1) Déposition du général Metman à l'instruction relative au procès Bazaine. Il était 8 heures du soir, d'après l'Historique du 7ᵉ de ligne.

En raison de « l'obscurité de la nuit et des renseignements inquiétants » qu'il avait recueillis, le général Metman ne jugea pas prudent d'envoyer à l'avance un officier d'état-major.

(2) Dans sa déposition, le général Metman indique « vers 9 heures », en ajoutant que la colonne avait marché rapidement et sans s'arrêter.

De la gare de Bening à l'entrée de Forbach il y a près de 8 kilomètres

l'encombrement de la place l'empêcha de pousser plus loin ; et, tandis que les bataillons se massaient à l'entrée Sud-Ouest du bourg, des officiers d'état-major partirent à la recherche du général Frossard. Leurs tentatives restèrent infructueuses ; ils ne purent même rien apprendre sur le résultat de la bataille.

Enfin, le maire de Forbach fit connaître au général Metman que le général Frossard n'avait pas paru à son quartier général depuis 5 heures de l'après-midi, et, quelque temps après, il lui envoya, par le colonel d'Orléans, chef d'état-major de la 3ᵉ division, l'avis du mouvement de retraite du 2ᵉ corps sur Sarreguemines. Le général Metman attendit l'arrivée de sa 2ᵉ brigade jusqu'à minuit et se décida « à suivre provisoirement la route, relativement sûre, du 2ᵉ corps, pour gagner le plateau et y attendre le jour » (1).

La 1ʳᵉ brigade traversa donc la plus grande partie du bourg de Forbach, à quelques centaines de mètres des sentinelles prussiennes (2), prit la direction de Behren et bivouaqua sur les pentes Nord du Kelsberg (3), où la 2ᵉ brigade la rejoignit au point du jour (4).

---

et il semble que la 1ʳᵉ brigade a dû mettre au moins 1 h. 30 pour franchir cette distance. De fait, l'Historique du 7ᵉ bataillon de chasseurs mentionne 10 h. 30, les Historiques des 7ᵉ et 29ᵉ de ligne, 10 heures.

(1) Déposition du général Metman à l'instruction relative au procès Bazaine.

(2) Six bataillons et demi, un à deux escadrons, trois batteries traversèrent donc Forbach et se dirigèrent vers les hauteurs d'Œting, en passant par endroits à des distances variant de 500 à 1500 mètres des sentinelles doubles des avant-postes prussiens qui se trouvaient au delà de la lisière Ouest de Stiring et à quelques centaines de mètres de la lisière Nord-Ouest de Forbach. » (Cardinal von Widdern. *Die Befehlsführung am Schlachttage von Spicheren*, page 425.)

(3) Le général Metman dit dans sa déposition : « Au-dessous et en face du plateau d'Œting. »

(4) Procès Bazaine : Déposition du général Arnaudeau, page 291.

Le 7 août, à 4 heures du matin, le général Metman, croyant, d'après des renseignements inexacts, que le 3ᵉ corps se portait sur Sarreguemines, dirigea, par des chemins de traverse, la 3ᵉ division sur Puttelange, où elle arriva vers 9 heures.

Le convoi et le trésor de la 3ᵉ division, sous les ordres du commandant de Beausire, du 29ᵉ de ligne, s'étaient mis en route, de Marienthal sur Bening, le 6, à 10 heures du soir. Leur escorte comprenait un demi-bataillon du 29ᵉ de ligne, les malades, cuisiniers et gardes de police des corps de la division et un détachement de 537 sous-officiers, caporaux et jeunes soldats du 7ᵉ de ligne, arrivés dans la matinée même du dépôt du corps. Parvenu à Bening le 7, à 2 h. 30 du matin, le commandant de Beausire apprit que Forbach était évacué par les troupes françaises et rétrograda jusqu'à Merlebach. En ce point, il reçut un ordre donné par le général Metman, la veille au soir, aux termes duquel le convoi devait se rendre à Forbach. Il poursuivit, en conséquence, sa route dans cette direction. A deux kilomètres environ de cette localité, vers 7 h. 1/2 du matin, le commandant de Beausire fit parquer ses voitures et reconnaître Forbach. Il ne tarda pas à apprendre que le bourg était occupé par l'ennemi, dont les patrouilles apparaissaient déjà, et prescrivit la retraite sur Merlebach, sous la protection de l'escorte qui occuperait Rosbrück. Le convoi venait de franchir la voie ferrée à l'Est de cette localité (9 heures environ), quand l'avant-garde du 3ᵉ régiment de uhlans chargea la queue de la colonne, que canonnait d'autre part la 2ᵉ batterie à cheval du 7ᵉ. Grâce à la résistance énergique du demi-bataillon du 29ᵉ de ligne, le convoi put s'écouler sur Saint-Avold en ne laissant entre les mains de l'ennemi que trois voitures et une centaine de jeunes soldats du 7ᵉ de ligne.

***

Enchaînée par des instructions précises du maréchal Bazaine, réduite à un rôle strictement défensif entre Bening et Betting, la 3ᵉ division du 3ᵉ corps ne pouvait guère, après 4 heures du soir, contrevenir aux ordres formels qui lui avaient été donnés et marcher au canon de sa propre initiative. Il est probable que l'inaction à laquelle il se voyait contraint, à quelques kilomètres du champ de bataille, dut peser douloureusement au général Metman (1).

Mais, s'il se fût mis, dès le début, en relations avec le général Frossard ; si, d'autre part, il eût poussé des reconnaissances dans la vallée de la Rosselle, en amont d'Emersweiler ; si enfin il avait marché au canon après avoir laissé le 7ᵉ bataillon de chasseurs vers Merlebach, en soutien de la brigade de dragons de Haut-Hombourg, il aurait été amené presque fatalement à faire tête à l'avant-garde de la *13ᵉ* division prussienne, opération qui entrait dans l'esprit des instructions du commandant du 3ᵉ corps. Peut-être le général Frossard, sachant ainsi son flanc gauche bien appuyé, ne redoutant plus d'être pris à revers par Forbach, se fût-il maintenu, dans ces conditions, sur ses positions. La bataille du 6 demeurait indécise, et pouvait être reprise le 7 au matin par le 2ᵉ corps, renforcé par les divisions Montaudon, Castagny et Metman, du 3ᵉ, et probablement aussi par la division Decaen, que le maréchal Bazaine aurait engagée pour assurer le succès définitif de son subordonné.

---

(1) « Le 2ᵉ corps est aux prises avec l'ennemi ; nous attendons avec impatience l'ordre de marcher à son secours, mais la journée s'écoule et les ordres n'arrivent pas. » (Historique du 59ᵉ de ligne.)

« Le régiment qui avait souffert avec impatience d'être tenu éloigné d'une bataille dont le bruit allait toujours grossissant, se met en marche à 7 heures avec un mouvement très marqué d'enthousiasme. » (Historique du 71ᵉ de ligne.)

Le Journal de marche de la 3ᵉ division ne mentionne pas les raisons qui ont pu déterminer le général Metman à prendre, à partir de Forbach, la route de Behren, puis la direction de Puttelange. La retraite du 2ᵉ corps sur Sarreguemines n'impliquait nullement un mouvement analogue de la part de la 3ᵉ division du 3ᵉ. Il était certain, d'autre part, que la demande de secours du général Frossard n'avait plus aucune raison de subsister à minuit. On s'explique que le général Metman n'ait pas voulu rester isolé en présence de l'armée prussienne, mais il semble que la situation générale, aussi bien que les instructions antérieures du maréchal Bazaine, lui dictaient de se replier sur Bening, au lieu de suivre les traces du 2ᵉ corps.

§ 4. — 4ᵉ *division (Decaen)*.

Le 6 août, vers 8 h. 30 du matin, le maréchal Bazaine, visitant les avant-postes du 85ᵉ de ligne, se heurta à quelques cavaliers ennemis qui firent feu sur son escorte (1).

---

(1) Ces éclaireurs ont appartenu sans doute aux 1ᵉʳ et 2ᵉ escadrons du *19ᵉ dragons* qui, ce jour-là, s'étaient portés au Sud de Carling. Général de Pelet-Narbonne. *La cavalerie des Iʳᵉ et IIᵉ armées allemandes*, page 15.)

« Comme les Français n'avaient pas l'habitude de patrouiller au loin, ils supposaient que des unités plus fortes suivaient chaque patrouille prussienne qui se montrait; ce n'est qu'ainsi que peut s'expliquer l'impression que cause encore à l'ennemi, le jour suivant (7 août), la simple apparition de patrouilles. Il ne faudra naturellement pas compter, dans une campagne future, sur ce que des patrouilles isolées puissent produire encore un pareil effet. Cependant, l'apparition de patrouilles adverses en territoire ennemi fait toujours sur la population et, lorsqu'elle a lieu à l'improviste, souvent même sur le commandement militaire, une impression plus forte qu'on n'est le plus souvent porté à le croire. » (Général de Pelet-Narbonne. *Loc. cit.*, page 16, note 2.)

« A Saint-Avold, écrit-il à ce sujet, des éclaireurs ennemis se montrant de grand matin, me firent craindre pour cette position si importante et qu'une seule division d'infanterie gardait (la division Decaen, 4ᵉ); la division de cavalerie ne pouvait m'être utile pour la défense..... Les approches de cette position, du côté de la frontière, sont couvertes par une épaisse forêt, propre à dissimuler les mouvements de l'ennemi et si Saint-Avold avait été enlevé, c'en eût été fait de l'aile gauche de l'armée du Rhin, percée par son centre (1). »

Le maréchal Bazaine, suivant les errements de l'époque, attribuait une valeur propre, considérable d'ailleurs, à la « position » de Saint-Avold, qui n'était autre chose, en réalité, qu'un carrefour auquel aboutissaient quatre routes.

Conformément aux instructions qu'elle avait reçues, la division Decaen prend les armes à midi et occupe les emplacements ci-après :

Le 85ᵉ à cheval sur la route de Carling et de l'Hôpital, sa gauche à l'étang qui borde la lisière Est de la forêt de Longeville ; un bataillon en seconde ligne sur le mamelon isolé situé au Nord de Saint-Avold ; le 11ᵉ bataillon de chasseurs, à droite du 85ᵉ, surveillant particulièrement la route de Forbach. « Ces troupes sont placées par compagnies séparées, couvertes par des tranchées-abris tracées en crémaillères (2). »

Le 80ᵉ, au Sud-Est de la ville, sur la crête même du Kreutzberg.

Le 44ᵉ, au Sud-Ouest de la ville, sur la croupe signalée par l'arbre du Bleyberg, en réserve.

Le 60ᵉ, au Sud de la ville, près de la ferme Wenheck, face à la gare.

---

(1) *L'armée du Rhin*, pages 24 et 37.
(2) Journal de marche de la 4ᵉ division.

Une batterie de 4, à l'intersection de la route de l'Hôpital et de celle de Forbach, détachant une section à la droite du 85e; une batterie de 4 sur le Kreutzberg ; la batterie de canons à balles sur la croupe du Bleyberg ; une batterie de 12 de la réserve sur le mamelon isolé au Nord de Saint-Avold. Les autres batteries de la réserve d'artillerie du 3e corps rétrogradèrent sur Valmont et vinrent prendre une position d'attente entre ce village et la gare de Saint-Avold.

Les troupes de la division Decaen conservèrent ces emplacements pendant toute la journée, sauf le 60e de ligne. A 6 heures du soir, « sur la demande pressée de secours » (1) qu'il reçut du général Frossard, le maréchal Bazaine se décida à lui envoyer ce régiment, par deux trains (2). Le premier, transportant le 1er bataillon et deux compagnies et demie du 2e, fut reçu à coups de fusil à un kilomètre environ de Forbach et s'arrêta (8 heures). Les troupes débarquèrent, traversèrent le bourg et prirent la route de Sarreguemines où elles se mirent à la disposition du général Vergé qui les chargea de constituer son arrière-garde. Le second train s'arrêta non loin de la station de Merlebach, d'où le reste du régiment se dirigea, par voie de terre, sur Forbach ; il y bivouaqua en attendant des ordres et des renseignements sur la situation. Il se rallia dans la nuit à la brigade Arnaudeau (2e de la 3e division) et suivit son mouvement.

§ 5. — *Divisions de cavalerie (de Clérembault et de Forton).*

Dans la journée du 6, le gros de la division de cavalerie du 3e corps fut rallié à Saint-Avold par quatre

---

(1) Maréchal Bazaine. *L'armée du Rhin*, page 37.
(2) « C'était tout ce que je pouvais faire », dit le Maréchal. (*Ibid.*)

escadrons du 2ᵉ chasseurs et deux escadrons du 10ᵉ chasseurs appartenant à la 1ʳᵉ brigade de cette division (1).

A 2 heures de l'après-midi, le 2ᵉ chasseurs exécuta une reconnaissance sur Boucheporn « en fouillant les coteaux » qui dominent la route et rentra au camp vers 5 heures, sans avoir rien aperçu (2).

A la 2ᵉ brigade (de Maubranches), le 2ᵉ régiment de dragons s'établit dans la matinée sur la route de l'Hôpital au delà des avant-postes du 85ᵉ de ligne; puis, sur l'ordre du maréchal Bazaine, gagna son camp près de Saint-Avold, en laissant un escadron avec ce régiment; le 4ᵉ régiment de dragons fut dirigé, à 11 heures du matin, sur Longeville-les-Saint-Avold, avec ordre de pousser jusqu'à l'auberge située à l'Ouest du village, à la croisée des routes, où le 5ᵉ escadron resta jusqu'à l'arrivée de l'infanterie de la Garde (3). Aucune patrouille ne fut envoyée au delà des massifs boisés, situés au Nord de Saint-Avold, que le maréchal Bazaine considérait avec raison comme propres à dissimuler les mouvements de l'ennemi (4). Aucune reconnaissance d'officier ne fut lancée au delà, dans les directions de Sarrelouis et de Völklingen, débouchés probables des masses prussiennes signalées par le bulletin de renseignements du grand quartier général, en date du 6 août (5). Le maréchal Bazaine redoutait une attaque de l'adversaire sur

---

(1) La 1ʳᵉ brigade de la division de cavalerie du 3ᵉ corps se composait des 2ᵉ, 3ᵉ et 10ᵉ chasseurs. A la date du 6 août, le 3ᵉ chasseurs avait été attribué tout entier à la division Montaudon; le 10ᵉ chasseurs fournissait un escadron à chacune des trois autres divisions du corps d'armée.
(2) Historique du 2ᵉ régiment de chasseurs.
(3) Historique du 4ᵉ régiment de dragons.
(4) Maréchal Bazaine. *L'armée du Rhin*, page 37.
(5) Voir documents annexes.

Saint-Avold ; il ne prit cependant aucune mesure sérieuse pour être renseigné sur sa marche d'approche et pour se procurer le temps et l'espace nécessaires.

La 3ᵉ brigade (de Juniac) reçut, vers 10 heures du matin, l'ordre de se porter sur Haut-Hombourg, où sa mission devait consister à observer les débouchés de Merlebach et à se mettre en relations avec la division Metman à Mittenberg, Macheren et Bening-les-Saint-Avold. Elle partit de Saint-Avold à 11 heures.

A 3 heures, le général de Juniac reçut, à Haut-Hombourg, un télégramme du maréchal Bazaine lui prescrivant de se diriger rapidement sur Forbach et de se mettre à la disposition du général Frossard. La 3ᵉ brigade arriva sur le champ de bataille à 4 heures et fut chargée, par le commandant du 2ᵉ corps, d'occuper les localités de Morsbach, Bening et Merlebach. Elle y resta jusqu'à minuit, heure à laquelle le général de Juniac apprit, par un peloton envoyé en reconnaissance sur Forbach, que les troupes françaises avaient complètement évacué cette localité, pour se diriger sur Sarreguemines. La 3ᵉ brigade, après avoir rallié ses détachements de Bening et de Merlebach, partit de Morsbach à 1 heure du matin et se replia sur Puttelange, où elle arriva le 7 août, à 5 heures du matin.

Division de cavalerie de réserve de Forton. — Par une dépêche expédiée de Metz à 6 h. 40 du matin, le Major général informait le maréchal Bazaine que la division de cavalerie de Forton, arrivée à Faulquemont la veille, était placée sous son commandement. Le Maréchal prescrivit, à 9 h. 15, à cette division, de se rendre à Folschwiller, d'y faire la grand'halte et d'y attendre des ordres. Elle n'en reçut pas de la journée et n'en provoqua pas, bien qu'elle entendît le canon de Forbach. Elle bivouaqua entre Folschwiller et Valmont dans la nuit du 6 au 7.

Le maréchal Bazaine devait supposer que, dès le 7 au

matin, la cavalerie prussienne poursuivrait les colonnes du 2ᵉ corps, et la division de Forton paraissait naturellement destinée, conjointement avec la division de Clérembault, à s'opposer à ses entreprises.

§ 6. — *Le commandement du 3ᵉ corps.*

Les mesures prises par le maréchal Bazaine dans la journée du 6 août et relatives à la bataille de Spicheren peuvent être divisées, dans le temps, en deux catégories, suivant qu'elles précèdent ou qu'elles suivent le télégramme du général Frossard de 1 h. 25 de l'après-midi, ainsi conçu :

« Je suis fortement engagé, tant sur la route et dans les bois que sur les hauteurs de Spicheren. C'est une bataille. Prière de faire marcher rapidement votre division Montaudon vers Grosbliederstroff et votre brigade de dragons sur Forbach ».

Les communications antérieures du commandant du 2ᵉ corps pouvaient encore, en effet, laisser des doutes au Maréchal sur l'importance du combat qui s'engageait à Stiring-Spicheren, mais le télégramme qui précède dissipait toute incertitude.

La première série des dispositions adoptées par le maréchal Bazaine consécutivement aux deux dépêches de 9 h. 10 et de 10 h. 20 du matin du général Frossard, consistaient à envoyer une brigade de dragons à Haut-Hombourg, à répartir la 2ᵉ division entre Théding et Farschwiller, et à diriger une brigade et l'artillerie de la 3ᵉ à Bening-les-Saint-Avold, l'autre occupant Macheren et Mittenberg. La pensée du Maréchal, à ce moment, semble avoir été de parer à une attaque dirigée sur Saint-Avold, dans le cas où celle de Sarrebrück ne serait qu'une démonstration et de se concentrer sur la position de Cadenbronn, dans l'hypothèse où le mouvement de l'ennemi sur Spicheren serait « vraiment sérieux ». Encore eût-il été indispensable de faire connaître au général Frossard, sous forme d'instructions et non d'indication, ses intentions à cet égard. Fait digne de remarque, il n'est question, dans les ordres dictés au capitaine de Locmaria vers 11 h. 15, et destinés aux 2ᵉ et 3ᵉ divisions, ni du 2ᵉ corps, ni des éventualités du combat qui se livrait dans la direction de Forbach. Cette omission, regrettable en tout état de cause, s'explique, dans une certaine mesure, par l'incertitude où pouvait se trouver le maréchal Bazaine, informé par le général Bellecourt de la présence d'un gros parti ennemi à Ham-sous-Varsberg (1) et prévenu par un télégramme du Major général d'avoir à se tenir prêt à une attaque sérieuse et possible dans la journée même (2).

Dans ce but, il voulait se réserver peut-être la libre disposition de tout son corps d'armée et ne pas laisser à ses divisionnaires la latitude de se porter sur un point où l'ennemi n'exécuterait qu'une simple démonstration, d'autant plus bruyante qu'elle devait être moins effective. On observera toutefois, dans cet ordre d'idées, que le Maréchal avait tout intérêt à être fixé le plus tôt possible et on ne s'explique pas, dès lors, qu'il n'ait pas cherché à se rendre compte *de visu* de la situation à Forbach, où un train pouvait le transporter en une demi-heure. On fait abstraction d'ailleurs, en raison des errements de l'époque, de la division de cavalerie de

---

(1) Le Maréchal en rend compte à l'Empereur par un télégramme de 11 h. 50 du matin.

(2) Une lettre du général de Ladmirault, datée de Boulay, 6 août, 11 heures du matin, prévient, il est vrai, le maréchal Bazaine « qu'il y a sur les rives de la Sarre un corps d'armée prussien assez considérable et qui aurait l'intention de nous attaquer ».

Mais ce renseignement ne put évidemment influer sur les dispositions prises par le Maréchal vers 11 h. 15, car il ne lui était pas encore parvenu.

Clérembault, dont les reconnaissances pouvaient être lancées sur Sarrelouis et Völklingen et informer le Maréchal de l'absence de toute colonne ennemie sur les routes qui, partant de ces points, conduisent à Saint-Avold.

Les premières dispositions prises par le maréchal Bazaine semblent donc avoir eu pour objet d'attendre les événements, tout en constituant des échelons d'appui pour le 2ᵉ corps, de façon à protéger ainsi sa retraite, si elle devenait nécessaire (1).

La seconde série de mesures, postérieures au télégramme du général Frossard, de 1 h. 25 de l'après midi, peuvent difficilement se justifier.

Le voile était déchiré. « C'est une bataille », écrivait le commandant du 2ᵉ corps.

Au lieu de faire converger toutes ses forces sur Forbach-Spicheren, sans perdre de temps, et de se rendre en personne sur le terrain, le maréchal Bazaine laisse la division de Castagny livrée à elle-même, enserre la division Metman dans une mission strictement défensive, et immobilise la division Decaen et la réserve d'artillerie à Saint-Avold pour la garde de cette « position ». Il ne se décide à envoyer au 2ᵉ corps que la seule division Montaudon, une heure environ après la réception de la dépêche du général Frossard. Et pourtant, il écrit à l'Empereur à 2 h. 45 : « Les nouvelles qui me parviennent de notre gauche sont moins sérieuses que ce matin. Ce ne seraient que des reconnaissances. »

L'ordre de marcher au canon pouvait et devait être donné à tous les éléments du 3ᵉ corps avant 2 heures. En supposant qu'ils eussent été tous prêts à se mettre en

---

(1) Le maréchal Bazaine à l'Empereur. Saint-Avold, 6 août, 10 h. 10 soir.

mouvement au premier signal, ce qui était leur devoir strict, ils seraient arrivés sur le champ de bataille dans les conditions suivantes :

Division Montaudon à 6 heures. (Ordre reçu à 2 h. 30 par télégramme.) De Sarreguemines à Spicheren : 14 kilomètres.

Division de Castagny à 6 heures. (Ordre reçu à 3 heures, transmis par un officier.) De Diebling à Spicheren : 12 kilomètres.

Division Metman à 5 h. 15. (Ordre reçu à 2 h. 45, transmis par un officier.) De Bening à Stiring : 10 kilomètres.

Division Decaen à 6 h. 30. (Ordre reçu à 2 heures.) De Saint-Avold à Forbach : 18 kilomètres. Abstraction est faite de l'utilisation du chemin de fer qui permettait de transporter au moins un régiment.

Artillerie de réserve et une brigade de la division de cavalerie de Clérembault : 4 h. 30 (1).

En admettant que le Maréchal eût redouté encore l'éventualité d'une attaque débouchant de Sarrelouis sur Saint-Avold, il pouvait appeler sur ce point les trois divisions et les réserves du 4ᵉ corps, dont la division de cavalerie eût été chargée de surveiller la route Sarrelouis, Teterchen, Boulay, Metz.

Est-il douteux, dans ces conditions, que la bataille de Forbach se fût transformée en une victoire pour l'armée française (2) ?

---

(1) Ce sont, à peu de chose près, les heures d'arrivée admises par la monographie n° 9 du Grand État-Major prussien, page 411.

(2) Le général Frossard en a eu le sentiment : « Si, à ce moment (4 heures) où j'avais engagé toutes mes réserves, les renforts demandés par moi dès le matin à M. le maréchal Bazaine étaient arrivés, comme ils auraient pu le faire, je l'affirme : nous aurions remporté un avantage magnifique, au lieu d'avoir l'échec que nous avons subi..... » (Le général Frossard au Major général. Gros-Tenquin, le 8 août).

Certes, les trois premières divisions du 3ᵉ corps, abandonnées à elles-mêmes, ou recevant des ordres tardifs, auraient pu mieux faire, et il est regrettable de n'avoir pas à constater, dans leurs opérations, plus d'esprit de décision et d'initiative. Mais, il faut le reconnaître, jamais direction plus indécise n'a été imprimée à des troupes dans des circonstances aussi critiques, et jamais l'effacement du commandant en chef, devant la pression des événements, n'a été aussi complet. La stérilité des mouvements du 3ᵉ corps a surtout pour cause l'inertie dont, pour la première fois ce jour-là, le maréchal Bazaine a donné une preuve qui, malheureusement, ne devait pas être la dernière.

Encore s'il se fût préoccupé d'assigner comme point de ralliement, aux 2ᵉ et 3ᵉ corps, le plateau de Cadenbronn, les conséquences malheureuses de la défaite de Forbach, dues principalement au désordre qui se produisit à la suite du combat et qui jeta l'armée dans la confusion, auraient pu être facilement conjurées. Peut-être même la lutte aurait-elle pu recommencer le lendemain, livrée par le 3ᵉ corps soutenu par le 4ᵉ et par la Garde qui, dans la matinée du 7, allaient arriver à Saint-Avold. Mais cette mesure qu'imposaient les événements, ne fut pas prise en temps utile. Le Maréchal n'envoya d'instructions à ce sujet au général de Castagny qu'à 7 h. 45 du soir, au général Montaudon qu'à minuit 10; elles leur parvinrent trop tard pour qu'ils pussent s'y conformer.

Les trois premières divisions du 3ᵉ corps, mises en mouvement trop tard aussi pour secourir le général Frossard et ne recevant d'ordres de personne, errèrent toute la nuit sur les plateaux et furent s'entasser le lendemain matin, avec le 2ᵉ corps, à Puttelange. Les instructions du maréchal Bazaine au général Frossard, lui faisant connaître la situation des divisions de Castagny et Metman et lui indiquant Cadenbronn comme direction de retraite, ne lui arrivèrent que le 7 août au matin.

On ne trouve d'explication plausible à la conduite du Maréchal que dans le parti de ne pas compromettre les troupes, placées sous ses ordres directs, et de les conserver intactes. La vraisemblance de cette appréciation résulte d'un propos tenu par le Maréchal le soir de la bataille. Faisant remarquer au général commandant le génie du 3e corps la situation en flèche, si dangereuse, du général Frossard, il ajouta « qu'il ne s'était pas soucié de porter ses divisions à la suite de celles du général » (1).

« Il y a trois ans, disait-il à un autre officier, que le général Frossard étudie la position de Forbach et qu'il la trouve superbe pour livrer bataille. Eh bien, il l'a maintenant, cette bataille (2). »

Le rapporteur du conseil de guerre à Trianon a insisté avec énergie sur l'effacement et l'inertie du maréchal Bazaine pendant la journée du 6 août :

« En résumé, dit-il, en ne donnant pas en temps utile des ordres aux troupes placées sous son commandement, en restant éloigné du champ de bataille, et par conséquent dans l'impossibilité de diriger le combat, en n'indiquant pas de point de ralliement à son armée, le maréchal Bazaine a pleinement assumé la responsabilité de la perte de la bataille de Spicheren, du désordre qui marqua les journées suivantes, du découragement profond qui en résulta pour nos troupes et de l'exaltation extraordinaire que ces événements inspirèrent à l'ennemi (3) ».

---

(1) Instruction relative au procès Bazaine : Déposition du commandant Mensier, n° 10. Le Maréchal a nié ce propos.
(2) Procès Bazaine : Rapport, page 13. Le Maréchal a déclaré ne pouvoir se souvenir des paroles prononcées à ce sujet.
(3) Procès Bazaine : Rapport, page 13.

II. — Le 4ᵉ corps.

Conformément aux ordres donnés par l'Empereur le 4 août, le 4ᵉ corps devait, le 6, maintenir son quartier général à Boulay, où viendrait une de ses divisions, les deux autres occupant respectivement Boucheporn et Teterchen. Mais tous les renseignements que reçut le général de Ladmirault, soit directement, soit par l'intermédiaire du maréchal Bazaine, lui donnèrent la conviction « qu'il y avait, sur les rives de la Sarre, un corps d'armée prussien assez considérable » (1), dont l'intention serait d'attaquer le 4ᵉ corps. Il jugea que, dans cette éventualité, la division stationnée à Boulay ne pourrait prêter aux deux autres qu'un concours trop tardif et modifia la destination de la 3ᵉ division (de Lorencez), qui reçut l'ordre de se porter de Bouzonville, non plus à Boulay, mais à Coume (2). La 1ʳᵉ division (de

---

(1) Le général de Ladmirault au maréchal Bazaine. Boulay, 6 août, 11 heures du matin.

(2) « M. le général commandant le 4ᵉ corps d'armée, dit à ce sujet le maréchal Bazaine, crut devoir modifier l'ordre de l'Empereur, du 4 août, par suite de renseignements sur l'ennemi, et m'en rendit compte par la lettre ci-après (voir Documents annexes), le mouvement ayant été accompli sans, au préalable, en avoir demandé l'autorisation ; cette défectueuse manière d'agir se représente souvent dans le cours de cette campagne et doit être considérée comme une des causes de la gravité de nos revers. » (*Episodes de la guerre de* 1870, page 22.)

« Treize ans après les dures leçons de l'année 1870, il (le maréchal Bazaine) n'était pas encore arrivé à comprendre quelles conséquences désastreuses avait eues pour sa patrie cette opinion erronée, qui prétendait confondre les pensées et les volontés des chefs en sous-ordre de toute une armée dans la pensée et la volonté du commandant en chef, sans tenir compte de l'éloignement, du temps, des accidents possibles et même de l'initiative indépendante de l'adversaire, toutes choses qui exigent, d'une manière ou de l'autre, des résolutions spontanées de la part des chefs en sous-ordre. » (Général de Woyde. *Causes des succès et revers dans la guerre de* 1870, tome I, page 72.)

Cissey) fut désignée, avec la brigade de hussards, pour occuper Teterchen ; la 2ᵉ (Grenier), pour camper à Boucheporn. Les réserves d'artillerie et du génie et la brigade de dragons devaient rester à Boulay.

Les mouvements prescrits s'exécutent de la manière suivante :

1ʳᵉ *division* (1). — La tête de colonne rompt de Bouzonville à 5 heures du matin et se porte sur Teterchen par Alzing et Brettnach ; la brigade de hussards de Montaigu forme l'arrière-garde. Le général de Cissey envoie la 2ᵉ brigade et une batterie, dès leur arrivée à Teterchen, à Tromborn, pour couvrir le gros de la division « en prévision d'une attaque de l'ennemi que les renseignements fournis donnent lieu de redouter (2) ». Le 2ᵉ bataillon du 1ᵉʳ de ligne (1ʳᵉ brigade) est désigné en outre pour renforcer la 2ᵉ brigade et ne regagne Teterchen que dans la soirée. La brigade de hussards établit son quartier général à Teterchen et ne semble pas avoir été employée à vérifier, au moyen de reconnaissances, l'exactitude des informations reçues.

2ᵉ *division*. — Le mouvement commence à 5 heures du matin. Pour se reporter de Teterchen à Boucheporn, la division adopte l'itinéraire : Coume, Guerting, Ham-sous-Varsberg, Porcelette, le chemin direct ayant été rendu impraticable par suite de l'orage de la nuit. Elle s'arrête quatre heures à Coume pour attendre l'arrivée de la 3ᵉ division, destinée à tenir ce point, puis se remet en marche par Guerting sur Ham-sous-Varsberg.

« Notre colonne longe la forêt de la Houve qui s'étend

---

(1) « Tous les corps d'infanterie ont reçu des détachements de réservistes depuis quelques jours ; beaucoup d'entre eux, libérés avant l'adoption du fusil modèle 1866 (Chassepot), en ignoraient complètement le maniement. On les y exerça avec le plus d'activité possible. » (*Souvenirs inédits du général de Cissey.*)

(2) Journal de marche de la division de Cissey.

jusqu'au delà de la frontière. Nous ne sommes éclairés que par quelques cavaliers (1) qui marchent parallèlement à nous le long de la lisière de la forêt. Au sortir de Guerting, un capitaine d'état-major remonte la colonne au galop nous prévenant de surveiller notre gauche où l'on signale l'ennemi.

« La lisière du bois est à 50 mètres à notre gauche et court à peu près parallèlement à la route ; la route est peu large (départementale, si ce n'est vicinale); à notre droite, une prairie marécageuse où s'embourbe une partie de l'infanterie qui veut s'y engager. Si l'ennemi paraît, nous ne pourrons rendre aucun service comme artillerie et nous n'aurons qu'à supporter patiemment le feu de ses tirailleurs. Nous sortons enfin de ce passage dangereux et arrivons à Ham. La division se forme en bataille en dehors du village..... (2) »

Le général de Bellecourt venait d'être avisé « qu'un fort parti prussien marchait sur ce point (3) » ; il constata la présence d'un escadron de cavalerie ennemie (4) et aperçut ou crut apercevoir quelques fractions d'infanterie. Il déploya aussitôt au Sud-Est de Ham-sous-Varsberg le 5ᵉ bataillon de chasseurs, le 13ᵉ de ligne et deux batteries. L'escadron ennemi disparut et après une heure d'attente, la division reprit sa marche sur Porcelette, couverte par la 2ᵉ brigade et une batterie qui suivirent le mouvement, après être restées en position pendant trois heures. Cette brigade ne rejoignit la première au camp de Boucheporn que vers 6 heures du soir. L'arrêt de la colonne à Ham ne se serait pas

---

(1) La 2ᵉ division n'avait à sa disposition qu'un seul peloton.
(2) Historique des 5ᵉ, 6ᵉ, 7ᵉ batteries du 1ᵉʳ régiment d'artillerie.
(3) Au maréchal Bazaine. Boucheporn, 6 août.
(4) 3ᵉ escadron du *19ᵉ* régiment de dragons, d'après le général de Pelet-Narbonne. (*Loc. cit.*, page 16.)

produit si la division avait été précédée d'une avant-garde à distance rationnelle.

Le général Grenier, qui avait pris à Boucheporn le commandement de la 2ᵉ division du 4ᵉ corps, fut avisé par le maréchal Bazaine que deux de ses régiments pourraient être appelés à Saint-Avold pour y remplacer ceux de la division Decaen qui seraient dirigés sur Forbach, dans le cas où le combat qui se livrait sur ce point prendrait une tournure sérieuse. Le 43ᵉ de ligne se rendit en effet, à 10 heures du soir, de Boucheporn à Saint-Avold.

3ᵉ *division*. — A 3 heures du matin, le 3ᵉ bataillon du 54ᵉ de ligne et le 5ᵉ escadron du 7ᵉ hussards exécutent une reconnaissance de Bouzonville sur Ittersdorf, où l'on constate la présence d'un poste d'infanterie et de quelques vedettes de uhlans.

La tête de colonne part de Bouzonville à midi et se dirige sur Coume par Teterchen, couverte sur son flanc gauche par le 2ᵉ bataillon de chasseurs qui s'est établi à Tromborn et rejoint ensuite l'arrière-garde (1ᵉʳ bataillon du 65ᵉ.) La 3ᵉ division campe à Coume et détache le 3ᵉ bataillon du 54ᵉ à Hargarten-aux-Mines. A peine est-elle installée « que la générale est battue, les sacs déposés, et l'on rejoint la route de Bouzonville pour aller défendre des villages que l'on disait avoir été insultés par une reconnaissance de uhlans ; on revient immédiatement au campement (1) ».

Les nouvelles reçues par le général de Ladmirault de la présence de l'ennemi à Ham-sous-Varsberg l'avaient déterminé à se porter de sa personne à Coume, vers 4 h. 30 du soir, avec la brigade de dragons de Gondrecourt et les deux batteries à cheval de la réserve d'artillerie. Les renseignements qui lui furent fournis à Coume

---

(1) Historique des 8ᵉ, 9ᵉ et 10ᵉ batteries du 1ᵉʳ régiment d'artillerie.

furent sans doute rassurants car il rentra avec ces troupes à Boulay vers 6 h. 30.

Dans la soirée, le général reçut du maréchal Bazaine l'ordre d'établir, le lendemain 7 août, son quartier général et une de ses divisions à Saint Avold, les deux autres venant à Boucheporn (1). La division de cavalerie Legrand devait fournir deux escadrons du 3e dragons à la 2e division d'infanterie à Boucheporn, les deux autres escadrons du même régiment à la 3e division à Coume ; une demi-batterie à cheval devait être affectée en outre à la cavalerie des 1re et 3e divisions. Ces dispositions furent rapportées, le 7 août, à 1 heure du matin.

III.

§ 1. — *La Garde.*

A 1 h. 20 de l'après-midi, l'Empereur télégraphia au général Bourbaki de mettre ses corps en mouvement de Courcelles-Chaussy sur Saint-Avold et de se conformer, en arrivant près de cette localité, aux instructions du maréchal Bazaine. A 2 heures, le Major général confirmait cette dépêche, mais recommandait à la Garde de se rapprocher le plus possible de Saint-Avold sans trop fatiguer les troupes ; il l'informait en même temps qu'elle était placée, jusqu'à nouvel ordre, sous le commandement du maréchal Bazaine. Celui-ci lui assignait Longeville-les-Saint-Avold comme point de stationnement dans la soirée. Le général Bourbaki fit connaître au maréchal que l'ordre de l'Empereur lui étant parvenu à 4 heures, il commençait son mouvement immédia-

---

(1) La dépêche du maréchal Bazaine au général de Ladmirault ne porte pas d'indication d'heure. Elle est évidemment postérieure à celle de l'Empereur au maréchal Bazaine, lui prescrivant de rappeler à lui tous les corps du général de Ladmirault, et expédiée de Metz à 8 h. 20 du soir.

tement mais ne le continuerait que le lendemain matin, à moins qu'on ne jugeât utile de lui prescrire une marche de nuit. Le Maréchal répondit à 8 h. 30 du soir :

« Sans faire une marche de nuit complète, gagnez du terrain, de façon à arriver demain le plus tôt possible, *nos affaires à droite n'allant pas bien* ».

Vers 11 h. 30 du soir, le général Bourbaki rendit compte à l'Empereur et au maréchal Bazaine du départ de Courcelles-Chaussy de la division de cavalerie de la Garde qui serait, le lendemain matin, à Zimming, en relation avec les troupes de Boucheporn, et de l'arrivée, le 7 également, entre 9 heures et 10 heures du matin, à Longeville-les-Saint-Avold, de la tête de colonne de la division de voltigeurs, précédant la division de grenadiers, celle-ci suivie de la réserve d'artillerie et des parcs. De sa personne, le général Bourbaki comptait être auprès du maréchal Bazaine le 7, entre 4 et 5 heures du matin.

Le général Desvaux, commandant la division de cavalerie de la Garde, rappela le régiment des guides qu'il avait envoyé, à 2 heures de l'après-midi, en observation aux Étangs et fit commencer, vers 6 heures du soir, le mouvement sur Marange, où la division ne fut réunie tout entière qu'à 11 heures. Ses instructions étaient d'en partir le lendemain au point du jour.

Les heures de départ des autres éléments de la Garde, le 7 au matin, furent échelonnées ainsi :

Division de voltigeurs : 3 h. 30 ; division de grenadiers : 5 h. 30 ; réserve d'artillerie, parcs, le 3e grenadiers : 8 h. 30.

La lettre de l'Empereur au général Bourbaki en date du 4 août, recommandant de tenir compte des durées d'écoulement des divers éléments de la colonne, avait porté ses fruits (1).

---

(1) Voir 5e fascicule, page 360.

§ 2. — *Le 6ᵉ corps.*

Dans la matinée du 6 août, la 1ʳᵉ division (Tixier), du 6ᵉ corps, avait commencé son mouvement sur Nancy par voie ferrée. Déjà la 1ʳᵉ brigade et une partie d'un régiment de la 2ᵉ avaient effectué leur débarquement dans cette ville lorsqu'arriva l'ordre (7 août, 8 h. 15 du matin) de faire rétrograder sur le camp de Châlons tous les éléments de la 1ʳᵉ division. Le transport fut terminé dans la nuit du 7 au 8 août.

La division de cavalerie du 6ᵉ corps qui s'était mise en marche sur Nancy par l'itinéraire Verdun, Saint-Mihiel, Void, Toul, est également rappelée au camp de Châlons.

§ 3. — *Les grands quartiers généraux.*

Dans la matinée du 6 août, l'Empereur reprit, en le complétant, le projet d'offensive dans la Bavière rhénane que les observations de l'intendant en chef de l'armée lui avaient fait abandonner le 4 août (1). Il ne s'agissait plus de l'entreprendre avec les seuls corps de Lorraine, mais d'y faire coopérer aussi l'armée d'Alsace; le Major général en informait les maréchaux de Mac-Mahon et Bazaine par télégrammes expédiés de Metz, à 1 heure de l'après-midi. L'intention de l'Empereur était, en même temps, « de concentrer les corps d'armée d'une manière compacte » (2). A cet effet, le 2ᵉ corps devait se rendre à Bitche en deux étapes, en s'en approchant le plus possible dans la première, le 3ᵉ à Sarreguemines, le 4ᵉ à Haut-Hombourg, la Garde à Saint-Avold, la division de cavalerie de réserve de Forton à Folschwiller. Les mou-

---

(1) Voir 5ᵉ fascicule, page 263.
(2) Le Major général au maréchal Bazaine. Metz, 6 août, 1 heure soir.

vements devaient commencer le 7 août au matin, sauf pour la Garde qui fut prévenue à 1 h. 20 de se porter sur Saint-Avold. L'Empereur recommandait à tous les corps de s'éclairer au loin et à très grande distance au moyen de la cavalerie, mais l'emplacement assigné à la division de Forton ne manquait pas d'être en désaccord avec cette dernière prescription. Ce projet laissait dans l'ombre un point d'une extrême importance ; il était muet sur l'armée du prince royal qui avait manifesté sa présence et sa force à Wissembourg ; muet aussi sur l'attitude que devait prendre vis-à-vis d'elle le maréchal de Mac-Mahon. On ne pouvait douter pourtant que les deux adversaires fussent en présence, au contact peut-être, non sans disproportion numérique. Mais, on s'en rapportait entièrement au commandant de l'armée d'Alsace.

« Sa Majesté n'ignore pas, lui écrivait le Major général, que vous pouvez avoir devant vous des forces considérables qui paraissent se concentrer en arrière de Landau — (abstraction faite sans doute de celles qui avaient combattu à Wissembourg), — mais Elle a toute confiance dans les dispositions que vous saurez prendre. L'énergie déployée par la division Douay montre ce que peuvent faire les braves troupes placées sous vos ordres ».

Les résultats, malheureux pour nos armes, des batailles de Frœschwiller et de Forbach empêchèrent de donner suite au projet du 6 août.

Dès le début de l'engagement du 2º corps, le maréchal Bazaine avait tenu le grand quartier général au courant des nouvelles qu'il recevait du général Frossard (1) et

---

(1) Ces nouvelles étaient parfois transmises tardivement. Ainsi le maréchal Bazaine n'expédie à l'Empereur qu'à 3 h. 19 du soir cette dépêche rédigée à 2 h. 15, et de première importance : « Le général

des ordres qu'il donnait aux divers éléments du 3ᵉ corps. Ses premières dispositions, relatives à la brigade de Juniac et aux divisions de Castagny et Metman, arrêtées vers 11 heures et relatées à l'Empereur par un télégramme de 12 h. 45, ne soulèvent de la part du souverain d'autre observation que celle-ci :

« Il me semble que la division qui devait être à Marienthal peut avancer sur Merlebach ».

On constate aussi, avec surprise, l'absence totale d'instructions émanant du grand quartier général au maréchal Bazaine quand l'Empereur fut informé, avant 4 heures, de l'importance de la lutte qui se livrait à Stiring-Spicheren. Dès 4 h. 30, le Maréchal pouvait recevoir l'ordre de se porter immédiatement sur le champ de bataille avec toutes ses forces disponibles et d'appeler le 4ᵉ corps à Saint-Avold. Informé par le Major général de ces mesures et certain dès lors d'être secouru, le général Frossard n'aurait pas abandonné les hauteurs de Spicheren; la lutte pouvait recommencer le lendemain dans des conditions favorables pour l'armée française.

Il était manifestement insuffisant de télégraphier au maréchal Bazaine (6 h. 40 soir) : « Je reçois de mauvaises nouvelles du général Frossard; quelles mesures prenez-vous ? »

On s'étonne enfin de voir que ni l'Empereur, ni le Major général ne se rendirent à Forbach, où le chemin de fer pouvait les transporter en une heure.

Dans la soirée (8 h. 20), l'Empereur télégraphia au maréchal Bazaine et lui fit observer que le mouvement de l'ennemi tendait à le séparer du général Frossard. Il lui recommandait d'assurer la retraite du 2ᵉ corps et

---

« Frossard me dit à l'instant : « Je suis fortement engagé, etc.....
« C'est une bataille..... »

des troupes de Sarreguemines sur un point qui « lui paraissait être Puttelange » et lui prescrivait d'appeler à lui tout le 4ᵉ corps. Le général de Ladmirault reçut, en conséquence, du maréchal Bazaine, l'ordre de porter le lendemain 7, une de ses divisions à Saint-Avold, les deux autres venant à Boucheporn. Bien que tardives, ces mesures qui donnaient au maréchal Bazaine la disposition, dans la matinée du 7, de sept divisions d'infanterie, de trois divisions de cavalerie et de la Garde impériale étaient judicieuses.

Elles constituaient enfin une masse au lieu d'un cordon ; elles rompaient avec les errements des jours précédents qui nous avaient été si funestes par les deux défaites qu'ils nous avaient values et par la désorganisation de deux corps d'armée qui en avait été la conséquence ; elles auraient permis à un chef, animé de la volonté de vaincre et pénétré de la nécessité de l'offensive immédiate, de réparer en partie les échecs du 6 août.

Le maréchal Bazaine remplissait-il ces deux conditions ? On peut en douter si l'on en juge par son attitude dans la journée du 6 et par les événements des 16 et 18 août. Au reste, les ordres de concentration sur Saint-Avold furent rapportés dans la nuit du 6 au 7 août.

*
* *

D'après les renseignements parvenus au grand quartier général français, le 6, le nombre des troupes prussiennes concentrées sur la Sarre paraît augmenter. Trèves et Conz, ainsi que la zone limitrophe du Luxembourg (Vianden, Echternach, Crevenmachern), seraient assez dégarnis ; par contre, on signale des rassemblements importants entre Saarburg et Kirn, ainsi qu'à Filsberg. En ce dernier point, se trouveraient établies 38 pièces de gros calibre ; mais un autre renseignement dément l'existence, à la date du 3 août, d'une agglomération de troupes quelconque à Filsberg, à Berus, à Friedrichsweiler.

« Les troupes prussiennes, écrit un agent de Thionville, parlent de plus en plus de prendre l'offensive..... le bruit était assez répandu que ce sera le 6 août, par conséquent aujourd'hui même..... On attend sur la Sarre l'arrivée du général de Voigts-Rhetz à la tête d'un corps considérable. »

Le général Frossard annonce que toute l'infanterie du VIIIe corps serait dans le Köllerthal, à l'Ouest de Duttweiler, avec des avant-postes sur la Sarre.

De son côté le grand quartier général prussien, constatant d'après les rapports du général de Rheinbaben, commandant les 5e et 6e divisions de cavalerie, que l'ennemi semblait abandonner la Sarre, informait d'une part la Ire armée qu'elle pouvait franchir cette rivière en aval de Sarrebrück (1), et recommandait d'autre part à la IIe armée de s'attacher à l'adversaire par sa cavalerie et une certaine proportion d'infanterie (2). La route Sarrebrück-Saint-Avold était réservée à la IIe armée. Les télégrammes expédiés, à cet effet, au général de Steinmetz et au prince Frédéric-Charles partaient de Mayence à 5 h. 45 du soir, avant qu'on y eût connaissance de la bataille engagée à Forbach.

L'éloignement du grand quartier général du théâtre des opérations explique l'envoi de ces instructions tardives, ainsi que l'ignorance où se trouvait encore le roi de Prusse, le 6 août au matin, des détails du combat de Wissembourg (3). Bien que l'intention du maréchal de

---

(1) *Correspondance militaire du maréchal de Moltke*. Tome I. N° 112.
(2) *Ibid.* N° 113.
(3) *Ibid.* N° 111.

Moltke fût de ne porter les Iʳᵉ et IIᵉ armées sur la Sarre que le 9 août, il ne pouvait avoir la certitude qu'aucune affaire sérieuse n'aurait lieu avant cette date et, dans cette éventualité, il eût été prudent de transférer plus tôt qu'on ne le fit (1), le grand quartier général de Mayence à Hombourg.

§ 4. — *Emplacement des deux armées dans la soirée du 6 août.*

A) ARMÉES ALLEMANDES.

Iʳᵉ armée.

Quartier général..	Sarrebrück.
VIIᵉ corps.	13ᵉ division { Avant-garde : Kaninchens-Berg. / Gros : Petite-Rosselle. } 14ᵉ division : Bois de Stiring.
VIIIᵉ corps.	15ᵉ division : Holz, Uchtelfangen. 16ᵉ division : Saint-Jean, Malstatt.
Iᵉʳ corps.	1ʳᵉ division : Tholey. 2ᵉ division : Ramstein.
3ᵉ division de cavalerie.	A l'Est et au Nord de Sarrelouis.

IIᵉ armée.

Quartier général..	Hombourg.
IIIᵉ corps.	5ᵉ division : Repperts-Berg. 6ᵉ division : Neunkirchen.
Xᵉ corps.	Tête à Klein Ottweiler.
IVᵉ corps.	Entre Neu-Hornbach et Deux-Ponts.
Garde.	Entre Hauptsuhl et Hombourg.
IXᵉ corps.	Tête à Landstuhl.
XIIᵉ corps.	Environs de Kaiserslautern.
5ᵉ division de cavalerie.	Colonne de droite (brigade Redern et Barby) : au Nord de Heusweiler; 11ᵉ, 17ᵉ hussards et 19ᵉ dragons, à Sarrebrück. Colonne de gauche (brigade Bredow) : Medelsheim, Eschweiler, Busweiler.

---

(1) Dans la matinée du 7 août.

6ᵉ division de cavalerie.........	Dans la zone : Fechingen, Frauenberg, Ober-Gailbach, Ersweiler, Ensheim; 6ᵉ cuirassiers, à Sarrebrück.

B) Armée française.

2ᵉ corps.........	En retraite sur Sarreguemines et Puttelange.
3ᵉ corps.........	Quartier général : Saint-Avold. 1ʳᵉ division (Montaudon) : en retraite de Bousbach sur Woustwiller et Puttelange. 2ᵉ division (Castagny) : en retraite de Folckling sur Puttelange. 3ᵉ division (Metman) : en retraite de Behren sur Puttelange. 4ᵉ division (Decaen) : Saint-Avold. Division de cavalerie (Clérembault) : Saint-Avold, (3ᵉ brigade, en retraite de Morsbach sur Puttelange). Réserves d'artillerie et du génie : Valmont.
4ᵉ corps.........	Quartier général : Boulay. 1ʳᵉ division (Cissey) : Teterchen et Tromborn. 2ᵉ division (Grenier) : Boucheporn. 3ᵉ division (de Lorencez) : Coume. Division de cavalerie (Legrand) : Boulay et Teterchen. Réserves d'artillerie et du génie : Boulay.
6ᵉ corps.........	Quartier général : Camp de Châlons. 1ʳᵉ division (Tixier) : Nancy. 2ᵉ division (Bisson) : Camp de Châlons. 3ᵉ division (La Font de Villiers) : Camp de Châlons. 4ᵉ division (Levassor-Sorval) : Paris. Division de cavalerie (Salignac-Fénelon) : en route du camp de Châlons sur Nancy. Réserves d'artillerie et du génie : Camp de Châlons.
Garde...........	Quartier général : Courcelles-Chaussy. Division de voltigeurs (Deligny) : Courcelles-Chaussy. Division de grenadiers (Picard) : Courcelles-Chaussy.

Garde (suite).....	Division de cavalerie (Desvaux) : Marange. Réserves d'artillerie et du génie : Courcelles-Chaussy.
Réserve générale de cavalerie.......	Division du Barail : Lunéville. Division de Bonnemains : en retraite de Reichshoffen sur Saverne. Division de Forton : Folschwiller.
Réserve générale d'artillerie.....	Nancy.
Parcs..........	Emplacements du 5 août.
Grand parc.......	*Ibid.*
Équipages de ponts de réserve.....	*Ibid.*

E.

DOCUMENTS ANNEXES.

La Journée du 6 août en Lorraine.

GRAND QUARTIER GÉNÉRAL.

a) Journal de marche.

Le 1er corps, dans le but de couvrir le chemin de fer de Strasbourg à Bitche et les routes des Vosges, s'établit dans les positions suivantes :

La 1re division (Ducrot) place sa droite en avant de Frœschwiller, sa gauche dans la direction de Reichshoffen, et occupe par des postes Neehwiller et Jœgerthal. La 3e division (Raoult) occupe avec sa 1re brigade un contrefort qui se détache de Frœschwiller et se termine en pointe vers Gœrsdorf; la 2e brigade appuie sa gauche à Frœschwiller et sa droite au village d'Elsashausen. La 4e division forme une ligne brisée à la droite de la 3e division, sa 1re brigade faisant face à Gunstett, sa 2e brigade au village de Morsbronn (1).

La 1re division (Conseil-Dumesnil) du 7e corps, appelée par le maréchal de Mac-Mahon et arrivée de grand matin, est placée en arrière de la 4e division (2).

La 2e division du 1er corps reste en réserve derrière la 2e brigade de la 3e division et la 1re brigade de la 4e (3). Enfin, plus en arrière, se trouvent la 1re brigade de cavalerie (de Septeuil) et la 2e division de la réserve de cavalerie (de Bonnemains). La 2e brigade de cavalerie (Michel) est établie en arrière de l'aile droite de la 4e division.

---

(1) Aucun élément de la 4e division ne faisait face à Morsbronn. Il n'y avait, dans cette localité, que deux compagnies du 3e régiment de tirailleurs.

(2) Puis entre les 3e et 4e divisions.

(3) Toute la 2e division est en réserve au Sud-Ouest de Frœschwiller.

Combat de Reichshoffen.

A 7 heures du matin, l'ennemi attaque la 1re et la 3e division. Il essaie un mouvement tournant sur le flanc de la 1re division, qui résiste à cette tentative au moyen d'un changement de front. Une forte attaque sur le centre du 1er corps est également repoussée. Elle est suivie, vers midi, d'une attaque générale sur la droite du corps d'armée, vers Elsashausen. Malgré les efforts vigoureux de l'infanterie et de la cavalerie, plusieurs charges brillantes des cuirassiers et de nombreux retours offensifs, le corps d'armée finit par être débordé, après plusieurs heures d'une résistance opiniâtre.

A 4 heures de l'après-midi, la retraite est ordonnée par le commandant du 1er corps. Les troupes se retirent sans être trop fortement inquiétées et se dirigent sur Saverne par Niederbronn, où la division Guyot de Lespart, du 5e corps, qui venait d'arriver, prend position et ne se retire qu'à la nuit.

Combat de Spicheren.

Le même jour, dès le matin, une ligne de tirailleurs prussiens ouvre son feu sur les positions occupées par le 2e corps, autour de Forbach. Ces positions sont les suivantes : la 3e division (Laveaucoupet) est établie sur le plateau de Spicheren ; la 2e division (Bataille) est postée en arrière et à gauche de Spicheren, sur les hauteurs qui dominent le plateau vers Œting ; la 1re division (Vergé) occupe Stiring et Forbach, couvrant le chemin de fer et la route ; la cavalerie est postée en arrière.

La 1re et la 3e division soutiennent d'abord le feu de l'ennemi, dont la force est évaluée à deux corps d'armée. Le commandant du 2e corps se porte entre Stiring et Spicheren. La 2e brigade (Fauvart Bastoul) de la 2e division s'engage à son tour et appuie la gauche de la 3e division (Laveaucoupet). Les premiers efforts des Prussiens sur Saint-Arnual (1), Spicheren et Stiring sont repoussés. A 2 heures de l'après-midi, ils sont obligés de reculer ; le combat cesse pendant une heure. Mais, à ce moment, de nouvelles troupes fraîches sont mises en ligne par l'ennemi ; c'est, dit-on, un troisième corps accouru de Sarrelouis. Toutes les troupes du 2e corps s'engagent ; la lutte devient générale et est vigoureusement soutenue par nos troupes. Enfin, la gauche du 2e corps menaçant d'être tournée, l'ordre de se mettre en retraite est donné à 5 heures du soir (2). Ce mouvement s'effectue en bon ordre

---

(1) Saint-Arnual n'était pas occupé par le 2e corps.
(2) En réalité vers 7 heures seulement.

sur Œting, Bousbach et Ippling, où le 2ᵉ corps trouve la 1ʳᵉ division (Montaudon) du 3ᵉ corps. Cette division n'avait pas encore atteint Sarreguemines, qu'elle aurait dû occuper dans la journée (1). L'ennemi n'ose pas entrer à Forbach et laisse la retraite s'opérer sans être inquiétée.

Le commandant du 2ᵉ corps arrive dans la nuit à Sarreguemines, y rallie la brigade Lapasset, du 5ᵉ corps, et indique Puttelange comme direction à suivre pour la retraite.

Les pertes du 2ᵉ corps, au combat de Spicheren, s'élèvent à :

Officiers tués..........................	37
Officiers blessés........................	168
Officiers disparus.......................	44
Hommes de troupe tués, blessés ou disparus....	3,829
TOTAL (hors de combat).........	4,078

Le 3ᵉ corps conserve ses positions de la veille.

Le 4ᵉ corps porte sa 1ʳᵉ division (de Cissey) de Bouzonville à Téterchen ; sa 2ᵉ (Grenier) de Boulay à Boucheporn ; sa 3ᵉ (Lorencez) à Coume et à Boulay ; sa division de cavalerie à Téterchen et Boulay (2).

Le commandant du 5ᵉ corps, prévenu par le maréchal de Mac-Mahon de l'attaque dirigée contre son corps d'armée, avait quitté Bitche avec sa 1ʳᵉ et sa 3ᵉ division (Goze et Guyot de Lespart), laissant ses sacs et ses bagages, pour accourir à son secours (3).

La Garde impériale est mise provisoirement sous les ordres du maréchal Bazaine. Elle reçoit l'ordre de se mettre à sa disposition et de se porter le plus près possible de Saint-Avold.

Une division du 6ᵉ corps se porte de Châlons à Nancy par la voie ferrée.

La 1ʳᵉ division de la réserve de cavalerie (du Barail), moins le 4ᵉ régiment de chasseurs d'Afrique, qui n'a pas encore rejoint, est arrivée à Lunéville. La 2ᵉ (de Bonnemains) se porte à Saverne avec les débris du 1ᵉʳ corps. La 3ᵉ (de Forton) reste à Faulquemont.

Notes du général Coffinières.

Dans la nuit du 6 au 7, le général Coffinières de Nordeck est nommé commandant supérieur à Metz.

---

(1) La division Montaudon avait occupé Sarreguemines dès le 5 août et pendant une grande partie de la journée du 6.
(2) Quartier général, réserves d'artillerie et du génie à Boulay.
(3) La division Goze resta à Bitche.

c) **Opérations et mouvements.**

Le Major général au maréchal Bazaine (D. T.).

Metz, 6 août, 1 heure soir.

L'intention de l'Empereur est de se relier avec le maréchal de Mac-Mahon et en même temps de concentrer les corps d'armée d'une manière compacte. A cet effet, le 2º corps se rendrait à Bitche, le 3º à Sarreguemines, le 4º à Haut-Hombourg et la Garde à Saint-Avold.

Les mouvements commenceraient demain matin, 7 août. Le général Frossard, ne pouvant pas se rendre en une journée à Bitche, s'en approcherait le plus possible, en ayant soin d'établir pour la nuit son corps d'armée, les divisions réunies.

Les 3º et 4º corps feraient leur mouvement en se conformant à vos instructions.

L'Empereur recommande que dans tous les corps on s'éclaire au loin et très au loin avec la cavalerie.

Veuillez m'accuser réception de cette dépêche et m'indiquer sommairement les instructions de détail que vous donnez pour vous conformer aux intentions de l'Empereur.

Quant à la division de Forton, l'Empereur a vu que vous lui prescriviez de se rendre à Folschwiller; c'est précisément le point que Sa Majesté avait pensé devoir lui assigner.

Mouvements ordonnés pour le 7 août.

6 août.

Le 2º corps se rendra à Bitche;
Le 3º à Sarreguemines;
Le 4º à Haut-Hombourg;
La Garde à Saint-Avold;
La division de Forton à Folschwiller.

Le général Douay au Major général, à Metz (D. T.).

Belfort, 6 août.

Je pars à midi et demi pour Mulhouse où je serai à 2 h. 1/2.

Le Sous-Préfet de Sarreguemines au Préfet, à Metz, et aux généraux en chef, à Saint-Avold, Forbach, Bitche (D. T.).

Sarreguemines, 6 août, 1 h. 10 soir.

Nous avons envoyé des piqueurs pour rétablir les fils télégraphiques à Bliesbrücken, mais des uhlans de garde les en empêchent. Qu'on chasse donc de suite ces quelques uhlans par de bonnes patrouilles et de bons postes et, non seulement le télégraphe pourra marcher, mais le chemin de fer pourra marcher aussi, car je viens de m'assurer, qu'à l'heure qu'il est, la voie est rétablie de Sarreguemines à Bitche, mais il faut que le tout soit sérieusement gardé et qu'on ne laisse plus rien détruire.

Journée du 6 août.

2e CORPS.

ÉTAT-MAJOR GÉNÉRAL.

a) Journaux de marche.

Journal de marche du 2e corps d'armée.

6 août.

Dès le matin, les rapports des reconnaissances font pressentir une attaque sérieuse de la part de l'ennemi.

A la première nouvelle de la possibilité d'une attaque, le général de Laveaucoupet donne l'ordre au commandant du génie de la 3e division de faire exécuter sans retard des travaux défensifs sur le plateau de Spicheren.

En même temps, la compagnie du génie de la 1re division creuse à la hâte une tranchée-abri en avant du campement du 77e et établit, à la droite de cette ligne, un épaulement pour deux sections d'artillerie.

Un retranchement rapide est également construit sur les côtés de la route de Sarrelouis, devant le bivouac du 55e.

Dès 8 heures du matin, les colonnes prussiennes commencent à descendre des hauteurs de Sarrebrück, précédées de longues lignes de tirailleurs; elles s'arrêtent dans le fond de la vallée. Pendant que d'autres tirailleurs débouchent des bois de gauche, plusieurs escadrons de cuirassiers et de uhlans s'avancent sur la route, précédés d'éclaireurs.

On voit des batteries prussiennes prendre position sur les hauteurs du champ de manœuvre de Sarrebrück.

Un combat d'artillerie s'engage vers 9 heures du matin, entre elles et deux sections de l'artillerie de la 3ᵉ division.

Une fusillade dirigée sur la cavalerie ennemie l'oblige à se retirer, mais l'infanterie continue son mouvement et vient tenter un premier assaut sur l'éperon de Spicheren, où la compagnie du génie et le 10ᵉ bataillon de chasseurs à pied achèvent le retranchement.

Ces corps déposent les outils et dirigent sur les colonnes un feu bien nourri qui couvre de morts et de blessés les pentes rapides que l'ennemi cherche à gravir avec beaucoup de ténacité. Pendant une heure, toutes ses tentatives restent impuissantes.

Pendant ce temps, le général Vergé envoie 3 compagnies du 77ᵉ dans le bois qui est en avant de Schœneck, et porte en avant le 3ᵉ bataillon de chasseurs et le 76ᵉ, avec deux sections d'artillerie.

Un bataillon du 77ᵉ est placé dans l'usine Wendel, de manière à observer les bois, le chemin de fer et la route de Schœneck.

La fusillade s'engage entre les tirailleurs prussiens et ceux de la 1ʳᵉ division, et, sur la demande du général Vergé, le général commandant le 2ᵉ corps fait porter le 32ᵉ vers Stiring.

Deux bataillons sont placés dans l'usine et ses dépendances, le 3ᵉ reste en réserve sur la place du village.

Vers midi, la lutte est devenue très vive de ce côté, et de nouvelles colonnes qui débouchent nécessitent l'arrivée en ligne de la batterie de mitrailleuses.

Pour contenir tout mouvement de l'ennemi sur le pied des hauteurs de droite, le général commandant la division de cavalerie reçoit l'ordre de se porter de ce côté avec deux escadrons du 4ᵉ chasseurs et une batterie à cheval. Ils sont soutenus un peu plus tard par deux escadrons du 7ᵉ dragons.

Enfin, le 55ᵉ lui-même est porté vers Stiring lorsque le colonel de Waldner, qui a reconnu la vallée de la Rosselle, rend compte que, bien qu'occupée par quelques postes et grand'gardes, il ne s'y trouve jusqu'ici pas de forces importantes.

Sur les hauteurs, le général de Laveaucoupet qui, de Spicheren, avait vu, dès 10 heures du matin, les efforts de l'ennemi se porter sur sa gauche, avait aussi à craindre de voir son flanc droit débordé. Il envoie le colonel de Gressot, avec 2 escadrons du 7ᵉ dragons, vers le moulin de Simbach pour surveiller le débouché par lequel l'ennemi pourrait chercher à le tourner, et prescrit à la brigade Micheler (24ᵉ et 40ᵉ, avec la 7ᵉ batterie du 15ᵉ régiment) d'avancer en première ligne ur l'éperon, derrière les tranchées-abri.

Six de nos pièces balayent le versant de la plaine vers Sarrebrück, et six autres sont placées entre Spicheren et le bois, afin de parer à tout mouvement contre notre droite.

La batterie de mitrailleuses prend position en arrière et à gauche des précédentes ; le combat d'artillerie recommence ; nos obus, bien dirigés, dispersent les colonnes assaillantes, mais elles se reforment sans cesse en avançant. De nouveaux renforts indiquent combien le combat va devenir opiniâtre.

Dans ces circonstances, la division Bataille, qui était maintenue en réserve sur le plateau d'Œtingen, reçoit vers midi l'ordre d'envoyer des renforts au général de Laveaucoupet. Le général Bastoul, avec le 66e et le 67e, se porte vers les positions de Spicheren, si vivement attaquées.

Le 1er bataillon du 23e et la 8e batterie du 5e régiment appuient ce mouvement.

Si la lutte était vive sur le plateau de Spicheren, elle n'était pas moins acharnée dans la vallée de Stiring, où le général Vergé, qui avait perdu un peu de terrain, réclamait de nouveaux renforts. Le général Bataille y descend, emmenant les 2 autres bataillons du 23e et le 8e de ligne avec sa seconde batterie de 4 et la batterie de mitrailleuses. Il ne laissait sur le plateau d'Œtingen que le 12e bataillon de chasseurs et sa compagnie du génie.

Après s'être concerté avec le général Vergé, il lance un bataillon du 23e sous le bois à gauche du chemin de fer et, par une attaque vigoureuse, il permet aux troupes de la 1re division de reprendre les positions de Stiring, ainsi que les bois qui sont en avant.

Le général Bataille, quand l'ennemi nous disputait Stiring avec acharnement, avait envoyé l'ordre au 67e de venir le soutenir dans la vallée, où, à ce moment, les chances du combat se rétablissaient, tandis qu'on voyait, vers Spicheren, les Prussiens faire de sensibles progrès.

Craignant alors d'avoir trop affaibli le général de Laveaucoupet, il fit remonter sur les hauteurs deux des bataillons du 8e. Ils arrivent dès 3 h. 1/4 et s'engagent immédiatement, au moment où le feu était des plus violents.

Le 67e descendait, en effet, avec la batterie de la 2e division ; il contribua, avec le dernier bataillon du 8e, à l'enlèvement des bois de gauche ; mais la vivacité de la lutte sur Spicheren le fit bientôt renvoyer sur les hauteurs, où son concours paraissait nécessaire.

Pendant que le combat se continue avec acharnement sur les hauteurs de Spicheren et à Stiring, quelques inquiétudes commencent à se manifester sur nos derrières où une attaque paraît imminente. Sur la route de Sarrelouis, une colonne d'infanterie, accompagnée d'artillerie et précédée de cavalerie était signalée. La nécessité d'envoyer d'urgence des renforts successifs au général Vergé, avait forcé le général Frossard à découvrir complètement ce débouché, qui n'était plus gardé que par une seule compagnie du génie.

Il était environ 4 heures ; le lieutenant-colonel Dulac, du 12ᵉ dragons, reçoit l'ordre de pousser une reconnaissance dans cette direction. Il se trouve bientôt en face de quatre régiments d'infanterie, d'un régiment de uhlans et de plusieurs pièces de canon. Ne pouvant tenir en ligne contre ces forces, il se retire lentement, puis, arrivé à hauteur des retranchements élevés par le 55ᵉ, il fait mettre pied à terre et, avec l'aide de la compagnie du génie de la 1ʳᵉ division, il contient l'attaque pendant plus d'une heure. Enfin, après épuisement des cartouches, il fait remonter à cheval, pousse une charge des plus brillantes et conserve jusqu'à la nuit les positions confiées à sa défense.

Un petit secours inespéré était venu en aide à cette poignée de braves : un détachement de 200 hommes de la réserve du 2ᵉ de ligne, sous les ordres du sous-lieutenant Arnaud, débarquait à la gare à 3 h. 1/2. Cet officier, avec un entrain remarquable, avait exécuté l'ordre qui lui avait été donné, et, à 6 heures, il arrivait au soutien de la compagnie du génie.

A 5 heures, l'ennemi, qui avait déjà tenté quatre assauts sur l'éperon de Spicheren, amenait de nouveaux bataillons et recommençait une attaque furieuse.

Il avait été repoussé plusieurs fois par des charges à la baïonnette que le général de Laveaucoupet, l'épée à la main, dirigeait lui-même, donnant aux troupes le plus grand exemple de la bravoure et du mépris des dangers.

A ce moment, le mouvement tournant redouté depuis le matin, par le bois d'Arnual, était exécuté par les colonnes prussiennes qui, en arrivant à la clairière, menaçaient le front et le flanc droit du 40ᵉ.

Le général Doëns tombe mortellement blessé ; son officier d'ordonnance, M. le lieutenant Abria, tombe à ses côtés, le colonel de Saint-Hillier est tué, le lieutenant-colonel Boucheman grièvement blessé.

L'ennemi était toujours soutenu par de puissantes réserves ; nos munitions étaient épuisées. Les soldats, combattant depuis le matin sans manger, étaient exténués de fatigue. Dans ces conjonctures, le général de Laveaucoupet prescrit au colonel du 63ᵉ de se replier sur la 2ᵉ ligne.

Ce mouvement, qui se fit lentement et avec ordre, dura de 5 à 8 heures du soir. Toutes les fois que l'ennemi tentait de sortir du bois, il était obligé d'y rentrer en désordre.

De 4 à 5 heures, le combat dans la vallée s'était maintenu à notre avantage ; le général Frossard avait même dû faire rétrograder, en arrière de Forbach, la brigade de dragons du général de Juniac, du

3ᵉ corps, qui arrivait à notre secours et qui, à ce moment, encombrait la route dont il était important de maintenir la libre circulation pour la réserve d'artillerie et le service des ambulances.

Mais, vers 6 heures, l'ennemi devient plus nombreux ; des troupes fraîches entrent en ligne de tous côtés, cherchent à nous envelopper et prononcent sur Stiring un vigoureux mouvement qui nous fait perdre du terrain.

Le général Valazé, reconnaissant l'urgence d'un mouvement offensif vigoureux, le fait exécuter par le 55ᵉ de ligne avec une grande énergie. Il reprend les positions de Stiring, pendant que le 3ᵉ bataillon de chasseurs se lance dans les bois qui bordent à droite la route de Sarrebrück.

Ce retour offensif est appuyé par un bataillon du 76ᵉ ; l'ennemi éprouve des pertes énormes, les nôtres sont également considérables.

Il était alors 7 h. 1/2 du soir ; les colonnes prussiennes redoublent leurs efforts avec un acharnement indescriptible ; le 32ᵉ, le 55ᵉ et un bataillon du 77ᵉ les repoussent avec la même énergie, soutenus par 12 pièces de la réserve d'artillerie. A 9 heures, ce combat, des plus meurtriers, durait encore et se poursuivait dans les premières maisons de Stiring, dont l'une était en feu.

Il faut se reporter actuellement au débouché de la route de Sarrelouis.

Au moment où la nuit arrive, la colonne ennemie, qui avait été arrêtée au prix des plus grands sacrifices, entoure de tous côtés le groupe héroïque de 300 hommes, dragons, pontonniers, sapeurs du génie, soldats du 2ᵉ de ligne, vaillamment électrisés par quelques officiers.

Il fallut céder contre des forces quintuples et se retirer derrière le chemin de fer ; alors les batteries prussiennes s'avancent sur la crête et, par un tir rapide couvrent Forbach de leurs obus. Nous sommes enveloppés ; les projectiles arrivent de face, de gauche, par derrière ; cependant les talus du chemin offrent encore un abri à nos intrépides combattants ; les infirmiers apportent des cartouches à ceux qui n'en ont plus et un feu nourri arrête encore une fois l'ennemi, qui croit à l'arrivée de renforts importants.

La situation générale n'en était pas moins critique ; le 2ᵉ corps, épuisé par douze heures de lutte, était grandement menacé sur sa droite et était pris à revers sur sa gauche. Au centre, les troupes placées à Stiring, en entendant la canonnade sur Forbach, voyaient leur ligne de retraite compromise.

Toutes nos réserves étaient engagées, les renforts annoncés n'arrivaient pas.

Sans espoir d'être soutenu le lendemain, tandis que l'ennemi se renouvelait sans cesse, il était urgent de prendre une position solide pour assurer la retraite.

Ordre fut donné de se replier sur le plateau d'Œtingen, que l'on pouvait gagner par les bois et sur lequel conduisait la seule route qui fût ouverte en ce moment.

En y arrivant, le général Frossard apprend que la division Montaudon, du 3ᵉ corps, était en position à Grosbliederstroff et que le général de Failly avait quitté Sarreguemines pour se porter dans la direction de Bitche. Il ignorait d'ailleurs quelles étaient les positions occupées par les divisions Metman et Castagny. Cette situation rendait inadmissible toute idée de retraite sur la route de Saint-Avold qui, d'ailleurs, était à cette heure complètement menacée par les colonnes prussiennes massées dans les vallées de la Rosselle, et dont les avant-gardes canonnaient Forbach en ce moment.

Il fallait, en outre, songer à la division Montaudon, qui se trouvait complètement isolée et aurait pu être compromise.

En conséquence, Sarreguemines fut indiqué comme point de ralliement pour de là gagner Puttelange.

Ce mouvement s'exécuta pendant la nuit.

Le 2ᵉ corps présentait, avant le combat, l'effectif suivant :

	Hommes.	Chevaux.
Division Vergé	7.794	626
Division Bataille	9.151	647
Division de Laveaucoupet	9.469	621
Cavalerie, général de Valabrègue	2.486	2.212
Réserve d'artillerie, général Gagneur	991	915
Réserve du génie, général Dubost	150	78
Total	30.041	5.099

Dans cette sanglante journée, les troupes du 2ᵉ corps se sont battues avec un acharnement sans pareil, pendant douze heures, sans repos et sans avoir pu prendre de nourriture ; l'ennemi ne put les déloger de leurs positions qui, à 10 heures du soir, étaient encore sensiblement les mêmes que celles occupées le matin.

Si les pertes des Prussiens furent considérables, le 2ᵉ corps a été cruellement éprouvé :

37 officiers tués ;
468 — blessés ;
44 — disparus ;
3.829 sous-officiers et soldats tués, blessés ou disparus.

Le général Doëns mortellement blessé.

Le colonel de Saint-Hillier et le commandant Schenck tués ; les lieutenants-colonels Boucheman, Hamon et Rodde grièvement blessés.

Quelques voitures de bagages sont abandonnées, mais aucun trophée n'est laissé entre les mains des Prussiens.

c) Opérations et mouvements.

Le maréchal Bazaine au général Frossard (D. T. Ch.).

Saint-Avold, expédiée à 2 h. 50 matin.

Le Major général me transmet les renseignements suivants :

Toujours les mêmes renseignements : que des forces ennemies considérables se portent par Trèves sur Sarrelouis et Sarrebrück. On pense qu'il y a exagération dans l'évaluation des forces prussiennes dont il s'agit ; il recommande de doubler d'attention aux avant-postes.

Le 3e corps a une division à Marienthal, une à Puttelange et la 1re à Sarreguemines. Dites-moi comment s'est opéré votre mouvement de cette nuit.

Le maréchal Bazaine au général Frossard (D. T., la fin chiffrée).

Saint-Avold, 6 août, 3 h. 45 matin (n° 55).

Le chef d'état-major de la 1re division du 3e corps, qui ne doit pas être encore en entier à Sarreguemines, me dit : « Des renseignements me font croire que je serai attaqué ce matin par des forces qu'on dit supérieures ». D'un autre côté, le sous-préfet de Sarreguemines me dit : « Les fils télégraphiques et la ligne de fer viennent d'être rompus à Bliesbrücken, sur la ligne de Bitche ». Je fais demander de plus amples renseignements.

Si l'ennemi faisait effectivement un mouvement offensif sur Sarreguemines, il faudrait porter la division qui est à Spicheren vers Grosbliederstroff.

Le Major général au général Frossard, à Forbach (D. T.).

Metz, 4 h. 40 matin.

Tenez-vous prêt à une attaque sérieuse qui pourrait avoir lieu aujourd'hui même. Restez à votre poste et ne venez pas trouver l'Empereur.

Annotation de la main du général Frossard : Mais alors pourquoi ne pas donner ordre au maréchal Bazaine de concentrer ses divisions sur les miennes et de prendre le commandement général, qui lui était dévolu depuis la veille ? Pourquoi ne pas ordonner qu'on occupât la position, éventuellement convenue, de Cadenbron, la droite vers Sarreguemines, la gauche au-dessus de Forbach, en faisant d'ailleurs appuyer de ce côté le 4ᵉ corps ?

Le Major général au général commandant, à Sarreguemines (D. T.).

Metz, 6 août, 5 h. 7 matin.

La brigade Lapasset est-elle encore à Sarreguemines ?

Le Général commandant à Sarreguemines au Major général (D. T.).

Sarreguemines (sans date).

La brigade Lapasset encore à Sarreguemines, part à midi.

Le général Frossard au maréchal Bazaine (D. T.).

Forbach, 6 août, 5 h. 50 matin. Expédiée à 6 h. 20 matin.

Mon mouvement en arrière s'est opéré très bien ; l'ennemi n'a pas paru s'en douter. La division Vergé occupe Forbach ; les deux autres sont à Spicheren et OEting. Mes reconnaissances ne sont pas rentrées ; je me tiens sur mes gardes.

Rien de nouveau de la nuit.

Le maréchal Bazaine au général Frossard (D. T.).

Saint-Avold, 6 août, 6 h. 20 matin. Expédiée à 6 h. 25 matin.

On me répond de Sarreguemines ; les renseignements donnés à l'arrivée (1) n'ont pas été justifiés. Tout est tranquille ce matin. Le général Lapasset part.

Le général Frossard au maréchal Bazaine (D. T.).

Forbach, 6 août, 7 h. 50 matin. Expédiée à 8 h. 30 matin.

La division Bataille, qui est à OEting, se met en rapport avec Sar-

---

(1) A l'arrivée de la division Montaudon à Sarreguemines, le 5 au soir.

reguemines. Il me serait difficile de retirer ma division de Spicheren, car Forbach serait sans doute attaqué de suite et nos approvisionnements compromis.

Votre division de Puttelange ne pourrait-elle appuyer sur Sarreguemines?

Le maréchal Bazaine au Major général (D. T.).

Saint-Avold, 6 août, 8 h. 45 matin.

Le général Frossard me télégraphie que son mouvement en arrière s'est très bien opéré, que l'ennemi n'a pas paru s'en douter; la division Vergé est à Forbach, les deux autres sont à Spicheren et Œting; les reconnaissances du général Frossard, les miennes, celles du général Ladmirault ne sont pas encore rentrées.

Le sous-préfet de Sarreguemines télégraphie que l'on ignore encore sur quelle longueur le chemin de fer est coupé, mais il l'est près de la gare de Bliesbrücken.

Le maréchal Bazaine au général Frossard (D. T. Ch.).

Saint-Avold, 6 août, 8 h. 46 matin. Expédiée à 9 h. 30 matin.

L'Empereur ne viendra pas aujourd'hui à Saint-Avold.

Le Sous-Préfet de Sarreguemines au général Frossard, à Forbach, et au maréchal Bazaine, à Saint-Avold (D. T.).

Sarreguemines, 6 août, 9 h. matin. Expédiée à 10 h. matin.

Des bruits annoncent que l'ennemi aurait l'intention de tenter sur Bening ce qu'il a exécuté cette nuit à Bliesbrücken.

Le général Frossard au maréchal Bazaine (D. T.).

Forbach, 6 août, 9 h. 10 matin.

J'entends le canon à mes avant-postes et je vais m'y porter. Ne serait-il pas bien que la division Montaudon envoyât de Sarreguemines une brigade vers Grosbliederstroff et que la division Decaen se portât en avant vers Merlebach et Rosbrück?

Le même au même (D. T.).

6 août, 10 h. 6 matin. Expédiée à 10 h. 20 matin.

L'ennemi a fait descendre des hauteurs de Sarrebrück vers nous de fortes reconnaissances, infanterie et cavalerie, mais il ne prononce pas encore son mouvement d'attaque.
Nous avons pris nos mesures sur les plateaux et sur la route.
Je n'irai pas à la gare de Saint-Avold.

Le général Frossard au maréchal Bazaine, à Saint-Avold (D. T.).

Forbach, 6 août, 10 h. 40 matin. Expédiée à 10 h. 50 matin.

On me prévient que l'ennemi se présente à Rosbrück et à Merlebach, c'est-à-dire derrière moi.
Vous devez avoir des forces de ce côté.

Le maréchal Bazaine au général Frossard (D. T.).

6 août, 10 h. 55 matin. Expédiée à 11 h. (n° 59).

Je donne l'ordre à la division qui est à Puttelange d'appuyer sur Sarreguemines.

Le même au même (D. T.).

Saint-Avold, 6 août, 11 h. 15 matin (n° 60). Expédiée à 11 h. 34 matin.

D'après les ordres de l'Empereur, j'ai porté, hier, les divisions Castagny et Metman sur Puttelange et Marienthal. Je n'ai plus personne à Rosbrück ni à Merlebach. J'envoie en ce moment une brigade de dragons dans cette direction et une brigade de la division Metman à Bening-lès-Saint-Avold.

Le Major général au général Frossard, à Forbach (D. T.).

Metz, 6 août, 12 h. 35 soir (n° 421).

Un télégramme qui m'est communiqué m'apprend que la division de Puttelange doit appuyer sur Sarreguemines. Si cette division y arrive aujourd'hui, ne la faites pas rétrograder, parce qu'elle est destinée à Sarreguemines.

Le général Montaudon au Major général, à Metz; au maréchal Bazaine, à Saint-Avold; au général de Failly, à Bitche (D. T.).

Sarreguemines, 6 août, 12 h. 30 soir. Expédiée à 1 h. 40 soir.

Le colonel du 3ᵉ lanciers rentre de reconnaissance; il a vu vers 8 h. 1/2 du matin, à 500 mètres en arrière de Wising, trois régiments de cavalerie, deux bataillons d'infanterie et une batterie d'artillerie.

Rohrbach paraît également menacé. Dans ces conditions, je crois devoir retirer la brigade Lapasset pour ne pas la compromettre.

Le maréchal Bazaine au général Frossard (D. T.).

6 août, 1 h. soir (1) (n° 61). Expédiée à 1 h. 15 soir.

Quoique j'aie très peu de monde sous la main pour garder la position de Saint-Avold, je fais marcher la division Metman sur Macheren et Bening-lès-Saint-Avold, la division Castagny sur Farschwiller et Theding; je ne puis faire plus. Mais, comme vous avez vos trois divisions réunies, il me semble que celle qui est à Œting peut très bien envoyer une brigade et même plus sur Morsbach, afin de surveiller Rosbrück, c'est-à-dire la route d'Assret (?) par Emersweiller et Grande-Rosselle vers Sarrelouis.

Notre ligne est malheureusement très mince, par suite des dernières dispositions prises et, si le mouvement est vraiment aussi sérieux, nous ferons bien de nous concentrer sur la position de Cadenbronn. Tenez-moi au courant.

Le général Frossard au maréchal Bazaine (D. T.).

6 août, 1 h. 25 soir.

Je suis fortement engagé, tant sur la route et dans les bois que sur les hauteurs de Spicheren. C'est une bataille. Prière de faire marcher rapidement votre division Montaudon vers Grosbliederstroff et votre brigade de dragons sur Forbach.

---

(1) L'heure de cette dépêche est contestée par le général Frossard qui dit que l'heure véritable est 11 h. 15 matin. De fait, le chiffre 11 h. 15 est surchargé sur la copie du télégramme qui est aux Archives.

Le même au même (D. T.).

6 août (1 h. 25 et remise : 1 h. 45) (au crayon sur l'original).

(Télégramme identique au précédent.)

Le maréchal Bazaine au général Frossard.

Saint-Avold, 6 août, 2 heures soir. Expédiée à 2 h. 18 soir.

Je fais partir la division Montaudon pour Grosbliederstroff. La brigade de dragons marche sur Forbach.

Le Major général au général Montaudon (D. T.).

Metz, 6 août, 2 h. 18 soir.

Vous avez bien fait de retenir la brigade Lapasset. Le général Frossard est attaqué ainsi que le maréchal Bazaine. Attendez-vous à l'être.

Le général Frossard au maréchal Bazaine (D. T.).

Forbach, 6 août, 2 h. 20 soir. Expédiée à 2 h. 25 soir.

Je vous prie de me répondre si vous faites marcher des troupes de Sarreguemines vers ma droite.

Le général Frossard au général Montaudon (D. T.).

Forbach, 6 août (1).

Avez-vous reçu ordre de diriger des troupes sur ma droite vers Grosbliederstroff? Si oui, activez leur marche.

Le maréchal Bazaine au général Frossard (D. T.).

Saint-Avold, 6 août. Expédiée à 3 h. 54 soir.

Je vous ai déjà répondu que le général Montaudon partait pour Grosbliederstroff.

---

(1) *On lit, écrit au crayon, sur la minute :* Reçu à 4 h. 1/2 soir. Le général Frossard dit avoir expédié ce télégramme à 3 h. 20.

Le même au même (D. T.).

Saint-Avold, 6 août, 4 h. 53 soir (n° 64). Expédiée à 4 h. 57 soir.

Donnez-moi de vos nouvelles pour me tranquilliser et n'oubliez pas que la division Montaudon est nécessaire à Sarreguemines.

Le général Frossard au maréchal Bazaine (D. T.).

Forbach, 6 août, 5 h. 15 soir. Expédiée à 5 h. 35 soir.

La lutte, qui a été très vive, s'apaise; j'espère rester maître du terrain, mais cela pourra recommencer demain matin ou peut-être la nuit. La division Montaudon vous sera renvoyée aussitôt que possible. Si vous pouviez m'envoyer un régiment au moins d'infanterie par chemin de fer, ce soir, ce serait bien. Mes troupes sont fatiguées.

Votre brigade de dragons est arrivée, mais ne peut m'être de grande utilité dans les bois.

Le Sous-Préfet de Sarreguemines au général Frossard (D. T.).

6 août, 5 h. 20 soir. Expédiée à 5 h. 55 soir.

La division Montaudon vient de se mettre en marche vers Grosbliederstroff.

Le général Frossard au maréchal Bazaine (D. T.).

6 août, 5 h. 31 soir. Expédiée à 5 h. 45 soir.

Ma droite, sur les hauteurs, a été obligée de se replier. Je me trouve compromis gravement. Envoyez-moi des troupes, très vite et par tous les moyens.

Le maréchal Bazaine au général Frossard (D. T.).

Saint-Avold, 6 août, 6 h. soir. Expédiée à 6 h. 3 soir (n° 65).

Je vous envoie par le chemin de fer le 60e de ligne. Renvoyez-le moi par la même voie dès qu'il ne vous sera plus nécessaire.

Le même au même (D. T.).

Saint-Avold, 6 août, 6 h. soir. Expédiée à 6 h. 5 soir.

Télégramme identique au précédent.

Le même au même (D. T.).

6 août, 6 h. 6 soir. Expédiée à 6 h. 46 soir (n° 66).

Je vous envoie un régiment par le chemin de fer; le général Castagny est en marche vers vous; il reçoit l'ordre de vous joindre; le général Montaudon a quitté Sarreguemines à 5 heures, marchant sur Grosbliederstroff; le général Metman est à Betting. Vous avez dû recevoir la brigade de dragons du général de Juniac.

Le général Frossard au maréchal Bazaine (D. T.).

Forbach, 6 août, 6 h. 35 soir. Expédiée à 6 h. 45 soir.

6 h. 1/2. Les Prussiens font avancer des renforts considérables. Je suis attaqué de tous côtés. Pressez le plus possible le mouvement de vos troupes.

Le même au même (D. T.).

Forbach, 6 août, 7 h. 22 soir. Expédiée à 7 h. 35 soir.

Nous sommes tournés par Wehrden, je porte tout mon monde sur les hauteurs.

Le maréchal Bazaine au général Frossard (D. T.).

6 août, 8 h. 15 soir (n° 67).

Je vous ai envoyé tout ce que j'ai pu. Je n'ai plus que trois régiments pour garder la position de Saint-Avold. Définissez-moi bien les positions que vous croyez devoir occuper.

Le maréchal Bazaine au général Frossard.

Saint-Avold, 6 août. (Parvenue le 7 au matin.)

Ainsi que je vous l'ai dit, vous avez pour couvrir votre ligne de retraite la division Castagny, qui est en avant de Folckling, et la division Metman qui se trouve à Bening-lès-Saint-Avold. Vous ferez bien de battre en retraite sur la position de Cadenbronn d'abord; le général de Castagny se portera à Theding. Quant au général Montaudon, il se retirera d'abord sur Rouhling, au-dessus, puis se joindrait à vous si cela devenait nécessaire.

Donnez-moi de vos nouvelles par l'intermédiaire du général de Castagny.

Le Chef de traction à la suite de l'armée au général Frossard.

6 août (sans indication d'heure).

Le baron Jérôme David me dit à l'instant qu'il croit que les Prussiens tourneront par le chemin de Stiring à Rosselle pour revenir par le chemin de Sarrelouis.

Il y a eu quelques coups de feu dans la direction du cimetière des Juifs (1), il y a une demi-heure environ.

Ne pourriez-vous pas faire protéger la gare (2) de ce côté, car ils pourraient nous couper la voie et empêcher les 2,000 hommes, qui doivent venir de Saint-Avold par un train spécial que l'on vient de me demander, d'arriver.

Le lieutenant-colonel Pollard, du 8ᵉ dragons, au général Frossard, à Forbach.

Bening, 6 août (sans indication d'heure).

Viens de quitter Bening; je suis seul avec deux escadrons, sans infanterie pour défendre la gare. Le chef de gare m'assure qu'une forte reconnaissance prussienne a été faite ce matin jusqu'au village de Merlebach. On prétend qu'ils doivent revenir cette nuit pour détruire la gare.

Le général Frossard au Major général (sur l'affaire du 6 août).

Au quartier général de Gros-Tenquin, 8 août.

Je n'ai pas encore pu, depuis deux jours, vous écrire pour vous prier de faire connaître à l'Empereur ce qui s'est passé à Forbach et quelle est actuellement la situation du 2ᵉ corps que je commande, mais vous avez été renseigné de vive voix à cet égard par le capitaine Vosseur (3), que vous m'aviez envoyé et qui m'a quitté ce matin à Puttelange.

---

(1) Près du Kaninchensberg.
(2) La gare de Forbach.
(3) Attaché au grand quartier impérial de l'armée du Rhin.

Le combat de Forbach était tout à notre avantage jusqu'à 4 heures du soir, après huit heures de lutte. Si à ce moment, où j'avais engagé toutes mes réserves, les renforts demandés par moi dès le matin au maréchal Bazaine étaient arrivés, comme ils auraient pu le faire, je l'affirme, nous aurions remporté un avantage magnifique par ses résultats au lieu de l'échec que nous avons subi.

Il y a bien des coupables dans tout cela, et je vous les ferai connaître, mais le moment n'est pas aux récriminations. Toujours est-il que je n'ai pas perdu mon convoi, mais mon corps d'armée a éprouvé des pertes sérieuses en hommes; je n'ai pas encore les états détaillés de mes pertes. J'estime à près de 2,000 hommes le nombre des tués et blessés dans les trois divisions d'infanterie. Il y a aussi un certain nombre de disparus. Le colonel du 2e de ligne a été tué, le colonel du 40e blessé très grièvement, le général Doëns également; un grand nombre d'officiers de tous grades ont aussi succombé.

Nous avons eu affaire au VIIe et au VIIIe corps prussiens et, dit-on, à une forte fraction de la Garde. L'ennemi aurait donc engagé contre nous 70,000 hommes au moins, c'est-à-dire toute cette concentration de troupes qui s'opérait sur Sarrebrück depuis quelques jours. Ils ont eu de leur côté des pertes énormes.

Quoi qu'il en soit, le 2e corps n'a pas été désorganisé; j'ai pu le rallier dès le lendemain même sur Puttelange, mais plusieurs régiments n'ont plus ni sacs, ni campement, ni ustensiles. Les vivres, hier, nous ont manqué; aujourd'hui nous avons trouvé ici quelque chose, mais demain je ne sais pas quelles distributions nous pourrons faire faire.

Je me retire pour opérer, suivant vos instructions, la concentration sur Metz. Je suis la route directe de Sarreguemines sur Nancy, c'est-à-dire celle que l'ennemi doit suivre, et je crois que notre attitude l'intimide et l'arrête, car nous n'apercevons encore devant nous que quelques vedettes de uhlans et de cuirassiers. L'infanterie n'est pas encore arrivée en notre présence et elle ne nous atteindra pas.

J'ai appris que l'ennemi était entré hier à Sarreguemines et qu'il est aussi à Sarralbe. Demain je continue mon mouvement rétrograde; j'irai à Mohrange et Baronville, mais comme ce serait une trop petite journée, je remonterai de quelques kilomètres sur la route de Metz et établirai mon quartier général à Brulange.

Mes hommes sont extrêmement fatigués; ils ne sont pas nourris; je ne pourrai longtemps les garder dans cet état.

Je vous envoie un officier qui vous dira en détail ce dont j'ai besoin. Il me faudrait des vivres assurés pour demain par un fort convoi à la gare de Remilly, sur le chemin de fer de Forbach.

Faites-moi envoyer aussi des marmites et des gamelles, ainsi que des petites tentes-abri; mes pauvres hommes ne peuvent faire la soupe, ni se préserver de la pluie la nuit. Je ne voudrais pas les ramener exténués sous Metz.

Quant à la concentration sous Metz, dans son grand camp retranché, c'est une nécessité et une planche assurée de salut. Il en est de même pour Langres, c'est là que les trois corps de l'Alsace doivent se concentrer et pas ailleurs. Là on se tirera d'affaire, je l'espère; autrement l'Empire serait perdu.

2e CORPS.

d) Situation d'effectif au 6 août 1870.

CORPS.	OFFICIERS.	SOUS-OFFICIERS et TROUPE.	TOTAUX.	CHEVAUX.
État-major général...............	12	»	12	38
1re division d'infanterie.				
État-major.......................	10	»	10	39
1re brigade. { 3e bat. de chasseurs.	21	431	452	11
32e rég. d'infanterie..	64	1,644	1,708	33
55e rég. d'infanterie..	62	1,825	1,887	30
2e brigade. { 76e rég. d'infanterie..	57	1,491	1,548	52
77e rég. d'infanterie..	62	1,528	1,590	27
Artillerie.......................	16	427	443	364
Génie...........................	5	106	111	19
Services administratifs...........	»	»	»	»
Train des équipages..............	1	44	45	71
Totaux pour la 1re division.	298	7,496	7,794	626
2e division d'infanterie.				
État-major.......................	14	»	14	45
1re brigade. { 12e bat. de chasseurs.	21	645	666	10
8e rég. d'infanterie..	62	1,835	1,897	28
23e rég. d'infanterie..	60	1,572	1,632	26
2e brigade. { 66e rég. d'infanterie..	58	1,472	1,530	22
67e rég. d'infanterie..	62	2,146	2,208	15
Artillerie.......................	15	508	523	431
Génie...........................	4	106	110	19
Services administratifs...........	10	63	73	40
Train des équipages..............	»	»	»	»
Totaux pour la 2e division.	306	8,347	8,653	636
3e division d'infanterie.				
État-major.......................	8	»	8	38
1re brigade. { 10e bat. de chasseurs.	18	822	840	7
2e rég. d'infanterie..	56	1,373	1,429	33
63e rég. d'infanterie..	62	1,848	1,910	24
2e brigade. { 24e rég. d'infanterie..	62	2,092	2,154	27
40e rég. d'infanterie..	58	1,555	1,613	29
Artillerie.......................	14	469	483	427
Génie...........................	5	108	113	17
Services administratifs...........	11	40	51	19
Train des équipages..............	»	»	»	»
Totaux pour la 3e division.	294	8,307	8,601	621

CORPS.	OFFI-CIERS.	SOUS-OFFICIERS et TROUPE.	TOTAUX.	CHEVAUX.
Cavalerie.				
1re brigade. { 4e chasseurs	48	621	669	644
5e chasseurs	46	643	689	616
2e brigade. { 7e dragons	37	464	501	416
12e dragons	38	487	525	479
TOTAUX pour la cavalerie..	169	2,215	2,384	2,155
Réserve d'artillerie.				
1re division. { 10e batterie du 5e régiment. 14e batterie du 5e régiment	8	288	296	244
2e division. { 6e batterie du 15e régiment. 10e batterie du 15e régiment	9	382	391	336
3e division. { 7e batterie du 17e à cheval. 8e batterie du 17e à cheval	10	294	304	335
TOTAUX pour l'artillerie...	27	964	991	915
Génie.				
2e compagnie de sapeurs-conducteurs du 3e régiment	»	8	8	12
2e compagnie de sapeurs-conducteurs du 1er régiment	»	39	39	61
2e compagnie de sapeurs du 3e régiment	4	99	103	5
TOTAUX pour le génie....	4	146	150	78
TOTAUX GÉNÉRAUX	1,110	27,475	28,585	5,069

1re DIVISION (VERGÉ).

Journal des opérations militaires de la division.

6 août.

La nuit est assez tranquille, mais, dès le matin, on aperçoit des mouvements de troupes sur les hauteurs de Sarrebrück. Au point du jour, le 77e prend les armes et le colonel Février, qui le commande, ordonne des dispositions défensives. A 5 heures, des éclaireurs ennemis se répandent dans la plaine et de petits détachements se glissent dans les plis du terrain en avant de notre front. A 6 h. 1/2, une reconnaissance est faite pour bien se rendre compte des mouvements de l'ennemi. On pressent une attaque sérieuse : un bataillon d'infanterie et deux pelotons de cavalerie ont ordre de bien observer les dispositions de l'armée prussienne. Cette reconnaissance constate la possibilité d'une affaire très prochaine.

Le général de division est prévenu et va se rendre compte lui-même de l'état des choses : il part avec deux sections d'artillerie. Reconnaissant immédiatement la gravité de la situation, il envoie trois compagnies du 77e dans le bois qui est en avant de Schœneck et il fait venir le 3e bataillon de chasseurs et le 76e de ligne.

Le 3e bataillon de chasseurs traverse le chemin de fer et prend position sur la route de Schœneck. Deux compagnies de ce bataillon sont laissées sur un petit plateau à la droite de ce chemin, pour observer la voie du chemin de fer du côté de Sarrebrück.

Le reste du 1er bataillon du 77e est placé dans l'usine Wendel, dans une position qui domine les bois, le chemin de fer et le chemin de Schœneck.

Le général de brigade Jolivet s'y installe lui-même pour diriger les mouvements de la gauche.

Les deux autres bataillons du 77e restent dans l'emplacement de leur campement et sont couverts par une tranchée-abri faite à la hâte.

Des tirailleurs sont déployés en avant de la ligne, dont la droite est appuyée par les deux sections d'artillerie qui viennent d'arriver. La compagnie du génie, mandée à cet effet, prépare un épaulement à l'artillerie.

La fusillade commence vers 10 heures. L'artillerie, voyant des groupes ennemis se lancer dans le bois, essaie de les arrêter par son feu. La ligne, étant jugée trop faible, est renforcée par le 76e, dont le campement était en arrière. Trois compagnies de ce régiment sont lancées, avec celles du 77e, dans le bois; deux autres vont appuyer le bataillon de chasseurs; la 6e de ce bataillon reste avec le général Jolivet à l'usine Wendel.

Le feu devient de plus en plus vif. On mande successivement la section d'artillerie de la batterie qui a ouvert le feu, puis la 2e batterie de 4 de la division.

Le 32e arrive (1) le long de la voie ferrée et s'établit dans l'usine et ses dépendances. Son 3e bataillon est placé en réserve sur le plateau

---

(1) Du Kaninchensberg.

de Stiring. La lutte que ce régiment a à soutenir est des plus vives ; mais il tient bon et repousse l'ennemi des maisons dont il s'est emparé.

Pendant ce temps, de fortes colonnes prussiennes descendent des hauteurs de Sarrebrück. La batterie de mitrailleuses est appelée et prend position à gauche de la route.

Le 55ᵉ est mandé pareillement. Il est 1 heure de l'après-midi. Deux de ses bataillons sont formés en colonne serrée sur la route de Sarrebrück ; le 3ᵉ est détaché sur la lisière du bois à gauche. On continue à tenir dans la verrerie de Stiring. Bientôt la division Bataille, qui occupait les hauteurs en arrière de Spicheren, envoie un régiment pour prendre part à l'action, qui devient de plus en plus chaude. Un peu plus tard, la brigade Bastoul (1) se complète et le général Vergé, se raccordant avec le général Bataille, le prie de faire un mouvement par la gauche pour couvrir la verrerie, pendant que la division reprendra les positions de Stiring.

Le mouvement s'exécute : il est suivi de succès. On gagne du terrain. On reprend les bois en avant de Stiring et on maintient l'ennemi.

C'est à ce moment qu'on apprend que les hauteurs de Spicheren, occupées par la division Laveaucoupet, sont menacées, et que la 1ʳᵉ division peut être tournée. La brigade Bastoul elle-même se retire sous la protection de la brigade Jolivet, mais bientôt l'ennemi nous enveloppe et cherche à s'emparer du village de Stiring.

Le général Valazé, reconnaissant l'urgence d'un mouvement offensif vigoureux pour l'arrêter, le fait exécuter par le 55ᵉ avec une grande énergie et reprend les positions en avant de Stiring, pendant que le 3ᵉ bataillon de chasseurs se lance dans les bois qui bordent à droite la route de Sarrebrück. Ce retour offensif est appuyé par un bataillon du 76ᵉ. Il fait éprouver à l'ennemi des pertes énormes ; mais les nombreux tirailleurs prussiens logés dans les bois enveloppaient déjà notre droite. Il était alors 8 h. 1/2 et la nuit se prononçait. Le général de division quitte la position avec une batterie d'artillerie et les compagnies qui la soutenaient. Cette retraite est protégée par un feu très nourri de la 1ʳᵉ brigade, qui essuie des pertes assez considérables.

Le 32ᵉ, le 55ᵉ, le bataillon de chasseurs et un bataillon du 77ᵉ, commandé par le colonel Février, maintiennent leurs positions jusqu'à 9 heures dans le village pour arrêter l'ennemi. Ces troupes rentrent ensuite en bon ordre et vont rejoindre le reste de la division sur la route de Sarreguemines, indiquée comme ligne de retraite.

L'artillerie se retire sous la protection de deux compagnies d'infan-

---

(1) De la division Bataille.

terie appartenant au 76ᵉ et au 77ᵉ, qui la défendent avec la plus grande énergie.

Pertes de la 1ʳᵉ division dans la journée du 6 août.

9 officiers tués ;
27 officiers blessés ;
23 officiers disparus.
99 hommes de troupe tués ;
396 hommes de troupe blessés ;
689 hommes de troupe disparus ;
17 chevaux tués ;
4 chevaux blessés ;
3 chevaux disparus.

On ne peut apprécier d'une manière certaine les pertes de l'ennemi, mais elles ont dû être considérables.

Les bagages de la division ont été conservés. Avertis assez à temps, ils ont précédé le mouvement dans la direction de Sarreguemines.

Le général Vergé au général Frossard.

Au camp devant Metz, 10 août.

J'avais l'intention de vous adresser un rapport détaillé sur la journée du 6 août, où la division que je commande a vaillamment combattu devant Forbach pendant onze heures consécutives, et où elle a éprouvé des pertes sensibles.

Mais notre marche a été si rapide depuis le combat, et les événements se sont tellement précipités qu'il ne m'a pas été possible de faire ce que j'avais résolu.

Je me contenterai de vous dire que, si l'attaque des Prussiens a été vigoureuse et opiniâtre, la résistance qui leur a été opposée a été des plus énergiques et que, sans la force numérique dont ils disposaient, les renforts qui leur arrivaient sans interruption, nous en aurions eu certainement raison.

Mais il a fallu céder devant le nombre, et j'estime que ma division, dont l'effectif sur le champ de bataille atteignait à peine 5,000 hommes (1), a eu à en combattre, pour sa part, près de 40,000 (2), puisque, d'après les renseignements positifs que nous avons recueillis après le combat, les Prussiens étaient au nombre de 80,000 hommes.

Nous leur avons tenu tête, néanmoins, depuis 10 heures du matin

---

(1) Effectif de la 1ʳᵉ division le 6 août : 7,794.
(2) Chiffre exagéré.

jusqu'à 9 heures du soir, ne reculant que pied à pied, et nous avons effectué notre retraite sans être contraints d'abandonner une seule pièce d'artillerie, sans nous laisser entamer un seul instant.

Il est vrai que chacun a fait son devoir et que les chefs ont entraîné leurs soldats en payant eux-mêmes de leur personne et en leur donnant l'exemple.

Nos pertes se sont élevées à 1245 hommes tués, blessés ou disparus (dont 60 officiers); à 16 chevaux tués, 19 blessés et 2 pris (1).

Il a été brûlé par l'infanterie 146,000 cartouches, et l'artillerie de la division a consommé 37 boîtes à balles et 893 obus ordinaires.

L'artillerie de réserve et une batterie à cheval, mises aussi à ma disposition, ont fait de leur côté une consommation de munitions considérable.

1re BRIGADE (LETELLIER-VALAZÉ).

Historique du 3e bataillon de chasseurs.

6 août.

Au début de l'action le bataillon occupe, à la gauche de la 2e brigade, le bois situé à gauche de la vieille usine de Stiring, ainsi qu'une clairière à droite de ce bois. Bientôt on vit les colonnes prussiennes descendre des hauteurs de l'Exercir-Platz et pénétrer dans le bois, précédées de nombreux tirailleurs avec lesquels le bataillon engage le feu; le combat dure environ trois heures sur ce point avec des alternatives diverses; mais la supériorité numérique de l'ennemi et le rideau du bois qui dérobe ses mouvements lui permettent de tourner l'aile gauche du bataillon, qui, pressé de front et de flanc, est contraint de céder le terrain pour échapper à une destruction certaine; il abandonne le bois pied à pied et se retire sur le village de Stiring, occupé par des fractions du 55e et du 32e de ligne. Il prend part à la défense de cette position jusqu'à 6 heures du soir; il est alors porté à la lisière du bois situé à la droite de la route de Sarrebrück, croisant son feu avec un bataillon du 55e de ligne établi devant Stiring. C'est dans cet ordre que ces deux troupes repoussèrent, par un feu nourri, les attaques que de fortes colonnes prussiennes tentèrent à 8 heures du soir, pour enlever Stiring. Le feu cessa de part et d'autre à 9 heures; il était nuit, l'ordre de battre en retraite était donné; le bataillon gagna à travers champs la route de Sarreguemines, où il arriva le lendemain matin. Dans cette affaire, la plus meurtrière de la campagne pour le bataillon, les pertes atteignirent le tiers de l'effectif. M. le lieutenant

---

(1) Ces chiffres ne concordent pas avec ceux du Journal des opérations de la division, page 26.

Gauvin était au nombre des morts; en outre cinq officiers grièvement blessés tombèrent aux mains de l'ennemi; ce furent :

MM. Suberville et Thévenin, capitaines.

MM. Blavier, Gosselin et Villers, lieutenants.

Les pertes de la troupe s'élevèrent à 225 sous-officiers et soldats, parmi lesquels un petit nombre furent faits prisonniers, sans être blessés.

Rapport du colonel Merle, commandant le 32e de ligne, sur la bataille de Spicheren.

Puttelange, 7 août.

A 9 h. 1/2 du matin, le 32e était en avant de Forbach, sous les armes et disposé en prévision de l'attaque dont nous étions menacés du côté de Sarrelouis, quand l'ordre lui fut donné de quitter cette position et de se porter en toute hâte sur Stiring en suivant la voie ferrée.

En conséquence, à 11 heures j'arrivai à la gare de Stiring et je débouchai dans le village sous un feu des plus vifs, et alors que le 3e bataillon de chasseurs ne suffisait plus à contenir l'ennemi.

Après avoir garni avec mes 1er et 2e bataillons les positions de l'usine et du village, qui me semblaient favorables à la défense, je plaçai en réserve tout mon 3e bataillon sous les ordres du commandant Lapasset, et avec lui je pus faire face à toutes les nécessités de la défense et de l'attaque aussi, car je ne pouvais pas songer à rester enfermé dans Stiring.

A mon arrivée sur le lieu du combat, l'ennemi, déjà maître de quelques-unes des maisons situées sur le côté gauche du chemin de fer, faisait par leurs croisées et par des embrasures qu'il avait établies un feu nourri et meurtrier pour mes hommes et surtout pour mes officiers. Une pièce d'artillerie mise à ma disposition, et bien dirigée par un lieutenant d'artillerie dont je regrette de ne pas savoir le nom, fit évacuer ces maisons; et tandis que les Prussiens regagnaient les bois situés en arrière d'elles, je me hâtai d'y envoyer et d'y établir deux compagnies de ma réserve qui m'assurèrent dès ce moment la possession du village, tout en rendant impossible pour l'ennemi l'occupation de la lisière du bois dans lequel il s'était réfugié.

A plusieurs reprises les Prussiens tentèrent de revenir, ou tout au moins de reprendre sur notre flanc gauche une position qui leur permit de nous continuer le mal qu'ils nous faisaient avant. Dans ce but, quelques pelotons sortirent du bois au pas de course et s'établirent dans un groupe de maisons entourées de haies très épaisses, situées en avant et à gauche du village et tout près du talus du chemin de fer.

Il fallait à tout prix les déloger de ce poste, où je les avais vus s'embusquer, en examinant le champ de la lutte du haut de la maison d'école. La pièce d'artillerie, dirigée par moi du haut de mon observatoire, et quelques bons tireurs placés aux fenêtres à côté de moi et tirant à 1000 mètres, y réussirent; et à partir de ce moment, jusqu'à 9 heures, les Prussiens ne purent plus rien sur notre gauche. Le village était bien à nous. A 7 heures, je recevais l'ordre de battre en retraite sur Forbach et je faisais évacuer toutes nos positions. A 7 h. 1/2 ordre de se maintenir : je fis reprendre tout ce que je venais d'abandonner. Enfin, à 8 heures, ordre de se retirer décidément en avant de Forbach.

A 9 heures seulement je me décidai à obéir à ce deuxième ordre, parce que je voulais la nuit pour le faire, et le faire aussi en donnant aux troupes de droite le temps de s'éloigner de Stiring. Mon mouvement eut lieu de la manière suivante : une première colonne en ordre et en silence, traversa le village et prit sous un feu assez vif la route de Forbach et celle de Sarreguemines ensuite. Le 3ᵉ bataillon, laissé pour former mon arrière-garde, se mit en route à 9 h. 1/4 après avoir rallié toutes les troupes logées dans les maisons ou dans l'usine. Ces dernières compagnies, prévenues une à une par des officiers, se retirèrent sans bruit sur le 3ᵉ bataillon et la deuxième colonne opéra alors son mouvement de retraite. Sa sortie du village fut très pénible et lui coûta dix officiers qui n'ont plus reparu au corps, parmi lesquels les trois officiers de la 1ʳᵉ du 2ᵉ. Les Prussiens, en possession de la partie droite de Stiring, en profitèrent en effet pour faire sur cette deuxième colonne un feu plus vif encore que celui qu'avait essuyé la première.

Pourtant, malgré mes pertes nombreuses, je m'estime très heureux d'avoir pu sauver mon arrière-garde, qui pouvait facilement être enveloppée et détruite.

A 11 heures le régiment se réunissait à Forbach sur la route de Sarreguemines.

Rapport du commandant Collignon, du 1ᵉʳ bataillon, sur le rôle de ce bataillon le 6 août.

Le bataillon, étant tête de colonne du régiment, se trouvait engagé vers midi sur la voie du chemin de fer qui, pendant plus d'un kilomètre, se trouve en tranchée dont les talus sont pierrés et ne permettent pas par conséquent l'escalade.

Au débouché de ce défilé, entre l'usine des forges de Stiring-Wendel et les maisons des employés qui lui font face à gauche de l'autre côté de la voie, la tête de colonne a été assaillie par un feu de tirailleurs partant du bois à gauche, qui ne permit pas au bataillon de prendre d'autres dispositions que de se jeter, le demi-bataillon de gauche dans les bâtiments de l'usine, le demi-bataillon de droite sur la droite de ces bâtiments, abritée par des piles de fonte en gueuses.

Le bataillon, dans cette position assez critique, tint bon de midi à 8 heures du soir en s'abritant le plus qu'il pouvait dans les bâtiments de l'usine qui furent bientôt mis en feu par l'artillerie ennemie ; luttant contre un ennemi nombreux, souvent relevé, qui occupait une partie des maisons qui bordent la voie du chemin de fer vis-à-vis l'usine.

Le commandant Bazaille, du 2ᵉ bataillon du 32ᵉ de ligne, au colonel Merle.

Camp de Gros-Tenquin, 8 août.

Le 2ᵉ bataillon, arrivé vers midi et demi à l'usine de Stiring par la voie du chemin de fer, se jeta aussitôt à droite vis-à-vis d'un groupe de maisons occupé par l'ennemi. Il tint cette position tout le temps de l'action, faisant feu sur les croisées d'où partaient les coups de feu.

Le soir, les deux ponts du chemin de fer établis dans le voisinage furent occupés par les 2ᵉ et 3ᵉ compagnies, la 1ʳᵉ fut logée dans les maisons qui font face au bois qui était occupé par l'ennemi, le reste du bataillon fut groupé sur la place de l'Eglise.

Le bataillon a gardé ses positions pendant tout le temps de l'action, chacun est resté à sa place.

Dans le mouvement de retraite, la 1ʳᵉ qui servait d'avant-garde aux fractions du régiment restées dans le village essuya une décharge très forte de mousqueterie ; elle se jeta dans les maisons à droite et à gauche ; les trois officiers de la compagnie et 32 hommes n'ont pas reparu.

Le commandant Lapasset, du 3ᵉ bataillon du 32ᵉ de ligne, au colonel Merle, sur le combat du 6 août.

Au camp, 8 août.

Le régiment avait suivi la voie ferrée de Forbach à Stiring, fortement encaissée dans toute sa longueur. Il hâtait le pas pour sortir d'une position très mauvaise, car le feu était engagé entre les Prussiens et le 3ᵉ bataillon de chasseurs, et le régiment se trouvait dominé à droite et à gauche par des talus très élevés.

Il arrive enfin sous le pont de bois au pied duquel se trouve le seul passage franchissable.

Les chasseurs à pied battaient en retraite sous le feu de l'ennemi qui, des bois, arrivait aux maisons, les occupait et faisait feu par toutes les ouvertures.

Les deux premiers bataillons du 32ᵉ escaladent les talus de droite, se portent vers l'usine et vers le pont de pierre.

Le 3e escalade à son tour. Je le dispose de la manière suivante : 1re et 2e compagnies, du pont de pierre à l'usine; une section de la 3e pour défendre le passage du pont; l'autre section, à gauche, occupe le talus du chemin de fer jusques et y compris le passage à niveau, la barrière et le jardin de l'asile. Les 4e et 5e occupent les haies à gauche.

J'avais d'abord la 6e placée en réserve sur la place avec les hommes du régiment qui, dans le mouvement d'escalade, avaient perdu leur compagnie.

De l'autre côté, les maisons de l'usine qui font face au bois sont fortement occupées par les Prussiens. Les unes sont affectées aux ouvriers, les autres sont des maisons de maîtres. De ces dernières, parmi lesquelles la maison du clocheton, part une grêle de balles.

Tout le chemin allant de la place au pont de pierre est balayé complètement et rend difficile la circulation et l'occupation.

Le feu dure ainsi longtemps; l'ennemi, à couvert dans les maisons, nous tue et blesse beaucoup de monde. La 1re reçoit l'ordre de chasser l'ennemi de la maison; elle y pénètre et s'y maintient, mais la maison du clocheton continue son feu, qui n'est éteint qu'après plusieurs coups de canon tirés par une pièce sous les ordres d'un lieutenant d'artillerie envoyé par le général Bataille.

Les compagnies du 3e bataillon passent les ponts, renforcent la 1re, occupent toutes les maisons.

Les Prussiens sont rejetés dans le bois. Tout paraissait fini; l'ordre est donné à ces compagnies de se retirer sur la place; quelques instants après, la 1re retourne aux maisons, pendant que la compagnie Trinquier, du 2e bataillon, garde le pont de pierre. La 4e garde l'usine; la 2e et la 5e gardent le bois; les compagnies Ducarne et Remy (2e bataillon) gardent le passage à niveau.

Le 32e s'étant mis en retraite, l'adjudant-major Malcor porte l'ordre aux compagnies Bonnafous et Lachaume de quitter les maisons et le bois, et aux autres de battre en retraite successivement en se ralliant au 3e bataillon, désigné comme arrière-garde.

La compagnie Remy est placée en avant-garde; la compagnie Genevey en extrême arrière-garde.

Au moment où le 3e bataillon était engagé dans la grande rue qui mène à la route, des coups de feu partirent des deux côtés de la rue, à travers les fenêtres en face.

L'avant-garde Remy n'étant plus là, je demandai des hommes de bonne volonté pour aller à sa recherche et pour servir en même temps d'éclaireurs et voir si le bataillon pouvait, sans trop se compromettre, suivre le même chemin.

MM. Malcor, capitaine adjudant-major ;
Fine, sous-lieutenant à la 3ᵉ compagnie du 2ᵉ bataillon ;
Alexandre, sergent ;
Darbignac, sergent fourrier ;
Lecointe, clairon ;
Chastelle, caporal ;
Chastelle, son frère, fusilier ;
Guindre, caporal ;

se présentèrent.

S'étant porté en avant, arrivé à 30 pas de la route, le capitaine Malcor entendit du bruit, cria : « Qui vive? », à quoi il fut répondu par des mots allemands et une vive fusillade. Les éclaireurs se replièrent isolément pour prévenir le bataillon, qui prit une direction à travers champs et rejoignit la grande route et un peu plus loin les deux autres bataillons du 32ᵉ.

La première fusillade a produit la disparition de l'avant-garde qui, probablement, s'est jetée à gauche au pouvoir des Prussiens, ainsi que la disparition de M. Estor, lieutenant, et de MM. de Larive et Izoard, sous-lieutenants.

La deuxième fusillade a tué le clairon Lecointe et un homme de la 1ʳᵉ du 3ᵉ, et causé la disparition du caporal Guindre.

Historique du 55ᵉ régiment d'infanterie.

6 août.

Un bataillon et demi du régiment part en reconnaissance (1) à 9 heures du matin et va jusqu'au delà de la petite Rosselle : cette reconnaissance rentre vers 11 heures, au moment où le reste du régiment quitte le camp pour marcher au canon de Spicheren.

Les troupes qui rentrent de reconnaissance partent à leur tour vers midi pour aller prendre part au combat.

Les bataillons du régiment sont engagés isolément et sur différents

---

(1) *Le général Frossard au commandant de la 2ᵉ brigade de la 1ʳᵉ division.*

6 août.

Veuillez faire exécuter dans la matinée, dans la vallée de la Rosselle, une reconnaissance comme celles que vous avez fait exécuter.

Cette reconnaissance, commandée par le colonel du 55ᵉ, se composera d'un bataillon du 55ᵉ et d'un escadron de dragons qui va être mis à sa disposition.

points depuis midi jusqu'à 10 heures du soir : le 1er et le 3e dans le village de Stiring-Wendel et en avant de ce village ; le 2e sur la gauche de l'usine de Wendel. Le 3e bataillon est le plus éprouvé. La perte totale du régiment est de 5 officiers et 130 hommes tués, blessés ou disparus.

On bivouaque à environ 2 kilomètres de Forbach.

2e BRIGADE (JOLIVET).

Rapport du général Jolivet sur l'affaire de Forbach.

6 août.

Le 5 août, ma brigade était campée sur les hauteurs qui bordent la rive gauche de la Sarre et commandent la ville de Sarrebrück. Vers la nuit, l'ordre me fut donné de quitter cette position et de venir camper en avant de Forbach.

Entre Sarrebrück et Forbach se trouve le village de Stiring-Wendel ; ce village est exclusivement composé des usines de M. de Wendel et des logements des ouvriers. Il a sa droite appuyée à la route qui conduit de Forbach à Sarrebrück, sa gauche au chemin de fer et à un bois touffu qui part des rives de la Sarre et vient finir devant Forbach.

Derrière ce bois se trouve le village de Schœneck. La route de Forbach à Sarrebrück est aussi bordée à droite par un bois très touffu.

Entre la route de Forbach et le chemin de fer se trouve un autre massif de bois qui cache tout mouvement de troupes venant d'un ravin qui conduit à la Sarre.

Le 77e campa, le 5 août, à 10 heures du soir, à gauche de la route de Forbach à Sarrebrück, à environ 100 mètres en avant du village de Stiring-Wendel.

Les grand'gardes furent placées de manière à surveiller tout mouvement venant de Sarrebrück et des bois de Schœneck, à gauche.

La nuit fut tranquille ; mais, dès le matin, on put remarquer des mouvements de troupes sur les hauteurs de Sarrebrück.

Au point du jour, le 77e prit les armes. Le colonel Février, qui commande ce régiment, fit placer les 2e et 3e bataillons en bataille au sommet et un peu en arrière d'une pente qui dominait le terrain placé en avant de son campement.

Les compagnies, qui avaient été placées pendant la nuit à l'origine des bois de gauche, furent repliées de manière à ne pas être compromises par leur éloignement. Celles qui garnissaient la ligne du chemin de fer se trouvèrent ainsi plus concentrées et purent protéger efficacement le flanc gauche de la ligne.

Deux compagnies furent placées pour observer les débouchés du côté de Schœneck. A 5 heures, les éclaireurs ennemis se répandaient dans la plaine, pendant que des hommes isolés en grand nombre se dirigeaient vers le ravin qui séparait nos positions de celles de l'ennemi, dans le but évident de s'y concentrer sans attirer notre attention.

A 6 h. 1/2, le colonel Février, à la disposition duquel on avait mis deux pelotons du 7e dragons, fit opérer une reconnaissance qui signala les mouvements de l'ennemi et la possibilité d'une attaque sérieuse.

Averti de ce qui se passait, le général de division fit partir quatre pièces d'artillerie, que le génie couvrit plus tard par un épaulement. A 8 h. 1/2, le général de division et le général Jolivet allaient reconnaître les positions occupées par le 77e.

Reconnaissant immédiatement la gravité de la situation, trois compagnies furent envoyées dans le bois qui est en avant de Schœneck, et le 3e bataillon de chasseurs, que l'on envoya chercher, traversa le chemin de fer et alla prendre position sur la route qui conduit à ce village, éloigné environ de 1500 mètres de Stiring.

Deux compagnies furent laissées sur un petit plateau qui se trouve à droite de ce chemin et furent chargées d'observer la ligne du chemin de fer de Sarrebrück.

J'allai moi-même placer toutes ces compagnies et recommandai au commandant de chasseurs de faire tous ses efforts pour arrêter l'ennemi s'il tentait de s'emparer de la ligne du chemin de fer qui domine la plaine.

Trois compagnies du 77e furent placées dans une partie de l'usine Wendel, qui domine le bois, le chemin de fer et le chemin de Schœneck. Je m'y établis moi-même pour diriger les mouvements de la gauche.

Deux bataillons du 77e restèrent en position sur l'emplacement de leur campement et furent couverts par une tranchée-abri.

Vers 10 heures, l'ennemi sortit par petits groupes du ravin pour se lancer dans le bois, et la fusillade commença avec les compagnies du 77e, qui y étaient en position, et les chasseurs à pied, placés près du chemin de fer.

De 10 heures à 11 heures, l'artillerie de la division vint prendre position à 50 mètres à gauche de la route de Sarrebrück et commença son feu sur les groupes ennemis qui se lançaient dans le bois, mais elle ne les arrêta pas et ils s'y logèrent en grand nombre.

Le 76e, qui était campé à 2 kilomètres en arrière, arriva en ce moment sur le lieu du combat. Trois compagnies furent envoyées pour renforcer celles du 77e qui étaient dans le bois; deux autres furent placées comme soutien du bataillon de chasseurs.

Cependant les tirailleurs ennemis avançaient toujours, et des forces considérables, venant par le village de Schœneck, menaçaient de tourner notre gauche. Devant des forces aussi supérieures, je dus faire replier le bataillon de chasseurs sur l'usine Wendel où je me trouvais avec les trois compagnies du 77⁰ et une du 76ᵉ ; la retraite se fit en bon ordre dans le village de Stiring.

D'un autre côté, le bois occupé par trois compagnies du 77ᵉ et par un bataillon du 76ᵉ était vivement attaqué par les bataillons ennemis, qui sont d'abord repoussés par les nôtres ; mais de nouvelles forces arrivaient toujours et il était évident que nous avions devant nous une armée formidable qui cherchait à nous tourner.

Je m'aperçus qu'il était impossible de tenir plus longtemps sans risquer d'être complètement coupé, et ce fut aussi la pensée du général de division, qui fit battre en retraite les bataillons du 76ᵉ et du 77ᵉ, ainsi que l'artillerie divisionnaire, qui se trouvait sur l'emplacement où était campé le matin le 77⁰.

Il était alors 5 heures, les hommes étaient très fatigués et les cartouches commençaient à manquer.

Je dus donc, après les avoir ralliés, les conduire sur la route de Sarrebrück, où le lieu de rassemblement était indiqué.

C'est à ce moment qu'un régiment de la division Bataille arriva de Forbach et fit un mouvement offensif pour protéger la retraite ; mais bientôt ce régiment quitta lui-même le champ de bataille pour aller défendre son camp menacé.

Je fis alors occuper les maisons de Stiring pour protéger la retraite des bataillons, qui quittaient leurs positions. Mais bientôt l'ennemi nous enveloppa de tous côtés, cherchant à nous tourner en même temps à gauche et à droite, tandis qu'une partie de ses forces continuait à marcher de front sur le village de Stiring pour s'en emparer.

Il était urgent de faire un mouvement offensif vigoureux pour l'arrêter. Le général Valazé, commandant la 1ʳᵉ brigade, le fit exécuter par le 55ᵉ qui, avec la plus grande énergie, reprit ses positions en avant de Stiring pendant que le bataillon de chasseurs se lançait dans les bois qui bordent à droite la route de Sarrebrück. Je fis appuyer ce retour offensif des chasseurs par un bataillon du 76⁰ commandé par M. Jamais ; mais les nombreux tirailleurs ennemis logés dans le bois enveloppaient déjà notre droite. Il était alors 8 h. 1/2.

Le général de division quitta la position avec une batterie d'artillerie et les compagnies qui la soutenaient. Le 32ᵉ, le 55ᵉ, le bataillon de chasseurs et un bataillon du 77ᵉ, commandé par le colonel Février, restèrent en position jusqu'à 9 heures dans le village, pour arrêter l'ennemi. Les troupes rentrèrent ensuite en bon ordre et vinrent rejoindre le reste de la division sur la route de Sarreguemines.

Au moment où l'artillerie arrivait, en battant en retraite, à l'entrée du village de Stiring, il pleuvait sur elle une grêle de balles et, sans l'énergie d'une compagnie du 76°, commandée par M. le capitaine Pacull, et une autre du 77°, sous les ordres du capitaine Hiver, qui ont su la défendre avec la plus vive énergie, elle serait certainement tombée au pouvoir de l'ennemi.

Dans la journée du 6 août, quoique le succès n'ait pas couronné nos efforts, puisque nous avons dû évacuer les positions que nous occupions, les différentes phases du combat ont été glorieuses pour nos armes, et nous n'avons cédé qu'à des forces triples des nôtres, puisque, d'après les évaluations les plus modérées, l'armée ennemie était de près de 30,000 hommes. De plus, les Prussiens avaient pour eux l'avantage de positions connues, étudiées depuis longtemps, et les bois impénétrables, qui les ont tenus presque toute la journée à l'abri de nos coups.

Historique du 76° régiment d'infanterie.

6 août.

Le 6 août, vers 7 h. 1/2 du matin, nos vedettes de cavalerie annoncèrent, en se repliant, l'approche des troupes prussiennes, qui débouchaient de Sarrebrück; vers 9 heures, la lutte commença par un combat d'artillerie sur le front de notre position. Bientôt la bataille augmenta d'intensité, à mesure que les renforts arrivèrent aux Prussiens, et s'étendit vers la gauche. A 11 heures, le 76° reçut l'ordre de plier ses tentes et de se porter en avant; quelques instants après, le chef d'état-major de la division apportait l'ordre de se hâter : on partit aussitôt au pas de course. Le 3° bataillon, qui marchait en tête de colonne, fut dirigé à gauche, vers l'usine de Stiring, où la fusillade était très vive; le 2° bataillon fut porté un peu en avant du village de Stiring et prit position sur la lisière du bois qui est séparé de la forêt par le chemin de fer de Forbach à Sarrebrück, avec ordre de le défendre. Le 1er bataillon fut placé, par le général Vergé lui-même, en arrière et à quelques pas d'une section d'artillerie, contre laquelle l'ennemi dirigeait un feu violent, avec ordre de servir de soutien à cette artillerie. Ce fut donc entre la route et le chemin de fer de Forbach à Sarrebrück et à 400 ou 500 mètres en avant de Stiring que le 76° prit sa première position dans cette journée, occupant ainsi l'extrême gauche de la ligne de bataille. Au moment de notre arrivée, le 32° régiment et le 3° bataillon de chasseurs à pied occupaient et défendaient l'usine de Stiring, les dernières maisons du village de ce côté, la lisière et une partie de la forêt. Ce fut cette position que le 3° bataillon du 76° vint renforcer; là il combattit toute la journée, cherchant à empêcher l'infanterie prussienne de sortir des bois et de déborder notre gauche.

Le 2° bataillon fut bientôt obligé d'abandonner le petit bois qu'il était chargé de défendre, l'ennemi s'y étant porté en forces considérables. En cédant ce terrain, il se reporta en arrière et vint se mêler au 3e bataillon, à gauche du village de Stiring, et s'y maintint aussi jusque vers le soir.

Le 1er bataillon, chargé de soutenir la batterie d'artillerie, garda sa première position jusque vers 2 heures de l'après-midi, moment où le feu de nos pièces fut éteint et où le dernier caisson sauta. Le 1er bataillon se porta alors un peu en avant et fut disposé par ses officiers dans les fossés qui bordent la grande route, faisant face à gauche et observant la forêt, dont la lisière ne fut pas franchie par l'infanterie ennemie.

Telle fut la position occupée et défendue par le 76e régiment pendant toute la journée, jusque vers 6 heures du soir.

A ce moment, une nombreuse infanterie prussienne s'étant portée contre nous, le 1er bataillon se retira, cédant le terrain, et se dirigea sur le village de Stiring où arrivèrent aussi, dans le même moment, les débris du 2e et du 3e bataillon, qui étaient définitivement rejetés de la forêt, ainsi que la 1re brigade, par un ennemi très supérieur en nombre.

Nos troupes, ne se sentant pas alors assez fortes pour combattre à découvert, occupèrent toutes les maisons de Stiring qui faisaient face à l'ennemi, espérant pouvoir se maintenir dans ce village; mais, quelques instants plus tard, toute la plaine se couvrit de bataillons prussiens formant des masses profondes. Ces masses se portèrent en avant, se faisant appuyer par une puissante artillerie qui couvrit le village de projectiles.

La position n'était plus tenable; y rester plus longtemps, c'était s'exposer inutilement à être enveloppés et pris.

Ce fut alors que le général de division ordonna la retraite. Le général Valazé, avant de se retirer, fit opérer, par le 55e de ligne, un vigoureux retour offensif qui le remit en possession d'une partie du terrain perdu. En même temps, le 3e bataillon de chasseurs et 400 ou 500 hommes du 76e prenaient part à cette attaque, qui eut probablement pour résultat d'empêcher l'ennemi de nous inquiéter dans notre retraite. Cependant, la nuit était presque venue et un grand nombre d'officiers et de soldats, qui avaient pris position dans les maisons les plus éloignées, ne purent être prévenus du mouvement ordonné et furent faits prisonniers.

Le 76e prit alors la route de Forbach, conduit par le général de division; avant d'entrer dans cette dernière ville, la colonne prit à gauche la direction de Sarreguemines.

Dans cette journée, les pertes du 76e furent de 18 officiers tués, blessés ou disparus, et 217 sous-officiers et soldats.

Historique du 77ᵉ régiment d'infanterie.

6 août.

Une attaque était imminente et la matinée du 6 fut employée à prendre des dispositions défensives.

Les grand'gardes du bois de Stiring étaient renforcées; le chemin de fer occupé ainsi que la route de Sarrebrück; une tranchée, construite entre le bois et la route, en arrière de l'auberge de la Brème-d'Or, abritait deux compagnies destinées à protéger l'artillerie de la 1ʳᵉ division.

A 9 h. 1/2, le combat s'engagea à notre droite, vers les hauteurs de Spicheren. Attaqué par les Prussiens en même temps sur son front et sur sa gauche dans le bois, le régiment fut seul pendant une heure à soutenir le choc; le 1ᵉʳ bataillon, presque en entier dans le bois, arrêta l'ennemi pendant quelque temps; mais notre gauche était débordée par de fortes bandes de tirailleurs ennemis qui avaient passé la Sarre sur deux ponts de bateaux en avant de Sarrebrück, et il fallut du renfort; l'arrivée de trois compagnies du 3ᵉ bataillon permit un instant de prendre l'offensive, mais nos troupes durent encore se replier devant des forces supérieures. Les dernières compagnies du 3ᵉ bataillon arrivent à leur tour; un effort énergique est tenté; les tirailleurs prussiens, repoussés dans le bois, sont poursuivis jusqu'à la forêt domaniale.

Le combat fut acharné, et dans cette lutte presque corps à corps, les soldats firent preuve de beaucoup d'élan et d'une bravoure héroïque.

Mais le 3ᵉ bataillon de chasseurs à pied qui protégeait notre gauche, écrasé par un feu meurtrier, était contraint d'abandonner sa position, et son mouvement en arrière amena forcément la retraite de nos troupes.

A leur sortie du bois, les deux bataillons allèrent s'établir sur une petite éminence contiguë à l'usine de Stiring et de là continuèrent à faire sur l'entrée du bois un feu nourri qui, durant toute l'après-midi, empêcha l'ennemi de déboucher.

Vers 3 heures, le 76ᵉ et le 55ᵉ étant venus nous relever dans cette position, les 1ᵉʳ et 3ᵉ bataillons furent réorganisés par le colonel Février dans le village de Stiring-Wendel; quelques temps après, les régiments qui nous avaient relevés furent refoulés; ordre est donné au colonel de les soutenir; le régiment se porte de nouveau en avant, l'ennemi paraissait à la lisière et tentait de déboucher, mais il est arrêté par notre feu ainsi que par celui des tirailleurs du 2ᵉ bataillon (commandant Rembert), qui depuis le matin défendait la route de Forbach. Ce fut à ce moment que quelques hommes de ce bataillon, entraînés par le capitaine Hiver, parvinrent à enlever des pièces de canon dont l'ennemi, ayant tué les attelages, menaçait de s'emparer.

Vers 6 heures du soir, la perte des hauteurs de Spicheren décida la retraite du corps d'armée, qui reçut l'ordre de se retirer dans la direction de Forbach. Afin d'éviter que cette retraite ne dégénérât en déroute, des fractions de différents régiments, appartenant à la 1re division, durent occuper le village de Stiring, afin de retarder la poursuite au cas où les Prussiens voudraient la tenter.

On confia au 77e la mission d'occuper et de défendre la première rangée de maisons, faisant face à la plaine, chacune de ces maisons reçut une cinquantaine d'hommes et un feu violent commença par les fenêtres sur les bataillons prussiens qui montaient à l'assaut du village; vers 8 h. 1/2 du soir, un effort énergique, tenté par un millier d'hommes qui descendirent à l'entrée de la plaine, joint au feu bien dirigé des mitrailleuses placées à gauche du village, contint l'ennemi qui suspendit son mouvement en avant et ralentit son feu.

Quelques instants après, la marche du régiment se fit entendre, nos hommes se rallièrent au centre du village et on se mit immédiatement en route sur Forbach que l'on gagna en bon ordre et sans être poursuivi.

Pertes. — 8 officiers tués ou blessés; 280 hommes tués, blessés ou disparus.

ARTILLERIE

Historique du 5e régiment d'artillerie (5e, 6e et 12e batteries).

Le 6 août, à 5 heures du matin, les deux premières sections de la 5e batterie reçoivent l'ordre de se tenir prêtes à aller se placer avec le 3e bataillon de chasseurs à pied à gauche de la route en avant de l'usine de Stiring, contre laquelle campe le 77e.

Les deux sections partent à 9 h. 1/2, sous le commandement du capitaine Maréchal et s'arrêtent à 1000 mètres environ de l'usine, derrière un petit épaulement qu'élève le génie ($0^m,50$ environ).

Les pièces sont mises en batterie, la droite à quelques mètres de la route, dans des champs bordés à gauche, à 500 mètres à peu près, par un bois traversé par le chemin de fer de Sarrebrück.

Le terrain se relève en avant de la batterie par une pente d'abord insensible, et monte jusqu'aux crêtes de la Sarre que nous occupions la veille. A droite, au delà de la route, une pente boisée très raide et presque impraticable s'élève de suite jusqu'au plateau de Spicheren.

Le 3e bataillon de chasseurs entre dans le bois. Le 77e se déploie en arrière de la batterie. Vers 10 h. 1/2, au moment où, d'après les ordres du colonel Chavaudret, les hommes s'apprêtent à dresser les tentes et à faire la soupe, l'ennemi commence à canonner la 3ᵉ division du haut des crêtes qui dominent la rive gauche de la Sarre. Au bruit du canon la 3ᵉ section de la 5ᵉ batterie rallie sa batterie, et bientôt après la 7ᵉ batterie du 17ᵉ vient se placer à gauche et s'étend presque jusqu'au bois. La 5ᵉ batterie ouvre d'abord le feu à 2,000 mètres sur les batteries ennemies, couvertes presque toutes par des épaulements; elle tire parfois contre des colonnes d'infanterie qui descendent du champ de manœuvre et exécutent une marche de flanc pour entrer à gauche dans le bois, d'où l'on entend sortir le bruit d'une vive fusillade. La 6ᵉ batterie (canons à balles) vient un peu plus tard se placer sur un espace très restreint compris entre la droite de la 5ᵉ et la route, presque perpendiculairement à la ligne de bataille. Quelques projectiles la prennent d'écharpe et, après qu'elle a tiré quelques salves, le colonel Chavaudret la fait retirer et laisse le commandement supérieur de la 5ᵉ au commandant Rey.

Malgré l'infériorité du nombre, du calibre et de la position, les deux batteries soutiennent la lutte sans trop de désavantage, les munitions (obus ordinaires) des caissons de première ligne sont presque épuisées, lorsqu'à 2 h. 1/2 nos tirailleurs, chassés du bois, se replient en désordre vers la route ; le bataillon de soutien du 77ᵉ se retire et les batteries sont assaillies par derrière par la mousqueterie à quelques centaines de mètres.

Le commandant Rey est pris quelques instants sous son cheval tué par une balle. Le lieutenant Pla essaie en vain de faire conduire les pièces à bras jusqu'à la route. Les quelques officiers et canonniers qui sont restés sur le champ de bataille sont obligés de se retirer.

Plus audacieux, l'ennemi eût enlevé aisément les deux batteries, mais il se laisse tenir à distance par le feu de quelques tirailleurs des 76ᵉ et 77ᵉ, cachés dans les fossés que borde la route, et déjà se montrent les têtes de colonnes de la brigade Valazé et de la 2ᵉ division.

La 10ᵉ batterie (1), conduite par le commandant Rebillot, arrive sur le terrain au moment où les tirailleurs se replient, et peut à peine tirer deux coups à mitraille par pièce, et se retire sur la route en se servant de la prolonge.

Les pièces abandonnées étaient, quelque temps après, traînées à bras sur la route par des soldats du 32ᵉ et ramenées ensuite à leur batterie par M. Rossin, lieutenant au 17ᵉ, aujourd'hui capitaine au 5ᵉ régiment.

La 5ᵉ batterie se reforme en colonne par pièce sur la route encombrée

---

(1) De la réserve, venant de Morsbach d'abord, puis de Forbach.

par les fuyards, les voitures d'ambulances et les nouvelles troupes qui viennent prendre part au combat.

Le colonel Beaudouin se saisit du commandement de l'artillerie et fait placer toutes les batteries qui arrivent, et notamment les 7ᵉ, 9ᵉ, 11ᵉ, 12ᵉ du 5ᵉ, auxquelles se joignent les 6ᵉ et 10ᵉ, en bataille dans la prairie, à droite de la route, en avant du camp des 5ᵉ et 6ᵉ.

Le feu de l'artillerie ennemie se ralentit. La brigade Valazé et la 2ᵉ division reprennent l'offensive dans le bois. La 2ᵉ division avait quitté OEting au bruit du canon, vers 11 heures.

La 1ʳᵉ brigade vient à Forbach avec les 7ᵉ et 9ᵉ batteries qui ne prennent pas part à l'action. La 2ᵉ brigade arrive à Spicheren avec la 8ᵉ batterie qui, se plaçant à gauche du plateau, répond au feu de l'artillerie ennemie. La 8ᵉ batterie se retire après avoir tiré 350 coups environ, revient à 5 heures du soir sur la hauteur en arrière du village, face à droite et y reste jusqu'à 8 heures. 400 coups tirés environ.

Vers 4 h. 1/2 le feu de l'ennemi semble se rapprocher à notre gauche.

Le colonel Beaudouin fait porter, en avant de l'usine de Stiring, une section de la 8ᵉ batterie du 17ᵉ et la 12ᵉ batterie (à l'exception d'une pièce envoyée avec le lieutenant Mouchard à gauche de l'usine, pour tirer sur le débouché du bois), cette pièce y est restée jusqu'à 6 h. 1/2.

Ces sept pièces, sous les ordres du commandant Rey, se placent dans le champ parallèlement à la route et tirent contre le bois. Elles arrêtent presque instantanément le feu de l'infanterie ennemie, mais prises d'enfilade par les batteries de la colline, elles ne peuvent conserver longtemps leur position. Ces sept pièces, auxquelles viennent se joindre les deux autres sections de la batterie du 17ᵉ, exécutent alors un changement de front à droite et essayent de contre-battre l'artillerie ennemie, mais les projectiles de 4 sont impuissants contre les épaulements, et bientôt le général Vergé fait cesser le feu et place les deux batteries devant l'usine de Stiring, pour s'opposer à une attaque directe si l'ennemi profite de la tombée de la nuit pour l'entreprendre.

A 6 heures M. le général Frossard arrive à hauteur de l'usine et fait retirer la 12ᵉ batterie dans la prairie, où sont rangées en bataille presque toutes les batteries du 2ᵉ corps. Nous sommes, un peu après, prévenus que si nous sommes forcés de battre en retraite nous nous retirerons par la route de Sarreguemines.

A 7 heures du soir la canonnade redouble, l'ennemi a réussi à tourner Forbach par notre gauche, et il tire sur nous par-dessus la ville. La route est de nouveau encombrée de fuyards. Le général Gagneur envoie aux batteries l'ordre de se retirer, pendant que le colonel Beaudouin fait dire à la 12ᵉ batterie de se porter en avant pour repousser la colonne d'attaque.

Au milieu de la confusion générale, toutes les batteries du 2ᵉ corps viennent peu à peu se grouper sur les pentes assez raides, à droite et à gauche, de l'entrée du chemin de traverse qui conduit à Sarreguemines par Œting.

Les différentes réserves ont dû commencer le mouvement de retraite, elle est suivie au hasard par les batteries, qui se mettent en colonne les unes derrière les autres sans aucune escorte, mais entourées de soldats qui implorent pour monter sur les coffres.

On marche toute la nuit. La colonne traverse la ville à Sarreguemines et s'arrête un moment (sans ordre précis, chaque commandant de batterie suivant ou imitant celui qui le précède) sur le plateau au delà de la ville, où les batteries arrivent de 3 heures à 6 heures et repartent pour Puttelange, où elles arrivent après avoir voyagé les unes avec leur division, les autres seules.

Consommations des munitions et pertes des batteries à la bataille de Forbach.

5ᵉ batterie : 722 obus ordinaires ; 4 hommes tués ou blessés grièvement ; 5 chevaux tués.

6ᵉ batterie : 72 coups tirés ; 2 hommes tués, 5 hommes blessés ; 6 chevaux tués, 5 chevaux blessés légèrement.

8ᵉ batterie : 750 obus ordinaires ; 2 hommes blessés grièvement ; 1 affût cassé.

10ᵉ batterie : 36 obus ordinaires, 40 obus à balles, 2 boîtes à mitraille ; 5 hommes tués ou blessés grièvement ; 3 chevaux tués ou blessés grièvement.

12ᵉ batterie : 424 obus ordinaires, 2 obus à balles ; 1 homme tué et 1 blessé ; 2 chevaux tués, 2 chevaux blessés.

2ᵉ DIVISION (BATAILLE).

Journal des marches de l'état-major de la division.

6 août.

Le général de division trace le camp à la pointe du jour et chaque corps s'établit solidement sur la position.

Le quartier général de la division est à Œting même. A 11 heures du matin, la 2ᵉ brigade est appelée, par le commandant du corps d'armée, sur Spicheren pour appuyer la division Laveaucoupet, fortement attaquée par des colonnes nombreuses sorties de Sarrebrück.

A midi, le 8ᵉ et le 23ᵉ reçoivent également l'ordre de descendre sur Stiring pour appuyer la 1ʳᵉ division, qui lutte contre une attaque semblable.

Le 12ᵉ bataillon de chasseurs et la compagnie du génie gardent la position d'Œting. A 6 heures du soir, les corps de la 2ᵉ division reprennent le chemin d'Œting et se reconstituent sur le plateau pour couvrir la retraite du corps d'armée sur Sarreguemines et Puttelange. Le 2ᵉ bataillon du 66ᵉ de ligne opère sa retraite avec la division Laveaucoupet par Behren sur Sarreguemines et Puttelange.

Tout le corps d'armée se retire de Forbach sur Œting et des hauteurs d'Œting sur Sarreguemines et Puttelange.

Le général Bataille au général Frossard.

Œting, 6 août.

Il m'a été impossible d'installer la division dans ses campements hier soir, bien qu'ils eussent été reconnus à l'avance par un officier de mon état-major. La nuit était tellement obscure que j'ai dû faire arrêter ma colonne tout entière sur la route, y laisser les bagages, puis établir les corps en colonne sur le flanc de la route. Les tentes ont été dressées ainsi, pour la troupe principalement.

Ce matin, je viens de reconnaître moi-même l'emplacement, et la position va être occupée dans de bonnes conditions.

Les plateaux que j'occupe permettent de voir la division Laveaucoupet installée à Spicheren, l'échappée du ravin qui mène à Grosbliederstroff, et en même temps d'observer Bousbach, où j'enverrai de la cavalerie prendre une position d'attente aussitôt que j'en aurai, le 5ᵉ chasseurs ne m'ayant pas encore rejoint. Je n'en ai aucune nouvelle ; le plus simple serait d'envoyer immédiatement sur Sarreguemines de la cavalerie prise à Forbach.

Dans tous les cas, je veillerai avec soin et vous préviendrai de ce que j'apprendrai. S'il y a un coup de canon d'un côté ou d'un autre, j'appuierai.

Le général Bataille au général Frossard, sur le combat du 6 août à Forbach.

Camp de la Basse-Bévoye, 13 août.

Conformément à vos ordres, la 2ᵉ division avait porté son camp, dans la nuit du 5 au 6 août, sur le plateau d'Œting, qui domine les débouchés de la Sarre par Behren et Kerbach.

Le 6, vers 10 heures du matin, le 5ᵉ régiment de chasseurs à cheval, parti en reconnaissance depuis deux jours, ralliait le camp d'Œting, et M. le colonel de Séréville ne me signalait aucune concentration sérieuse vers Grosbliederstroff, quand le canon se fit entendre du côté de Spicheren, où se trouvait établie, depuis la veille également, la 3e division du 2e corps.

Pour parer à toute éventualité, je pris sans retard mes dispositions pour me porter rapidement au secours du général Laveaucoupet si c'était nécessaire, ainsi qu'il était convenu entre vous et moi, et aussi pour repousser une attaque qui pouvait, d'après certains renseignements, se produire directement sur mon camp. Le doute ne fut bientôt plus possible. Tout restait calme devant moi, tandis que le canon redoublait vers Spicheren.

Je donnai immédiatement l'ordre au général Bastoul de se porter le plus vite possible avec sa brigade (66e et 67e de ligne) vers les positions qui paraissaient si vigoureusement attaquées, et, peu d'instants après, l'ordre que je recevais de vous m'indiquait que telle était votre intention.

Pour accélérer la marche de la brigade Bastoul, je laissais au camp les sacs et les tentes et, sur un nouvel ordre de vous, j'envoyais encore sur Spicheren un bataillon du 23e de ligne, sous le commandement du chef de bataillon Bezard.

Je faisais appuyer ces troupes par la 3e batterie du 5e d'artillerie (4 rayé, capitaine Benoit).

Mais l'ennemi ne tentait pas seulement un furieux assaut contre les hauteurs boisées de Spicheren; il s'avançait encore en masses profondes sur nos positions de Forbach, et la 1re division, qui les occupait, avait besoin de renforts.

Le colonel Rolland, du 23e, descendit alors avec ses deux derniers bataillons en avant de Forbach sur Stiring, où je me portais de ma personne et où je ne tardais pas à être rallié par tout le 8e de ligne, mon autre batterie de 4 et la batterie de canons à balles (7e et 9e du 5e régiment).

Je ne laissai, pour garder ma position d'Œting, que le 12e bataillon de chasseurs et la compagnie du génie.

M. le colonel Haca descendit avec les troupes de la 1re brigade, qu'il commande provisoirement.

La lutte commença pour nous, dans ces conditions, vers midi. Par suite de la dissémination des troupes de la division, j'aurai à m'occuper successivement, dans le cours de ce rapport, des différents bataillons.

Des deux bataillons du 23e de ligne lancés sur Stiring, l'un fut placé à la gauche de la ligne, avec mission d'empêcher un mouvement tournant de ce côté par les tirailleurs ennemis qui occupaient les bois. Il eut à supporter un feu très vif. L'autre, dirigé dès le premier moment sur le village, eut à y soutenir, jusqu'à 6 heures du soir, une fusillade incessante des troupes qui étaient embusquées sur la lisière du bois et dans quelques maisons qui y sont adossées.

Le 1ᵉʳ bataillon, envoyé sur le plateau de Spicheren, renforça, dès son arrivée, la ligne des tirailleurs qui s'y trouvaient engagés. Il s'y maintint vigoureusement et dut, à diverses reprises, repousser l'ennemi par des charges à la baïonnette qui furent exécutées avec le plus grand élan. A 9 heures du soir, il quittait le champ de bataille pour rentrer au camp d'Œting à 11 heures.

De son côté, le 8ᵉ de ligne se mettait en marche vers Stiring, dont la possession était disputée par l'ennemi, quand les progrès de celui-ci vers notre droite, sur le plateau de Spicheren, que j'apercevais moi-même très distinctement, m'obligèrent d'y envoyer un nouveau renfort.

Deux bataillons du régiment, sous les ordres du lieutenant-colonel Gabrielli, y furent dirigés, tandis que le 1ᵉʳ bataillon, commandé par le capitaine Francot, se portait en avant de Stiring pour appuyer le mouvement des troupes chargées de déloger l'ennemi du village et des bois. Le rôle qu'il eut à remplir fut celui d'une troupe de soutien, et quand, à la fin de la journée, la retraite se dessina, il eut à prendre des positions pour favoriser et couvrir le mouvement des forces qui se retiraient.

Quant au colonel Gabrielli, il débouchait avec ses deux bataillons sur le plateau de Spicheren vers 4 h. 1/2 et, après les avoir déployés, il se portait en avant, sous la protection de tirailleurs, pour soutenir les troupes qui avaient subi des pertes considérables. Les bataillons prirent une part vigoureuse à l'action générale et continuèrent le feu jusqu'à 8 heures du soir.

A ce moment, l'ennemi était contenu ; quand, un clairon ayant sonné la charge, ce signal fut malheureusement répété par tous les corps, qui se précipitèrent en avant, à la baïonnette, avec un admirable élan devant lequel la ligne ennemie abandonna ses positions. Mais d'autres troupes placées dans les bois se présentèrent alors, prenant les nôtres presqu'à revers et les forçant à la retraite jusqu'en arrière de la crête principale, qu'elles venaient d'abandonner sans utilité, cédant à l'impatience d'une lutte prolongée.

La nuit étant venue, la retraite continua et les deux bataillons, après s'être ralliés, regagnèrent les hauteurs d'Œting, non sans difficultés, vers 11 h. 1/2.

L'artillerie qui avait accompagné les troupes de la 1ʳᵉ brigade sur Stiring (7ᵉ du 5ᵉ et 9ᵉ du même régiment, mitrailleuses) ne put jouer un rôle efficace, en raison des batteries qui étaient déjà en position sur la route de Sarrebrück. Cependant, une section de la 7ᵉ batterie put ouvrir son feu, près des maisons du village, sur des colonnes qui débouchaient des bois. Cette artillerie couvrit la retraite vers les hauteurs prenant des positions défensives sur la route de Forbach à Sarreguemines, et M. le lieutenant en 2ᵉ Lennuyeux fut chargé de protéger le quartier général avec une section de mitrailleuses. Il eut son cheval blessé par un éclat d'obus dans cette position. Malgré l'émotion environnante, ces deux batteries regagnèrent le camp avec beaucoup de calme et de sang-froid.

Pendant que cette lutte disproportionnée fournissait à nos hommes l'occasion de se montrer à découvert, dans la plaine, à un ennemi qui restait invisible et insaisissable dans ses bois, l'action sur les hauteurs n'en était pas moins héroïquement soutenue par les quelques bataillons que nous pouvions opposer aux colonnes profondes qui sortaient de Sarrebrück. Ne rappelant ici que pour mémoire le secours apporté par le bataillon du 23ᵉ, sous le commandement du chef de bataillon Bezard, et par les deux bataillons du 8ᵉ de ligne, dirigés par le lieutenant-colonel Gabrielli, je dois vous rendre compte de la part qui incombait en cette rude journée à la brigade Bastoul.

Le général Bastoul déboucha vers 1 h. 1/2 sur le plateau de Spicheren, avec le 66ᵉ et le 67ᵉ, et prit position de la manière suivante :

Pendant que le 67ᵉ appuyait à gauche, pour border les crêtes qui dominent la plaine, un bataillon du 66ᵉ se portait, vers la droite, au secours de la division Laveaucoupet ; un autre était envoyé au colonel du 24ᵉ, qui le demandait, sur l'éperon de Spicheren, et le troisième prenait une bonne position d'où il forçait les colonnes ennemies à s'arrêter un instant.

En même temps, la 8ᵉ batterie du 5ᵉ s'établissait sur une crête commandant la vallée, et ouvrait le feu sur trois batteries prussiennes qui contre-battaient deux de nos batteries (de la 3ᵉ division) dont le feu se ralentissait faute de munitions. Le capitaine Benoit resta dans cette position pendant deux heures avec les six pièces de 4, changeant souvent son pointage pour diriger les coups sur les têtes de colonne d'infanterie, lorsqu'elles devenaient visibles.

La hardiesse de notre démonstration, la vivacité de notre feu d'artillerie et de mousqueterie ébranlèrent l'assaillant, qui ne tarda pas à battre en retraite dans la plaine, et à abandonner les positions qu'il venait d'escalader. Mais le mouvement en arrière fut bientôt arrêté par l'arrivée de troupes fraîches et nombreuses qui se portèrent de nouveau à l'attaque des hauteurs. Une lutte terrible s'engagea alors, signalée par trois ou quatre retours offensifs de nos braves soldats, qui s'acharnaient contre des masses aussitôt renouvelées qu'abattues.

A la fin, l'ennemi avait reconquis les hauteurs, et établi une batterie à l'angle Nord-Ouest du bois de Spicheren pour nous prendre d'écharpe. La batterie Benoit se reporta sur une crête en arrière, et le colonel Ameller, du 66ᵉ, postant ses hommes (un bataillon environ) sur le bord des escarpements, fit ouvrir des feux à commandement sur les batteries prussiennes, puis sur les renforts qui montaient toujours. Enfin, pour arrêter l'audace de l'ennemi, deux compagnies du 1er bataillon s'élancèrent à la baïonnette et le rejetèrent dans le ravin.

Mais les pertes étaient sérieuses ; le jour baissait ; la position n'était plus tenable, et notre fusillade ne faisait plus que maintenir l'ennemi sans le forcer à reculer : les munitions étaient épuisées, et un nouvel assaut de troupes fraîches n'avait plus pu être soutenu par les nôtres, malgré leur valeur.

Dans ces conditions, après avoir pris les ordres du général de Laveaucoupet, le colonel Ameller se disposa à la retraite, et il fut chargé de former l'arrière-garde de la 3e division, qui se retira de Spicheren et des environs entre 9 et 10 heures du soir. C'est avec cette division que le 66e rallia sa brigade le lendemain, à Puttelange. La batterie Benoit fut ramenée directement sur le plateau d'Œting par son capitaine et le commandant Collangettes, et elle rallia sa division à la nuit. Quant au 67e de ligne, à peine en vue, il fut accueilli par un feu des plus violents de mousqueterie dont le colonel Mangin gara un peu son régiment en l'abritant derrière un bois, la gauche à cheval sur le débouché de la route de Forbach à Spicheren, et sa droite face à l'éperon qui domine la maison de douane.

Vers 3 heures, j'envoyais au colonel Mangin l'ordre de descendre dans la plaine par la route de gauche pour couper l'ennemi, qui s'était avancé sur Stiring. Aussitôt que ce régiment fut à ma disposition, le 1er et le 3e bataillon vinrent se former à l'abri d'un talus adossé à la fabrique, et le 2e resta dans la fabrique même, répondant au feu très vif que l'ennemi dirigeait des bois. Voyant que les Prussiens se maintenaient dans leurs positions, malgré nos batteries qui cherchaient à les débusquer, je donnai l'ordre aux deux bataillons du 67e, soutenus en seconde ligne par un bataillon du 8e régiment, d'enlever le bois.

Ils se portèrent à cette attaque avec un élan admirable et une vigueur sans égale, formés en colonne de division, et précédés de tirailleurs. Pour gagner le saillant du bois, il fallait traverser à découvert un terrain battu de front et d'écharpe pendant 300 ou 400 mètres. Le bois fut magnifiquement enlevé et ce mouvement offensif nous permit de ramener les pièces de la batterie à cheval, qui était restée sur place tout à fait abandonnée, hommes et chevaux ayant été tués. Malheureusement, des colonnes arrivaient incessamment de Sarrebrück et de nouvelles batteries prenaient position devant nous. Sur votre ordre je prescrivis qu'on se retirât, ce qui ne put se faire sans pertes sérieuses, vu l'accroissement énorme des forces de l'ennemi. Le général Bastoul, qui était à cette opération, gagna alors les pentes boisées qui remontent au plateau de Spicheren, et de là le camp d'Œting où le régiment se reforma.

Le bataillon du commandant Kienlen, établi dans l'usine, s'y maintint jusqu'à 9 heures ; il ne revint qu'à 11 heures à son camp.

Dans cette série d'engagements, où les corps de la division se sont si vigoureusement comportés, ils avaient eu à essuyer des pertes nombreuses et des plus regrettables. J'ai déjà eu l'honneur de vous en donner le détail. Elles se résument en 5 officiers tués, 33 blessés ; 26 hommes de troupe tués, 404 blessés ; 1 officier et 30 hommes disparus. Je renonce à faire des citations ; le nombre en serait trop grand, et cela tient à la nature même du combat qui a eu lieu presque constamment en tirailleurs, et dans des conditions où l'action individuelle a pu se développer. Je ne puis que recommander à votre bienveillant intérêt les propositions que je vous ai transmises. Le 6 août comme le 2, chacun a fait vaillamment son devoir.

Je suis revenu avec mon état-major sur le plateau d'Œting vers 9 heures du soir, et je fus chargé par vous de couvrir avec ma division le mouvement de retraite du corps d'armée sur Sarreguemines et Puttelange. Après avoir fait partir devant moi tout le convoi, toutes les réserves, et même toute l'artillerie, je restai sur le plateau avec les régiments ralliés de ma division, et ne me mis en route qu'au point du jour, formant l'extrême arrière-garde. Je pus rallier en route divers détachements perdus, et j'établis enfin ma division au camp de Puttelange, le 7 à 3 heures du soir, n'ayant pas été inquiété dans l'accomplissement de la mission que vous m'aviez confiée.....

Le général Bataille au général Séré de Rivières (1).

Paris, 19 juillet 1872.

Voici l'explication du souvenir qui vous est resté d'une conversation entre nous.

Dans l'ouvrage sur l'armée du Rhin, publié par M. le maréchal Bazaine, figure, page 268, une dépêche télégraphique mise à tort à mon nom et qui ne peut être attribuée qu'au général de Castagny (2).

---

(1) On ne publie ce document, malgré sa longueur, qu'en raison des renseignements qu'il donne sur l'heure à laquelle le général Frossard prescrivit la retraite sur Sarreguemines, sur l'heure du départ d'Œting de la division Bataille, sur les renforts qu'attendait le général Frossard pendant la bataille. Il permet enfin de rectifier l'erreur commise par l'ouvrage du maréchal Bazaine.

(2) Cette dépêche est ainsi conçue dans l'ouvrage du maréchal Bazaine :

Le général Bataille, commandant la 2ᵉ division du 2ᵉ corps, au

J'en ai fait l'observation au maréchal avec lequel je n'avais pas à correspondre à cette époque, où j'ignorais même que le 2ᵉ corps était placé sous ses ordres. Le maréchal m'a envoyé le texte original qu'il a reçu à Saint-Avold, et mon nom y figure en effet en toutes lettres; seulement la personne chargée de mettre au net toutes les notes et tous les renseignements a ajouté, à tort, à la suite du nom : *Commandant la 2ᵒ division du 2ᵉ corps*. Je ne puis m'expliquer la présence de mon nom sur une semblable dépêche dans laquelle rien ne se rapporte à la situation de ma division, que par l'erreur faite au bureau de départ en présence d'une signature, sans doute illisible : mon nom était fort connu dans tout le pays avoisinant Forbach, parce que j'étais là depuis le 19 juillet et que je l'avais fait parcourir dans tous les sens, et aussi parce que tous les permis de circulation étaient revêtus d'un cachet portant mon nom en toutes lettres. L'employé, qui le connaissait certainement et ignorant sans doute celui du général de Castagny, a pu croire à ma présence en ces lieux et aura rédigé lui-même l'en-tête : le général Bataille au maréchal Bazaine, etc..... J'étais auprès du général Frossard sur le plateau d'Œting, où était réunie ma division, lorsque celui-ci décida la retraite de Sarreguemines, vers 9 heures du soir; je lui dis même que je me chargeais de la couvrir et mes dernières troupes quittèrent le plateau vers 3 heures du matin, le 7, au moment où moi-même j'étais encore à Bousbach, faisant filer et mettre un peu en ordre des voitures accumulées de bagages et de blessés que l'on venait de charger sur des charrettes. Je n'avais donc aucun motif pour retourner chercher mes sacs à Puttelange où je ne suis arrivé que dans l'après-midi pour la première fois. Tout indique au contraire que cette dépêche concerne uniquement la division Castagny, campée à Puttelange. J'ajouterai que, bien que partie au jour du plateau d'Œting, ma division n'a eu aucune connaissance de celle du général Metman et, par conséquent, que je n'ai pu avoir aucune communication avec le commandant de cette division. Le maréchal m'a fait savoir que la dépêche n° 268 ne serait plus reproduite dans les éditions à venir et il a même fait mettre dans quelques journaux une note rectificative, constatant l'erreur matérielle faite en inscrivant mon

---

maréchal Bazaine, à Saint-Avold. (Arrivée à 3 heures du matin, le 7 août.)

On évacue Forbach. Le général Metman, le seul avec qui j'ai pu communiquer, m'a appris que le général Frossard était parti depuis deux heures pour Sarreguemines et que toutes les troupes fraîches s'y rendaient aussi. Je vais à Puttelange prendre mes sacs; dois-je servir (*sic*) Sarreguemines à 11 heures?

nom dans cette dépêche, complètement inexplicable si elle m'est attribuée.

Ce n'est qu'ici, à Paris, que j'ai su que les 2e et 4e corps étaient le 6 août sous les ordres du maréchal Bazaine. Le général Frossard ne nous en avait rien dit.

Pendant notre retraite sur Metz, un peu avant d'arriver à Ars-Laquenexy, j'appris que le maréchal Bazaine était chargé de diriger la marche générale et que nous étions sous ses ordres, mais j'ai cru que c'était de ce jour-là seulement, et encore cela m'a-t-il été dit en courant par le général Frossard, au moment où il venait de me donner l'ordre de continuer sur cette destination. Dans cette néfaste journée du 6 août, est-ce que le général Frossard n'a pas réclamé assez énergiquement du secours, est-ce que le maréchal Bazaine n'a pas cru devoir venir à notre aide? Toujours est-il que si nous eussions été soutenus, même tard, nous restions maîtres de la situation.

Il est toujours facile de critiquer après coup; cependant je me suis demandé bien souvent, dans l'après-midi du 6 août, ce qui pouvait retenir ainsi loin de nous des troupes qui n'auraient dû avoir qu'une pensée, celle de venir à nous, même sans être appelées énergiquement.

Ce jour-là, vers 5 heures, le général Frossard me disait qu'il attendait 2,000 hommes par le chemin de fer; je n'ai rien vu venir et ce n'était pas assez s'ils étaient arrivés.

1re BRIGADE (HACA).

Journal de marche de la brigade.

6 août.

Le général de division trace le camp à la pointe du jour et chaque corps s'établit solidement sur la position.

La 2e brigade étant engagée depuis 11 heures du matin, la 1re brigade reçoit à midi l'ordre de descendre sur Stiring (8e et 23e de ligne), le 12e bataillon de chasseurs restant sur le plateau d'Œting pour occuper la position.

La brigade a pour mission de soutenir la 1re division qui lutte contre une attaque semblable.

Journal de marche du 8e régiment d'infanterie.

6 août.

Le régiment reçoit 400 hommes rappelés de la réserve; la division prend les armes à 2 heures de l'après-midi, le régiment se dirige d'abord sur Forbach, puis sur Stiring, en colonne serrée par division en suivant les bois situés au Sud de la route. On fait halte à la hauteur de Stiring pendant un quart d'heure.

Le 1er bataillon reçoit l'ordre de se porter en avant de Stiring, pour appuyer le mouvement du 67e de ligne et des autres troupes, chargées de repousser l'ennemi au delà du village et de le déloger du bois qui se trouve en avant.

Lorsque le général en chef a ordonné la retraite, le bataillon qui constituait une réserve intacte, a pris des positions successives pour favoriser la retraite des troupes de ligne et de l'artillerie.

Le 2e et le 3e bataillons, sous les ordres de M. le lieutenant-colonel Gabrielli, reçoivent l'ordre de se porter sur le plateau de Spicheren, il est alors 4 h. 1/2. A 5 heures, les deux bataillons débouchent sur le plateau et prennent immédiatement l'ordre déployé dans chaque bataillon ; la 1re et la 6e compagnies se portent en tirailleurs chacune, laissant en soutien une section vis-à-vis des intervalles. Ces mouvements sont à peine terminés, lorsque le chef d'état-major de la 3e division vient prier le lieutenant-colonel Gabrielli de vouloir bien porter ses deux bataillons en avant, pour appuyer les troupes qui ont fait des pertes considérables et qui ont besoin d'être renforcées ; les deux bataillons se portent alors en avant : arrivés sous le feu de l'ennemi, les tirailleurs se rallient dans les intervalles, le 2e bataillon exécute un changement de direction à gauche, nécessité par la configuration du terrain, et, les deux bataillons se portent résolument sur la ligne de feu, où ils occupent les espaces vides et les points faibles. Le feu commence dès ce moment et se continue jusqu'à 8 heures du soir. A ce moment, un clairon de la droite de nos positions, sonne la charge et cette sonnerie est répétée sur toute la ligne ; toutes les troupes se portent alors en avant à la baïonnette avec un élan remarquable, la première ligne ennemie abandonne ses positions pour démasquer des bataillons entiers qui nous reçoivent par un feu roulant.

La charge échoue ; la nuit est arrivée, on bat en retraite et on se rallie derrière la crête principale. M. le capitaine adjudant-major Médier prend le commandement du 2e bataillon et fait sonner la marche du régiment pendant la retraite qui se fait très lentement ; un grand nombre d'hommes arrivaient de toutes parts se rallier au premier noyau. On prend pour direction l'angle Sud-Est du bois, situé entre le bataillon et la route de Forbach et de Sarreguemines. Après une demi-heure de marche, la sonnerie de la marche du régiment se fait entendre dans le bois ; le 2e bataillon fait halte, le capitaine Médier se porte vers le bois et y trouve le commandant Colonna d'Istria à la tête d'une fraction assez forte de son bataillon. Le commandant, dont le bataillon était à l'extrême gauche de nos positions, avait dû faire des efforts considérables et déployer une intrépidité remarquable pour empêcher l'ennemi de déborder complètement notre aile gauche. Les deux bataillons réunis se remettent en route et arrivent au camp d'OEting à 11 heures du soir.

Le colonel Gabrielli, du 8ᵉ de ligne, au général Bataille.

15 juillet 1871.

Blessé, le 6 août 1870 à Spicheren-Forbach, et resté sur le champ de bataille, je n'ai pu vous faire connaître, en détail, les dispositions que j'ai prises en arrivant en présence de l'ennemi ; j'ai l'honneur de vous rendre compte de la part qui revient au 8ᵉ de ligne dans cette journée. Lorsque vous avez vu, mon général, que l'ennemi dirigeait des colonnes du côté de Spicheren, vous donnâtes l'ordre d'envoyer deux bataillons au secours de la 3ᵉ division. Le régiment, qui avait marché fort tard dans la nuit du 5, et qui avait pris les armes le 6 au matin, sans avoir pu manger la soupe, après différents mouvements, était arrivé en arrière de Stiring et avait pris position dans le bois. Nous étions là à attendre, lorsque le colonel Haca, commandant la brigade, me transmit votre ordre. Le trajet au travers de la forêt dura près de trois quarts d'heure. Les chasseurs à cheval que j'avais envoyés en avant pour me renseigner ne revinrent plus.

Dès que mes bataillons furent réunis sur le plateau, à la sortie du bois, je les dirigeai vers la ligne de feu. Le 3ᵉ bataillon fut placé, fort à propos, contre le bois, faisant face d'un côté à Stiring et, de l'autre côté à la route de Sarrebrück. A peine était-il arrivé qu'il dut commencer le feu pour arrêter la marche de l'ennemi, que nous avions précédé d'une ou deux minutes, lequel cherchait à gagner les hauteurs pour prendre en flanc la division de Spicheren.

Ce bataillon sous les ordres du commandant Colonna d'Istria engagea le combat, repoussa avec la plus grande énergie les attaques successives des Prussiens et occupa la position jusqu'à la nuit. La compagnie du capitaine Arson, que j'avais fait déployer en tirailleurs sur le flanc gauche du bataillon, pour surveiller la route qui conduit sur le plateau, fit des prodiges de valeur.

Le 2ᵉ bataillon, sous les ordres du brave commandant Avril de l'Enclos, prit position à la gauche des 40ᵉ et 66ᵉ de ligne, face à la route de Sarrebrück. Attaqué, aussitôt son arrivée, par des forces trois fois supérieures en nombre, foudroyé sur son flanc droit par l'artillerie ennemie qui était adossée à la forêt près de Spicheren (1), malgré des pertes nombreuses, ce bataillon empêchait l'ennemi de pénétrer sur le plateau. Le commandant, calme et froid, se portant partout, encourageant ses soldats et leur assignant les endroits favorables à la défense, fut atteint et mourut glorieusement. Les capitaines Curel, Arson,

---

(1) Gifert-Wald.

Étienne et le lieutenant Odinet furent tués. Le nombre des officiers, sous-officiers et soldats blessés pendant la lutte dépassa la moitié de l'effectif présent.

Il y avait déjà bien des heures que nous combattions et que nous repoussions l'ennemi, lorsque je fus atteint d'un coup qui me broya l'index et la paume de la main droite. Malgré les efforts que faisaient nos troupes, l'ennemi gagnait du terrain du côté de la forêt près de Spicheren.

La retraite, à l'approche de la nuit, me semblait évidente, et bien que très souffrant, j'espérais, dans ces moments où la présence des chefs est si nécessaire, pouvoir ramener les débris de mes deux bataillons. L'infanterie prussienne, vigoureusement repoussée, tirait en se tenant à une certaine distance, mais l'artillerie surtout, nous faisait éprouver de grandes pertes, et pour comble de malheur, les soldats qui avaient perdu leurs officiers, se groupaient par-ci, par-là ; j'allais vers quelques hommes pour les disperser en tirailleurs, lorsque plusieurs coups de canon furent tirés dans la direction où j'étais. En ce moment, j'eus la cuisse droite emportée et mon cheval tué. La bataille s'est terminée là pour moi. J'ai su plus tard que l'honorable commandant Colonna d'Istria avait eu le bonheur de rassembler et de ramener le régiment à la nuit tombante.

Le capitaine d'Humilly de Chevilly s'est admirablement conduit et a mérité les plus grands éloges : blessé grièvement au bras droit, il n'a quitté le commandement de sa compagnie qu'au moment de la retraite des troupes. M. le lieutenant Leborgne a montré une bravoure remarquable. Blessé grièvement, il a été laissé pour mort sur le champ de bataille. Cet officier s'était déjà fait remarquer le 2 août, en marchant sur Sarrebrück.

En résumé, mon Général, grâce à vous qui nous avez envoyés, sans la prompte arrivée des bataillons du 8e sur le plateau, la division du général de Laveaucoupet aurait été tournée, et malgré les efforts héroïques qu'elle faisait, les calamités qui la menaçaient n'auraient pu être conjurées. Persuadé que vous voudrez vous intéresser aux officiers qui, blessés grièvement, sont tombés au pouvoir de l'ennemi et n'ont pu rentrer en France que tout récemment, j'ai l'honneur de joindre à ce rapport un état de propositions pour la Légion d'honneur.

Le colonel Gabrielli au général de Cissey, ministre de la guerre.

25 juin 1872.

Dans le petit volume traduit de l'allemand du duc Guillaume de Würtemberg, pages de 19 à 22, il est dit : Que le 6 août 1870, les hauteurs de Spicheren prises, la réserve fut envoyée à la droite, partie à la gauche dans la direction de la Brême-d'Or, partie, après que la gauche ennemie eût été tournée, dans la direction de Stiring.

Les passages de cet ouvrage sont complètement inexacts, surtout en ce qui concerne la phrase : Après que la gauche ennemie eût été tournée.

Les bataillons du 8ᵉ de ligne, sous mes ordres, entrés en ligne vers 4 heures du soir, se sont heurtés contre les bataillons prussiens qui s'étaient avancés sur le plateau qui domine la ferme de la Brême-d'Or. Attaqués avec impétuosité, les Prussiens se sont réfugiés dans la forêt et dans la ferme. L'ennemi a fait ensuite des efforts inouïs pour enlever la position, mais le bataillon, sous les ordres du commandant Colonna d'Istria, l'a vigoureusement repoussé plusieurs fois, subissant de grandes pertes et en faisant éprouver d'énormes à l'ennemi.

La lutte, sur ce point, a continué avec acharnement jusqu'à la nuit. Au moment où j'ai eu la jambe droite fracassée (7 h. 1/2), le commandant Avril de l'Enclos qui, placé sur la droite du 3ᵉ bataillon, se reliait avec les troupes des 40ᵉ et 66ᵉ de ligne, ayant appuyé avec son bataillon vers le milieu du plateau, repoussant l'ennemi qui attaquait avec fureur, obligé, dans cette situation, d'exposer ses hommes au feu de l'artillerie, fut atteint au front et mourut glorieusement.

Ce n'est qu'à la nuit très avancée que le commandant Colonna d'Istria et le capitaine Médier réunirent les débris des deux bataillons et, sans être inquiétés par l'ennemi, rejoignirent le 1ᵉʳ bataillon, lequel, parti dans la soirée de Stiring, où il avait passé une partie de la journée, s'était rendu à Œting, sous les ordres du colonel Haca.

Les Prussiens ont occupé, dès 10 ou 11 heures du matin, la forêt de Saint-Arnual et les hauteurs du Gifert-Wald, d'une part; et de l'autre, la forêt d'Habstendick (1), les approches du vieux Stiring et du puits Sainte-Stéphanie; mais ils n'ont pas pu, malgré la supériorité de leurs forces et de leur artillerie, s'avancer sur le plateau où nous étions, ni achever leur mouvement tournant.

M. le général Frossard, dans son ouvrage justificatif, page 44, dit : Que deux bataillons du 8ᵉ de ligne, envoyés au secours de la division Laveaucoupet, arrivés au moment où le feu était des plus intenses, y apportaient un utile secours.

La vérité est que, sans la lutte soutenue pendant trois heures par le 8ᵉ de ligne, surtout vers 7 heures du soir, lorsque l'ennemi faisait des efforts pour parvenir sur le plateau, la gauche de la 3ᵉ division aurait été complètement tournée et enveloppée.

---

(1) *Sic*. Il s'agit sans doute de la forêt de Stiring.

En résumé, nos soldats, pleins de confiance dans leurs généraux, persuadés qu'un sort meilleur les attendait, n'ont reculé nulle part et ont conservé les positions qu'on leur avait assignées.

Il serait équitable, M. le Ministre, de rendre à chacun des corps la part prise par eux à la bataille, et surtout de dire à nos ennemis, par la voie du *Journal officiel*, qu'ils ne se sont emparés du plateau de Spicheren et de la petite ville du nom de Stiring-Wendel que fort tard dans la soirée du 6, au moment où nos troupes, exténuées de fatigue, mourant de faim et de soif, ne recevant aucun secours, ont battu en retraite.

Le 8ᵉ de ligne a eu, dans cette journée, 15 officiers hors de combat, dont 5 tués.

2ᵉ BRIGADE (FAUVART BASTOUL).

Journal de marche du 67ᵉ régiment d'infanterie.

6 août.

Le 6 août, vers 11 h. 1/2, le canon se fait entendre dans la direction de Spicheren, où est venue camper la 3ᵉ division du corps d'armée. A midi, le régiment reçoit l'ordre de prendre les armes et de se porter dans la direction de Spicheren. Il arrive sur le plateau de ce nom vers 1 heure et il s'y forme en bataille, couronnant les crêtes boisées qui ont accès dans la plaine, à gauche de la 3ᵉ division. A ce moment, l'ennemi, qui semblait gagner du terrain sur la route de Forbach et menacer le flanc gauche de la 3ᵉ division, s'arrête bientôt et rétrograde par sa gauche vers les hauteurs de Sarrebrück, se bornant à occuper fortement les bois de sa droite, par lesquels il menace constamment de nous couper par Stiring et les forges du même nom. A 2 heures, le général Bataille, vivement pressé près de la fabrique, appelle à lui le 67ᵉ; le régiment le rejoint par la route qui, du plateau, aboutit dans la plaine à celle de Sarrebrück à Forbach, un peu à gauche d'une maison isolée (la Brême-d'Or).

A peine le régiment est-il parvenu à ce point, restant à la lisière du bois qui couvre les pentes des hauteurs sur la droite de la route, que le général ordonne au 2ᵉ bataillon (commandant Kienlen) d'enlever les forges de Stiring, et aux deux autres bataillons d'aller se former en bataille en avant des maisons, pour de là être prêts à marcher en avant de tous côtés. Le mouvement de gauche est dirigé par le lieutenant-colonel Thibaudin, et celui de droite par le colonel en personne. Les hommes manquant d'instruments pour rompre les palissades énormes qui forment la clôture de la fabrique, elles sont ébranlées puis bientôt abattues par la pression des compagnies. L'ennemi, repoussé de ce point sur le bois, tient encore dans le fourré, où il s'est créé de bons abris et d'où il prend à revers et d'écharpe tous les mouvements opérés en avant sur la route de Sarrebrück.

On cherche alors à diriger sur le bois une attaque directe : dans ce but, pendant que le 2º bataillon (commandant Kienlen) attaque le bois qui est vis-à-vis sa gauche, le 1er bataillon (commandant Lazarotti), formé en colonnes de division et précédé de nombreux tirailleurs, se porte résolument sur la gauche d'un grand saillant de bois qui plonge dans la plaine, en avant de la fabrique, et le 3e bataillon (commandant Beaugeois), dans le même ordre que le 1er bataillon, marche rapidement sur la face de ce saillant, vers notre droite.

Ce mouvement concentrique est couronné d'un plein succès, sous un feu essuyé de près et très nourri, et l'ennemi se retire du saillant, nous abandonnant toute la lisière, excepté celle plus en arrière, vis-à-vis notre gauche.

Pendant que les mouvements s'exécutaient, l'ennemi gagnait peu à peu les pentes du plateau avancé de Spicheren.

L'ordre vint d'évacuer le bois que nous avions conquis, par échelons et lentement; la retraite commençait. Nos soldats avaient fait jusque-là reculer l'ennemi partout où ils l'avaient rencontré; ils ne se retiraient évidemment que devant des masses sans cesse croissantes avec lesquelles on ne pouvait espérer lutter avec succès. Les 2e et 3e bataillons soutinrent la retraite dans la plaine jusqu'à 9 heures du soir, et le 1er bataillon en suivant les crêtes boisées qui séparent la route de Sarrebrück à Forbach du plateau de Spicheren.

Le 2 août, les pertes du régiment ont été de 3 hommes tués, 25 blessés.

Le 6 août : 7 hommes tués, 5 officiers blessés, 83 soldats blessés, 79 soldats disparus.

3e DIVISION (DE LAVEAUCOUPET).

Journal de marche de la division.

6 août.

Vers les 9 heures du matin, commencement de la bataille dans la vallée située entre Spicheren et Sarrebrück. A 10 heures, trois salles : l'école communale, une grange adossée à l'église et une grande salle située à côté du campement, sur la droite de la route venant de Forbach, sont organisées pour recevoir des blessés.

A 10 h. 1/2, départ précipité du convoi. Sur la route de retraite, au village d'Etzling, à environ 1500 mètres de Spicheren, des ambulances sont immédiatement organisées dans la salle d'école et dans toutes les granges du bourg, environ 35 à 40, pouvant recevoir de 10 à 15 blessés chacune.

MM. Arnaud, médecin-major de 2ᵉ classe, Sabathier, aide-major de 1ʳᵉ classe, Passot, aide-major de 2ᵉ classe, Lory, adjudant en 2ᵉ des hôpitaux, et 11 infirmiers, restés à Spicheren pour y soigner les blessés, sont faits prisonniers le 7 au matin.

M. Ballet, aide-major de 1ʳᵉ classe, 8 infirmiers et 9 hommes du train des équipages, chargés de donner des soins aux blessés transportés à Etzling, sont faits prisonniers le 7 au matin.

Rapport du général de Laveaucoupet au général Frossard sur les opérations de la 3ᵉ division, à Forbach.

6 août.

J'ai l'honneur de rendre compte à Votre Excellence des opérations exécutées par les troupes sous mes ordres dans la journée du 6 août, et de la part qu'elles ont prise à la bataille de Spicheren.

Par suite du mouvement exécuté dans la nuit précédente, la 3ᵉ division occupait, le 6, à 4 heures du matin, la position suivante :

La 1ʳᵉ brigade, commandée par le général Doëns, était établie, avec les trois batteries de la division, sur la crête du mamelon situé au Sud-Ouest du village de Spicheren.

La 2ᵉ brigade, aux ordres du général Micheler, occupait la croupe au Nord du village.

L'ambulance et les services administratifs étaient établis à Spicheren même, entre les deux lignes.

Des avant-postes garnissaient le sommet d'une petite croupe qui, des hauteurs principales, s'avance dans la vallée de Sarrebrück. Ce mouvement de terrain, espèce d'éperon, permet à la troupe qui en est maîtresse de voir d'écharpe les défenseurs de Stiring, dans la vallée, et de couvrir de feux plongeants la route de Sarrebrück à Forbach, de voir et de battre la lisière du bois qui touche Spicheren, et enfin de dominer la vallée de Saint-Arnual.

Ce mouvement de terrain, sans être la position dominante du plateau de Spicheren, en était cependant la clef, car sa possession est indispensable pour empêcher le 77ᵉ de ligne, établi à Stiring, d'être séparé de l'aile droite du corps d'armée, et le corps d'armée d'être tourné par sa droite.

Votre Excellence m'avait signalé, le 5 août, l'importance de cette position. Le 6, à 4 heures du matin, M. le lieutenant-colonel Billot, mon chef d'état-major, et M. le commandant du génie Peaucellier faisaient la reconnaissance de nos positions et prenaient, d'après mes ordres, les dispositions suivantes : Une tranchée-abri était exécutée par la compagnie de sapeurs et des travailleurs d'infanterie ; le 10ᵉ bataillon de chasseurs à pied s'installait immédiatement derrière les travailleurs, pendant qu'un bataillon du 40ᵉ de ligne s'établissait dans le bois à l'Est, jusqu'à la clairière, pour empêcher l'éperon d'être assailli inopinément par une troupe ennemie arrivant du bois.

Ces deux bataillons furent appuyés de deux sections de la 8ᵉ batterie du 15ᵉ d'artillerie, placées l'une sur l'éperon même, l'autre un peu à gauche et au-dessus. La 3ᵉ section de cette batterie fut établie sur la crête pour flanquer la clairière et les défenseurs du bois.

L'ensemble de ces dispositions constituait trois lignes qui se protégeaient mutuellement et couvraient la droite du corps d'armée.

Vers 7 heures du matin, ces dispositions étaient presque terminées, et déjà les tirailleurs ennemis, descendant des hauteurs de Sarrebrück, inondaient la vallée, s'avançant méthodiquement vers les hauteurs de Spicheren, pendant que d'autres tirailleurs débouchaient des bois situés à gauche de la route de Forbach à Sarrebrück et que des escadrons de cuirassiers et de uhlans s'avançaient sur cette route, précédés de leurs éclaireurs.

Bientôt, des colonnes nombreuses parurent derrière les tirailleurs, plusieurs batteries furent mises en position sur les hauteurs du champ de Mars (1) de Sarrebrück et sur les mamelons en avant.

Les intentions de l'ennemi étaient manifestes, et se lisaient du reste à merveille, sur le terrain observé du haut de l'éperon. C'était une attaque en règle avec des forces supérieures. Vers 9 heures du matin, la lutte commençait par un combat d'artillerie entre les deux sections de la batterie Béguin et les batteries du champ de Mars.

La cavalerie ennemie, chassée par notre artillerie, disparaissait rapidement de la plaine, mais les colonnes d'infanterie continuaient leur mouvement.

Le 10ᵉ bataillon de chasseurs à pied (commandant Schenck) et la compagnie de sapeurs du génie, qui complétait les travaux de la tranchée-abri, dirigèrent sur ces colonnes un feu bien nourri qui, secondé par le tir du capitaine Béguin, de l'artillerie, fit essuyer à l'ennemi des pertes considérables et l'obligea à diverses reprises à renoncer à enlever l'éperon de vive force.

Les cadavres ennemis jonchent les pentes ; mais de nouvelles troupes remplaçaient les troupes repoussées. Vers 10 heures du matin, je chargeai le général Micheler d'appuyer le 10ᵉ bataillon de chasseurs et le 40ᵉ de ligne avec deux bataillons du 24ᵉ de ligne.

---

(1) Terrain de Manœuvres.

L'ennemi cherchait à se glisser le long des pentes, pour prendre à revers les défenseurs de Stiring. Un demi-bataillon du 24ᵉ fut placé sur la crête, à gauche du 10ᵉ bataillon de chasseurs, pour arrêter ce mouvement; un demi-bataillon resta en réserve sur le plateau, pendant que l'autre bataillon du 24ᵉ s'avançait vers le bois pour en soutenir les défenseurs.

Cependant, les attaques de l'ennemi, incessamment renouvelées, devenaient plus pressantes. Nos soldats, épuisés, demandaient du renfort.

Le colonel Vittot, du 40ᵉ de ligne, avec ses deux derniers bataillons, avec l'intelligence, la vigueur et le coup d'œil qui le caractérisent, appuya les défenseurs du bois et rejeta dans la plaine les assaillants, qui commençaient à faire des progrès.

A l'éperon, les colonnes prussiennes, un instant maîtresses de la crête, avaient été repoussées.

Il était 11 heures du matin; la batterie Béguin commençait à souffrir des feux des batteries ennemies et, en outre, une vive fusillade et la canonnade engagées vers Stiring et Forbach annonçaient une attaque générale par des forces supérieures.

J'envoyai à Votre Excellence le lieutenant Libermann, du 24ᵉ de ligne, attaché provisoirement à mon état-major, pour vous faire connaître que j'étais fortement attaqué sur mon front et que, pour me mettre à l'abri d'une attaque de flanc venant du moulin de Simbach ou de Grosbliederstroff, il était nécessaire de me faire appuyer par une brigade de la division Bataille.

Je faisais en même temps surveiller le moulin de Simbach par le colonel de Gressot, du 7ᵉ dragons, et ses deux escadrons, formant une cavalerie divisionnaire; enfin, j'envoyais directement à M. le général Bataille, à Œting, un officier chargé de lui faire connaître ma situation.

L'ennemi devenait de plus en plus pressant.

La 7ᵉ batterie du 15ᵉ d'artillerie (capitaine Stoffel), établie près de Spicheren, envoya deux pièces au capitaine Béguin, qui tenait toujours à l'éperon, et quatre pièces pour battre la lisière du bois. L'artillerie eut ainsi six pièces voyant le versant de la plaine, vers Sarrebrück, et six pièces entre Spicheren et le bois, pour parer au mouvement tournant que l'ennemi cherchait toujours à prononcer sur ma droite. Les trois sections, en batterie au-dessus de l'éperon, prirent à tâche, sous la direction immédiate du commandant Bédoin, d'arrêter toutes les colonnes prussiennes qui se présentèrent, et chaque fois, après un très petit nombre de coups, on vit les colonnes se disperser sur un très grand espace, tout en continuant de marcher en avant. Nos canons, impuissants à cette distance en face d'une pareille dispersion, tournèrent alors leurs feux contre les batteries ennemies. Le feu supérieur et très juste de ces batteries, qui comptaient plus de vingt canons, obligea à déplacer nos trois sections, en appuyant à gauche et en remontant un peu ; et là, bien que couvertes aussi bien que possible par la crête, elles furent encore atteintes très rapidement par les obus ennemis. C'est dans cette position intermédiaire que, vers 1 h. 1/2, le capitaine Béguin eut le genou gauche fracassé par un obus. Il fut remplacé par M. Bombard, son capitaine en second.

Je fis alors avancer ma batterie à balles (mitrailleuses), commandée par le capitaine Lauret, et l'établis à 50 mètres environ à gauche de la batterie de 4. Le capitaine Lauret, faisant pointer sur les batteries ennemies, régla très rapidement son tir et força plusieurs fois les batteries ennemies à suspendre leurs feux. Néanmoins, ces dernières recommencèrent leur tir, dont la justesse était remarquable, et la batterie à balles dut appuyer à gauche d'abord ; et puis, comme l'infanterie ennemie, faisant des progrès dans la plaine, pouvait menacer de la tourner par la gauche, le capitaine Lauret alla s'établir sur la hauteur au Sud-Ouest de Spicheren, pour tirer par-dessus nos deux premières lignes, à 2,500 mètres, sur les colonnes ennemies.

Cependant la lutte continuait, opiniâtre, terrible, dans le bois à droite de l'éperon ; nos munitions s'épuisaient.

Le colonel Zentz, du 63e de ligne, avec deux bataillons de son régiment, avait été porté en avant pour renforcer les défenseurs de l'éperon et ceux du bois. L'ennemi, qui commençait pour la quatrième fois à entrer dans la première ligne de notre position, en avait été vivement repoussé, mais il revenait toujours avec des troupes fraîches ; le 3e bataillon du 63e fut engagé à son tour.

Je dus moi-même charger l'épée à la main pour reprendre l'éperon ; M. le lieutenant-colonel Billot, mon chef d'état-major; M. le commandant du génie Peaucellier, sur les points où les appelait la transmission de mes ordres et l'exécution des dispositions de combat, eurent plusieurs fois à conduire, le sabre à la main, nos soldats à l'ennemi.

Enfin, vers 3 h. 1/4, la brigade Bastoul, venant d'Œting, entrait en ligne et nous assurait la supériorité.

Le colonel Ameller, du 66e de ligne, trouvant un assaut furieux à l'éperon, ramenait trois fois au combat ses bataillons et parvenait à nous aider à contenir l'ennemi.

Le général Bastoul ayant été appelé vers Stiring, dans la vallée, avec une partie de ses troupes, la crête se trouva de nouveau affaiblie ; j'envoyai de nouveau demander des renforts au général Bataille, qui, malgré la lutte qu'il soutenait lui-même dans la vallée, m'envoya un bataillon du 8e de ligne et une batterie d'artillerie, qui me furent d'un grand secours.

Cependant, les efforts de l'ennemi paraissaient inépuisables ; la croupe qui descend, vers la Sarre, sur Saint-Arnual, commença à amener, par le bois, les assaillants à la lisière ; ma position était menacée d'être entamée par la droite. Je lançai le brave général Doëns, avec deux bataillons du 2ᵉ de ligne restés en réserve au Sud-Ouest de Spicheren, et dès lors toutes mes troupes, moins un bataillon du 2ᵉ de ligne, la mitrailleuse et un bataillon du 63ᵉ, que j'avais replié sur la hauteur au Nord-Est de Spicheren, furent directement engagées avec l'ennemi.

Le général Doëns culbuta les assaillants dans la vallée et assura notre droite contre leurs tentatives ; mais l'attaque recommença bientôt avec des troupes fraîches. Le général Doëns tomba grièvement blessé ; le lieutenant Abria, son officier d'ordonnance, tomba après lui. Néanmoins, à trois reprises différentes, le tir de notre artillerie, bien dirigé sur la clairière et la lisière du bois, refoula les colonnes ennemies, qui cherchaient à déboucher.

Vers 5 heures du soir, désespérant de recevoir de nouveaux renforts, voyant mes munitions presque épuisées, sentant que l'ennemi était soutenu par de puissantes réserves et que mes soldats, qui combattaient depuis le matin et n'avaient pu manger la soupe, à cause de la bataille, commencée dès le matin, étaient très fatigués, je me décidai à prescrire au colonel Zentz de replier les défenseurs du bois lentement et par échelons.

Cet officier supérieur, avec un calme, un coup d'œil et un ordre remarquables, replia successivement ses bataillons et les débris du 40ᵉ de ligne d'abord sur la crête au Nord-Est de Spicheren, et puis sur la crête au Sud-Ouest du village, sans que l'ennemi parvînt à l'entamer sérieusement et à dépasser la lisière du bois.

Les bataillons du 63ᵉ de ligne, placés sur deux lignes, à plat ventre sur la crête, faisaient un feu nourri sur tout ce qui cherchait à déboucher du bois, éloigné d'environ 500 mètres, et ils tinrent de ce côté l'ennemi en échec jusqu'à la nuit ; toutes les fois qu'il essaya de sortir du bois, il fut obligé d'y rentrer.

Lassé de tant de ténacité et la nuit tombant, l'ennemi cessa le feu, évacua la ligne qu'il avait fini par conserver après en avoir été chassé quatre fois, descendit dans la plaine et, se couvrant d'avant-postes, alla, sur les hauteurs de Sarrebrück, reprendre son bivouac du matin.

Le 63ᵉ de ligne put reprendre ses sacs, qui étaient déposés derrière lui, et alla s'établir avec le 2ᵉ de ligne, qui venait également de se rallier, sur la hauteur au Sud-Ouest de Spicheren où, vers 9 heures du soir, toute la division était établie, occupant toujours par ses avant-postes le village de Spicheren.

Du côté de l'éperon, comme du côté du bois, la lutte dura jusqu'à la nuit, terrible, sanglante, opiniâtre, mais sans que jamais l'ennemi arrivât jusqu'à la ligne de mes tentes, que jalonnaient ma seconde ligne de bataille.

Mais nos soldats étaient harassés par onze heures et demie de combat; les munitions commençaient à manquer depuis 4 heures du soir et je n'avais réussi à prolonger la lutte jusqu'à la nuit qu'en les ménageant avec soin.

D'un autre côté, j'avais vu le corps d'armée refuser son aile gauche, l'ennemi s'avancer dans la vallée vers Forbach; je pouvais craindre d'être tourné sur ma gauche pendant la nuit, ou attaqué au point du jour par de nouvelles colonnes.

Je ne voulais cependant pas me résoudre à quitter la position, persuadé que, si je l'évacuais, le 2° corps serait tourné par sa droite et que la retraite des divisions Vergé et Bataille serait compromise; d'ailleurs, l'ennemi ayant cessé toute attaque, si j'avais pu espérer recevoir des renforts avant le jour, j'aurais couché sur la hauteur, pour recommencer la bataille le lendemain, ayant ainsi conservé mon champ de bataille.

J'envoyai à Votre Excellence M. le commandant du génie Peaucellier pour vous demander vos instructions et vous rendre compte de la situation. A 10 h. 1/2 du soir, M. le capitaine Truchy, attaché à l'état-major de la division Bataille, vint me trouver sur la hauteur de Spicheren, me mit au courant de la situation générale, du mouvement de retraite exécuté sur ma gauche, et me transmit, de la part de Votre Excellence, l'ordre de me retirer sur Behren et Œting.

Je pris alors, vers 11 heures du soir, lentement et à regret le chemin de Behren, sans essuyer un coup de fusil, sans en tirer un seul.

Arrivé à Behren vers 2 heures du matin, je trouvai les nouvelles instructions de Votre Excellence, qui me prescrivaient de me retirer sur Sarreguemines et Puttelange, derrière les divisions Vergé et Bataille, déjà engagées sur la route.

Je ralliai mon artillerie et deux bataillons, que j'avais envoyés à l'avance sur les hauteurs d'Œting, et j'arrivai à Sarreguemines et à Puttelange à 2 heures du soir, sans apercevoir l'ennemi. Nous étions à cheval depuis trente heures.

Nos pertes sont considérables. Le général Doëns grièvement blessé; le colonel de Saint-Hillier tué; le colonel Vittot grièvement blessé; les lieutenants-colonels Arnoux, Rode de Boucheman, blessés; les chefs de bataillon Schenck, Chardot, Hermieu, Lespiau.....; en tout 19 officiers tués, 100 officiers blessés, 1782 hommes de troupe tués ou blessés, attestent une lutte opiniâtre et, en même temps, le parti tiré du terrain pour nous couvrir des coups de l'ennemi, qui a essuyé des pertes beaucoup plus considérables.

Telle est, mon général, la part que les troupes sous mes ordres ont prise à la bataille de Spicheren.

Elles ont soutenu une lutte héroïque, elles ont bien mérité de la patrie et, je le dis le front haut, si, sur la position de Spicheren, elles ont dû céder au nombre une première ligne de défense, elles ont conservé intactes les deux principales lignes, les lignes mêmes de mon bivouac, que l'ennemi n'a osé aborder, abandonnant sa minime conquête pour aller camper en arrière, sur les hauteurs de Sarrebrück.

1re BRIGADE (DOENS).

Rapport du capitaine Grandmange sur le rôle du 10e bataillon de chasseurs, à Forbach.

6 août.

Le 10e bataillon de chasseurs à pied, commandé par M. le commandant Schenck, a été engagé dès le commencement de l'action; une partie a été déployée en tirailleurs dans les bois situés à droite du village de Spicheren, une autre dans les tranchées-abri établies à l'avance; enfin, trois sections ont servi de soutien à l'artillerie; le bataillon a maintenu ses positions aussi longtemps que possible; mais, attaqué de front par des forces supérieures, recevant en outre, sur les flancs, le feu de divers régiments de la division, il dut songer à la retraite; il avait, d'ailleurs, presque totalement épuisé ses munitions.

Dans cette journée, le bataillon a perdu 15 hommes tués, 73 blessés et 112 disparus; le corps d'officiers a été cruellement éprouvé : 2 ont été tués, 9 blessés; parmi ces derniers se trouve le commandant, dont on ignore la position.

Rapport du lieutenant Quitteray (10e bataillon de chasseurs), sur les opérations de la compagnie des éclaireurs volontaires à la bataille de Forbach, le 6 août.

Puttelange, 7 août.

J'ai l'honneur de vous adresser un rapport sur la part que la compagnie d'éclaireurs a prise au combat du 6 août. Elle a été engagée dès le début de l'affaire et a participé énergiquement à la défense des bois, qui sont définitivement restés au pouvoir de l'ennemi. Lorsque les réserves furent entrées en ligne, je ralliai quatre chasseurs du 10e bataillon et un soldat du 2e de ligne, et c'est avec leur concours que, sur vos indications, je formai une ligne de tirailleurs qui s'étendit en arrière de la crête militaire située entre le village de Spicheren et le bois qui lui fait face; cette première ligne fut ensuite doublée. J'ai eu l'honneur de commander la première ligne jusqu'à 9 heures du soir; je crois pouvoir affirmer qu'elle a rendu un service réel, car, pendant toute la journée, l'ennemi n'a pas osé sortir du bois; ce n'est qu'à la nuit tombée que j'aperçus un peloton s'avançant en très bon ordre; je fis exécuter sur lui un feu à commandement dont l'effet dut être bon, car l'ennemi ne recommença pas sa tentative. Ayant appris que les corps battaient en retraite, je ralliai les chasseurs des deux lignes et quittai le champ de bataille en très bon ordre; je fis de même pour les chasseurs que je rencontrai sur ma route et j'arrivai au point de concentration de la division avec environ 150 hommes de mon bataillon.

Je citerai, comme s'étant particulièrement distingué, M. le lieutenant Braun, du 63e de ligne, qui, blessé le matin du 6 août au bras droit, est revenu au feu dans la journée et a été blessé de nouveau. Cet officier mérite une récompense.

Un grand nombre d'hommes ont disparu, tués, blessés ou pris. La compagnie n'existant plus en réalité, j'ai renvoyé à leurs corps les militaires qui en faisaient partie.

Historique du 2e régiment d'infanterie.

6 août.

Le 2e de ligne occupait le matin les positions défensives sur les hauteurs en arrière de Spicheren; il devait, après l'appel de midi, s'étendre vers la droite pour observer la vallée de Grosbliederstroff. Les compagnies étaient réunies pour l'appel de midi, quand des coups de canon (on en entendait dans le lointain depuis plus d'une heure) se font entendre sur la gauche, en avant de Spicheren, et bientôt le régiment reçoit l'ordre de se porter à l'attaque du bois placé sur la hauteur.

Le 1er bataillon conserve la garde du bois en arrière, du côté de Grosbliederstroff. Les 5e et 6e compagnies de ce bataillon, placées derrière ce bois, se sont rendues pendant l'action à l'éperon de Spicheren, jugeant alors qu'elles n'avaient aucune mission spéciale, et s'étant assurées, par une reconnaissance, qu'elles n'avaient pas à craindre d'ennemis qui puissent tourner notre droite.

Ces deux compagnies se sont jointes au 3e bataillon, et ont pris part à ses opérations qui sont décrites ci-après.

Le 2e bataillon marche droit sur le bois en avant de Spicheren, ayant à sa tête le général Doëns, le colonel de Saint-Hillier et le lieutenant-colonel de Boucheman; après avoir parcouru un espace de 1500 mètres des plus mouvementés, le bataillon s'arrête sur la crête d'un ravin situé à 800 mètres du bois.

Ensuite, à l'instant où le bataillon vient aborder le bois, une décharge terrible couche par terre bon nombre d'hommes; néanmoins, enlevé par ses chefs, il continue sa marche, repousse l'ennemi, traverse le bois, et arrive sur le revers opposé, d'où il aperçoit les Prussiens fuyant dans la plaine. Bientôt, cependant, les forces contre lesquelles il a à lutter augmentent, et il est obligé de se replier.

Il essaye une autre fois de se porter en avant, mais, après une lutte des plus vives, il est obligé de se retirer définitivement en arrière du ravin, là où avaient été déposés les sacs, suivant l'ordre du général Doëns qui, dans cette retraite, fut blessé mortellement. Dès lors, les hommes reçoivent l'ordre de se coucher derrière leurs sacs et de ne faire feu que lorsqu'ils apercevraient un ennemi cherchant à traverser le fond du ravin. Le 2ᵉ bataillon, ainsi protégé, se maintient dans cette position depuis 4 h. 1/2 jusqu'à 9 heures du soir.

Quant au 3ᵉ bataillon, un ordre du général de division l'appelle à concourir à la défense du terrain placé en arrière de l'éperon et à gauche du bois. Il fut déployé un peu en avant d'une croix placée sur la hauteur, et maintint par son feu l'ennemi, qui tentait de s'avancer dans les champs et dans le bois. Il supporta pendant une heure un feu de front et d'écharpe. Le général donna ensuite l'ordre à ce bataillon de se porter en avant et sur la gauche, afin d'empêcher l'ennemi de nous déborder. Le bataillon fut enlevé avec beaucoup d'entrain, et vint se placer sur le bord d'un ravin que l'ennemi menaçait de franchir et qu'il couvrait de projectiles. Pendant deux heures, il sut se maintenir dans cette position et ôter à l'ennemi l'idée de franchir le ravin. Au bout de deux heures d'une fusillade nourrie de part et d'autre, et après des pertes sensibles, le bataillon revint prendre à peu près sa position première, laquelle était devenue beaucoup plus périlleuse qu'au commencement de son entrée en action. L'ennemi, en effet, avait complètement débouché dans les champs par la montée de l'éperon, et il s'était de beaucoup avancé dans le bois; de plus, une batterie prussienne, placée de l'autre côté du ravin, faisait un feu terrible sur le plateau occupé par le bataillon.

C'est cette position que le bataillon garda jusqu'à la nuit, perdant beaucoup de monde, mais ne reculant pas d'un pouce et contribuant certainement, pour une large part, à empêcher l'ennemi, soit de déboucher du bois, soit de gagner du terrain dans la plaine. Dans cette circonstance, le capitaine Perrot fit preuve d'un grand courage et d'un grand calme.

Il prit avec lui une trentaine de bons tireurs, se plaça sur la droite du bataillon, et leur fit exécuter un feu qu'il dirigea avec beaucoup d'intelligence. Ce ne fut qu'après avoir été blessé à la hanche qu'il consentit à se retirer.

Cette journée a coûté au régiment 5 officiers tués, 20 blessés, et 357 sous-officiers, caporaux et soldats mis hors de combat.

A 9 heures, le régiment se rallie en arrière de Spicheren, sur la hauteur où il était campé le matin, sous la protection de l'artillerie qui tire sur le bois où sont encore les Prussiens, car ceux-ci n'osent en sortir pour entrer dans Spicheren, qu'ils croient toujours occupé. La retraite commence bientôt et s'effectue en bon ordre. Le 2ᵉ de ligne, escortant l'artillerie, se dirige sur Behren, où il croit pouvoir camper. Là, en effet, on fait l'appel dans les compagnies, et on constate les pertes de la journée. Mais il reçoit bientôt l'ordre de se remettre en route et de chercher à gagner la route de Sarreguemines. Le manque de direction de la colonne et la nuit amènent, au bout de peu de temps, un grand décousu dans la marche ; les différents corps, se rencontrant dans des chemins peu praticables et non reconnus ; il en résulte un mélange préjudiciable au bon ordre.

Notes du colonel Zentz sur le 63ᵉ de ligne à Spicheren (1).

6 août.

Les trois bataillons du 63ᵉ régiment étaient campés sur les hauteurs de Spicheren, lorsque le 6 août, vers midi, le colonel reçut l'ordre d'envoyer rapidement deux bataillons dans le Gifert-Wald, où le 10ᵉ bataillon (2) et le 40ᵉ régiment commençaient à faiblir ; il se mit à leur tête, et les conduisit au pas gymnastique vers les points indiqués. L'ennemi fut immédiatement chassé du bois, les tranchées-abri faites sur l'éperon furent occupées de nouveau et le feu prit beaucoup d'animation. Cependant l'ennemi était revenu plus nombreux, les bataillons furent ramenés, et le 3ᵉ bataillon entra en ligne. La lutte continua ainsi jusqu'à 3 heures, la supériorité étant alternativement d'un côté et de l'autre. Nos hommes usaient leurs munitions sans résultat contre une troupe dont la force augmentait toujours, et qui indiquait l'intention de tourner les assaillants. Le colonel crut remarquer de l'hésitation chez les soldats et un peu d'épuisement ; une trop grande ténacité était dangereuse ; il demanda au général l'autorisation d'opérer une retraite en échelons. Il rassembla un bataillon et le fit conduire sur la crête du mamelon de Spicheren, le 2ᵉ bataillon et le 3ᵉ furent ramenés succes-

---

(1) Ces notes ne sont pas datées, mais elles paraissent avoir été écrites peu de temps après les événements ; elles sont revêtues de la signature du général de Laveaucoupet.

(2) 10ᵉ bataillon de chasseurs.

sivement et placés sur la même ligne que le 1er; les hommes couchés, dépassant de la tête seulement, protégèrent le retour des isolés des bois dont ils étaient éloignés de 500 mètres environ, et ils purent tenir l'ennemi en échec jusqu'à la nuit. Toutes les fois que l'ennemi essaya de sortir du bois, il fut obligé d'y rentrer. L'ennemi, fatigué de cette ténacité, rentra dans ses campements, et les bataillons du régiment reprirent leurs sacs qui étaient déposés derrière eux et ils furent se reformer sur les hauteurs qu'ils avaient quittées le matin.

Le 63e a eu, dans cette journée, 4 officiers tués, 11 blessés, et 315 hommes tués, blessés ou disparus.

2e BRIGADE (MICHELER).

Participation du 24e régiment de ligne à la journée de Spicheren.

6 août.

Le 6 août, à 7 heures du matin, le 24e de ligne était campé, en bataille, à l'Ouest du village de Spicheren, en arrière du chemin situé au Sud du point coté 1075, sur le plan 3, du 3e fascicule de la *Guerre franco-allemande*, par l'Etat-Major prussien.

Les grand'gardes, composées de la 6e compagnie du 2e bataillon et de la 6e compagnie du 3e bataillon, se trouvaient : la 6e compagnie du 3e bataillon, à la Brème-d'Or; la 6e compagnie du 2e bataillon, entre la Brème-d'Or et le pied du Rother-Berg, reliant ses petits postes, par la droite, à ceux de la grand'garde du 10e bataillon de chasseurs à pied.

La 5e compagnie du 3e bataillon se trouvait en arrière de la 6e compagnie du même bataillon, sur le plateau, au bord du ravin et à la lisière du bois.

L'effectif du régiment, le 6 août, était de 2,352 hommes (1), dont 858 réservistes, arrivés le 29 juillet et le 3 août armés, équipés, et pourvus des effets de campement par les soins du dépôt, mais ne connaissant que très peu, ou point, la manœuvre du fusil chassepot, à laquelle ils furent exercés dès leur arrivée.

Cet effectif donnait, par compagnie, une moyenne approximative de 130 hommes dont 48 réservistes; d'où il résulte que, défalcation faite des non disponibles, la moyenne des combattants pouvait être évaluée à 125 par compagnie.

---

(1) 2,154 officiers compris, d'après la situation d'effectif au 6 août. (Documents annexes, page 22.)

Vers 8 heures du matin, quelques groupes de cavaliers, puis de faibles pelotons d'infanterie ennemie, débouchant du champ de manœuvres de Sarrebrück, furent signalés par les grand'gardes du 24ᵉ de ligne et du 10ᵉ bataillon de chasseurs.

Peu de temps après, des têtes de colonnes parurent sur le Winter-Berg, sur le Repperts-Berg, et sur le champ de manœuvres ; les unes, par compagnies successives en colonnes à distance entière, ou par demi-bataillons en colonnes doubles et précédées de nombreux tirailleurs, semblèrent vouloir se diriger tout d'abord sur Stiring-Wendel, puis se redressant, marchèrent résolument sur le Rother-Berg ; les autres, dans la même formation, s'avancèrent directement vers le Rother-Berg et vers le Gifert-Wald.

Les obus commencèrent à tomber sur le plateau de Spicheren. Quelques-uns même parvinrent en arrière de notre campement. Il était environ 9 h. 1/2 (1).

Pendant ce temps, le régiment prenait les armes, laissant au camp les sacs chargés.

Le 2ᵉ bataillon fut placé en bataille, en avant du mamelon coté 1075, et à cheval sur le chemin de Spicheren à Sarrebrück, ayant derrière lui le 1ᵉʳ bataillon en colonne par pelotons.

Les quatre premières compagnies du 3ᵉ bataillon prirent place, en bataille et couchées, à gauche du 2ᵉ bataillon, et en arrière du ravin qui sépare les deux éperons.

Vers 10 heures, les deux premiers bataillons reçurent l'ordre de se porter en avant pour coopérer à la défense :

1º Du Rother-Berg, où se trouvait la compagnie du génie ;

2º Du col, où passe le chemin de Spicheren à Sarrebrück ;

3º Du terrain compris à droite du col et en avant de la lisière Nord de la forêt, où se trouvait préalablement le 10ᵉ bataillon de chasseurs.

Les 3ᵉ et 5ᵉ compagnies du 2ᵉ bataillon se portèrent rapidement dans une tranchée-abri creusée pendant la nuit, à l'extrémité du Rother-Berg, par la compagnie du génie et défendue par cette compagnie ; la 1ʳᵉ et la 2ᵉ compagnie se placèrent sur la lisière de la forêt, à droite du col ; quant à la 4ᵉ compagnie, laissée d'abord à l'extrémité Ouest du bois, elle fut portée quelque temps après sur la tranchée-abri, ne pouvant rester à sa première position, par suite des nombreux obus qui lui causaient des pertes sensibles en fouillant cette partie du Gifert-Wald.

Le 1ᵉʳ bataillon, placé d'abord en colonnes par pelotons, dans la

---

(1) Heure manifestement erronée. La tête de colonne de la *14ᵉ* division d'infanterie ne déboucha sur le Terrain de Manœuvres qu'à 11 h. 30.

forêt, en arrière des 1ʳᵉ et 2ᵉ compagnies du 2ᵉ bataillon, fut ensuite réparti de la manière suivante :

Les 5ᵉ et 6ᵉ compagnies, à droite des 1ʳᵉ et 2ᵉ compagnies du 2ᵉ bataillon et en bataille, afin de donner la main au 40ᵉ de ligne, formant l'extrême droite de la brigade Micheler ; les quatre premières compagnies du 1ᵉʳ bataillon, gardant leur formation, se tinrent prêtes à se porter où leur présence serait nécessaire.

Établis de la sorte, les deux premiers bataillons du 24ᵉ, la compagnie du génie, le 10ᵉ bataillon de chasseurs, et le 40ᵉ de ligne, formaient une ligne demi-circulaire dont les feux convergents fouillaient la vallée, à gauche et à droite du chemin de Sarrebrück et en avant du Rother-Berg.

Les quatre premières compagnies du 3ᵉ bataillon du 24ᵉ de ligne, placées en arrière du ravin, comme je l'ai dit plus haut, relièrent, au moyen des 5ᵉ et 6ᵉ compagnies du même bataillon, la brigade Micheler avec la droite de la division Vergé, à cheval sur la route de Forbach à Sarrebrück et en avant de Stiring.

Le régiment étant placé, M. le lieutenant-colonel Arnoux demeura avec les 1ᵉʳ et 2ᵉ bataillons (commandants Hervé et Fourrier) et M. le colonel d'Arguesse se porta au 3ᵉ bataillon commandé par le plus ancien capitaine.

1ᵉʳ *et* 2ᵉ *bataillons*. — De 10 heures à midi, ces deux bataillons ne cessèrent d'échanger une vive fusillade avec les troupes ennemies qui cherchaient à gagner la forêt et à attaquer le Rother-Berg.

Vers midi, des renforts vinrent joindre leurs efforts à ceux des premières troupes ennemies, mais sans succès, et laissant beaucoup de morts et de blessés sur le chemin parcouru.

L'ennemi, avec le concours de nouvelles troupes, parvint à atteindre la crête de la position occupée par une partie du 2ᵉ bataillon, auquel étaient venues se joindre les 3ᵉ et 4ᵉ compagnies du 1ᵉʳ bataillon ; les défenseurs de la tranchée accueillirent, par un feu terrible, les assaillants qui n'en continuèrent pas moins à avancer à l'assaut de la position qui fut d'abord en partie enlevée, puis reprise, etc.....

Il y eut, sur ce point, une lutte fort longue et très meurtrière de part et d'autre.

Les deux premiers bataillons du 24ᵉ laissèrent, de 10 heures à 2 heures environ, et pendant les alternatives de ce combat que dirigeait en personne M. le général Micheler, placé au Rother-Berg, plusieurs officiers tués ou blessés et parmi ces derniers, M. le lieutenant-colonel Arnoux, frappé d'une balle à la tête et de deux éclats d'obus à la jambe droite, et beaucoup d'hommes de troupe tués ou blessés.

Tous les cadres, qui, du reste, furent éprouvés d'une façon sanglante, déployèrent en cette circonstance un dévouement hors ligne.....

Des fractions du 63ᵉ de ligne étant arrivées vers 2 heures, l'ennemi put être refoulé pendant quelque temps et jusqu'à l'arrivée, de son côté, de nouveaux renforts qui se succédaient sans cesse.

A partir de ce moment, les restes des deux bataillons du 24ᵉ, auxquels vinrent se réunir successivement, d'abord ceux du 63ᵉ, plus tard ceux du 66ᵉ et du 23ᵉ de ligne, continuèrent la lutte en ce point et dans la forêt jusque vers 4 heures, c'est-à-dire jusqu'au moment où les Allemands, maîtres du Gifert-Wald, menacèrent de couper la retraite aux troupes engagées dans la défense du col; il fallut se retirer pour se reporter au Sud de la forêt, et en opposant une résistance telle, que l'ennemi n'osa sortir de cette dernière, et s'engager définitivement sur le plateau, que vers 6 heures.

Là, se trouvaient confondues : des fractions du 24ᵉ, du 63ᵉ, du 66ᵉ, du 23ᵉ, des chasseurs et du 40ᵉ de ligne.

Les péripéties de la lutte, à partir de 4 heures, concernent par conséquent toutes les fractions de ces divers régiments qui, vers 6 heures, se reportèrent : une partie dans un chemin creux en avant du village, au point coté 1050; une autre partie à l'Est, et le reste à l'Ouest en arrière de notre camp, où beaucoup de tentes étaient en feu.

A 7 heures environ, la portion du 24ᵉ qui prenait part à la défense de la crête, en avant du village, se reporta, avec les troupes auxquelles elle se trouvait réunie, en arrière de Spicheren, au Pfaffen-Berg, pour opposer, en ce point, une nouvelle résistance qui fut la dernière et qui dura jusqu'à la retraite.

Onze compagnies du régiment avaient coopéré à la défense du Rother-Berg, du col, de la partie Ouest du Gifert-Wald et de la partie Est du plateau de Spicheren.

3ᵉ bataillon. — Vers 11 heures du matin, la 5ᵉ compagnie fut envoyée dans la direction de la 6ᵉ qui échangeait des feux de mousqueterie avec les troupes ennemies s'avançant dans la plaine; les 3ᵉ et 4ᵉ compagnies furent portées : la 4ᵉ dans le chemin encaissé qui descend à travers bois, vers la Brême-d'Or, et d'où elle pouvait ouvrir le feu sur l'ennemi qui traversait la vallée, se dirigeant soit vers le Rother-Berg, soit vers la gauche de notre position; la 3ᵉ compagnie prit l'emplacement occupé d'abord par la 5ᵉ en dehors du bois, pour surveiller le ravin au bas duquel se trouvait la 6ᵉ compagnie du 2ᵉ bataillon et soutenir cette compagnie, ou la recueillir, suivant les circonstances. Pendant une grande partie de la journée, il n'y eut, de la part de l'ennemi, aucune tentative bien sérieuse dans cette direction; ses plus grands efforts se portèrent contre le Rother-Berg et contre la droite de la division Vergé. Les troupes opposées au 3ᵉ bataillon du 24ᵉ ne s'avancèrent que jusqu'aux talus de la route de Forbach, d'où elles tiraillèrent, pendant une partie de la journée, avec nos compagnies de gauche paraissant, en agissant ainsi, vouloir protéger l'attaque dirigée contre la division Vergé.

Lorsque la droite de cette division se retira, vers 3 heures environ, le colonel du 24e, voyant sa gauche à découvert et l'ennemi qui faisait de sérieux progrès sur sa droite, du côté de nos deux premiers bataillons, fit demander au chef d'état-major de la 3e division, M. le lieutenant-colonel Billot, ce qu'il devait faire avec le 3e bataillon ; il lui fut répondu de tenir où il était, à tout prix ; et, en même temps, arrivèrent des régiments de la 2e division, dont plusieurs bataillons, parvenus derrière l'emplacement du 3e bataillon, prirent à gauche à travers bois, pour aller prêter à la division Vergé le concours dont elle avait besoin ; quelques-uns demeurèrent avec le 3e bataillon et les autres furent dirigés vers la droite.

A 4 heures environ, de sérieux efforts furent tentés par l'ennemi pour enlever cette partie du plateau ; mais il n'y parvint qu'à 6 heures, après de grandes pertes et grâce à une nombreuse artillerie et à de puissants renforts, où se trouvaient des grenadiers contre lesquels eurent lieu des attaques à la baïonnette.

Le 3e bataillon était alors confondu avec des troupes du 8e de ligne, du 23e et du 66e de même arme ; c'est de concert avec elles que, attaqué par des troupes venant du Rother-Berg, débouchant du ravin d'où la 6e compagnie du 2e bataillon avait été repoussée, débouchant du Spicheren-Wald, il concourut à la défense de cette partie du champ de bataille, jusqu'à 8 heures environ, d'où il fut porté en arrière du Forbacher-Berg, où la défense se prolongea jusqu'à la retraite.

Sept compagnies du 24e, dont la 6e compagnie du 2e bataillon, avaient coopéré à la défense de l'éperon boisé, au pied duquel se trouve la Brème-d'Or, du ravin situé entre les deux éperons, ainsi que de la partie Ouest du plateau de Spicheren.

Le combat ne prit fin que vers 9 h. 1/2, c'est-à-dire à la nuit ; la marche des différents régiments fut sonnée dans toutes les directions ; les diverses fractions du 24e se rallièrent au Sud du village de Spicheren, sur le Pfaffen-Berg, et le régiment prit ensuite sa place dans la division.

La route suivie fut la route de Forbach d'abord, ensuite la route qui conduit au plateau d'Œting ; et de là, le 24e de ligne fut dirigé sur Sarreguemines, où il arriva le lendemain, 7 août, vers 10 heures du matin, et où il lui fut donné quelques vivres, et, par homme, 0 fr. 50 prélevés sur l'ordinaire.

Pendant la marche, dans la nuit du 6 au 7 août, le nombre des cartouches fut porté à 90 par homme.

Les douze voitures à bagages et la voiture de conseil de guerre de la division, furent, au début de l'action, envoyées en arrière du village, au Pfaffen-Berg, et le soir, à l'Ouest et au carrefour situé à l'Ouest du village d'Etzling, sous la direction du sergent-major vaguemestre. L'officier payeur vint les y prendre vers 10 heures du soir environ et se dirigea, par ordre d'un capitaine d'état-major, sur le plateau d'OEting, et, de là, avec un convoi, sur Sarreguemines, où il arriva vers 7 heures du matin pour repartir une heure après dans la direction de Puttelange, village que le régiment atteignit le même jour, vers 5 heures du soir.

Au point de vue du nivellement, le plan 3 du 3e fascicule de la *Guerre franco-allemande* présente, d'une manière exacte, tous les renseignements nécessaires sur les positions du champ de bataille de Spicheren.

Le terrain en avant et en arrière de Spicheren est entièrement cultivé et découvert ; le 6 août 1870, il n'existait, comme plantations, que quelques champs de pommes de terre ; il en est de même de la langue de terre comprise entre la forêt et les flancs du plateau, et qui s'étend jusqu'à l'extrémité du Rother-Berg, dont les pentes abruptes facilitent la défense ; une tranchée-abri creusée dans la nuit du 5 au 6, par la compagnie du génie, permettait aux défenseurs de cette position d'agir efficacement contre l'ennemi qui, venant de Sarrebrück, s'avançait dans cette direction.

Le chemin de Spicheren à Sarrebrück sort d'abord du village, en montant une pente douce, tourne ensuite à gauche et forme en cet endroit, par suite de son encaissement, une sorte de tranchée-abri où les premiers blessés furent provisoirement déposés et où, le soir, les défenseurs se maintinrent pendant quelque temps ; puis, il descend en pente douce et au niveau du sol jusqu'à la forêt, qu'il laisse à droite pour aller s'engouffrer, par une pente raide et sinueuse, dans un col qui lui donne accès dans la vallée, au pied du Rother-Berg.

Entre le village, le chemin et la forêt, se trouve un ravin peu profond qui prend naissance à une courte distance de la route, et dans les parties basses duquel existent quelques prés.

La forêt, en taillis, commande la vallée du côté allemand et le Rother-Berg ; la perte de cette forêt annulait par conséquent cette dernière position, en coupant la retraite à ses défenseurs ; c'est ce qui explique le motif pour lequel les compagnies du 24e, chargées de cette mission ainsi que de la défense du col et de l'extrémité Ouest de la forêt, furent obligées, vers 4 heures, et après que l'ennemi fut en possession de la forêt par l'Est, de se reporter précipitamment en arrière de l'extrémité Ouest du Gifert-Wald, et de se placer, par petites colonnes, dans des sillons, d'où, étant couchées, elles empêchèrent, pendant près de deux heures, les assaillants de sortir du bois pour marcher plus avant.

La croupe défendue par le 3ᵉ bataillon est couverte d'un bois en taillis, sous lequel passe un chemin encaissé qui conduit du plateau à la route de Forbach et aboutit à la maison de la Douane.

Les pentes du plateau situé entre les positions occupées par le 24ᵉ, sont coupées de ravins et couvertes de broussailles.

De 9 h. 1/2 du matin à 6 ou 7 heures du soir, le plateau, en avant et à l'Ouest du village de Spicheren, reçut une quantité considérable d'obus : la partie du bois, bordée par le chemin de Spicheren à Sarrebrück et le Rother-Berg, furent, au début de la lutte, écrasés par les obus qui, éclatant presque tous par suite de la composition rocailleuse du sol, creusèrent de nombreuses excavations dans cette partie du terrain ; sur le centre du plateau, les obus produisirent moins d'effet parce qu'ils tombaient dans des champs cultivés et s'enfonçaient dans le sol, en majeure partie sans éclater.

Du côté des deux premiers bataillons, les positions conquises dans les retours offensifs, furent, à différentes reprises : la tranchée-abri du Rother-Berg, le Rother-Berg, le col, l'extrémité Ouest du bois, le terrain situé entre le bois et le village de Spicheren, sur lequel passe le chemin.

Du côté du 3ᵉ bataillon, et concurremment avec le 8ᵉ, le 23ᵉ de ligne, etc. : la croupe Ouest, d'abord, en refoulant l'ennemi dans le ravin.

De petites colonnes se formant par-ci par-là, se précipitèrent résolument à la baïonnette. Quelques attaques de ce genre eurent lieu dans la direction du 3ᵉ bataillon, vers 7 heures, contre des grenadiers prussiens, ainsi que du côté des deux premiers bataillons, lors des retours offensifs de ces derniers pour la reprise du col et dans les parties basses du terrain compris entre le Rother-Berg et la lisière Nord du Gifert-Wald.....

Du côté des deux premiers bataillons, le porte-drapeau, M. Brianceau, se porta, à l'instant où tombait M. le lieutenant-colonel Arnoux, résolument en avant, avec le drapeau.....

Rapport du commandant Roche sur le rôle du 40ᵉ de ligne à Spicheren.

6 août.

Le 40ᵉ de ligne, campé près de Spicheren, avait pour mission de défendre le plateau sur lequel il se trouvait et d'empêcher l'ennemi d'occuper le bois qui lui faisait face, position dominante qui compromettait la sûreté du camp.

A 10 heures, le 3ᵉ bataillon fut envoyé pour fouiller le bois dans toute sa longueur et occuper la crête du versant opposé ; échelonné par peloton de distance en distance et déployé en tirailleurs, il commençait à peine ces opérations, qu'il fût surpris par une fusillade très vive de l'ennemi et forcé de battre en retraite par échelons.

Le 1er bataillon, envoyé aussitôt à son secours, le ramena à l'attaque et la position fut bientôt enlevée. Une nouvelle attaque, tentée à 2 heures, refoula nos bataillons, mais, avec le secours du 2e, ils restèrent maîtres du bois.

L'ennemi, acharné, revint à la charge une troisième fois vers 5 heures, et son attaque fut si vive que le régiment fut obligé de battre en retraite jusqu'au village de Spicheren.

Le colonel Vittot et les commandants Hermieu et Chardot furent blessés à cette affaire, en cherchant à ramener les tirailleurs en retraite.

Cette brillante défense coûte cher au régiment, qui a à regretter 33 officiers blessés, et 513 sous-officiers et soldats tués, blessés ou disparus.

ARTILLERIE

Historique du 15e régiment d'artillerie (7e batterie).

6 août.

Combat de Spicheren de 10 heures du matin à 8 h. 1/2 du soir. La 3e section va rejoindre les deux premières sections de la 8e batterie, sur l'éperon des hauteurs qui sont en avant de Spicheren, pour combattre les batteries prussiennes établies sur les hauteurs de Sarrebrück. La 1re section et la 2e section, avec le capitaine commandant, se mettent en batterie en avant du village de Spicheren avec la section de gauche de la 8e batterie, pour arrêter les colonnes prussiennes débouchant de la forêt qui couvre les hauteurs en avant de Spicheren. Ces deux sections, de concert avec la section de la 8e batterie, empêchent trois fois les Prussiens de s'avancer sur Spicheren et de déborder notre droite. Vers la fin de la journée, les 1re et 2e sections vont se mettre en batterie sur les hauteurs en arrière de Spicheren et continuent jusqu'à 8 h. 1/2 du soir par leur feu, joint à celui des tirailleurs, à contenir les Prussiens sur la crête des hauteurs en avant de Spicheren. La 3e section, après avoir brûlé toutes ses munitions sur l'éperon, se joint au reste de la batterie sur les hauteurs en arrière de Spicheren; là, elle continue son feu, en puisant dans les coffres des deux autres sections. Deux blessés.

A la fin de la bataille, il reste dans les coffres environ quarante coups par pièce. Le soir, à 8 h. 1/2, retraite d'abord sur Forbach, puis vers les hauteurs d'Œting et enfin sur Sarreguemines.....

Historique du 15ᵉ régiment d'artillerie (8ᵉ batterie).

6 août.

Le 6 août, vers 9 h. 1/2, la batterie reçoit l'ordre de se porter à la rencontre des troupes prussiennes. M. le capitaine commandant Béguin établit ses trois sections en batterie séparément, à peu de distance l'une de l'autre, sur les sommets escarpés qu'on nommait l'éperon, et qui dominent la vallée au Nord de Spicheren ; la 3ᵉ section était un peu plus bas et sur la droite.

Le feu commença vers 11 heures ; les 1ʳᵉ et 2ᵉ sections, ayant eu beaucoup à souffrir du feu d'une batterie fixe et de deux batteries mobiles, furent obligées de quitter leurs positions en laissant deux caissons et vinrent se mettre en batterie l'une près de l'autre, à 400 mètres environ et 100 mètres à gauche du village de Spicheren. Le lieutenant en 1ᵉʳ avait été blessé ; un maréchal des logis, deux conducteurs et deux servants également ; un brigadier et un conducteur tués, et six chevaux tués ou blessés très grièvement. Ces deux sections, auxquelles vient bientôt se joindre la 3ᵉ section de la 7ᵉ batterie du même régiment, continuèrent leur feu sous le commandement du capitaine Béguin qui, vers midi et demi, eut la jambe emportée par un obus. Je pris alors, comme capitaine en 2ᵉ, le commandement de la batterie.

Le feu, exécuté par les 1ʳᵉ et 2ᵉ sections de la 8ᵉ et de la 3ᵉ section de la 7ᵉ batterie, continua contre les batteries prussiennes établies à environ 1800 mètres et contre des troupes d'infanterie placées à leur gauche, jusque vers 6 h. 1/2 du soir ; pendant ce temps, la 3ᵉ section de la 8ᵉ batterie continuait à tirer contre les tirailleurs et les troupes d'infanterie sans avoir changé de position.

Le tir, avec des fusées fusantes, ne permettant pas de juger suffisamment de la distance et ne donnant de bons résultats que lorsqu'il a lieu aux distances correspondantes aux deux durées réglementaires, la plupart des obus ordinaires ont été tirés comme projectiles pleins, sans déboucher les évents. On n'a tiré que quelques obus à balles pour flanquer l'infanterie qui était attaquée sur notre droite, et point de boîtes à mitraille, à cause de la distance.

Vers 6 h. 1/2, n'ayant plus qu'un obus ordinaire par pièce à tirer, je fis reculer ma batterie de 300 mètres environ pour la remettre en batterie sur le bord du plateau en arrière de Spicheren, et à côté de la 7ᵉ batterie qui s'y trouvait. Celle-ci voulut bien me donner un de ses caissons de munitions, ce qui permit à la 8ᵉ batterie de pouvoir continuer son feu pendant une heure encore environ. La 3ᵉ section vint alors rejoindre les deux autres.

Nombre des morts, trois ; M. le capitaine Béguin, mort des suites de sa blessure ; des blessés, sept ; M. Méert, lieutenant en 1ᵉʳ, contusionné à l'avant-bras. Chevaux tués, quatorze.

La batterie a tiré, dans cette journée, tous ses obus ordinaires plus ceux des trois coffres du caisson prêté par la 7ᵉ batterie, une vingtaine d'obus à balles et quinze boîtes à mitraille.

A 8 heures du soir, la batterie étant reformée, elle se dirige vers Forbach pour y chercher des munitions; mais, d'après les renseignements recueillis sur la route de Forbach, au pouvoir de l'ennemi, le capitaine commandant fait établir le campement sur une hauteur dominant la gauche de la route, alors encombrée par l'artillerie de réserve qui quittait Forbach, pour laisser reposer les hommes et les chevaux. Le bivouac est établi à minuit. A 1 heure du matin, la batterie se remet en route pour rejoindre la colonne d'artillerie de réserve qui avait continué à marcher, et arrive à Sarreguemines le 7 août à 9 heures du matin.

Historique du 15ᵉ *régiment d'artillerie* (11ᵉ *batterie*).

6 août.

Vers 11 heures du matin, les premiers coups de canon furent tirés à gauche de Spicheren ; en même temps, un violent combat de tirailleurs s'engageait en avant et à droite de ce même village.

La batterie, à ce moment, campait à l'aile droite de la division (division de Laveaucoupet), sur un plateau situé au-dessus du village d'Etzling, lorsqu'elle reçut l'ordre de prendre position sur le bord de ce même plateau, en avant des bois qui le couronnent ; les pièces furent dirigées sur le versant opposé de la vallée et sur le ravin par lequel on supposait que l'ennemi pouvait y pénétrer.

La batterie resta dans cette position pendant une heure et demie, assistant inactive à une lutte de tirailleurs à laquelle elle ne pouvait prendre part.

Vers 1 heure de l'après-midi, elle reçut l'ordre de quitter cette position, et, guidée par le capitaine d'artillerie Bombard, elle se transporta, à une allure aussi vive que le comportait la nature du terrain, sur une croupe située au Sud-Ouest de Sarrebrück, en sortant du village de Spicheren.

Là, les pièces furent mises en batterie sous le feu ennemi et dirigées sur les batteries prussiennes qui occupaient, sur la lisière d'un bois, le fond de la vallée.

L'artillerie que la batterie avait à combattre se composait de quatre batteries, dont l'une était protégée par un épaulement ; on apercevait encore, dans le voisinage, plusieurs colonnes d'infanterie disposées le long du bois.

Les mitrailleuses ouvrirent le feu sur ce groupe, dont la distance fut estimée 1800 mètres. Après plusieurs décharges exécutées au commandement, l'une des batteries ennemies, celle dite de l'étang, cessa son feu, mais bientôt toutes les pièces prussiennes ayant concentré leurs coups sur la batterie, elle dut changer de position pour échapper à un feu qui devenait à chaque instant plus violent et plus précis. Plusieurs chevaux avaient été tués et quelques hommes légèrement atteints. Elle monta sur le versant d'une crête voisine et elle vint se remettre en batterie à la gauche de la batterie Benoit, du 5º d'artillerie (2º division, 2º corps). Plus de 300 projectiles avaient été lancés sur la batterie pendant qu'elle effectuait son mouvement.

Le nombre des coups tirés dans la première position occupée par la batterie fut de 35 à 40 par pièce.

Afin de ne rien abandonner au hasard, pendant que mes lieutenants veillaient à la mise en batterie, je fus demander au capitaine Benoit à quelle distance il tirait, et à mon retour je pus faire ouvrir le feu à coup sûr (2,200 mètres) sur un groupe d'infanterie nombreux, qui fut bientôt décimé et qui se réfugia, dans le plus grand désordre, dans un bois voisin. Je dirigeai ensuite les feux de ma batterie sur l'artillerie ennemie, et je parvins encore une fois à éteindre le feu d'une batterie, celle de gauche; mais, comme dans la situation précédente, l'artillerie ennemie concentra de nouveau tous ses feux sur ma batterie, et une fois son tir réglé, en moins de vingt minutes, dix chevaux furent tués, plusieurs blessés, deux pièces furent momentanément mises hors de service et plusieurs hommes atteints, et encore les projectiles n'éclataient-ils qu'accidentellement. La position de ma batterie devint des plus critiques, et, pour échapper à une destruction presque certaine, je fis cesser le feu et avancer les pièces d'une centaine de mètres par les mouvements de « à bras-en-avant ». 35 à 38 coups par pièce avaient été tirés à cette seconde position.

Une circonstance très défavorable au tir des canons à balles, c'est que le terrain sur lequel étaient dirigés leurs coups était couvert d'herbe verte, il ne s'en élevait aucune poussière et la cessation du feu des batteries ennemies, le désordre causé dans les rangs de l'infanterie sont les seuls indices qui aient permis par trois fois de juger de la précision du tir.

Cependant quelques renseignements, fournis par des officiers du 40º de ligne, témoins de l'action et mieux placés que ceux de la batterie pour voir la chute des balles, établissent que le feu des mitrailleuses a eu, sur les colonnes d'infanterie voisines, l'effet le plus meurtrier et mis hors de combat un grand nombre de servants; il semble donc permis de croire que si la nature du terrain s'était mieux prêtée à l'observation des coups, la batterie eût éteint complètement le feu de ses adversaires.

Au moment où je fis cesser le feu, la situation de ma batterie, privée de troupes de soutien, séparée par suite des péripéties du combat de sa division, qui effectuait un mouvement de retraite pour se concentrer sur le plateau situé en arrière de Spicheren, devint des plus critiques; la canonnade, vers 4 heures, se ralentit fort heureusement et je pus, en m'orientant tant bien que mal et après avoir éprouvé toutes les tortures morales, car je pouvais être enlevé d'un moment à l'autre, rejoindre l'artillerie divisionnaire qui m'indiqua sa présence en arrière de Spicheren par la reprise de son feu. Quand je l'eus ralliée on fit descendre ma batterie dans le village de Spicheren, je m'arrêtai en dehors du village, ne sachant où aller me mettre en batterie. Quelques instants après, M. le lieutenant-colonel Billot, chef d'état-major de M. le général de Laveaucoupet, vint à passer, je lui demandai des ordres. Il fit remonter ma batterie sur le plateau d'où elle était descendue, « attendu, me dit-il, qu'on pouvait lui enlever sa mitrailleuse, car elle n'était qu'à 400 ou 500 mètres des tirailleurs ennemis, abrités derrière des haies et des arbres ».

Un éclat d'obus, pénétrant dans un coffre, avait mis le feu à plusieurs cartouches, en sorte qu'une partie de la charge de deux boîtes avait fait explosion sans que les autres en eussent souffert et sans autre conséquence qu'une légère dégradation des parois du coffre.

GÉNIE.

Rapport du commandant Peaucellier sur le génie de la 3ᵉ division du 2ᵉ corps, le 6 août.

Mercy, 10 août.

Une reconnaissance, faite dans la matinée du 6 août, ayant mis en évidence l'intention de l'ennemi d'attaquer l'armée française dans ses positions, le commandant du génie reçut l'ordre de faire exécuter sans retard des travaux défensifs sur le plateau de Spicheren.

Ces travaux furent entrepris, vers 7 h. 1/2, par la compagnie de sapeurs et poussés activement, grâce au concours volontaire des chasseurs du 10ᵉ bataillon, ainsi qu'à celui d'un détachement du 40ᵉ de ligne, commandé dans ce but.

Le retranchement consistait dans une simple tranchée-abri, en forme de fer à cheval, enveloppant le contrefort qui se détache vers l'Est, dans la plaine de Forbach.

Il était à peine terminé que les Prussiens tentaient déjà de nous en déloger, en procédant à une attaque de vive force. Une fusillade nourrie, exécutée par l'infanterie et les sapeurs du génie, leur fit subir des pertes considérables et les obligea, à diverses reprises, à renoncer à leur projet.

Effrayés de la supériorité des forces ennemies, les défenseurs, cependant, abandonnèrent en partie la tranchée ; mais leurs chefs les y ramenèrent plusieurs fois, sans trop de difficultés, jusqu'au moment où le manque de munitions et les pertes subies par le feu de l'ennemi, les obligèrent à se rejeter dans le bois voisin.

Après quelque temps de répit, on put les ramener une fois encore dans le retranchement.

Mais les effets meurtriers d'une batterie ennemie ne tardèrent pas à les en chasser de nouveau. Sur 80 hommes environ qui composaient l'effectif de la compagnie du génie, 26 étaient hors de combat.

Le lieutenant Feldhaus était frappé mortellement ; le lieutenant Cretin avait reçu une double blessure ; le sergent-major Rognet, le sergent fourrier Peltier et deux maîtres ouvriers étaient tués ; deux autres sous-officiers blessés.

La compagnie ne quitta la tranchée qu'après le 10° chasseurs, vers 7 h. 1|2 et après avoir perdu le tiers environ de son effectif.

Division de cavalerie (de Valabrègue).

Journal de marche de la division (Rapport sur la bataille de Forbach).

6 août.

Une bonne partie des troupes de la division de cavalerie ayant été répartie dans les divisions d'infanterie pendant la journée du 6 août, il y a lieu de se reporter, pour les opérations de ces détachements, aux rapports de MM. les généraux de division Vergé et de Laveaucoupet, particulièrement en ce qui concerne le 5° chasseurs en entier ; les deux escadrons du 7° dragons, commandés par le colonel, lesquels étaient détachés à la 3° division ; et les deux autres escadrons du 7° dragons, qui ont été mis au plus fort de l'action à la disposition de M. le général commandant la 1re division d'infanterie.

A midi et demi, le général commandant provisoirement la division de cavalerie reçut l'ordre du général en chef de se porter, avec deux escadrons de chasseurs et l'une des batteries à cheval de la réserve, sur la route de Sarrebrück pour soutenir la division Vergé qui avait en face d'elle des forces considérables. Ces troupes arrivèrent à une heure sur une crête située à 800 mètres au delà du village de Stiring et d'où l'on découvrait la position de l'ennemi : en face, du côté de Sarrebrück, étaient des batteries couvertes par des épaulements ; à gauche, dans les bois de Forbach (1), était l'infanterie. La batterie à cheval se mit immédiatement en batterie et dirigea son feu tantôt sur les batteries prussiennes, tantôt sur les bois quand l'infanterie ennemie paraissait s'y agglomérer sur certains points. Les deux escadrons du 4° de chasseurs furent rangés en bataille à droite et à gauche de la route, un peu en arrière des batteries, et ils restèrent pendant 1 h. 1/2 dans la plus belle attitude, exposés à un feu considérable.

Il en fut de même des deux escadrons du 7° dragons, commandés par le lieutenant-colonel Ney d'Elchingen, et placés sous les ordres de M. le général Vergé, qui vinrent s'établir, au même moment, sur le même emplacement, en arrière des chasseurs ; d'autre part, le général commandant provisoirement la division de cavalerie se plaît à rendre hommage à l'intrépidité de tout le personnel de la batterie à cheval sous ses ordres, laquelle avait à répondre à des forces de beaucoup supérieures. En moins d'une heure, la batterie Saget, forte à peine de 100 hommes, perdit 5 hommes tués, 14 blessés, parmi lesquels il fallut compter presque dès le début : M. le lieutenant Chabord, et 44 chevaux. La batterie d'Esclaibes, appelée une heure après la première, montra le même entrain, digne des plus grands éloges, mais perdit beaucoup moins de monde. L'intensité du feu de l'ennemi ne diminuant pas, les deux escadrons du 4° chasseurs furent placés plus en arrière. La batterie Saget dut se retirer en laissant trois pièces sur le terrain, qu'elle n'abandonna pas cependant et qu'elle fut assez heureuse pour pouvoir reprendre vers 5 heures du soir. La batterie d'Esclaibes vint s'abriter derrière les quelques maisons situées sur la gauche de la route, à hauteur du village de Stiring, et continua son feu jusqu'à la fin de la journée.

Les deux escadrons du 4° chasseurs et les deux escadrons du 7° dragons attendirent vainement l'occasion de charger un ennemi qui s'opiniâtrait à ne pas se montrer et à rester à couvert dans les bois. Le lieutenant-colonel Pesme reçut l'ordre de se porter en avant au trot pour reconnaître si l'ennemi ne déployait pas quelque cavalerie en avant de Sarrebrück, mais ce fut en vain ; une partie de la division Bataille étant venue renforcer la division Vergé, la cavalerie reçut du général en chef l'ordre de se replier pour soutenir et protéger l'artillerie de réserve. Dans cette nouvelle position, le général commandant provisoirement la division retrouva une autre fraction de la division, savoir : le 5° chasseurs en entier, et les deux escadrons du 12° dragons, commandés par le colonel d'Avocourt ; ces forces étaient sous les ordres du général Bachelier.

---

(1) Forêt de Stiring.

Vers 8 heures, l'artillerie de réserve mit en batterie douze pièces pour soutenir au besoin la retraite de toutes ses voitures qui avaient pris la route de Sarreguemines. Puis ces pièces s'étant également retirées, le général commandant provisoirement la division suivit le mouvement avec les troupes de sa division qui étaient réunies sous ses ordres.

Sur une autre partie du champ de bataille, le 12e régiment de dragons a accompli certainement un des plus beaux faits d'armes de la journée. Chargé par le général en chef de faire une reconnaissance sur la route de Sarrelouis, le lieutenant-colonel Dulac partit de son bivouac vers 3 h. 1/2 et se trouva bientôt en face de quatre régiments d'infanterie et d'un régiment de uhlans; il y avait en outre de l'artillerie en position dans les bois en face de Forbach. Le lieutenant-colonel Dulac reçut l'ordre d'occuper les retranchements construits au delà du chemin de fer en s'éclairant sur la gauche, et de se lier avec la compagnie du génie qui occupait les retranchements de droite. Ayant fait demander inutilement des renforts, le lieutenant-colonel Dulac dut tenir avec ce qu'il avait de monde, et pendant 1 h. 1/2 ses hommes résistèrent énergiquement. Après l'entier épuisement des cartouches, les escadrons remontèrent à cheval; et pour éviter de les voir détruits, homme par homme, sous les coups plongeants de l'infanterie, le commandant du détachement fit exécuter une charge sur les tirailleurs qui étaient sortis du bois. Cette charge fut faite avec beaucoup d'aplomb par l'escadron du capitaine Dumont, sous les ordres du commandant Jacques.

Ce coup d'audace en imposa à l'ennemi, fit croire à des forces supérieures et permit de prolonger la résistance jusqu'à la nuit pleine.

A 7 h. 1/2, les dragons s'unirent aux pontonniers du 3e corps d'armée pour défendre le passage du chemin de fer, et, après avoir mis pied à terre de nouveau, employèrent toutes les cartouches qui leur furent apportées, à exécuter presque à bout portant un feu extrêmement nourri qui faisait une victime à chaque coup; il est littéral de dire qu'ils avaient devant eux un rempart de corps prussiens; à 8 h. 3/4, le lieutenant-colonel Dulac exécutait sa retraite sur Sarreguemines, emmenant avec lui tout ce qui pouvait marcher.

Le 6 août, à 8 h. 1/2 du soir, le général commandant la division donne l'ordre à la cavalerie d'exécuter un mouvement de retraite sur la route de Sarreguemines. Après un temps d'arrêt sur le plateau d'Œting, la cavalerie se remet en marche, se dirige sur Bousbach, d'où, par les deux routes de Théding et Tenteling, elle arrive à Sarreguemines en passant par Diebling. Le 4e chasseurs et quatre escadrons du 5e chasseurs s'arrêtent à Sarreguemines de 2 heures du matin à 5 h. 1/2; les autres fractions de la division continuent directement leur route sur Puttelange où la cavalerie se concentre entre 11 heures du matin et 3 heures du soir.

RÉSERVE D'ARTILLERIE.

Rapport du général Gagneur sur le rôle de l'artillerie du 2ᵉ corps à Forbach.

10 août.

Depuis son engagement du 2 août, en avant de Sarrebrück, le 2ᵉ corps occupait, indépendamment du plateau dominant la ville, les deux positions de Stiring-Wendel à gauche et de Spicheren à droite de la route de Forbach. Le quartier général était à la Brème-d'Or entre Stiring et Sarrebrück.

Le 5 au soir, le général commandant le 2ᵉ corps, instruit que les Prussiens se réunissaient en grand nombre en arrière de Sarrebrück et prévoyant une attaque sérieuse pour le lendemain, prit ses dispositions pour évacuer, pendant la nuit, les positions trop avancées, qui le mettaient dans une situation d'autant plus périlleuse que les troupes devant Sarrebrück se trouvaient au sommet d'un triangle facile à déborder à droite et à gauche.

Le 5 au soir, le quartier général se transporta à Forbach : la 1ʳᵉ division campa, partie entre Stiring et Forbach, partie à gauche de Forbach ; la 2ᵉ division campa à Œting ; la 3ᵉ, à Spicheren. Les batteries montées de 4 de la réserve (batteries du 15ᵉ) restèrent campées à Forbach, ainsi que les batteries à cheval (batteries du 17ᵉ), ces deux dernières à hauteur de la cavalerie ; les deux batteries de 12 (batteries du 5ᵉ) campèrent à Morsbach, à 2 kilomètres de Forbach, sur la route de Saint-Avold.

Le 6, à 10 heures du matin, deux sections de la 5ᵉ batterie du 5ᵉ régiment (capitaine Maréchal) furent engagées en avant du village de Stiring-Wendel, avec un régiment d'infanterie et le bataillon de chasseurs de la 1ʳᵉ division et occupèrent une hauteur d'où l'on découvrait très bien le terrain en avant, mais qui était dominée à 2.000 mètres par le champ de manœuvres de Sarrebrück. A peu près à la même heure, des masses prussiennes débouchèrent de ce champ de manœuvres ; elles étaient soutenues par des batteries d'artillerie, qui entrèrent en lutte avec les deux sections de la batterie Maréchal, dans la vallée, et, sur la hauteur, avec les deux batteries de 4 de la 3ᵉ division (7ᵉ et 8ᵉ du 15ᵉ, capitaines Stoffel et Béguin), placées en avant de Spicheren et plus tard avec une batterie de la 2ᵉ division (8ᵉ du 5ᵉ, capitaine Benoit), placée à gauche de Spicheren et ayant vue sur la vallée.

Le tir fut d'abord assez efficace pour forcer les batteries prussiennes à se retirer ; mais ces batteries furent remplacées par d'autres d'un plus fort calibre qui, établies en partie à mi-côte de la montée conduisant au champ de manœuvres et en partie sur ce champ de manœuvres lui-même, rendirent fort difficile la position de la batterie Maréchal. La 3e section de cette batterie, la 7e batterie du 17e régiment à cheval (capitaine Saget) et la 10e batterie du 5e régiment (batterie de 12, capitaine Carbonnel) arrivèrent alors en ligne et cherchèrent à rétablir l'équilibre.

Les positions du corps d'armée, complètement engagé en ce moment, étaient les suivantes et demeurèrent les mêmes pendant le reste de la journée :

1re division d'infanterie, engagée en avant de Stiring-Wendel et soutenue par une brigade de la 2e division. Total trois brigades dans la vallée ;

3e division d'infanterie, engagée sur les hauteurs de Spicheren et soutenue par une brigade de la 2e division. Total : trois brigades sur les hauteurs, à droite de la route. Ces brigades n'ont eu avec elles que les trois batteries de la 3e division et la batterie Benoit de la 2e division. Nous reviendrons tout à l'heure sur le rôle qu'ont joué ces quatre batteries ; parlons d'abord de celui des batteries engagées dans la vallée.

Nous avons laissé la batterie Maréchal, la batterie Saget et la batterie Carbonnel luttant avec l'artillerie prussienne, placée en avant et sur le champ de manœuvres de Sarrebrück. Le feu des batteries prussiennes s'étant singulièrement renforcé, la batterie à balles de la 1re division (capitaine Besançon) vint se mettre en batterie à côté des trois autres et chercha à désemparer les batteries ennemies ; mais elle fut elle-même en butte à un feu tellement supérieur que, sous peine d'être compromise sans résultat, elle dut se retirer en arrière de Stiring. Les trois autres batteries tinrent encore quelque temps ; mais notre infanterie ayant été repoussée des bois, sur notre gauche, par l'infanterie prussienne, les tirailleurs ennemis prirent tout d'un coup nos batteries complètement en flanc et les criblèrent de balles. La position devint excessivement critique ; les commandants Rey, du 5e, et Gougis, du 17e, en cherchant à maintenir les batteries de leur division, eurent chacun un cheval tué sous eux. Un caisson de la 7e batterie du 17e, traversé par un obus, sauta en tuant deux chevaux et blessant plusieurs hommes. Les batteries Saget et Maréchal, très maltraitées et n'étant plus soutenues par l'infanterie, qui n'avait pas tenu sous le feu de flanc partant des bois sur notre gauche, durent se retirer, laissant cinq pièces sur le terrain. Le lieutenant Chabord, de la 7e batterie du 17e, grièvement blessé à la jambe, ne put suivre sa batterie dans sa retraite et resta au pouvoir de l'ennemi. La batterie de 12, du capitaine Carbonnel, quoique moins maltraitée, dut aussi se retirer, faute de munitions, en arrière du village de Stiring.

Les batteries en retraite furent remplacées par la batterie d'Esclaibes

(8ᵉ du 17ᵉ à cheval) qui arrivait de Forbach ; deux pièces de cette batterie, placées à hauteur du village, purent battre le ravin du chemin de fer et le bois à droite de ce ravin ; les quatre autres pièces, en avant de Stiring, tirèrent sur la route de Sarrebrück, ainsi que sur le terrain à gauche de cette route, et envoyèrent des obus sur les points des bois d'où partait un feu très nourri de tirailleurs.

La batterie Martimor (12ᵉ du 5ᵉ) fut placée à hauteur de Stiring, à droite du village, dans une bonne position pour en battre les abords. Deux pièces de la batterie Saget vinrent se placer à gauche de cette batterie. La batterie Carbonnel resta en arrière du village, observant les bois à hauteur de sa position. Enfin, deux pièces, l'une de la batterie Saget, l'autre de la batterie d'Esclaibes, furent placées dans l'intérieur du village pour battre les positions à gauche du talus du chemin de fer. Ces deux pièces durent faire beaucoup de mal à l'ennemi, qu'elles découvraient bien et à bonne portée.

A ce moment, le général commandant la 2ᵉ division ayant fait, avec sa brigade appuyée par l'artillerie, un mouvement offensif sur les bois, on profita de ce mouvement pour reprendre les cinq pièces abandonnées en avant du village. Le commandant Gougis et le lieutenant Rossin, du 17ᵉ régiment, allèrent les rechercher, sous une grêle de balles, et furent assez heureux pour les ramener.

Les batteries d'Esclaibes et Martimor furent alors placées perpendiculairement à la route, en avant de Stiring, et y restèrent jusqu'au moment où fut donné l'ordre de battre en retraite.

Les batteries de la 3ᵉ division et la batterie Benoit, de la 2ᵉ division, furent, comme nous l'avons dit, engagées toute la journée sur les hauteurs.

Après avoir cherché à placer des sections dans des positions très en avant de Spicheren, d'où l'on voyait parfaitement le terrain en avant, mais où il était fort difficile de se maintenir sous le feu de l'artillerie prussienne, les deux batteries de 4, de la 3ᵉ division (7ᵉ et 8ᵉ du 15ᵉ régiment, capitaines Stoffel et Béguin) se placèrent dans les positions suivantes :

Six pièces (quatre de la batterie Béguin et la section Maguin de la batterie Stoffel) en avant du village, au-dessus de l'éperon, voyant le versant de la plaine vers Sarrebrück et tirant sur le champ de manœuvres prussien ; six pièces (quatre de la batterie Stoffel et la section Smet-Jamart de la batterie Béguin) entre Spicheren et les bois, tirant sur l'aile gauche prussienne et empêchant un mouvement tournant.

La batterie Benoit vint, un peu plus tard, se placer à la gauche de ces deux batteries, sur une crête qui domine la route de Forbach à Sarrebrück, et dirigea immédiatement son feu sur les trois batteries prussiennes qui tiraient sur les deux batteries du 15ᵉ.

Les trois batteries de 4 engagées sur le plateau de Spicheren eurent beaucoup à souffrir du feu de l'artillerie prussienne, surtout la 8ᵉ batterie du 15ᵉ régiment ; le capitaine Béguin, commandant cette batterie, eut le genou gauche fracassé par un obus dans cette lutte d'artillerie contre artillerie, et dut être remplacé par son capitaine en 2ᵉ, M. Bombard.

Voyant le feu des batteries prussiennes augmenter d'intensité, le général commandant la 3ᵉ division fit avancer la batterie à balles (11ᵉ du 15ᵉ, capitaine Lauret). Cette batterie réussit à désemparer plusieurs fois les batteries prussiennes, qui cessèrent pendant quelque temps leur feu, probablement par suite de la perte de leurs servants ; mais la lutte reprit chaque fois peu de temps après avec une nouvelle énergie. L'ennemi gagnant du reste beaucoup de terrain dans la vallée, la batterie à balles dut remonter sur le plateau, de crainte d'être compromise et ne fut plus employée de la journée.

La batterie Stoffel fut aussi forcée de regagner le plateau et protégea jusqu'à la nuit la droite de la division contre les colonnes qui voulaient sortir des bois et l'envahir. La section Smet-Jamart, placée dans une position un peu plus avancée que les quatre pièces du capitaine Stoffel, put même tirer avec succès des obus à balles et des boîtes à mitraille.

La 8ᵉ batterie du 15ᵉ régiment avait été forcée de remonter sur le plateau, faute de munitions.

La batterie Benoit, obligée d'abandonner la position qu'elle occupait, alla se mettre en batterie sur une crête en arrière et comme la batterie Stoffel, tira jusqu'à la nuit sur les colonnes prussiennes qui voulaient déboucher des bois entourant le village de Spicheren.

Vers 6 h. 1/2, les Prussiens opérèrent une diversion puissante en débouchant avec une colonne d'infanterie et quatre pièces d'artillerie, par la route de Sarrelouis, sur les pentes qui dominent Forbach à gauche. Ce mouvement tournant détermina notre retraite, que le général en chef ordonna d'opérer, par Œting sur Sarreguemines.

Dans la vallée, comme sur les hauteurs de Spicheren, cette retraite fut protégée jusqu'au dernier moment par l'artillerie.

Dans la vallée, les deux batteries de 4 de la réserve (6ᵉ et 10ᵉ du 15ᵉ régiment) luttèrent d'abord contre les pièces qui tiraient sur Forbach, tandis que les batteries encore engagées du côté du village de Stiring, assuraient la retraite de l'infanterie par des mises en batterie successives.

La batterie de 12 (capitaine Carbonnel) et la batterie de 4 du capitaine Martimor exécutèrent les premières le mouvement en arrière ; les deux batteries à cheval restèrent les dernières sur le champ de bataille, tirant avec succès sur la cavalerie ennemie.

Sur les hauteurs, les batteries restèrent aussi en position jusqu'au dernier moment, assurant la retraite des troupes engagées avec elles.

Malgré notre insuccès dans cette triste journée, l'on peut dire, sans crainte d'être démenti par personne, que l'artillerie du 2ᵉ corps a, pendant tout le temps du combat, fait noblement et énergiquement son devoir. Les rapports prussiens font parfaitement ressortir que si notre retraite a pu s'opérer en bon ordre, c'est à l'artillerie qu'on le doit.

Je ne saurais trop vous faire l'éloge de la fermeté de nos officiers et du courage qu'ont déployé les hommes, tant pendant la lutte que pendant la retraite.

Nos pertes sont les suivantes :

3 officiers blessés (deux gravement, M. le capitaine Béguin, commandant la 8ᵉ batterie du 15ᵉ, et M. le lieutenant Chabord, de la 7ᵉ batterie du 17ᵉ. Tous deux sont restés au pouvoir de l'ennemi); un légèrement, M. le lieutenant Méert, de la 7ᵉ batterie du 15ᵉ.

1 officier disparu (M. Anozet, capitaine en 2ᵉ à la 7ᵉ batterie du 15ᵉ, en allant chercher le soir la réserve de sa batterie).

10 hommes tués, 46 hommes blessés, 4 hommes disparus; 77 chevaux tués, 6 chevaux disparus.

Ces pertes sont considérables et montrent combien la lutte de l'artillerie a été vive et acharnée.

Nous avons perdu en matériel, tant sur le champ de bataille que dans la retraite :

6 caissons de 4 rayé de campagne,

2 avant-trains de 4 rayé de campagne,

3 caissons légers à deux roues, pour munitions d'infanterie.

Ces pertes tiennent surtout à l'état des chemins par lesquels s'est opérée la retraite et à l'obscurité presque complète de la nuit du 6 au 7 août. Aucune pièce n'est restée au pouvoir de l'ennemi.

RÉSERVE DU GÉNIE.

Journal de marche du génie du 2ᵉ corps.

6 août.

La compagnie de réserve reçoit un détachement de 50 hommes. Dans la matinée, elle complète les retranchements qu'elle a entrepris la veille; vers 8 heures, menacée par des uhlans, elle couvre le parc du génie et celui de l'artillerie campés auprès d'elle. Le combat commence vers Spicheren : la 13ᵉ compagnie défend les retranchements qu'elle vient de faire. L'attaque s'étend bientôt vers Stiring, défendu par la 1ʳᵉ division, puis vers 5 heures du côté de la route de Sarrelouis. La compagnie de réserve est envoyée dans les retranchements qu'elle a terminés le matin. Elle y trouve deux escadrons de dragons et y est attaquée, vers 6 h. 1/2, d'abord par de l'infanterie, puis par trois pièces d'artillerie, qui menacent de tourner le retranchement par la gauche. Les dragons chargent l'ennemi, sont repoussés et se replient sur Forbach. A 7 heures, la compagnie du génie est secourue par un détachement de 150 hommes du 2ᵉ de ligne : elle épuise ses cartouches, mais bientôt tous les défenseurs sont obligés de se retirer derrière le chemin de fer, par un passage voûté que la compagnie de réserve barricade à l'improviste et se tient prête à défendre à la baïonnette. L'ennemi ne cherche pas à forcer le passage.

. . . .

Journée du 6 août.

3ᵉ CORPS.
ÉTAT-MAJOR GÉNÉRAL.

a) Journaux de marche.

Historique du 3ᵉ corps.

La 1ʳᵉ division se trouvait à Sarreguemines depuis la veille. Elle devait y remplacer la brigade Lapasset, qui avait l'ordre de se mettre en route dans l'après-midi pour rejoindre le 5ᵉ corps à Bitche. Le général Montaudon, informé que l'ennemi était maître du pont sur la Blies à Frauenberg, que ses avant-postes occupaient le bois de Jacobswald, et que tout tendait à faire croire à une attaque pour le 6 au matin, prit dès la pointe du jour toutes les dispositions pour défendre la rive gauche de la Sarre du côté de Neunkirchen. L'ennemi ne s'étant pas montré, les troupes rentrèrent dans leurs bivouacs vers 5 heures du matin. Cependant, le convoi du général Lapasset, qui avait pris la route de Bitche, avait dû rétrograder devant les uhlans ennemis, à la sortie de Neunkirchen. Vers midi, un télégramme du major général prévenait d'une attaque possible sur Sarreguemines. Le général Montaudon reprit à 1 heure ses dispositions de combat. Ce n'est qu'à 3 h. 1/2 qu'une dépêche du maréchal Bazaine, informé lui-même à

2 heures de l'attaque sur Spicheren, ordonna à la 1re division de se porter en colonne légère sur la position de Grosbliederstroff, afin de soutenir l'aile droite du général Frossard, fortement engagée à Spicheren.

Faisant toute diligence, le général Montaudon replia toutes ses troupes sur la rive gauche de la Sarre, et, laissant à la brigade Lapasset le soin de défendre Sarreguemines, il en sortit lui-même à 5 heures, et, vers 7 heures, la division était massée sur les crêtes de Rouhling. Le bruit du canon de Spicheren se faisant entendre distinctement, le général continua à se porter en avant jusqu'à Lixing, qu'il atteignit vers 7 h. 3/4. C'est là que le général Montaudon rencontra un capitaine d'état-major qui venait le prier, de la part du général Frossard, de se rendre sans retard à Forbach avec sa division. Malgré l'obscurité, le général Montaudon n'hésita pas à se remettre en marche; mais bientôt le bruit du canon avait cessé, la nuit était venue; le général se décida, avant de continuer sa route, à envoyer à Forbach un officier d'état-major qui revint avec l'avis que le 2e corps se retirait en appuyant vers sa droite. A 1 h. 1/2 du matin, la division Montaudon se mit en marche sur Woustwiller pour appuyer la retraite du 2e corps. Pendant ce mouvement, le général Montaudon apprit que le 2e corps se retirait sur Puttelange; n'ayant reçu aucun nouvel ordre, il marcha lui-même sur Puttelange, où il arriva le 7 au matin.

Il résulte de cet exposé des faits, qu'en tenant compte des heures auxquelles le général Montaudon a reçu les divers avis qui lui étaient envoyés, il ne lui aurait pas été possible de choisir un parti autre que que celui qu'il a pris pendant la journée du 6.

Si nous passons actuellement à la 2e division, nous nous trouvons en présence des faits suivants :

Le 6, de grand matin, le général de Castagny envoya de Puttelange un officier au général Frossard et un autre au général Montaudon, pour se mettre en communication avec eux et avoir des nouvelles de l'ennemi. Vers midi, ces officiers n'étaient pas revenus, lorsqu'une lointaine canonnade se fit entendre dans la région du nord.

Le général de Castagny fit aussitôt prendre les armes à sa division et arriva, vers 2 heures, sur la position de Guebenhausen, d'où elle rentra vers 3 h. 1/2. Le bruit du canon s'éloignait, et, à 4 heures, il avait complètement cessé. La 2e division rétrograda alors vers ses cantonnements; mais le bruit du canon ayant repris bientôt, le général se reporta en avant, en prenant la vallée qui conduit à Forbach.

Arrivé vers 8 heures du soir à Farschwiller, il y rencontra les premières colonnes de bagages du 2e corps et apprit la retraite de ce corps sur Puttelange.

Le général de Castagny porta alors sa division sur les hauteurs de

Folckling pour couvrir la retraite de ces bagages, et, lorsqu'il jugea que tout ce qui s'était engagé sur cette route avait dépassé sa division, il se retira sur Puttelange, où l'attendait un ordre du maréchal Bazaine qui lui enjoignait de se rendre sur le plateau de Guenviller, où il s'établit, en effet, le 7, à 5 h. 1/2 du soir.

La journée du 6 devait influer fatalement sur les opérations de la guerre. Un instant, on pensa à reprendre l'offensive, et des instructions dans ce sens furent arrêtées dans la nuit du 6 au 7, pour concentrer les troupes de Saint-Avold, et se jeter dans le flanc de l'ennemi, si celui-ci dessinait son mouvement en avant. Mais bientôt, on se décida à un mouvement de concentration en arrière, sur une bonne ligne de défense.

c) Opérations et mouvements.

Le général Montaudon au maréchal Bazaine (D. T.).

Sarreguemines, 6 août, 1 h. 50 matin.

Des renseignements me font croire que je serai attaqué ce matin par des forces qu'on dit supérieures. Un parti prussien a intercepté le fil entre Bitche et Sarreguemines. Les dépêches ne passent plus d'une manière intelligible.

Le maréchal Bazaine au chef d'état-major de la division Montaudon (D. T.).

Saint-Avold, 6 août, 2 h. 40 matin. Expédiée à 2 h. 50 matin.

Toute la division est-elle ralliée à Sarreguemines ? Où est le général Montaudon ? Si le général Lapasset n'a pas quitté Sarreguemines, priez-le de rester jusqu'à l'arrivée du général Montaudon, qui jugera de la situation.

Le maréchal Bazaine au Major général (D. T.).

Saint-Avold, 6 août, 3 h. matin. Expédiée à 3 h. 20 matin.

Le chef d'état-major de la 1re division me dit : « Des renseignements me font croire que je serai attaqué par des forces qu'on dit supérieures. Un parti prussien a intercepté le fil entre Bitche et Sarreguemines ; les dépêches ne passent plus d'une manière intelligible ». Le sous-préfet, d'un autre côté, m'écrit : « Le fil du bureau de l'État, de Sarreguemines à Bitche fonctionne toujours, mais les fils télégraphiques et la ligne de fer viennent d'être rompus à Bliesbrücken, par les Prussiens ». Je fais demander à Sarreguemines de plus amples renseignements.

Le maréchal Bazaine au Sous-Préfet de Sarreguemines (D. T.).

Saint-Avold, 6 août, 3 h. 11 matin. Expédiée à 3 h. 25 matin.

Sur quelle longueur le chemin de fer est-il rompu à Bliesbrücken et est-ce positif ?

Le Chef d'état-major de la 1re division du 3e corps au maréchal Bazaine, à Saint-Avold (D. T.).

Sarreguemines, 6 août, 4 h. 50 matin. Expédiée à 5 h. 20 matin.

La dépêche de cette nuit a été envoyée par ordre du général Montaudon arrivé à Sarreguemines hier, à 4 heures du soir. Les renseignements donnés à l'arrivée n'ont pas été justifiés; tout est tranquille ce matin, le général Lapasset part.

Le Major général au maréchal Bazaine (D. T.).

Metz, 6 août, 5 h. 5 matin.

Je reçois votre télégramme.

Tenez-vous prêt à une attaque sérieuse qui pourrait avoir lieu aujourd'hui même.

L'Empereur n'ira pas à Saint-Avold. La division de Sarreguemines et la division de Puttelange doivent se prêter appui.

Tenez l'Empereur très au courant. — Que disent nos reconnaissances de ce matin ?

Le Sous-Préfet de Sarreguemines au maréchal Bazaine (D. T.).

6 août, 5 h. 35 matin. Expédiée à 7 h. 30 matin.

On ignore encore sur quelle longueur il (le chemin de fer) est coupé ; mais il l'est positivement, près de la gare de Bliesbrücken (1).

---

(1) Réponse à la dépêche du maréchal Bazaine de 3 h. 25 du matin.

Le maréchal Bazaine au général Metman, à Marienthal.

Saint-Avold, 6 août (1).

Il est possible que l'ennemi fasse une tentative sur Saint-Avold, aujourd'hui. Sans rien changer aux travaux du camp, tenez-vous prêt à prendre les armes au premier signal.

Faites, d'autre part et immédiatement, reconnaître, par un de vos officiers, la position de Barst, un peu en avant de Marienthal, sur la route de Sarreguemines, au point de vue des ressources en eau et bois.

P.-S. — Si vous êtes appelé à l'ennemi, vos hommes auront leurs sacs, leurs petits bidons et leurs sacs à biscuit ; et le camp ne sera pas levé, à moins d'ordres nouveaux.

Le maréchal Bazaine aux généraux de Rochebouët (2) et Vialla (3).

6 août.

Immédiatement, que les tentes soient abattues, les voitures chargées, les paquetages faits ; que toute corvée soit suspendue et qu'on se tienne prêt à marcher au premier coup de canon.

Ces dispositions ne changent rien aux ordres donnés ce matin pour l'installation des réserves et des parcs.

Le maréchal Bazaine au général Metman.

6 août, 7 h. 3/4 matin.

Je vous ai écrit cette nuit pour que vous ayez à venir vous établir avec votre division à Marienthal. Poussez jusqu'à hauteur de Macheren, à droite de la route, en vous rapprochant le plus possible de Saint-Avold.

Donnez le même ordre de ma part à Montaudon, qui vous suivra immédiatement, les impedimenta des deux divisions marchant les derniers. Voyez s'il n'y a pas une route à votre gauche, à Barst, passant par Biding, Val-Ebersing, Lixing, chemin de grande communication n° 5 et qui vient aboutir en arrière de Faulquemont.

---

(1) Sans indication d'heure, ainsi que la suivante.
(2) Commandant d'artillerie du 3e corps.
(3) Commandant le génie du 3e corps.

J'entends par impedimenta les voitures auxiliaires d'administration, les voitures du train inutiles.

Conservez vos ambulances, vos cacolets et les bagages des officiers. Ne perdez pas de temps pour exécuter mes ordres.

Le même au même.

Saint-Avold, 6 août (1).

La division Metman devra envoyer camper à Macheren (au-dessus), direction de Haut-Hombourg, sa 2ᵉ brigade avec une batterie et un peloton. Cette brigade devra occuper la position de Mittenberg, y faire des tranchées-abri, et on lui donnera une section du génie.

Exécuter ce mouvement après la soupe. Manger à 9 heures.

Le maréchal Bazaine au général de Clérembault.

6 août (2).

Faites partir immédiatement une brigade de dragons dans la direction de Haut-Hombourg; que le général qui la commande vienne prendre mes instructions. Sa mission consistera à observer les routes de Merlebach et il se tiendra en relation par sa droite avec la division Metman qui doit occuper Mittenberg et Macheren par une de ses brigades et se diriger avec l'autre sur Bening-lès-Saint-Avold.

Le maréchal Bazaine au général Metman.

Saint-Avold, 6 août, 11 h. 3/4 matin.

Je vous ai donné l'ordre ce matin de porter une de vos brigades à Macheren et d'occuper la position de Mittenberg. Rendez-moi compte de l'exécution de cet ordre. Immédiatement, au reçu de cette dépêche, marchez avec le reste de votre division sur Bening-lès-Saint-Avold, par la ligne la plus courte. A l'inspection de la carte, elle me semble passer par Guenviller, Seingbouse, Betting, Bening. Dans cette marche, vous n'emmènerez aucun impedimenta. Laissez à votre camp une garde convenable et n'ayez à votre suite que vos batteries de combat; une brigade de dragons est dirigée sur Haut-Hombourg et doit observer la route de Merlebach, Rosbrück, Morsbach, et se mettre en relation avec vous.

---

(1) Sans indication d'heure. Vraisemblablement entre 8 et 9 heures.
(2) Sans indication d'heure. Vers 10 heures vraisemblablement, car la brigade de Juniac partit à 11 heures.

Le maréchal Bazaine à l'Empereur (D. T.).

6 août, 11 h. 50 matin. Expédiée à 11 h. 54 matin.

L'ennemi est rentré à Merlebach. Le courrier de Saint-Avold à Creutzwald-la-Croix a rétrogradé à la vue des troupes ennemies. Le général Bellecourt me fait savoir de Ham-sous-Varsberg qu'il a un gros parti devant lui.

Le maréchal Bazaine à l'Empereur (D. T.).

6 août, 12 h. 25 soir. Expédiée à 12 h. 45 soir.

Pour faire suite à ma dépêche de midi, j'ai pris les dispositions suivantes : une brigade de dragons va au Haut-Hombourg, le général Metman, avec une brigade, se porte à Bening-lès-Saint-Avold, son autre brigade sur Macheren et Mittenberg. Le général de Castagny va faire marcher une brigade sur la position de Théding, à gauche de Cadenbronn, et il l'appuiera en se portant de sa personne, avec son autre brigade, à Farschwiller.

Les reconnaissances de ce matin n'avaient rien signalé ; cependant, ce matin, vers 8 h. 1/2, quand je suis allé sur la route de Carling, visiter les avants-postes du 85e, nous avons reçu quelques coups de fusil des vedettes de cavalerie.

Je tiendrai Votre Majesté au courant.

L'Empereur au maréchal Bazaine (D. T.).

Metz, 6 août, 12 h. 33 soir.

Je reçois votre dépêche à Frossard. Il me semble que la division qui devait être à Marienthal peut avancer sur Merlebach.

Le maréchal Bazaine à l'Empereur (D. T.).

6 août, 1 h. 25 soir. Expédiée à 1 h. 27 soir.

J'avais déjà envoyé au général Metman l'ordre d'occuper les positions de Bening et Betting-lès-Saint-Avold, et de prendre ses dispositions pour couvrir le chemin de fer en faisant occuper Merlebach.

Le même au même (D. T.).

Saint-Avold, 6 août, 2 heures soir.

Le général Montaudon me transmet ce qui suit : Le colonel du 3e lanciers a reconnu, vers 8 h. 1/2 du matin, à 500 mètres en arrière de Wising, trois régiments de cavalerie, deux bataillons d'infanterie et une batterie d'artillerie.

Rohrbach paraît également menacé. Dans ces conditions, je crois devoir retenir la brigade Lapasset pour ne pas la compromettre.

Le maréchal Bazaine au général de Ladmirault, à Boulay.

6 août.

Je reçois un petit mot du général Bellecourt, qui m'écrit de Ham-sous-Varsberg, qu'il a devant lui un parti considérable ennemi et que sa division est encore engagée sur la route. Il me demande de la cavalerie ; j'envoie dans sa direction un régiment de dragons et un de chasseurs. Voyez, de votre côté, ce que vous pourrez lui envoyer.

Tenez-moi au courant.

Le maréchal Bazaine au général de Clérembault.

6 août.

La position du 85ᵉ étant assurée par les travaux de défense, reportez le régiment de dragons qui est en avant du 85ᵉ sur le nouveau campement que je vous ai indiqué ce matin, sauf un escadron qui restera avec le 85ᵉ. Dans ce campement, on ne dressera pas les tentes.

Le maréchal Bazaine au général de Juniac.

6 août.

Dirigez-vous rapidement sur Forbach et mettez-vous à la disposition du général Frossard.

Le maréchal Bazaine à l'Empereur.

6 août, 2 h. 15 soir. Expédiée à 3 h. 19 soir.

Le général Frossard me dit à l'instant : « Je suis fortement engagé tant sur la route et dans les bois que sur les hauteurs de Spicheren. C'est une bataille. » Sur sa demande, la division Montaudon, laissant la garde de Sarreguemines aux troupes du général Lapasset, qui y étaient encore, marche sur Grosbliederstroff, dirigeant une colonne sur Rouhling afin d'avoir un appui. La brigade de dragons que j'avais envoyée vers Merlebach, continue de venir s'établir de Faulquemont à Folschwiller. Les nouvelles qui me parviennent de notre gauche sont moins sérieuses que ce matin. Ce ne seraient que des reconnaissances.

Le Major général au maréchal Bazaine, à Saint-Avold (D. T.).

Metz, 6 août, 2 h. 20 soir. Expédiée à 2 h. 35 soir.

Par ordre de l'Empereur, la Garde impériale est placée, jusqu'à nouvel ordre, sous votre commandement. Le général Bourbaki reçoit ordre de porter ses troupes sur Saint-Avold, en s'en rapprochant le plus possible. Il lui est prescrit de prendre vos instructions.

Le maréchal Bazaine au général Montaudon, à Sarreguemines (D. T.).

6 août, 2 h. 20 soir (n° 62). Expédiée à 2 h. 50 soir.

Laissez la garde de Sarreguemines aux troupes du général Lapasset et dirigez-vous, avec toute votre division, sans vos impedimenta, sur Grosbliederstroff. Tenez-vous à la disposition du général Frossard, qui est fortement engagé du côté de Spicheren. Suivez, bien entendu, la rive gauche de la Sarre et voyez s'il ne serait pas bon, pour vous servir de point d'appui, de diriger une colonne sur Rouhling.

Le maréchal Bazaine au général Lapasset, à Sarreguemines (D. T.).

Saint-Avold, 6 août, 3 h. 40 soir. Expédiée à 3 h. 48 soir.

Le général Montaudon a-t-il commencé son mouvement ?

Le Sous-Préfet de Sarreguemines aux Généraux en chef à Saint-Avold, Bitche, et Préfet à Metz (D. T.).

Sarreguemines, 6 août, 3 h. 45 soir. Expédiée à 4 h. 55 soir.

Le général Montaudon part à l'instant pour Grosbliederstroff avec sa division, pour y appuyer, d'après les ordres donnés, le général Frossard qui se bat à Sarrebrück. Il laisse à Sarreguemines la brigade Lapasset, du 5e corps.

Le maréchal Bazaine au général Metman.

Saint-Avold, 6 août (1).

Par suite de nouvelles dispositions, ce soir vous vous établirez avec

---

(1) Reçue à Bening vers 4 heures, d'après la déposition du général Metman dans l'instruction relative au procès Bazaine.

toute votre division entre Bening-lès-Saint-Avold et Betting-lès-Saint-Avold. La carte du 80.000° indique une série de croupes qui bordent le chemin de fer, entre le Bas-Hombourg et Cocheren, aux points indiqués *Arbre de Bening* et *Knée Busch*.

Choisissez sur ce terrain votre position militaire défensive; surveillez et soyez toujours prêt à défendre le terrain entre le chemin de fer et la frontière.

Voyez, d'après les renseignements que vous recueillerez et ce que vous reconnaîtrez du pays, la composition et la force du détachement que vous devez établir et maintenir à Merlebach.

Vos impedimenta vous rejoindront de Marienthal à votre nouvelle position ce soir, en arrière de votre nouvelle position.

Je vous recommande de nouveau, chaque fois que vous détacherez des troupes, brigade ou régiment, n'oubliez pas de leur donner le nombre de cacolets qui leur seront nécessaires.

Le même au même.

Saint-Avold, 6 août.

Installez-vous fortement sur les positions en arrière de Bening et de Betting, qui vous ont été signalées dans ma première dépêche. Demain, vous pourrez appeler à vous, pour les installer à Seingbouse, tous vos impedimenta et vos vivres.

Le général Castagny, qui occupe Théding, est à votre droite, à moins que le général Frossard ne l'ait appelé à lui. Dans tous les cas, il reviendra sur cette position. Je vous enverrai sans doute demain un peu de cavalerie. Tenez-moi au courant; je n'ai que d'assez mauvaises nouvelles de la droite.

Le maréchal Bazaine au général Arnaudeau (1).

6 août.

J'ai reçu votre lettre de ce jour; j'approuve les dispositions que vous avez prises. Quand je désigne un point à occuper, c'est seulement comme indication, laissant aux généraux l'appréciation de la position qu'ils doivent prendre au point de vue militaire.

Votre général de division a, du reste, dans l'après-midi, reçu de moi l'ordre de vous rallier pour aller prendre position entre Betting-lès-Saint-Avold et Bening-lès-Saint-Avold. Conformez-vous donc aux ordres que vous aurez reçus de lui.

---

(1) Commandant la 2ᵉ brigade de la 3ᵉ division du 3ᵉ corps.

Le général Frossard au général Metman, à Bening (D. T.).

Forbach, 6 août, 4 heures soir.

Si le général Metman est encore à Bening, qu'il parte de suite pour Forbach.

Le général Lapasset au maréchal Bazaine (D. T.).

Sarreguemines, 6 août, 4 h. 30 soir. Expédiée à 4 h. 40 soir.

Le général Montaudon commence son mouvement à 5 heures, il sera à 7 h. 1/2 à Grosbliederstroff.

L'Empereur au maréchal Bazaine, à Saint-Avold (D. T.).

Metz, 6 août, 6 h. 47 soir. Expédiée à 6 h. 40 soir.

Je reçois de mauvaises nouvelles du général Frossard. Quelles mesures prenez-vous?

Le maréchal Bazaine au général de Castagny.

6 août (1).

Portez-vous sans retard, et avec vos moyens d'action, à portée et à hauteur du général Frossard. Entrez immédiatement en relations avec lui et faites ce qu'il vous commandera.

Le maréchal Bazaine à l'Empereur (D. T.).

6 août, 7 h. soir. Expédiée à 7 h. 3 soir (n° 7).

Je fais partir un régiment d'infanterie par chemin de fer. Je donne l'ordre au général de Castagny de pousser jusqu'au général Frossard. Le général Montaudon, avec sa division, a quitté Sarreguemines à 5 heures, allant à Grosbliederstroff. Le général Frossard est prévenu de tous ces mouvements.

---

(1) Sans indication d'heure. Le télégramme suivant permet de placer celui-ci un peu avant 7 heures.

Le même au même (D. T.).

Saint-Avold, 6 août, 8 h. 5 soir. Expédiée à 8 h. 10 soir.

J'ai envoyé au général Frossard tout ce que j'ai pu; je n'ai plus que trois régiments pour garder la position de Saint-Avold.

Le général Frossard me prévient à l'instant qu'il porte tout son monde sur les hauteurs, étant tourné par Wehrden.

L'Empereur au maréchal Bazaine, à Saint-Avold (T. D.)

Metz, 6 août, 8 h. 20 soir (n° 40).

Le mouvement de l'ennemi tend à vous séparer du général Frossard; appelez à vous tous les corps du général de Ladmirault. Assurez, s'il est nécessaire, la retraite d général Frossard et des troupes de Sarreguemines sur un point en arrière, que je crois être Puttelange. La Garde doit être à moitié chemin de Courcelles à Saint-Avold.

Le maréchal Bazaine au général de Castagny.

6 août, 8 h. 3/4 soir.

Dites-moi quelle position vous occupez; avez-vous dépassé Théding? Si le général Frossard vous appelle à lui, allez-y, sinon tenez la position de Théding à Cadenbronn, afin de lui servir d'échelon et d'être également utile au général Montaudon, qui est à Rouhling et Grosbliederstroff, mais qui, bien certainement, ne sera pas sur ce dernier point, le général Frossard groupant tout son monde sur les hauteurs d'Œting et de Kerbach.

Le maréchal Bazaine à l'Empereur, à Metz (D. T.).

Saint-Avold, 6 août, 9 h. 55 matin (1). Expédiée à 10 h. 10 matin (1) (n° 42).

Les premières dispositions prises, et dont j'ai rendu compte à Votre Majesté, forment des échelons d'appui pour M. le général Frossard et doivent couvrir sa retraite, si elle devient nécessaire, et je pense que

---

(1) C'est soir qu'il faut lire. Erreur commise par le directeur des transmissions télégraphiques.

nous pouvons tenir la position de Cadenbronn sans nous retirer de suite jusqu'à Puttelange.

La position de Cadenbronn servira de point de ralliement aux troupes de Sarreguemines qui occupent Rouhling et Grosbliederstroff, comme aux troupes du général Frossard et du général de Castagny, qui s'est porté vers Forbach cet après-midi.

Selon les instructions de Votre Majesté, j'avais appelé à moi les troupes du général de Ladmirault.

Le général Bourbaki m'a prévenu qu'il avait reçu, à 4 heures, l'ordre de se mettre en mouvement, et qu'il arriverait demain matin, à moins que je ne lui fasse dire de faire une marche de nuit.

Les dernières nouvelles du général Frossard sont qu'il se retire sur les hauteurs, sans m'indiquer la direction.

Le Major général au maréchal Bazaine (D. T.).

Metz, 6 août, 10 h. 25 soir. Expédiée à 10 h. 25 soir.

Pour Dieu, donnez de vos nouvelles, et que l'on sache les ordres que vous donnez pour concentrer les troupes du général Ladmirault, du général Frossard et les vôtres, de manière à faire face à l'ennemi. La Garde impériale marche sur Saint-Avold.

Le maréchal Bazaine au Major général (D. T.).

6 août, 10 h. 50 soir. Expédiée à 11 h. soir.

Je n'ai cessé d'envoyer à Sa Majesté les nouvelles que je recevais et les ordres que j'expédiais pour appuyer le général Frossard. Dès le reçu de la dépêche de l'Empereur pour appeler à moi le général de Ladmirault, je lui ai expédié immédiatement les ordres de concentration sur Saint-Avold.

Vous m'avez dit de tenir l'Empereur au courant; c'est à Sa Majesté que j'ai adressé mes dépêches.

Le maréchal Bazaine au général Lapasset (D. T.).

7 août, minuit 10.

Faites prévenir le général Montaudon de conformer son mouvement de retraite à celui du général Frossard, en se portant sur la gauche, en arrière de Rouhling, près de Cadenbronn, et de me tenir au courant de ce mouvement, et de se mettre en relation avec le général Frossard.

1ʳᵉ DIVISION (MONTAUDON).

a) **Journal de marche.**

6 août.

Dès midi, on entend une vive canonnade du côté de Sarrebrück. A 3 heures, la division reçoit l'ordre de prendre les armes et de se porter sur Grosbliederstroff, le long de la Sarre, pour appuyer la droite du 2ᵉ corps, engagé en avant de Forbach.

La division quitte Sarreguemines à 4 heures, laissant la hauteur en arrière de la Sarre occupée par la brigade Lapasset.

A 7 heures du soir, la division se forme sur le plateau de Rouhling, et, apprenant que le 2ᵉ corps, repoussé de ses positions, est tourné par sa droite, la division oblique à gauche, traverse Rouhling et va prendre position sur le plateau au-dessus de Bousbach, face à la route de Forbach.

Le général de division reçoit un officier d'état-major du 2ᵉ corps, qui le cherchait en vain depuis 4 heures, mais, comme il est trop tard pour se porter efficacement sur le champ de bataille, la division reste en position sans bivouaquer.

Le général de division envoie le capitaine d'état-major Lahalle, avec l'officier d'état-major du 2ᵉ corps, pour prévenir à Forbach le général Frossard de son arrivée et se mettre à sa disposition pour le lendemain.

A minuit, les capitaines Lahalle et Allaire rentrent sans avoir pu arriver à Forbach, qui est au pouvoir de l'ennemi, et rendent compte que le 2ᵉ corps est en retraite sur Sarreguemines.

La division prend les armes et, faisant filer son convoi devant elle, se porte, par une marche de nuit, sur Puttelange.

Journal de marche de la brigade Lapasset (1).

6 août.

Au point du jour, le général fait une reconnaissance dans la direction de la route de Deux-Ponts.

Vers 10 heures du matin, on entend le canon de Forbach; le général

---

(1) La brigade Lapasset appartient au 5ᵉ corps; son Journal de marche est cité ici parce qu'elle a été à Sarreguemines le 6 août avec la division Montaudon du 3ᵉ.

se décide alors à ne pas emmener le convoi (1). Vers 3 heures de l'après-midi, un ordre du Major général, prescrivant à la division Montaudon de se porter sur les hauteurs de Spicheren, informe le général Lapasset que sa brigade doit garder Sarreguemines et ses approvisionnements.

Les troupes lèvent le camp à 5 heures du soir, traversent Sarreguemines et vont s'établir sur les hauteurs qui dominent la ville, à l'Ouest de la route de Puttelange.

Pendant la nuit, les troupes travaillent à la défense de la ville, aux têtes de ponts et au repliement des ponts de bateaux.

A minuit, la brigade reçoit avis que le maréchal de Mac-Mahon, après bataille perdue, se retire sur Saverne; une demi-heure après, elle apprend, par un aide de camp du général Frossard, que le 2ᵉ corps opère son mouvement de retraite par Sarreguemines.

c) Opérations et mouvements.

Rapport du général Montaudon sur la journée du 6 août.

Puttelange, 7 août.

La 1ʳᵉ division arriva le 5 août, à 5 heures de l'après-midi, à Sarreguemines, excepté les 62ᵉ et 95ᵉ, qui n'y entrèrent qu'à 7 heures. Il n'y avait, en fait de troupes françaises dans la ville, que la brigade Lapasset. Elle devait même quitter Sarreguemines à 2 ou 3 heures de l'après-midi et ne put le faire à cause de l'arrivée tardive de la 1ʳᵉ division, partie vers midi seulement de Rosbrück.

Le général Lapasset informa le général Montaudon que l'ennemi était maître du pont de la Blies à Frauenberg et occupait, avec ses avant-postes, le Jacobswald. Un régiment d'infanterie de la brigade Lapasset occupait les abords du village de Neunkirch et l'autre était sur le plateau (rive droite de la Sarre) à droite de la route de Sarreguemines à Neunkirch.

Tous les renseignements tendant à faire croire à une attaque, le 6 au matin, le général Montaudon plaça la 1ʳᵉ brigade en position à Neunkirch; l'artillerie, le 3ᵉ chasseurs et le 81ᵉ de ligne, sur le plateau en arrière; et le 95ᵉ sur la rive gauche de la Sarre, sur un plateau dominant Sarreguemines.

Les ponts de la ville et un pont construit précédemment par le

---

(1) Il s'agit du convoi du 5ᵉ corps.

5ᵉ corps, à l'aide de bateaux du commerce, assuraient les communications entre les deux rives de la Sarre.

Le 6, toutes les troupes prirent les armes, un peu avant le lever du soleil, tant on croyait être attaqué. A 4 heures du matin, le général de division fait une grande reconnaissance en avant des avant-postes; l'ennemi ne s'étant pas montré, les troupes rentrent dans leurs bivouacs à 5 heures.

Cependant, le convoi du général Lapasset, qui avait essayé de prendre la route de Bitche, dut rétrograder à peine sorti de Neunkirch, car les uhlans et les hussards prussiens lui barraient la route; il y avait cependant un bataillon de la 1ʳᵉ division à la ferme de Wising pour couvrir la route. Néanmoins, la cavalerie ennemie poussa jusque dans le Grosse-Wald.

A 3 heures, le général Montaudon reçut une dépêche du Major général, lui annonçant qu'il allait être attaqué à Sarreguemines; toutes les troupes reprirent leurs positions comme au lever du soleil.

Vers 3 h. 1/2, le général de division reçut du maréchal Bazaine une dépêche lui prescrivant de se porter, avec sa division en colonne légère, occuper la position de Grosbliederstroff, en se plaçant entre Rouhling et Lixing, afin de soutenir l'aile droite du général Frossard, fortement engagée à Spicheren.

Pour se conformer à ces ordres, le général de division replia le plus promptement possible toutes les troupes en position à Neunkirch, à la ferme de Wising et sur la rive droite de la Sarre. La brigade Lapasset reçut l'ordre de s'établir sur la rive gauche, au-dessus de Sarreguemines, là où le 95ᵉ avait été placé. Tous les bagages de la division et de la brigade mixte furent dirigés sur ce point.

A 5 heures du soir, la division, qui avait fait preuve de la plus grande diligence, sortait de Sarreguemines, quand le général Montaudon reçut du maréchal de Mac-Mahon une dépêche lui ordonnant de lui renvoyer de suite la brigade Lapasset (1). Le général transmit cette dépêche au général Lapasset et donna en même temps l'ordre à ses bagages de le suivre, puisque toutes les troupes abandonnaient Sarreguemines.

La division ne pouvait suivre, pour se rendre à Grosbliederstroff, la grande route qui longe la rive gauche de la Sarre, où il n'y avait pas de positions à prendre en cas d'attaque; elle s'engagea, en sortant de Welferding, sur un chemin qui gravit les crêtes et conduit à Rouhling.

Vers 7 heures, les troupes étaient massées près de ce village, sur le plateau qui s'étend au Nord. Les reconnaissances signalèrent des postes

---

(1) Cette dépêche n'a pu être retrouvée.

de cavalerie ennemie à Grosbliederstroff et sur toute la rive droite de la Sarre.

Néanmoins, le général Montaudon, voyant, par le bruit du canon de Spicheren, qu'on entendait depuis le matin, que le corps Frossard était fortement engagé, continua à marcher jusqu'au-dessus de Lixing. A ce moment (7 h. 3/4 ou 8 heures du soir) arriva le capitaine Allaire, de l'état-major général du 2e corps. Cet officier, qui était parti à 5 h. 1/2 de Forbach, avait été d'abord à Sarreguemines; il venait prier, avec instance, le général Montaudon, de la part du général Frossard, de se rendre à Forbach avec sa division. Le général Montaudon, malgré la nuit qui arrivait rapidement, se remit en marche, et la division, prenant à travers champs, se dirigea sur Forbach. Sur ces entrefaites, le bruit du canon avait cessé et la nuit était tout à fait venue; aussi, en arrivant sur le plateau qui domine à l'Est le village de Bousbach, le général résolut, avant de pousser plus avant, sans guide et sans ordres, de connaître quelle était la position du 2e corps. Des officiers furent envoyés en reconnaissance, et deux d'entre eux allèrent jusqu'à Forbach. A leur retour, ils annoncèrent que le 2e corps était en retraite sur Sarreguemines.

A cette nouvelle, le général Montaudon songea à la retraite. A 1 h. 1/2 du matin, un guide ayant été trouvé, la division se mit en marche sur Woustwiller, afin d'appuyer la gauche du 2e corps; mais, en chemin, on apprit que le 2e corps se retirait sur Puttelange.

Le général Montaudon, sachant également que le général de Castagny ralliait le maréchal Bazaine, et n'ayant aucun ordre, continua sa retraite et vint dans la matinée s'établir à Puttelange.

Le général Montaudon au général Frossard.

Versailles, le 22 novembre 1871.

On me communique à l'instant votre brochure, et je lis à la page 56 « Ainsi, la division Montaudon, qui avait reçu tard l'ordre qu'elle a cru devoir attendre pour marcher au canon, n'est pas venue en aide au 2e corps ».

. . . .

Avant de vous transcrire les dépêches relatives aux mouvements de ma division dans la journée du 6, permettez-moi de vous rappeler brièvement quelques détails.

Je vous avais informé, le 5 août, que ma division se trouvait à Hombourg-le-Haut et Rosbrück, près Forbach; dans la matinée de ce jour, je reçus du maréchal Bazaine l'ordre de me porter sur Sarreguemines, afin de relever le 5e corps, envoyé sur Bitche. A 7 heures du soir, après avoir fait 23 et 30 kilomètres par un soleil de plomb, j'établissais mes troupes sur l'emplacement laissé libre par le général de Failly, sur le plateau de la Blies, à 4 kilomètres en avant de la ville.

Dès mon arrivée, je reçus des autorités locales une foule de dépêches me signalant des mouvements de l'ennemi et la rupture du chemin de fer entre Sarreguemines et Bitche, ce qui empêcha le général Lapasset de rejoindre son corps d'armée. La nuit du 5 au 6 fut affreuse, la pluie continuelle; je dus tenir presque tout mon monde sur pied, afin d'éviter une surprise. La matinée du 6 fut employée à faire des reconnaissances, à placer les avant-postes, à prendre, en un mot, les précautions exigées par les circonstances.

Vers 3 heures de l'après-midi, je reçus la dépêche suivante :

Le Major général au général Montaudon, à Sarreguemines.

Metz, le 6 août (n° 848) (1).

« Vous avez bien fait de retenir la brigade Lapasset; le général Frossard est attaqué, ainsi que le maréchal Bazaine; attendez-vous à l'être. »

Au reçu d'une pareille dépêche, il n'y avait pas un instant à perdre; je suis monté à cheval, j'ai parcouru toutes mes positions et envoyé des patrouilles au loin reconnaître celles de l'ennemi, que nous apercevions. Pendant ce temps, le télégramme suivant arrivait au camp (vers 3 h. 1/2) :

Le maréchal Bazaine au général Montaudon, à Sarreguemines.

Saint-Avold, 6 août, 2 h. 40.

« Laissez la garde de Sarreguemines aux troupes du général Lapasset et portez-vous avec toute votre division, sans les impedimenta, sur Grosbliederstroff, et tenez-vous à la disposition du général Frossard, qui est fortement engagé du côté de Spicheren; voyez s'il ne serait pas bon, pour vous servir de point d'appui, de diriger une colonne sur Rouhling. »

Quelques instants après, le capitaine Penaud (2), de l'état-major de ma division, m'apportait cette dépêche de vous :

---

(1) 2 h. 18 soir.
(2) Plus exactement : le lieutenant Penaud.

Le général Frossard au général Montaudon, à Sarreguemines.

Forbach, 6 août 1870 (1).

« Avez-vous reçu ordre de diriger des troupes sur ma droite? Si oui, activez la marche. »

Telles furent les seules dépêches de la journée, relatives aux mouvements de ma division. Sans hésiter un seul instant à me conformer aux ordres qu'elles contenaient, je fis replier mes avant-postes, jeter par terre toutes les marmites, rentrer les corvées de vivres, et, moins d'une heure et demie après la réception des dépêches, mes têtes de colonne traversaient Sarreguemines (5 h. 1/4), laissant l'arrière-garde se retirer en faisant le coup de feu avec les uhlans. Mes hommes n'avaient rien mangé depuis le matin ; ils marchèrent courageusement, sans aucune halte, jusqu'à 7 h. 1/2 du soir, dans des terres détrempées, par les pentes les plus raides. J'étais alors arrivé aux points assignés par la dépêche du Maréchal et par la vôtre (au plateau de Rouhling), et je dus faire reposer mes troupes, dont les forces étaient à bout. Mais, en entendant toujours le canon, je pris sur moi de dépasser mes instructions et, après une courte halte, nous poursuivions notre route sur Forbach. A la tombée de la nuit, *un de vos officiers me rejoignit, nous servit de guide et marcha avec moi en tête de la colonne jusqu'à 9 h. 1/2 ou 10 heures.* A ce moment, la nuit était complète ; on n'entendait plus ni le canon, ni la fusillade ; j'envoyai vers vous deux officiers d'état-major pour prendre vos instructions ; ils arrivèrent à Forbach, vous étiez parti.

Telles furent les dépêches officielles, et les détails sont de la plus scrupuleuse exactitude. Vous n'ignorez pas, du reste, que Forbach est à 18 kilomètres de Sarreguemines ; je vous rappelle que mes troupes occupaient le plateau de la Blies, poussant les avant-postes jusqu'à 7 kilomètres au delà de la ville, que je traversais Sarreguemines vers 5 heures et, dans ces conditions, vous conviendrez avec moi qu'il n'était pas possible de faire plus grande diligence.

L'ordre m'est arrivé tard, dites-vous ; je le regrette, mais la responsabilité ne m'en appartient pas.

Vous insistez sur ce que j'ai cru devoir attendre cet ordre pour marcher au canon, mais vous oubliez que j'étais comme vous au bout d'un télégraphe, pouvant recevoir à toute minute un ordre du Maréchal ou un appel de vous ; vous oubliez que j'étais également en première ligne, que j'avais des ordres précis et l'avis officiel d'une attaque pro-

---

(1) L'heure du départ n'est pas mentionnée : 3 h. 20 soir.

chaine. Par conséquent, il ne m'était pas loisible d'abandonner ma place de bataille, et je n'avais pas le droit, ni, à plus forte raison, le devoir de marcher vers votre canon sans un ordre.

Cette manière de voir était du reste bien celle du maréchal Bazaine, puisque je lis, à la page 39 de votre brochure, son télégramme de 11 h. 15, en réponse à votre demande de renfort de 9 h. 10.

Saint-Avold, 6 août, 11 h. 15 du matin.

« Quoique j'aie peu de monde sous la main pour garder la position de Saint-Avold, je fais marcher la division Metman sur Macheren et Bening, la division Castagny sur Farschwiller et Theding ; *je ne puis faire plus*, mais, puisque vous avez trois divisions réunies, il me semble que celle qui est à Œting peut très bien envoyer une brigade et même plus, sur Morsbach, afin de surveiller Rosbrück, c'est-à-dire la route passant par Emersweiler et Gross-Rossel, vers Sarrelouis. Notre ligne est malheureusement très mince et, si ce mouvement est vraiment aussi sérieux, nous ferons bien de nous concentrer sur la position de Cadenbronn. Tenez-moi au courant. »

Ce télégramme ne fait aucune mention de ma division et ce n'est pas un oubli du Maréchal, puisqu'il dit même : « Je ne puis faire plus. » Il est donc bien démontré que ma division devait rester à Sarreguemines et que vous ne deviez pas l'ignorer. Ce n'est qu'à 2 h. 40 que, changeant sa première résolution, le Maréchal m'envoie l'ordre de me porter sur Grosbliederstroff pour me mettre à votre disposition. Je vous ai prouvé précédemment que j'avais exécuté cet ordre avec la plus grande promptitude, et s'il était matériellement impossible d'arriver sur le terrain avant la fin de la lutte, croyez bien cependant que le mouvement de ma division ne vous a pas été inutile ; car sa présence, signalée à l'ennemi sur des plateaux que vous aviez à traverser dans votre retraite, vous a permis d'arriver en toute sécurité à Sarreguemines et, le lendemain, à Puttelange.....

Le général Frossard au général Montaudon.

Paris, 27 novembre 1871.

J'ai reçu votre lettre du 22 de ce mois.....

C'est contre moi..... que des allégations erronées, injustes, ont été dirigées. Les uns ont cru et dit que j'avais eu, dans la journée du 6 août, le concours de plusieurs divisions du 3ᵉ corps d'armée. Les autres, que le 3ᵉ corps m'avait offert du secours et que je l'avais refusé, préférant agir seul. J'ai attendu longtemps. J'espérais que la vérité se manifesterait sans que j'y aidasse. Peut-être se fût-elle fait jour si le commandant du 3ᵉ corps d'armée et si les généraux à qui j'avais fait appel, ou dont on a cru que j'avais eu l'appui, eussent d'eux-mêmes éclairé l'opinion à cet égard en disant, tout au moins, qu'il n'était pas vrai que j'eusse refusé leur concours. Mais rien n'a été dit par eux. Diverses publications se répétant l'une l'autre ont propagé l'erreur, et j'ai dû enfin chercher à la dissiper.....

Lorsque j'en suis venu à examiner, dans mon écrit, comment il se faisait que les secours que le maréchal Bazaine m'avait annoncés, ne m'étaient pas arrivés, j'ai tenu à ne rien dire au hasard ; et, au lieu de m'en rapporter uniquement aux informations de nombreuses lettres que des officiers m'avaient adressées, j'ai copié presque textuellement, en ce qui concerne votre division et les deux autres, le journal des marches de chacune.

C'est ainsi que j'ai été amené à cette simple conclusion : « Ainsi la division Montaudon, qui a reçu tard l'ordre qu'elle a cru devoir attendre pour marcher au canon, n'est pas venue en aide au 2ᵉ corps. » .....J'en examinerai ici les divers points.

1° L'ordre, vous reconnaissez loyalement que vous l'avez reçu et vous citez la dépêche du maréchal Bazaine de 2 h. 40 vous prescrivant de vous diriger avec toute votre division sur Grosbliederstroff et de vous tenir à ma disposition. Vous citez aussi la dépêche télégraphique que je vous ai adressée de Forbach vers 3 heures, ainsi conçue : « Avez-vous reçu ordre de diriger des troupes sur ma droite, vers Grosbliederstroff? Si oui, activez la marche. »

Je vous remercie même de m'avoir donné le texte de ladite dépêche, je me souvenais bien de vous avoir télégraphié dans ce sens, mais n'ayant pas conservé la minute de ce télégramme, j'en avais oublié les termes précis et, dès lors, je m'étais abstenu de la mentionner dans mon livre.

2° L'ordre vous est arrivé tard, c'est malheureusement vrai, quoique j'eusse sollicité cet ordre dès le matin.

3° Vous avez cru devoir attendre l'ordre de marcher. Je n'ai pas à vous en blâmer, vous n'étiez pas sous mes ordres. Je constate la chose seulement. Vous avez eu vos raisons pour attendre et je ne puis trouver mauvais que vous cherchiez à les faire connaître.

On avait, en effet, au grand quartier général, à Metz, commis l'erreur de croire que nous pourrions être attaqués aussi à Sarreguemines ; mais à Sarreguemines même, dès midi, on pouvait à peu près savoir à quoi s'en tenir.

Vous terminez votre lettre en disant que « s'il vous a été matériellement impossible d'arriver sur le terrain avant la fin de la lutte, cependant le mouvement de votre division ne m'a pas été inutile, car sa présence sur des plateaux que le 2ᵉ corps avait à traverser dans

sa retraite, lui a permis d'arriver en toute sécurité à Sarreguemines ».
Je n'ai pas la même opinion que vous sur ce point.

En tout cas, votre division, incontestablement, m'eût été plus utile encore près de Spicheren.....

Enfin, votre lettre me reproche d'avoir voulu expliquer que mes voisins *seuls* auraient été cause de mon échec. Non ce n'est pas cela, car une partie de la responsabilité incombe à ceux qui ont laissé le 2ᵉ corps en flèche, sans concentration avec les autres corps. Mais cette part faite, ce que je crois avoir réussi à démontrer c'est que, nonobstant cette faute stratégique, l'intervention de mes voisins nous aurait procuré une grande victoire.

Il résulte de toutes ces observations en réponse à votre lettre, que je n'ai rien *à rectifier* dans ce que j'ai écrit.....

2ᵉ DIVISION (DE CASTAGNY)

a) **Journal de marche.**

6 août.

Le 5 août, à midi et demi, la 2ᵉ division quitte Saint-Avold et arrive à 6 heures à Puttelange, où elle campe au Nord du village.

Le lendemain, 6 août, de bonne heure, le général de Castagny envoie un officier d'état-major au général Frossard à Forbach et un second au général commandant à Sarreguemines, pour faire connaître les points occupés par la division, se mettre en communication avec ces officiers généraux, leur demander des nouvelles de l'ennemi, et les prévenir qu'il se portera à leur aide, dès qu'il sera averti par eux des points attaqués.

A midi, ce même jour, on entend à Puttelange une lointaine canonnade entre Forbach et Sarrebrück; aucun officier ne venant donner des renseignements sur les points attaqués en première ligne, le général de Castagny fait partir ses troupes et marche avec elles au canon.

Arrivée de la division à 2 heures, sur la position militaire de Loupershausen. Envoi d'un officier d'état-major et d'un escadron de cavalerie pour reconnaître la forte position de Cadenbronn, située au Nord de celle qu'occupe la division, et sur laquelle on va marcher.

Rentrée de la reconnaissance à 3 heures 1/2.

Elle annonce que le bruit du canon s'éloigne; à 4 heures on n'entend plus rien, le général fait rentrer sa division au camp, où elle arrive à 5 heures 1/2.

Quelques minutes après l'arrivée de la division à Puttelange, on entend de nouveau le bruit du canon qui semble grandir et se rapprocher. Le général ordonne aussitôt à ses troupes de repartir; mais au lieu de passer par le même chemin de la montagne, où il était difficile de marcher la nuit, la colonne prend le chemin de la vallée de Puttelange à Forbach. Vers 8 heures du soir, après avoir dépassé le village de Farebersviller, la tête de colonne est un moment arrêtée dans sa marche..... La nuit étant venue, le général rencontra les équipages du général Frossard ; cinq à six voitures dont deux aux armes de l'Empereur et conduites par des hommes qui portaient la livrée impériale. Le capitaine d'état-major Thomas, du 2ᵉ corps, qui escortait les bagages du général Frossard, dit au général de Castagny que..... le 2ᵉ corps tout entier avait l'ordre de se diriger sur Sarreguemines et sur Puttelange ; que, pour son compte, il devait conduire dans cette dernière localité les bagages du commandant du 2ᵉ corps. La division se trouvait à ce moment à environ 4 kilomètres 1/2 de Forbach. Elle prit position sur les hauteurs de Folckling, à cheval sur la route.....

Lorsque le général de Castagny se fut bien assuré que..... tout le corps d'armée désorganisé du général Frossard battait en retraite, il envoya aussitôt à Saint-Avold, son aide de camp, M. le capitaine Bécat auprès de son Excellence le maréchal Bazaine, afin de mettre le commandant du 3ᵉ corps au courant de la situation, et prendre les ordres. A ce moment, vers 10 heures du soir, le général de Valabrègue arrivait seul avec ses aides de camp et confirmait ce qu'avait dit un peu auparavant le capitaine d'état-major Thomas. Le général envoya alors successivement deux officiers de cavalerie avec ordre d'aller à Forbach s'il était possible, mais de ne pas rentrer sans avoir parlé à un officier général.

Ces officiers rencontrèrent la division Metman qui avait pris position en arrière de Forbach. Le général fit confirmer le désastre au général de Castagny, et dire que le corps Frossard se retirait sur Puttelange, que lui-même allait battre en retraite sur la deuxième ligne, et qu'au point du jour la 2ᵉ division allait se trouver seule en face de toute l'armée prussienne, si elle n'abandonnait pas la position de Folckling.

Vers une heure 1/2 du matin, la division battit en retraite en bon ordre et rentra à 4 heures 1/2 à Puttelange.

A 8 heures du matin, d'après l'ordre du maréchal Bazaine, la 2ᵉ division part de nouveau, arrive à 11 heures à Marienthal, y séjourne deux heures, et va camper à 5 heures 1/2 sur le plateau de Guenviller qu'elle occupe défensivement.

c) **Opérations et mouvements.**

Le général de Castagny au général de Montaudon:

Puttelange, 6 août.

Je vous envoie un officier de mon état-major, qui vous dira la position que j'occupe. Je vous prie de lui donner des renseignements sur la position de l'ennemi de manière que je puisse être informé si notre frontière est plutôt menacée du côté de Forbach que du côté de Sarreguemines.

Si vous étiez attaqué, je me porterais naturellement à votre aide.

Le général de Castagny au général de Cissey, ministre de la guerre.

Paris, 4 novembre 1871.

M. le général Frossard a fait paraître un rapport sur les opérations du 2ᵉ corps de l'armée du Rhin, où il accuse les généraux de division du 3ᵉ corps d'armée de n'être pas venus à son aide le jour du combat de Forbach.....

Je rétablis les faits en ce qui concerne la division que je commandais.

La veille de mon départ de Saint-Avold pour Puttelange, qui eut lieu le 5 août à midi, je me rendis chez Son Excellence le maréchal Bazaine pour recevoir ses derniers ordres : « Je vous mets à la disposition du général Frossard dont le corps d'armée est entre Forbach et Sarrebrück, me dit le Maréchal ; dès votre arrivée à Puttelange, soyez en communication avec cet officier général. »

Bien pénétré de l'importance de ces instructions, je fis partir à 7 heures du soir, une heure après mon arrivée à Puttelange, le chef d'escadron de Saint-Georges, porteur d'une lettre pour le général Frossard, avec recommandation expresse de voir le général et de me rapporter une réponse. Dans cette lettre, je donnais connaissance de l'ordre du maréchal Bazaine, de la position qu'occupait ma division au Nord de Puttelange et je priais le général Frossard de me faire avertir dans le cas où il aurait besoin de mon aide, s'il était attaqué, ce qui était d'autant plus nécessaire que ma division était placée à une très grande distance de son corps d'armée et qu'elle avait pour le rallier les 24 et 21 kilomètres qui séparent Puttelange de Stiring, de Spicheren et Forbach où eut lieu le combat et non pas seulement 16 kilomètres, comme dit la brochure où on ne compte l'espace qu'à vol d'oiseau.

Le général Frossard ne crut pas devoir répondre à ma lettre, mais me fit dire verbalement par le commandant de Saint-Georges que, s'il avait besoin de mon aide, il me ferait appeler.

Le lendemain 6 août, à 11 h. 1/2 du matin, je présidais à la réunion des généraux et chefs de corps de ma division pour leur communiquer mes instructions en cas d'attaque; les fenêtres de la salle où nous étions réunis étaient ouvertes, et il y avait déjà longtemps que nous étions en séance, lorsque nous entendîmes le canon. Le général Frossard prétend qu'il était 11 heures, moi je soutiens qu'il était midi. A ce sujet, le Journal des marches de la division Montaudon dit : « A Sarreguemines, à midi, on entend une vive canonnade du côté de Sarrebrück. »

Ayant tous mes officiers sous la main, ma division bientôt réunie et sous les armes, je me mis immédiatement en marche dans la direction d'où j'entendais venir le bruit du canon, c'est-à-dire dans la direction de Puttelange à Spicheren et Sarrebrück.

Le général Frossard prétend aussi que j'ai marché dans une direction trop à droite ; j'ai marché droit vers le Nord, dans la direction du canon, de Puttelange à Sarrebrück, vers Spicheren, où le combat était alors engagé. Si j'avais obliqué à gauche, comme l'aurait voulu le général Frossard, je serais arrivé sur Rosbrück et Forbach où l'on ne se battait pas encore. J'ai suivi à dessein le chemin de petite communication qui conduit de Puttelange à Sarrebrück par les hauteurs de Cadenbronn, parce que je connaissais la viabilité de ce chemin pour mon artillerie, que je savais qu'il présentait deux ou trois points où ma colonne pouvait, le cas échéant, s'arrêter, se déployer et recevoir avantageusement l'ennemi, parce que surtout j'arrivais ainsi, tout en marchant au canon, à Cadenbronn, le point stratégique le plus important du pays, clef de la position entre Sarre et Rosselle. C'est dire assez que je ne devais pas penser à m'engager par le chemin de grande communication qui, par la vallée, conduit de Puttelange vers Forbach, chemin encaissé dominé de plusieurs points, que je connaissais du reste parfaitement, ayant chassé dans ces parages lorsque j'étais jeune.

Lorsque j'arrivai vers 2 heures, sur les hauteurs, à 5 kilomètres environ au Nord de Puttelange où j'établis ma division en bataille sur de fortes positions, le canon diminuait sensiblement.

J'envoyai une reconnaissance d'un escadron de cavalerie dans la direction de Sarrebrück, vers les hauteurs de Cadenbronn que j'apercevais à l'horizon et mon aide de camp, M. le capitaine d'état-major Bécat, qui marchait avec cette troupe, avait l'ordre d'arriver au point culminant et de me rapporter des nouvelles. Il monta jusqu'à Cadenbronn, à la petite chapelle qui a servi de signal géodésique, d'où on aperçoit bien le pays. Il y trouva réunis plus de 150 paysans des hameaux environnants qui, au bruit du canon, étaient venus à cet observatoire. Ces habitants du pays lui dirent que déjà, depuis plus d'une demi-heure, le canon ne se faisait plus entendre et que la fumée qu'ils avaient aperçue de midi à 2 heures par une coupure des hauteurs dans la direction de Sarrebrück, avait tout à fait disparu. A la rentrée de cette reconnaissance, et après une heure d'attente, comme le canon avait totalement cessé, que le général Frossard ne m'avait envoyé aucun avis, aucun ordre, je me décidai, à 4 heures, à rejoindre mon camp, où j'arrivai à 5 heures.

J'étais rentré depuis une demi-heure à peine à Puttelange, lorsque j'entendis de nouveau le canon, cette fois avec beaucoup plus de violence. Je fis reprendre aussitôt les armes et je me dirigeai, mais à mon grand regret, par la route de la vallée, parce que l'autre chemin me paraissait moins praticable pour une marche de nuit; du reste la direction du canon s'était déplacée sur Forbach et je marchai droit sur ce point avec rapidité.

Parti à 5 h. 1/2, j'avais déjà dépassé à 7 heures le village de Théding, situé à 11 kilomètres de Puttelange..... Un peu plus loin je rencontrai, escortant un convoi..... le capitaine Thomas, de l'état-major du 2ᵉ corps, et je continuai ma marche en avant, bien que le capitaine Thomas m'ait dit, devant les officiers de mon état-major, que tout était alors perdu.

Arrivé à environ une heure et demie de Forbach, la nuit venait; il était 8 heures; je gagnai les hauteurs de droite qui dominent la route où je plaçai mon artillerie en batterie, et je poussai le général Duplessis en avant sur Forbach avec un régiment de sa brigade.

Je fis également partir à 8 heures des officiers pour communiquer avec le général Frossard, lui dire que j'étais tout près de lui avec ma division, en position près Folckling, barrant la route de Forbach à Puttelange. Malgré toutes recherches, le général fut introuvable. Du reste, le général Metman répondit à l'un de ces officiers que le corps du général Frossard était en retraite sur Sarreguemines, depuis déjà plus d'une heure. Il était 9 heures environ. Le général Metman me fit dire également qu'il comptait bientôt quitter sa position et que si je ne me repliais pas moi-même j'aurais sur les bras, le jour venu, toute l'armée prussienne. Malgré cet avis, je gardai celle que j'occupais jusqu'à 1 h. 1/2 du matin, et c'est seulement après m'être assuré qu'il ne restait en arrière ni une voiture, ni un traînard du corps d'armée du général Frossard que je la quittai pour rentrer à Puttelange, où j'arrivai au jour à 4 heures.

Il n'est donc pas vrai, comme le dit le général Frossard, dans sa brochure, que ma division ait quitté sa position en arrière de Forbach avant ses troupes, abandon qui aurait décidé le commandant du 2ᵉ corps à opérer sa retraite sur Sarreguemines, au lieu de se retirer sur la formidable position de Cadenbronn; ce qui est vrai, et la brochure du général Frossard en rend compte, c'est que les divisions du 2ᵉ corps qui, à la fin du jour, avaient quitté le champ de bataille, étaient arrivées à Sarreguemines à 1 heure du matin, après avoir marché une partie de la nuit et qu'à cette heure ma division n'avait pas encore bougé et barrait toujours à l'ennemi la route de Forbach à Puttelange. C'est tout au contraire la retraite précipitée du corps Frossard sur Sarreguemines, l'abandon de Cadenbronn, qui ont obligé les divisions

Metman et de Castagny à se replier sur Puttelange, vers des points d'une importance militaire bien moindre, laissant ainsi à l'ennemi un terrain avantageux, au cas où, la nuit passée, il aurait continué sa marche.

Le maréchal Bazaine avait tellement compris l'importance de cette position près notre frontière, qu'il m'avait commandé par écrit et fait dire en même temps verbalement par mon aide de camp envoyé auprès de lui, à 10 heures du soir, à Saint-Avold, pour lui apprendre la défaite de Forbach, de continuer de garder la route de Forbach à Puttelange, près Folckling, et de me rallier ainsi par Théding avec le corps Frossard, qui se serait retiré sans doute à Cadenbronn. Au jour, la division Montaudon, sur les hauteurs de Rouhling, le corps Frossard à Cadenbronn, la division Castagny, sur les hauteurs de Théding ; la division Metman sur celles de Bening et la division Decaen à Haut-Hombourg auraient formé une ligne redoutable sur des positions aussi importantes que fortes et, dans ces lignes défensives, avec l'aide de notre artillerie et de notre cavalerie de réserve qui étaient à portée, nous pouvions espérer cette fois une bataille heureuse sous le commandement général du maréchal Bazaine.....

Je ne répondrai qu'un mot à l'idée émise dans la brochure d'envoyer un officier au canon pour prendre des renseignements et chercher des ordres. Deux heures pour aller, autant pour revenir, le double pour faire arriver l'infanterie, c'est le temps de gagner ou de perdre une bataille.....

Le 41ᵉ régiment d'infanterie à l'armée du Rhin, en 1870 (1).

L'entrée en campagne.

Le 41ᵉ d'infanterie (colonel Saussier), formait, avec le 19ᵉ (colonel de Launay), la brigade Nayral, faisant partie de la division Castagny, 2ᵉ division du 3ᵉ corps.

L'autre brigade de cette division, commandée par le général Duplessis, comprenait le 69ᵉ de ligne (colonel Le Tourneur) et le 90ᵉ (colonel de Courcy).

Le général Castagny était un vieux soldat, brave et solide au feu ; mais il manquait d'initiative intelligente dans le commandement.

---

(1) Note fournie le 8 juin 1901 par le général Saussier, membre du Conseil supérieur de la guerre, à la Section historique de l'État-Major de l'armée.

Les généraux Nayral et Duplessis, le premier surtout, avaient beaucoup fait la guerre d'Afrique et s'y étaient même distingués.

Les soldats, au début de la campagne, n'étaient pas suffisamment amalgamés. A côté des anciens, qui connaissaient leur métier et avaient de l'endurance, un grand nombre de réservistes venaient rejoindre tous les jours, et il devait se passer du temps avant que ceux-ci eussent recouvré les qualités militaires qu'ils avaient pu posséder autrefois.

En résumé : préparatifs inachevés, régiments incomplets; les grands chefs et les commandants de troupes s'ignorant encore réciproquement; voilà les conditions, communes du reste à toute l'armée impériale, dans lesquelles la division Castagny et, avec elle, le 41ᵉ régiment d'infanterie, allaient prendre part aux événements ci-après relatés.

Bataille de Spicheren.

On a beaucoup commenté le manque absolu d'assistance qui aurait pu être prêtée au général Frossard dans la bataille du 6 août. Voici la vérité en ce qui concerne le rôle joué, dans cette journée, par la division Castagny :

Elle se trouvait à Puttelange depuis la veille au soir. Vers 9 heures du matin, la canonnade se fait entendre dans la direction du Nord. Le général Castagny, inquiet, convoque ses généraux et chefs de corps, afin de prendre leur avis sur la conduite à tenir. A l'unanimité, on décide de marcher au canon.

Les troupes se mettent donc en marche à 11 heures, laissant au camp bagages et cuisiniers. On s'arrête, entre 1 heure et 2 heures, aux environs de Diebling. Le canon gronde toujours, mais beaucoup plus distinctement; on n'était, en effet, séparé du champ de bataille que par une distance de 8 à 9 kilomètres! La division occupe aussitôt les hauteurs voisines et l'on envoie, du côté de Forbach, une reconnaissance composée d'un escadron du 10ᵉ chasseurs et d'un bataillon du 90ᵉ de ligne.

Peu de temps après son départ, la canonnade ayant cessé, le chef de la reconnaissance prend pour la fin du combat ce qui n'était, en réalité, qu'une accalmie. Il fait rebrousser chemin à sa troupe et rejoint la division sans avoir été assez loin pour apercevoir l'ennemi.

Qu'en résulte-t-il? Que le général de Castagny décide de rentrer à Puttelange. On est de retour au camp à 5 h. 1/2 du soir.

A peine les hommes ont-ils eu le temps de manger la soupe que le bruit du canon reprend avec une violente intensité. L'ordre est de nouveau donné de repartir dans la direction de Forbach.

La division arrive ainsi, vers 9 heures du soir, à Folckling, situé à trois kilomètres à l'Ouest de Diebling, qu'elle avait occupé quelques heures auparavant. On prend alors les dispositions de combat.

Le 41e, qui était en avant-garde, déploie, à la lisière d'un bois, son 1er bataillon, qui échange bientôt des coups de feu avec des éclaireurs prussiens. Un sergent et un homme de ce bataillon sont grièvement blessés.

Une reconnaissance d'officier est dépêchée au général Frossard afin de le prévenir que la division se tient à sa disposition. Il était trop tard. L'officier, du reste, n'arriva pas jusqu'au commandant du 2e corps; il rentra vers 11 heures du soir pour rendre compte de la retraite de ce corps sur Sarreguemines.

Encore une fois, la division Castagny retourne à Puttelange, par une marche de nuit des plus pénibles. Elle a donc parcouru, le 6 août, 32 kilomètres en pure perte, quoiqu'elle eût approché l'ennemi de très près, vers 2 heures de l'après-midi.

En somme, la division Castagny a fait, ce jour-là, toutes les tentatives indiquées par la saine appréciation des événements pour se porter au secours du 2e corps. Malheureusement, ces tentatives, dans la première partie de la journée surtout, ne furent pas poussées assez loin. Les reconnaissances s'arrêtèrent pour une simple interruption dans la canonnade, et les officiers envoyés à la découverte revinrent sur leurs pas sans avoir rien vu.

En réalité, notre éducation militaire était, à cette époque, bien imparfaite. C'est à cela principalement qu'il convient d'attribuer, non pas l'inaction de la division Castagny, puisqu'elle a marché jour et nuit, mais la stérilité de ses efforts. Arrivée vers 1 h. 1/2 de l'après-midi à Diebling, à 8 kilomètres de la portée de l'ennemi, la division pouvait se trouver à 4 heures au plus tard à Spicheren, si les reconnaissances d'officiers et autres avaient bien fonctionné, tandis que se serait continué le mouvement en avant. Son intervention à ce moment eût certainement modifié le dénouement de la journée, indépendamment du concours également possible des autres divisions du 3e corps, qui se trouvaient en situation d'intervenir en temps utile pour participer à la bataille et donner alors à l'armée française une énorme supériorité.

3e DIVISION (METMAN).

a) Journal de marche.

6 août.

Les renseignements faisant pressentir une attaque sur Sarreguemines et sur Saint-Avold, la 2e brigade (Arnaudeau : 59e et 71e de ligne) part, à 6 heures du matin, le 6 août, pour aller occuper Mittenberg.

D'après les ordres du maréchal commandant le 3ᵉ corps, le général de division part à midi et demi avec la 1ʳᵉ brigade (de Potier : 7ᵉ bataillon de chasseurs, 7ᵉ et 29ᵉ de ligne) et ses trois batteries de combat formées en colonne mobile, c'est-à-dire laissant au camp les tentes et les impedimenta, pour se diriger sur Bening-lès-Saint-Avold, par Guenviller et Betting-lès-Saint-Avold. Cette colonne est à Bening à 3 heures.

Le général rend compte au Maréchal de la fin de cette journée, dans les termes suivants :

« J'avais pris, d'après vos ordres, toutes mes dispositions pour camper sur les points les plus propres à la défense, lorsque j'ai reçu, à 7 h. 1/2, du général Frossard, la dépêche télégraphique suivante : « Si le général Metman est encore à Bening, qu'il parte de suite pour Forbach ». Je me suis mis en route de suite pour Forbach, où je suis arrivé à 9 heures du soir. J'ai trouvé la ville évacuée et le maire m'a engagé à prendre la route de Forbach à Sarreguemines, par laquelle s'était retiré le général Frossard.

Après avoir fait trois kilomètres sur cette route sans apercevoir aucun camp, je me suis décidé à laisser reposer mes troupes, qui n'avaient plus de vivres, et, ce matin (7 août), à 4 heures, j'ai pris la route de Puttelange ; tous les renseignements que j'avais reçus m'ayant confirmé que vous aviez donné l'ordre à tout votre corps de se porter sur Sarreguemines.

Le convoi, formé de tout ce qui avait été laissé au camp, fut, par suite d'une erreur, dirigé le 6, à 10 heures du soir, sur Forbach. Ce convoi, sous les ordres du commandant de Beausire, du 29ᵉ de ligne, marcha toute la nuit et arriva le 7, à 7 h. 1/2 du matin, à quelques kilomètres de Forbach, où il fut reçu par des coups de fusil.

Le commandant Beausire organisa sa défense et parvint à mettre le convoi en sûreté, à Boucheporn ; de là il fut dirigé sur Faulquemont, où la division arriva le 8.

Cette défense du convoi nous a coûté 3 hommes tués et 8 blessés. »

c) **Opérations et mouvements.**

Rapport du commandant de Beausire, du 29ᵉ régiment d'infanterie de ligne (convoi de la 3ᵉ division).

Le 6 août, à 8 heures du soir, je reçus l'ordre verbal communiqué par M. Schasseré, capitaine d'état-major, de réunir tout ce qui existait au camp de la 1ʳᵉ brigade de la 3ᵉ division et d'escorter le convoi de cette division pour le conduire à Bening où devait se trouver la division.

Les troupes sous mes ordres se composaient d'un demi-bataillon du 29ᵉ, des cuisiniers des trois corps et d'un détachement de jeunes soldats du 7ᵉ d'infanterie de ligne, arrivé le matin. Nous avions à emporter les tentes et les effets de campement de la brigade partie en colonne mobile.

A 10 heures, tout était chargé et en route, y compris même des voitures chargées de viande fraîche distribuée dans la journée pour les hommes faisant partie de la colonne mobile.

M. le sous-intendant fit toute diligence pour faciliter l'opération : M. le capitaine Schasseré s'occupa pour trouver un guide : nous marchâmes en ordre compact et arrivâmes à Bening à 2 h. 1/2 du matin ; ne trouvant plus la division à Bening, nous retournâmes sur le chemin de fer. Là, les informations prises au chemin de fer à l'aide des dépêches envoyées et des ordres reçus, nous indiquèrent que Forbach était évacué par les troupes françaises ou sur le point de l'être : nous rétrogradâmes donc jusque vers Merlebach ; les hommes firent un café. Puis un sous-officier d'artillerie, Rouger, du 11ᵉ, nous communique l'ordre qu'il avait reçu le 6 au soir pour nous le communiquer et consistant en ceci : le convoi de la 3ᵉ division se rendra de suite à Forbach et non à Bening. Ce sous-officier, rencontré le 6 au soir par la 2ᵉ brigade de la 3ᵉ division, fut requis de lui servir de guide et par ce fait ne put venir au-devant de nous.

Au reçu de cet ordre, je fis marcher sur Forbach. Le jour se levait et un brouillard intense couvrait le sol, malgré cela nous reconnûmes la position, la présence des Prussiens sur notre gauche et l'évacuation de Forbach. La 3ᵉ division n'étant plus dans ces parages, la présence du convoi y était inutile, gênante et dangereuse, je fis parquer près du cimetière : cette manœuvre était nécessaire pour pouvoir tourner ou marcher dans toutes les directions. Le mouvement nécessaire pour parquer était à peine terminé que des tirailleurs et des vedettes ennemis nous entouraient au Nord, à l'Est et à l'Ouest. Ceux du Nord, entre nous et la ville, nous indiquèrent clairement que nous n'avions qu'à retourner sur nos pas. C'est ce que nous fîmes avec vitesse ; je laissai presque toutes mes forces au village de Rosbrück et environs, pour protéger la retraite : grâce à ces soins, le convoi s'engagea sur la route et parvint à arriver en lieu sûr. Les troupes restées à la gauche se composaient des trois compagnies de droite du 1ᵉʳ bataillon du 29ᵉ, d'une partie du détachement de jeunes soldats du 7ᵉ d'infanterie et des hommes de garde au camp, cuisiniers et malingres des trois corps. Pour assurer la marche rétrograde du convoi, ils eurent à soutenir le feu de l'infanterie, de l'artillerie et les charges de quelques cavaliers.

Le 29ᵉ formé en compagnies constituées fit bien son devoir : le détachement des chasseurs se conduisit fort convenablement ; mais le 7ᵉ de ligne qui n'avait que des cadres fort insuffisants pour conduire des jeunes conscrits ne rendit que très peu de services..... grâce au dévouement des officiers et à la tenue des hommes, le convoi a pu regagner la ligne française en ne perdant que trois voitures parce que celle des trois qui se trouvait la première a eu ses roues cassées et que les conducteurs des deux suivantes ont dételé et sont partis avec les chevaux. La 2ᵉ compagnie du 29ᵉ a soutenu la retraite de près, facilité et pressé la marche. Le 7ᵉ de ligne a été un peu éparpillé, sans direction possible venant de ses chefs pour les raisons que j'ai indiquées et le bataillon de chasseurs était en si petit nombre qu'il n'a pour ainsi dire pas eu d'action personnelle : il a été confondu dans le reste des troupes......

A peine avions-nous fait partir le convoi du village de Rosbrück, que les Prussiens s'y montraient et chassaient nos hommes ; en parquant le convoi sur la route, on eût peut-être pu résister quelque temps ; mais, devant longer la frontière pendant longtemps, j'ai pensé qu'un départ aussi précipité, que les mesures d'ordres le permettraient, était la mesure à suivre.

Le trésor, par une route de traverse, a gagné le chemin de fer, requis une locomotive et envoyé ses fonds à Metz ; j'ai fait filer sur Saint-Avold le parc d'artillerie, dont les attelages permettaient une plus grande rapidité que celle que pouvait prendre le convoi escorté de fantassins.

En résumé, le convoi fort étendu, faiblement escorté et aventuré en pays battu par l'ennemi, a fait une marche de 20 heures sans pertes sensibles, malgré les difficultés du chemin, la fatigue des hommes et des chevaux et la tentative de l'ennemi.

Le capitaine Guionic, du 7ᵉ de ligne, au colonel Cottret, commandant le régiment.

Faulquemont, 7 août.

J'ai l'honneur de vous rendre compte que le 6 août, à 7 h. 1/2 du soir, à Marienthal, j'ai reçu l'ordre de M. le capitaine d'état-major Schasseré, aide de camp de M. le général de division Metman (1), de faire lever le camp et de me tenir prêt à quitter la position au premier signal. Comme le régiment était parti vers 11 heures du matin, en

---

(1) Le capitaine Schasseré appartenait en réalité à l'état-major de la division Metman.

colonne mobile, laissant ses tentes en place et des effets de campement, d'habillement et de linge et chaussures, pour alléger le sac des hommes, je me mis en devoir de faire abattre les tentes, de réunir les effets et d'en faire des ballots par compagnie, puis je me rendis à la sous-intendance afin d'avoir des moyens de transport. M. le sous-intendant Lahaussois, n'ayant pu me faire donner que sept voitures, moyen insuffisant pour le transport des effets, j'ai dû les faire surcharger en rendant compte à M. le capitaine d'état-major Schasseré, attaché au convoi et qui m'avait chargé du commandement de l'arrière-garde. Le détachement sous mes ordres, composé de 6 officiers, 266 sous-officiers, caporaux et soldats laissés au camp, et 537 sous-officiers, caporaux et soldats venant du dépôt, arrivés au camp au moment du départ du régiment, quitta le camp de Marienthal vers 10 heures du soir, pour escorter le trésor, un convoi de vivres et les bagages des officiers et de la troupe. Le 7 août, vers 3 heures du matin, le convoi commandé par M. le chef de bataillon de Beausire du 29e, arrivait près de Bening, quand un gendarme vint me prévenir de faire demi-tour parce que les Prussiens étaient établis à Bening; nous marchâmes jusqu'à un village nommé Hochern (1), puis, sur un ordre de M. le capitaine Schasseré. nous nous reportâmes en avant sur la route de Forbach. A 7 h. 1/2 du matin environ, à 2 kil. 1/2 de Forbach, M. le chef de bataillon de Beausire donna l'ordre de rétrograder; le mouvement se fit d'après ses indications et avec le plus grand calme. Le convoi avait à peine traversé la ligne du chemin de fer, que des uhlans chargèrent la queue de la colonne. Une partie de l'escorte, qui avait pris position près de l'église et dans le village de Rosbrück, fit un feu à volonté, ce qui obligea les uhlans à battre en retraite au galop. Pendant ce temps le convoi prenait le trot et s'engageait sur la route de Saint-Avold.

Je m'étais porté avec mon détachement près des compagnies du 29e de ligne établies dans l'église et dans le cimetière; nous entrâmes ensuite dans la colonne pour protéger la retraite du convoi et une partie du détachement du 7e forma l'arrière-garde. A peine étions-nous sur la route, que l'ennemi prenant position avec une section d'artillerie faisait feu sur la colonne. Il en résulta un désordre qu'il fut difficile d'empêcher, cependant grâce à M. le capitaine d'état-major Tardif, aide de camp de M. le général de Potier........, qui prit position sur un petit mamelon où je l'ai rejoint avec des hommes du 7e et du 29e, nous fîmes tirer sur l'ennemi, ce qui arrêta sa poursuite. Nous quittâmes la position et à peine étions nous sur la route que nous aperçûmes de nouveau un peloton de lanciers

---

(1) Probablement Cocheren

prussiens qui cherchaient à couper la retraite au convoi. Des tirailleurs, sous les ordres de MM. Beck, Bourdeau et Gross (1) se déployèrent et les forcèrent à rentrer dans les bois. La colonne se remit en marche et nous arrivions au camp de Faulquemont vers 10 h. 1/2 du soir, après une marche de vingt-six heures.

Note du général de brigade de Potier.

10 août.

Sur les 182 hommes du 7ᵉ de ligne, appartenant à l'escorte, qui ont manqué à l'appel du 7 août, 109 manquent encore sans que le régiment sache ce qu'ils sont devenus.

Le sous-lieutenant Guiraud, du 7ᵉ bataillon de chasseurs, au commandant Rigaud

J'ai l'honneur de vous rendre compte que, faisant partie du détachement resté à Marienthal, je reçus l'ordre de lever le camp et de partir avec les détachements de tous les corps, pour rejoindre la division qui devait se trouver à Forbach.

Ces détachements devaient servir d'escorte au convoi de toute la division. Le convoi quitta Marienthal vers 10 heures du soir et arriva un peu avant le point du jour, près d'un village par lequel avait dû passer la division ; là, on dit au capitaine d'état-major chargé de la direction du convoi, que les Français n'avaient pas été vus et que les Prussiens occupaient Forbach.

Il fut décidé de suite que le convoi ferait demi-tour pour retourner à Marienthal ; le commandant de la colonne me donna le commandement de l'arrière-garde, qui fut formée de mon détachement de chasseurs.

En arrivant à hauteur de la gare de Bening, le commandant reçut un billet lui faisant connaître que la division Metman occupait Forbach depuis la veille au soir, 8 heures. Pour la deuxième fois, la colonne reprend la route de Forbach.

Un peu avant d'arriver en ville, on fit arrêter le convoi sur la hauteur dominant le village de Rosbrück et la ligne du chemin de fer ; le capitaine d'état-major alla en reconnaissance et fut assuré que les Français n'étaient plus en ville et que les Prussiens l'occupaient ainsi que les bois environnants ; on voyait très distinctement une colonne prussienne établie sur une route à environ 1500 mètres de nous.

---

(1) Tous trois sous-lieutenants au 7ᵉ de ligne.

Il fut de nouveau décidé que le convoi étant parfaitement exposé, on allait faire demi-tour. Le commandement de l'arrière-garde me fut de nouveau confié. Au moment où le convoi se mettait en marche, j'avais désigné douze hommes et un sergent pour former la pointe d'arrière-garde, avec ordre de se tenir à cinquante pas de moi ; un cavalier qui s'était attardé dans les rues vint, la figure ensanglantée, crier à la gauche que les Prussiens étaient derrière nous...., les voitures du convoi partirent au grand trot..... Je fis placer une vingtaine d'hommes en tirailleurs à quinze pas sur le flanc de la route avec ordre de ne tirer qu'à une faible distance ; M. le sous-lieutenant Hilpert avait le commandement d'une section qui marchait en bataille à la gauche du convoi. Ni les tirailleurs, ni la section n'ont eu à tirer un seul coup de feu.

4ᵉ DIVISION (DECAEN).

a) Historique de la division.

6 août.

Reconnaissance le matin : le général de division se porte au camp du 85ᵉ pour prendre ses dispositions en vue d'une attaque par les routes de Carling et de l'Hôpital et est rejoint par le maréchal qui arrête les dispositions suivantes :

Infanterie : un demi-bataillon du 85ᵉ appuyant sa gauche à l'étang et sa droite à la route de Carling ; un bataillon et demi du 85ᵉ appuyant sa gauche sur la route de Carling et sa droite à un monticule de sable gris et à l'Ouest de la route de l'Hôpital.

Le 11ᵉ bataillon de chasseurs appuyant sa gauche à la route de l'Hôpital, appuie sa droite sur la route de Hombourg qu'il est plus spécialement chargé de surveiller.

Ces troupes sont placées par compagnies séparées couvertes par des tranchées-abri tracées en crémaillère.

Au mamelon dit du Cimetière, un bataillon du 85ᵉ domine toute la plaine.

Sur le plateau dominant au Sud la route de Saint-Avold à Haut-Hombourg et Sarreguemines, on place les trois bataillons du 80ᵉ sur la crête même dominant la route.

En arrière de la ville et sur les positions dominant au Sud la route de Longeville, les trois bataillons du 44ᵉ sont placés en deuxième ligne.

Artillerie : une batterie de 12 de la réserve du corps d'armée battant la route de Carling et la plaine, placée à mi-côte du mamelon du Cimetière.

Une section de l'une des batteries divisionnaires de 4 à l'Ouest du mamelon de sable, les quatre autres pièces de cette batterie à l'intersection de la route de l'Hôpital et de celle de Haut-Hombourg.

L'autre batterie divisionnaire de 4 sur le plateau à côté du 80ᵉ.

La batterie à balles (mitrailleuses) placée sur le mouvement de terrain qui domine la ville en arrière, à côté du 44ᵉ.

Les mulets à cacolets, à portée des corps.

c) Opérations et mouvements.

Ordre.

6 août.

Demain, une heure avant le jour, les tentes de toutes les troupes de la division seront abattues, les voitures chargées; l'infanterie ira en armes sur les lignes de bataille, l'artillerie attelée.

Donner immédiatement des ordres en conséquence.

P. S. Si l'on sonne l'ordre d'aller aux vivres dans la matinée, cette opération aura lieu par fractions constituées et en n'employant que le nombre d'hommes nécessaire.

DIVISION DE CAVALERIE (DE CLÉREMBAULT).

Journal de marche.

6 août.

La division quitte le bivouac de la ferme de Rotheris (1) pour s'établir à Saint-Avold; le 2ᵉ dragons se rend seul à ce bivouac et s'établit sur la route de l'Hôpital en arrière des avant-postes.

A 11 heures, le 4ᵉ dragons est dirigé sur Longeville, avec ordre de se rendre compte de la destination du grand bâtiment situé sur la droite et de pousser ensuite jusqu'à l'auberge qui domine cette localité et qui est connue sous le nom de ferme de Longeville; à 4 heures, le 4ᵉ dragons rentre à Saint-Avold, où le chef d'état-major général donne l'ordre à un escadron de ce régiment de rétrograder sur Longeville et d'aller occuper sur la hauteur au delà de cette localité, l'auberge dite ferme de Longeville et d'y rester jusqu'à l'arrivée de la Garde.

La 3ᵉ brigade, 5ᵉ et 8ᵉ dragons (général de Juniac), reçoit l'ordre de se rendre à Haut-Hombourg; elle se met en route à 11 h. 1/2 du matin.

La 1ʳᵉ brigade (général de Bruchard) est ainsi répartie : 3ᵉ chasseurs, 1ʳᵉ division d'infanterie (général Montaudon), à Sarreguemines; 2ᵉ di-

---

(1) Près Saint-Avold.

vision d'infanterie (général de Castagny) 1er escadron du 10e chasseurs, à Puttelange ; 3e division d'infanterie (général Metman) un escadron du 10e chasseurs, à Marienthal ; 4e division d'infanterie (général Decaen) un escadron du 10e chasseurs, à Saint-Avold. Le reste de la brigade de chasseurs, c'est-à-dire quatre escadrons du 2e chasseurs et l'état-major et deux escadrons du 10e chasseurs viennent rallier le général de Bruchard, à Saint-Avold.

Avant l'arrivée de ces troupes, la brigade de Juniac et les deux régiments sous ses ordres reçoivent l'ordre de se diriger sur Haut-Hombourg (5e et 8e dragons). Cet officier général quitte le bivouac avec les troupes sous ses ordres, à 11 h. 1/2 du matin.

La division reçoit l'ordre d'abattre les tentes, le 7 août, une heure avant le jour, de charger les voitures et d'avoir les chevaux sellés et bridés.

RÉSERVE D'ARTILLERIE.

a) **Journal de marche.**

Levée du bivouac à 7 heures du matin. On croit à une attaque de la part des Prussiens du côté de Boucheporn et le parc étant exposé à Longeville, on reçoit l'ordre de le diriger à Altwiller, sur la route de Dieuze, à cinq kilomètres en arrière de Saint-Avold. Les batteries de la réserve suivent le mouvement et vont prendre position à Valmont, à trois kilomètres de Saint-Avold, sur la route de cette dernière ville à Faulquemont. On apprend dans la soirée que le corps de Frossard a été attaqué à Forbach.

c) **Opérations et mouvements.**

Le général Soleille au général Rochebouët (D. T.).

Metz, 6 août.

Par ordre de l'Empereur, le matériel d'équipage de ponts de corps d'armée qui se trouve à Forbach doit être transporté à Sarreguemines par voie ferrée. Veuillez donner des ordres à l'officier qui commande à Sarreguemines.

Le général Rochebouët au général Soleille, à Metz.

Saint-Avold, 6 août, 12 h. 55 soir. Expédiée à 2 h. 20 soir.

Le parc est maintenu attelé ; le 3e corps est sous les armes. Impossible de disposer de quoi que ce soit pour le pont envoyé à Forbach.

Rapport du colonel Marion, service des ponts du 3ᵉ corps.

6 août.

A la suite de la journée du 6 de ce mois, j'ai été dans la nécessité, faute d'attelages, d'abandonner à Forbach l'équipage de ponts de corps d'armée et de quitter la ville avec l'une des divisions du 2ᵉ corps, emmenant avec moi la 4ᵉ compagnie de pontonniers.

Vers 10 heures du matin, voyant l'action engagée entre nos troupes et l'ennemi se prolonger, je donnai au capitaine Pépin l'ordre de rentrer en ville les haquets à bateaux et de les placer au pied de la chaussée du chemin de fer, du côté de la ville. Cette disposition avait pour but, dans le cas où l'ennemi se rapprocherait du parc, d'éviter que les bateaux ne fussent troués par les projectiles.

Je me rendis ensuite sur le lieu du combat; mais, à 5 heures de l'après-midi, jugeant que l'affaire prenait une tournure peu favorable à nos armes, je me hâtai de rentrer au camp pour faire disposer près des haquets à bateaux le restant de l'équipage, c'est-à-dire les haquets de culées, de chevalets, les forges, les chariots de batterie, et pour prendre, si les circonstances l'exigeaient, des dispositions défensives.

Pendant ce temps, des troupes prussiennes ayant été signalées dans la forêt qui borde les hauteurs situées au Nord-Ouest de la ville, deux escadrons de dragons et une compagnie du génie furent envoyés pour reprendre possession de la hauteur, qui avait été abandonnée vers midi par les troupes qui l'occupaient et qui s'étaient portées dans la direction de Sarrebrück. Mais, en présence des forces importantes qui les menaçaient, ces troupes, malgré leur vigoureuse résistance, eussent infailliblement succombé si quelques compagnies d'infanterie n'eussent été envoyées pour les soutenir et protéger leur retraite (1).

Aussitôt que les pontonniers eurent achevé leur travail, je les disposai sur la chaussée du chemin de fer, à droite et à gauche de la voûte qui donne passage à la route de Sarrelouis à Forbach et d'où ils firent sur l'ennemi, aussitôt qu'ils le purent sans danger pour nos troupes qui se retiraient, un feu nourri et soutenu pour protéger leur retraite.

C'est par la route dont il vient d'être question que l'infanterie, les dragons et la compagnie du génie devaient rentrer en ville; c'est par cette même route que rentraient les nombreuses voitures de transport auxiliaire, dont le camp était établi derrière la gare. Aussi, à un cer-

---

(1) Il s'agit du détachement de 200 réservistes du 2ᵉ de ligne, sous les ordres du sous-lieutenant Arnaud.

tain moment, la confusion occasionnée par la rentrée simultanée des troupes et des voitures, par la nuit qui commençait à se faire, par la fusillade ou la canonnade, fut-elle grande, non seulement à l'entrée de la route, mais aussi dans toute l'étendue de la rue qui conduit de ce point à la partie haute de la ville.

En rentrant, les hommes de l'infanterie, du génie, des dragons, qui avaient encore des munitions, firent de nouveau face à l'ennemi et se joignirent aux pontonniers pour continuer la défense, et aussitôt que les dernières troupes furent rentrées, une barricade, composée de quelques voitures, fut promptement établie à l'entrée de la route pour arrêter l'ennemi. C'est de cette barricade que furent brûlées les dernières cartouches, puis les défenseurs se réunirent en arrière et se préparèrent, tout en cherchant à se garantir contre les coups de la fusillade, à repousser l'ennemi à la baïonnette.

Dans cette situation critique, une défense efficace devenait difficile. Aussi, au bout de quelques instants, les officiers qui se trouvaient près de moi, et dont je pris le conseil, furent d'avis qu'il y avait lieu de cesser une lutte inégale et qui ne pouvait plus désormais avoir d'autre objet que de sacrifier inutilement nos derniers défenseurs, pontonniers et autres militaires qui s'étaient joints courageusement à eux. J'ordonnai donc la retraite, qui, protégée par l'obscurité de la nuit, fut peu inquiétée. C'est alors que je rejoignis, avec la compagnie de pontonniers, la dernière division du 2ᵉ corps, qui allait quitter Forbach pour se rendre à Sarreguemines. Quelques pontonniers, qui avaient été dispersés pendant l'action, rallièrent la compagnie pendant la nuit; d'autres ne la rejoignirent qu'à Metz.

On compte jusqu'ici cinq pontonniers disparus. L'équipage de ponts a été laissé où je l'avais fait établir dès le commencement de la journée. Qu'est-il devenu? Je l'ignore. La plupart des hommes sont partis sans leurs sacs, n'emportant que leurs armes.

RÉSERVE DU GÉNIE.

Renseignements sur les marches, opérations et travaux exécutés par le génie.

6 août.

Étude de la position (de Saint-Avold) interrompue vers midi par le commencement de la bataille de Spicheren. La 4ᵉ compagnie fait des travaux de défense autour de Saint-Avold et continue les fours permanents. Ces travaux sont interrompus par l'ordre de se tenir prêts à partir le lendemain une heure avant le point du jour.

Journée du 6 août.

4ᵉ CORPS.

a) Journaux de marche.

Journal de marche du 4ᵉ corps d'armée.

6 août.

Quartier général du corps d'armée à Boulay.

1ʳᵉ *division*. — Remplace la 2ᵉ à Teterchen.

2ᵉ *division*. — Se porte de Teterchen à Boucheporn, prenant la grande route par Ham-sous-Varsberg et Porcelette, le chemin direct ayant été rendu impraticable par suite de l'orage d'hier au soir.

Un détachement du 13ᵉ de ligne, venu du dépôt, rejoint sa division.

3ᵉ *division*. — Devait venir camper à Boulay; reçoit en route l'ordre de se rendre à Coume.

Cavalerie. — Brigade de hussards avec la 1ʳᵉ division d'infanterie, un escadron avec chacune des deux autres divisions. Dragons à Boulay.

Journal de marche de la 1ʳᵉ division.

6 août.

Départ de la division à 5 heures du matin, pour se rendre de Bouzonville à Teterchen; les chemins suivis sont encore tout détrempés par la pluie qui est tombée abondamment durant la nuit précédente. En arrivant à Teterchen, la 2ᵉ brigade et une batterie vont occuper la position de Tromborn, afin de couvrir la division et aussi en prévision d'une attaque de l'ennemi, que les renseignements fournis donnent lieu de redouter.

Le général de Cissey va reconnaître dans l'après-midi cette position de Tromborn et arrête avec les généraux et chefs de service, toutes les dispositions en cas de combat.

Tous les corps d'infanterie ont reçu des détachements depuis quelques jours et on exerce avec activité les hommes à la charge et au maniement du chassepot qu'ils n'ont jamais vu.

L'effectif de la 1ʳᵉ division, en y comprenant la brigade de cavalerie légère de Montaigu, était de 11,000 hommes.

Souvenirs inédits du général de Cissey.

6 août.

Départ à 5 heures du matin, pour Teterchen ; les chemins sont détrempés par la pluie de la nuit. En arrivant à l'étape, j'envoie la brigade de Golberg (1) et une batterie d'artillerie occuper la position de Tromborn, où je dois être attaqué, si j'en crois les renseignements qui arrivent. Dans l'après-midi, je vais reconnaître cette position qui est excellente et j'arrête avec les généraux de brigade et les chefs de service toutes les dispositions en cas de combat.

Tous les corps d'infanterie ont reçu des détachements depuis quelques jours et on exerce avec activité les hommes à la charge et au maniement du fusil Chassepot qu'ils n'ont jamais vu. Je regrette que lors de notre départ de Longeville, le relevé des situations de la division n'ait pas été conservé, mais autant que ma mémoire et celle de mes officiers peuvent nous servir, la division comptait alors 11,000 hommes, compris la brigade de cavalerie Montaigu ; à la fin de la campagne, nous étions réduits à 6,000.

La division Lorencez est allée s'établir à Coume dans la soirée.

Journal de marche de la 2ᵉ division.

6 août.

Le mouvement ordonné sur Boucheporn commence à 5 heures du matin (2). La division passe quatre heures à Coume, attendant l'arrivée de la 3ᵉ division du 4ᵉ corps qui suit la 2ᵉ ; après la reprise de la marche, au delà de Guerting, au débouché du défilé existant à cet endroit et des bois, à Ham-sous-Varsberg, vers 2 heures après-midi, un escadron de uhlans est vu, observant notre passage, on lui donne la chasse, il se retire en bon ordre ; et la division, qui est restée aux environs de Ham-sous-Varsberg pendant quelque temps, dans la crainte d'une attaque sérieuse, se rend à Boucheporn où elle doit coucher.

En arrivant à ce village, le général Bellecourt remet le commandement de la 2ᵉ division à M. le général de division Grenier, nommé récemment à ce poste en remplacement du général Rose.

---

(1) 2ᵉ brigade de la 1ʳᵉ division du 4ᵉ corps.
(2) La 2ᵉ division du 4ᵉ corps avait campé à Brettnach le 5 août.

Journal de marche de la 3ᵉ division.

2ᵉ BRIGADE (BERGER).

Le 6 août, je reçus l'ordre d'aller à Coume prendre les emplacements de la 1ʳᵉ brigade de ma division ; l'ennemi fut signalé, des dispositions militaires furent prises. La présence de l'ennemi a été mise en doute, peut-être quelques uhlans s'étaient-ils montrés au loin ; c'est ce que nous étions à même de constater chaque jour, l'ennemi ne nous perdait pas de vue une minute, et grâce à ses excellents éclaireurs, nos plus petits mouvements étaient connus.

c) Opérations et mouvements.

Le général de Ladmirault au maréchal Bazaine, à Saint-Avold.

Boulay, 6 août, 11 heures du matin.

Conformément aux instructions que vous m'avez adressées le 4 août, je viens vous faire connaître qu'aujourd'hui, 6 août, je devrais faire occuper Teterchen, Boulay et Boucheporn, chacun par une division entière.

Tous les renseignements que je reçois et ceux que vous m'adressez, m'indiquent qu'il y a, sur les rives de la Sarre, un corps d'armée prussien assez considérable et qui aurait l'intention de nous attaquer.

Dans cette éventualité, l'occupation de Boulay par une division entière ne pourrait prêter à une attaque qu'un concours trop tardif. Aussi, je fais diriger sur Coume la 3ᵉ division Lorencez qui, à midi, devait quitter Bouzonville pour se diriger sur Boulay.

De cette façon le 4ᵉ corps d'armée occupera, aujourd'hui 6 août, les positions ci après :

1ʳᵉ division de Cissey, à Teterchen ;
3ᵉ division de Lorencez à Coume ;
2ᵉ division Grenier, à Boucheporn.

Mon quartier général avec une brigade de dragons et les réserves d'artillerie restent à Boulay, prêts à se porter au point le plus menacé et avec ses routes libres de tout côté.

Je n'ai pas encore reçu les rapports des grandes reconnaissances exécutées ce matin par Bouzonville et Teterchen.

Le général Grenier, commandant la 2ᵉ division, est arrivé. Il sera ce soir à Boucheporn où se trouvera sa division. Je lui donne l'ordre d'établir un poste de cavaliers à Longeville-lès-Saint-Avold pour le service des correspondances.

Le maréchal Bazaine à l'Empereur.

Saint-Avold, 6 août, 2 h. 58 soir. Expédiée à 3 h. 30 soir.

Le général de Ladmirault me prévient que cette après-midi les divisions de son corps d'armée occuperont les positions suivantes : division de Cissey, à Teterchen ; division Grenier, à Boucheporn ; division Lorencez à Coume ; son quartier général restant à Boulay avec une brigade de dragons et les réserves d'artillerie. Si le combat de la droite (1) prend plus d'importance, je vais tâcher d'envoyer une des brigades de la division Decaen sur Forbach, et une tirée de Boucheporn viendrait la remplacer.

Le général de Ladmirault au Major général (D. T.).

Boulay, 6 août, 3 h. 27 soir. Expédiée à 4 h. 5 soir.

Le général Bellecourt (2ᵉ division), en passant à Ham-sous-Varsberg, a aperçu un fort parti ennemi, a pris ses dispositions et a fait prévenir le maréchal Bazaine, qui lui envoie deux régiments de cavalerie. Je me porte à Coume de ma personne, avec deux régiments de dragons et l'artillerie à cheval.

Le maréchal Bazaine au général de Ladmirault (D. T.).

Saint-Avold, 6 août (n° 38).

D'après les ordres de l'Empereur, mettez en marche sur Saint-Avold, où elles recevront des ordres, les trois divisions de votre corps d'armée, la première arrivant demain à Saint-Avold et les deux autres, ainsi que tous les services, se dirigeant sur Boucheporn ; mais, comme il n'y a pas d'eau en quantité suffisante sur ce dernier point, je ferai prévenir, avant leur arrivée, les corps qui devront être dirigés à droite ou en avant.

De votre personne, vous établirez votre quartier général à Saint-Avold.

Le maréchal Bazaine au général Grenier, à Boucheporn.

Saint-Avold, 6 août (sans indication d'heure).

Il me tarde de savoir si vous êtes à Boucheporn avec toute votre division. Placez tous vos impedimenta de telle façon que vous ne soyez pas gênés pour les mouvements que vous avez à faire soit pour vous

---

(1) Bataille de Forbach.

porter sur l'ennemi, soit pour vous porter sur votre droite vers Saint-Avold.

Il est possible, si le combat qui se livre à droite prend une tournure sérieuse, que j'appelle deux de vos régiments à Saint-Avold, pour remplacer ceux de la division Decaen qui seraient dirigés sur Forbach. Dans ce cas, si c'était avant demain matin, vous pourriez faire porter les havresacs par des voitures de réquisition.

N'oubliez pas de faire surveiller les débouchés de Creutzwald-la-Croix, par Porcelette.

Le général Bellecourt au maréchal Bazaine.

Boucheporn, 6 août.

J'ai l'honneur de vous rendre compte qu'en sortant du village de Ham-sous-Varsberg nous avons été avisé qu'un fort parti prussien marchait sur ce point. Nous avons, en effet, aperçu quelques troupes à cheval et à pied qui semblaient chercher à nous envelopper par les bois. Nous n'avions devant nous qu'un certain nombre de pelotons de cavalerie et un petit nombre de fantassins qui se tenaient cachés sur la lisière des bois. J'ai pu assez rapidement prendre position sur un plateau, à la droite du village, avec le bataillon de chasseurs, un régiment et deux batteries d'artillerie. Cette démonstration a suffi : les Prussiens se sont retirés à distance et ont fini par disparaître complètement. Aucun engagement n'a eu lieu. J'ai pu reprendre ma route, après avoir bien fouillé les bois qui étaient devant moi, et la division est en train de camper.

Le général de Ladmirault au général Legrand. — Ordre.

Boulay, 6 août. (Transmis à 10 h. 5 du soir.)

Demain, 7 août, deux escadrons d'un des régiments de dragons partiront pour Coume où ils seront, jusqu'à nouvel ordre, à la disposition du général de Lorencez.

Les deux autres escadrons du même régiment se rendront à Boucheporn où ils seront, jusqu'à nouvel ordre, à la disposition du général Grenier.

Une batterie d'artillerie à cheval de la réserve partira avec les escadrons qui se rendent à Coume ; une demi-batterie sera mise à la disposition du général de Montaigu, commandant la brigade de hussards à Teterchen ; cette demi batterie se rendra sans retard de Coume à Teterchen.

L'autre demi-batterie sera attachée aux deux escadrons qui vont à

Coume et seront, ainsi que les deux escadrons, à la disposition du général de Lorencez.

Le départ des quatre escadrons de dragons et de la batterie à cheval aura lieu à 4 heures du matin.

L'autre régiment de dragons, ainsi que les cinq autres batteries de la réserve, resteront à Boulay.

P.-S. Le 11e régiment de dragons n'ayant que trois escadrons, c'est le 3e régiment qui devra marcher.

Le colonel Luxer, directeur du parc du 4e corps, au général Soleille, à Metz.
Verdun, 6 août.

J'ai l'honneur de vous rendre compte que j'expédie demain, 7 août, sur Boulay, au moyen de la 11e compagnie principale du 1er régiment du train, arrivée hier à Verdun dans la soirée, un tiers environ de ce qui reste encore du parc du 4e corps dans cette dernière place, soit, en tout, 41 voitures, qui se décomposent comme il suit :

Voitures de l'équipage de pont (le complément de cet équipage)	20
Caissons à munitions pour cartouches modèle 1866	2
Caissons à munitions pour cartouches modèle 1863	3
Caissons à munitions pour canon de 12 rayé	2
Caissons légers à deux roues pour munitions d'infanterie	3
Forges pour le ferrage des chevaux	2
Affûts de rechange de 4	3
Affût de rechange de 12	1
Chariot de batterie pour harnachement	1
Chariots de parcs pour munitions de canons à balles	4
Total des voitures	41

J'attends l'arrivée des 6e compagnie *bis* et 11e compagnie *bis* du même régiment, pour enlever tout ce qui restera encore à Verdun, près le départ du convoi qui se met en route demain. Ces deux compagnies ne peuvent tarder à paraître.

Le même au même (D. T.).

Verdun, 6 août, 12 h. 5 soir. Expédiée à 1 h. 45 soir.

11e compagnie principale du train arrivée hier à Verdun; partira demain pour Boulay, emmenant un tiers de ce qui reste du parc du 4º corps.

Le même au même (D. T.).

Verdun, 6 août, 3 h. 59 soir. Expédiée à 6 h. soir.

La 11ᵉ compagnie principale du 1ᵉʳ régiment du train, forte de 201 chevaux, est à Verdun et part demain pour Boulay, emmenant le complément de l'équipage de pont et 21 voitures du parc; il restera après ce départ 71 voitures.

Le colonel Luxer au général Laffaille (1), à Boulay.

Verdun, 6 août.

Un premier convoi de 80 voitures parti hier, 5 août.
Un deuxième convoi de 41 voitures partira demain, 7 août.
Resteront à Verdun 71 voitures attendant chevaux du train.

d) Situation et emplacements.

CORPS.	OFFICIERS.	SOUS-OFFI-CIERS ET TROUPE.	TOTAUX.	CHEVAUX.	EMPLACEMENTS.
État-major général........	32	»	32	75	Boulay.
1ʳᵉ division.............	321	8,262	8,583	630	Teterchen.
2º —	293	7,836	8,129	628	Boucheporn.
3º —	303	9,367	9,670	731	Coume.
Division de cavalerie......	187	2,356	2,543	2,434	Boulay, Teterchen.
Réserve d'artillerie........	26	998	1,024	1,009	Boulay.
Réserve du génie.........	4	136	140	77	Id.
Train des équipages, force publique, service des subsistances, des hôpitaux, du campement, trésor et postes.............	46	382	428	260	Id.
TOTAUX.....	1,212	29,337	30,549	5,847	

---

(1) Commandant l'artillerie du 4ᵉ corps.

Journée du 6 août.

6ᵉ CORPS.

a) **Journaux de marche.**

Journal de marche du 6ᵉ corps d'armée.

6 août.

Départ de la 1ʳᵉ division, par le chemin de fer, pour Nancy.

La division de cavalerie se met en marche pour rejoindre, par étapes, la même destination, en passant par Verdun, Saint-Mihiel, Void et Toul.

1ʳᵉ DIVISION.

Journal de marche.

6 août.

Le mouvement des troupes de la division devait être exécuté par neuf trains; il a commencé dans la matinée du 6; la 1ʳᵉ brigade était déjà campée sur le cours Léopold à Nancy, une partie du 12ᵉ de ligne (2ᵉ brigade) dressait ses tentes-abri dans les plaines de Tomblaine lorsque le contre-ordre est arrivé de faire rétrograder, sur le camp de Châlons, tous les détachements appartenant à la 1ʳᵉ division. Ce contre-ordre a été mis sur-le-champ à exécution; les troupes de la 2ᵉ brigade ont été arrêtées à Toul et toute la division était rentrée au camp dans la nuit du 8 août courant.

b) **Organisation.**

Le colonel Chatillon au général Bertrand, au camp de Châlons.

La Fère, 6 août.

J'ai l'honneur de vous rendre compte de la situation du personnel et du matériel du parc.

Personnel présent à la Fère.

Officiers du train....................	2
Hommes de troupe..................	254
Chevaux de selle...................	32 ⎫ 400
Chevaux de trait...................	368 ⎭

Sont annoncées comme devant arriver aujourd'hui 6, venant de Saint-Omer, la 3ᵉ compagnie principale et la 10ᵉ compagnie *bis*.

Les deux compagnies présentes à la Fère s'occupent en ce moment de remonter et d'ajuster le harnachement qu'elles ont reçu à leur passage à Douai en pièces démontées.

Matériel.

Le parc a reçu et pris en charge le matériel suivant :

Affûts de rechange de 4 rayé de campagne................................	9 à 4 chevaux.
Affûts de rechange de 12 rayé de campagne................................	1 à 4 —
Caissons modèle 1878 pour munitions, artillerie............................	82 à 4 —
Caissons modèle 1827 pour munitions de 12 rayé.........................	24 à 6 —
Caissons modèle 1827 pour cartouches modèle 1866.....................	28 à 6 —
Caissons modèle 1827 pour cartouches modèle 1863.....................	4 à 6 —
Caissons légers à deux roues pour cartouches modèle 1866............	3 à 2 —
Chariots de cavalerie modèle 1833.....	8 à 4 —
Forges modèle 1827 outillées pour matériel de 12.........................	2 à 6 —
Forges modèle 1827 outillées pour matériel de 4..........................	3 à 6 —
Charrettes à bagages d'officiers........	5 à 2 —

Toutes ces voitures sont prêtes à être mises en route.

Il reste à recevoir de la direction :

Forges pour ferrage des chevaux...............	7
Chariots de parc pour, etc.....................	17

Ce matériel est sur roues; il ne manque, pour compléter son chargement, que :

Fers échantillonnés.......................... 1,450 kilos.
Harnais spéciaux pour caisson léger........... 3
Rondelles en caoutchouc....................... 2,700

Ces objets seront prêts dans les premiers jours de la semaine prochaine.

J'ai l'honneur de vous proposer de diriger sur le camp de Châlons le parc en quatre convois :

Le premier pourrait être mis en route mardi 9 ou mercredi 10 et serait composé ainsi qu'il suit :

12 caissons à munitions de 12 rayé à 6 chevaux...............................	72 chevaux.
24 caissons à munitions de 4 rayé à 4 chevaux...............................	96 —
1 charrette à bagages.....................	2 —
Chevaux haut le pied......................	14 —
TOTAL........	184 chevaux.

Ce chiffre constitue le nombre total des chevaux de chacune des compagnies du train présentes à la Fère.

Le premier convoi comporterait ainsi l'effectif complet d'une compagnie.

Le deuxième convoi, avec l'autre compagnie, pourrait suivre le premier à deux jours d'intervalle et serait composé de la même manière.

Quant aux troisième et quatrième convois, ils seraient organisés d'une façon analogue et mis en route aussitôt que le reste des détachements du train d'artillerie affecté au service du parc sera réuni à la Fère.

J'aurai l'honneur de vous rendre compte des événements survenus au fur et à mesure qu'ils se produiront.

P.-S. — Dans la situation du personnel donnée plus haut, on n'a pas compris les détachements d'ouvriers artificiers et hommes à pied affectés au parc. Un quart de ces divers détachements accompagnerait chacun des quatre convois.

c) Opérations et mouvements.

Le Maréchal Canrobert au Ministre de la guerre (D. T.).

6 août.

L'Empereur me demande quand je serai prêt à amener nos troupes du camp à Nancy. Je lui réponds : « Les trois divisions d'infanterie avec leur artillerie divisionnaire, la division de cavalerie, la réserve d'artillerie, moins le parc et les réserves de munitions, sont prêts à marcher dès après-demain.

« Le service des ambulances régimentaires et divisionnaires et celui des subsistances n'ont rien pour fonctionner en marche. »

Le même au même.

Camp de Châlons, 6 août.

Le 6ᵉ corps est en marche sur Nancy. L'infanterie prend le chemin de fer.

La 1ʳᵉ division sera embarquée en entier aujourd'hui.

Les 2ᵉ et 3ᵉ divisions vont suivre le mouvement d'embarquement.

La cavalerie est partie par étapes, en une seule colonne, le 6.

L'artillerie et le parc du génie partiront en deux colonnes, le 7 et le 8.

Dans quelques jours, je serai donc prêt à entrer en ligne; mais je n'ai pas de cantines, pas de voitures d'ambulances, pas de mobilier des subsistances, pas de troupes du train.

d) Situation et emplacements.

CORPS.	OFFICIERS.	SOUS-OFFICIERS ET TROUPE.	TOTAUX.	CHEVAUX.	EMPLACEMENTS.
État-major général........	30	49	79	85	Camp de Châlons.
1ʳᵉ division.............	310	10,254	10,564	592	Id.
2ᵉ —	287	8,309	8,596	535	Id.
3ᵉ —	290	8,048	8,338	528	Id.
4ᵉ —	286	8,050	8,336	511	Paris et camp de Châlons.
Division de cavalerie......	257	3,432	3,689	3,326	Paris et camp de Châlons.
Réserves d'artillerie, parcs et ponts.............	49	13,382	4,434	1,394	Camp de Châlons.
Génie..................	»	39	39	61	Id.
Force publique..........	5	83	88	60	Id.
Services administratifs.....	73	13	86	(1) 32	Id.
Totaux.........	1,587	39,569	41,246	7,124	

(1) La différence avec la situation précédente provient de ce que celle-ci avait compté par erreur des troupes appartenant au camp de Châlons et non au 6ᵉ corps.

Journée du 6 août.

GARDE IMPÉRIALE.

a) Extrait du rapport du 6 août.

. . . .

Messieurs les généraux commandant les divisions sont invités de nouveau à prendre des mesures pour faire rejoindre leurs voitures du train ordinaire et du train auxiliaire.

Ces convois seront placés le plus près possible de la division à laquelle ils sont attachés.

L'artillerie de la 1re division changera de bivouac aussitôt que possible. Son nouveau bivouac lui sera assigné par M. le général commandant la division.

On emploiera la journée aux soins à donner aux hommes, afin qu'ils puissent s'approprier.

M. le général Deligny établira une grand'garde sur les hauteurs de la côte de Bionville et surveillera le versant gauche de la Nied jusqu'à Bionville.

Ci-joint, le mot d'ordre.

Journal de marche de la division Deligny.

Séjour à Courcelles-Chaussy.

Journal de marche de la division Picard.

La division reste campée au bivouac de Courcelles-Chaussy et reçoit l'ordre de se rendre le lendemain à Longeville.

Journal de marche de la 2e brigade.

6 août.

On fait des distributions de pain, de viande, de fromage; en outre, l'on touche pour quatre jours de vivres de campagne, comme réserve.

Le soir, à la nuit, l'on place deux grand'gardes : l'une sur la route qui, longeant le bois, conduit vers Boulay; la deuxième un peu en avant du moulin situé sur le Nied, à droite de la route qui conduit de Metz à Boulay.

La brigade s'installe sur l'emplacement qui lui avait été primitivement assigné, la droite vers le cimetière, la gauche touchant au bois.

Journal de marche de la division de cavalerie.

6 août.

Bivouac de Courcelles ; réveil à 5 heures. A 6 heures du matin, on signale l'approche du convoi d'approvisionnements portés sur les voitures de réquisition, convoi qui avait été retardé par la pluie et la boue pendant la nuit précédente.

Revue de santé dans tous les corps. Les hommes malades seront évacués sur les hôpitaux de Metz.

Le convoi d'approvisionnement de la division arrive près du camp vers 7 heures du matin, mais dans un désordre complet, par suite de la confusion de ses voitures avec celles des autres divisions de la garde pendant la marche de nuit.

Évacuation sur Metz des hommes et des chevaux malades, à midi.

Ordre pour faire aligner tous les corps d'une manière uniforme en vivres et fourrage. Le personnel actuel de l'intendance étant insuffisant pour les différentes distributions, on lui adjoint provisoirement, comme auxiliaires, le nombre nécessaire de sous-officiers et de soldats.

A 1 heure, le général de division envoie trois officiers pour tâcher de reconstituer, par tous les moyens possibles, le convoi auxiliaire d'approvisionnement de la division, mêlé avec celui des autres divisions de la garde.

A 2 heures, le régiment des guides est envoyé en arrière, au village des Étangs, pour s'y établir en observation et pousser des reconnaissances jusqu'aux villages de Volmérange et de Boulay.

Dès à présent, la 3ᵉ brigade, placée à la gauche du camp, établira des vedettes et des grand'gardes, en se reliant avec le régiment des guides jusqu'au village des Étangs ; en prévision d'une attaque imprévue sur la route de Metz à Sarrelouis, en avant de Boulay, on commencera à se garder militairement.

Par ordre du général en chef, les officiers qui avaient été détachés pour la conduite des convois des voitures auxiliaires du train, dans le corps d'armée de la Garde, rentrent à leurs régiments et sont remplacés, pour ce service, par des officiers du corps du train des équipages militaires.

Il est fait, par l'état-major général de la Garde, une livraison de nombreuses cartes allemandes lithographiées, destinées aux généraux et aux colonels. A 5 heures du soir, la division plie ses tentes et ses bagages pour aller bivouaquer le soir même à Marange, village situé sur la route de Metz à Saint-Avold, où on est réuni à 11 heures du soir.

c) Opérations et mouvements.

L'Empereur au général Bourbaki, à Courcelles (D. T.).

6 août, 12 h. 55 soir. Expédiée à 1 h. 20 soir.

Mettez vos corps en mouvement sur Saint-Avold; marchez militairement et attendez, en approchant de Saint-Avold, les ordres du maréchal Bazaine.

L'Empereur au maréchal Bazaine (D. T.).

Metz, 6 août.

Je donne l'ordre à la Garde de se diriger sur Saint-Avold et d'attendre vos ordres sur la route.

Le Major général au général Bourbaki.

Metz, 6 août, 2 heures soir.

D'après les ordres de l'Empereur, portez la Garde impériale sur Saint-Avold. Rapprochez-vous le plus possible de ce point sans trop fatiguer vos troupes. L'Empereur place, jusqu'à nouvel ordre, la Garde impériale sous le commandement du maréchal Bazaine.

Prenez sur-le-champ les instructions de celui-ci. Son quartier général est à Saint-Avold.

Le maréchal Bazaine au Major général, à Metz (D. T.).

Saint-Avold, 6 août, 1 h. 50 soir. Expédiée à 2 h. 33 soir.

L'Empereur me prévient que la Garde est dirigée sur Saint-Avold. Vient-elle par voie ferrée ou par étapes? J'ai besoin de ce renseignement pour faire préparer son campement en lieu convenable.

Le Major général au maréchal Bazaine (D. T.).

6 août, 3 h. 45 soir. Expédiée à 4 h. 5 soir.

La Garde est en ce moment à Courcelles et se rendra à Saint-Avold par la route de terre. Elle a vingt-cinq kilomètres à faire; l'ordre d'urgence lui a été envoyé par un officier qui est parti depuis une heure.

Le général Bourbaki au maréchal Bazaine (D. T.).

Courcelles, 6 août, 6 h. 50 soir. Expédiée à 7 h. 15 soir.

Je reçois, à 4 heures, l'ordre de marcher sur Saint-Avold et de prendre vos instructions. Je commence le mouvement du corps d'armée ce soir même, mais je ne le continuerai que demain matin, à moins que vous ne jugiez utile que je fasse une marche de nuit.

Le général Bourbaki au général Deligny.

Courcelles, 6 août.

Vous vous mettrez en route, avec votre division, demain 7 août, au plus tard à 4 h. 1/2 du matin, et plus tôt, si cela vous est possible, pour aller attendre des ordres à Longeville-lès-Saint-Avold à six kilomètres de Saint-Avold.

Vous prendrez la route de Saint-Avold. Les hommes auront mangé la soupe avant de partir; toutefois la viande sera gardée pour être mangée à la grand'halte.

Vous marcherez militairement, vous vous établirez et vous garderez de même. La division de cavalerie qui vous précède, dès ce soir, sera établie demain à Zimming, où elle se rendra par la route conduisant de Marange dans cette localité.

La division Picard marchera derrière vous à deux heures de distance. Elle sera arrêtée à Longeville-Auberge où elle attend des ordres.

Mon quartier général établi à Longeville-lès-Saint-Avold dès demain.

Le général Deligny au général Brincourt (1). — *Ordre de mouvement.*

Courcelles, 6 août.

Réveil à 2 heures, au signal du quartier général de la division. Boute-charge à 2 h. 1/2; la soupe sera mangée. A 3 heures, assemblée; les troupes prendront les armes.

Afin d'éviter les difficultés que l'on trouvera en débouchant à travers le village de Courcelles, on prendra l'ordre de marche suivant:

En tête, un peloton de dragons; puis, la 1re brigade et derrière son 1er bataillon, la compagnie du génie avec un mulet d'outils; l'artillerie de combat; la 2e brigade; l'ambulance derrière laquelle marchera un bataillon de la 2e brigade. Le train, le trésor et les équipages d'artil-

---

(1) Commandant la 1re brigade de la 1re division (voltigeurs).

lerie, du génie et régimentaires viendront ensuite, dans l'ordre de marche ordinaire, sous la direction du capitaine de gendarmerie.

Quand on aura passé le défilé du village, qu'il fera grand jour, l'ordre sera donné de s'organiser suivant les prescriptions de l'ordre du 4 août n° 14 qui fixa la marche de la division avec cette seule modification que six voitures à deux roues, chargées de cartouches, suivront la 1re brigade et huit la 2e brigade.

La division se trouvant désormais dans le cercle d'opérations de l'ennemi marchera dans le plus grand ordre possible et chacun devra s'outiller de manière à être toujours prêt à fournir son maximum de puissance, de manière qu'on ne soit pas obligé de s'arrêter pour manger; les journées pouvant être prolongées jusqu'à la nuit même avancée et les bagages se trouvant hors de portée.

Le général Bourbaki au général Picard. — Ordre de mouvement.

6 août.

Vous mettrez en route toute votre division, demain 7 août à 6 h. 1/2 du matin, pour aller attendre des ordres à Longeville-Auberge, à sept kilomètres de Saint-Avold. Vous suivrez la grande route de Metz à Saint-Avold. Vous marcherez militairement, vous vous établirez et vous garderez de même.

Les hommes auront mangé la soupe avant de partir; vous verrez s'il y a lieu de garder la viande pour être mangée à la grand'halte.

Le 3e régiment de grenadiers, fort de deux bataillons, sera laissé en arrière pour escorter les batteries de réserve, le parc d'artillerie et le parc du génie et le convoi du quartier général; il vous ralliera aussitôt que cette colonne sera arrivée à Longeville-lès-Saint-Avold, où j'établirai mon quartier général dès demain; la colonne composée des batteries de réserve se mettra en route à 8 h. 1/2 et elle suivra la route de Saint-Avold. Vous serez précédé sur la route de Saint-Avold par la division Deligny.

Le général Bourbaki au général Desvaux.

6 août.

J'ignore s'il y a encore des troupes françaises à Boulay; je vous prie de charger un officier intelligent de se rendre avec une escorte dans cette direction, afin de me renseigner à cet égard.

Je désire avoir ces renseignements avant la nuit. Cet officier sera en outre invité à prendre tous les renseignements possibles sur ce qui se passe en avant.

Le même au même.

6 août.

Un régiment de cavalerie légère, désigné par le général de division, quittera le camp pour aller s'établir aux Etangs.

Le régiment se gardera militairement; il s'éclairera par ses patrouilles poussées jusqu'aux villages de Volmerange et de Varize, on distribuera aujourd'hui deux rations de biscuit qui seront conservées dans les bissacs, à titre de réserve, et auxquelles on ne touchera qu'à la dernière extrémité.

Demain matin, il sera distribué un jour de pain et peut-être deux, de manière que les troupes soient alignées pour le 7 et 8; on s'alignera en avoine jusqu'au 8 inclus; MM. les intendants divisionnaires sont autorisés à traiter pour le foin et la paille partout où ils pourront; une ration de viande doit être également distribuée ce soir ou demain matin pour la journée du 7.

La division ayant maintenant un troupeau de bœufs, c'est à MM. les généraux de division qu'incombe le soin de ces distributions.

Le même au même.

6 août.

La division de cavalerie se remettra en route aussitôt que possible et ira bivouaquer à Marange, sur la route qui suit à Saint-Avold, à 10 kil. environ de Courcelles. Demain, au point du jour, elle partira pour Boucheporn, où elle recevra des ordres. Elle passera par Hallering, Zimming et Boucheporn.

Elle voyagera militairement, s'établira au bivouac et se gardera de même.

Le général Desvaux au général Bourbaki.

Camp de Courcelles, 6 août.

J'ai l'honneur de vous rendre compte que M. Davoust, sous-lieutenant au régiment des guides, se rend immédiatement, avec une escorte de dix cavaliers, en reconnaissance à Boulay, pour prendre les renseignements que vous me demandez par votre dépêche n° 24. Ces renseignements vous seront adressés aussitôt qu'ils me seront parvenus.

Le régiment des guides, sous la conduite du colonel, part pour aller bivouaquer au village des Etangs, il sera suivi sans retard par la partie du régiment qui se trouve encore aux distributions et par les bagages.

Le général Bourbaki au général Pé de Arros. (*Le même ordre communiqué au général Durand de Villers.*)

6 août.

Toute la Garde se mettra en route ce soir et demain matin, 7 août, pour aller s'établir aux environs de Saint-Avold.

Une colonne composée de la manière suivante :

    Section du génie ;
    Quartier général ;
    Batteries de réserve ;
    Parc du génie ;
    Parc d'artillerie.
    Bagages du quartier général dans l'ordre prescrit par l'article 164 du Règlement sur le service des armées en campagne ;
    Convoi de l'administration ;

partira de Courcelles demain, 7 août, à 8 h. 1/2 du matin, pour aller à Longeville-lès-Saint-Avold, où j'établirai, dès demain, mon quartier général.

Cette colonne, dont vous aurez le commandement, sera escortée par le 3ᵉ régiment de grenadiers, fort de deux bataillons. Vous disposerez cette escorte comme vous le jugerez convenable pour assurer la sécurité du convoi, qui devra marcher militairement.

Le 3ᵉ grenadiers ralliera sa division, aussitôt après l'arrivée de la colonne au bivouac. Désirant précéder les troupes à Longeville, je ne marche point avec votre colonne et j'emmène avec moi mon état-major général.

Le général Bourbaki à l'intendant militaire Lebrun.

6 août.

La Garde partira ce soir et demain matin pour se rendre aux environs de Saint-Avold.

La division Desvaux sera à Zimming.
La division Deligny attendra des ordres à Longeville-lès-Saint-Avold.
La division Picard attendra de même à Longeville-Auberge.

Le quartier général à Longeville-lès-Saint-Avold, avec la réserve d'artillerie, le parc d'artillerie, la section du génie, le parc du génie et le convoi d'administration attaché au quartier général.

Cette dernière colonne, commandée par le général Pé de Arros, se mettra en route pour Saint-Avold, demain à 8 h. 1/2. Le quartier général marchera dans cette colonne, après la section du génie et en avant des batteries de réserve. Les bagages du quartier général marcheront après les batteries de réserve et avant le parc du génie. Le convoi d'administration marchera à la queue de la colonne.

Le maréchal Bazaine au général Bourbaki.

6 août.

Vous camperez votre corps d'armée ce soir à Longeville-lès-Saint-Avold, profitant de toutes les facilités que vous offriront les environs de ce petit village.

Je suis à Saint-Avold avec mon quartier général et la division Decaen; la division Grenier (ex-division Rose), du 4º corps, est à Boucheporn, sur la route de Boulay.

Cette dépêche vous sera remise par un capitaine commandant un escadron de cavalerie, que j'ai laissé à Longeville pour vous attendre.

Aussitôt installé, prévenez-moi de votre arrivée.

Vous avez à vous garder du côté de la forêt de Longeville. La division Forton est pour cette nuit en arrière de vous, à Folschwiller. Mes réserves d'artillerie seront à Valmont; mon parc à Altwiller.

Le même au même.

8 h. 1/2 du soir (nº 37).

Sans faire de marche de nuit complète, gagnez du terrain, de façon à arriver demain le plus tôt possible, *nos affaires à droite n'allant pas bien* (1).

L'Empereur au général Bourbaki.

Metz, 6 août, 8 h. 1/2 soir.

Le général Frossard a dû se retirer de la position de Spicheren sur les hauteurs qui sont en arrière. Je donne l'ordre au maréchal Bazaine de concentrer toutes les troupes des corps sous ses ordres, 2º, 3º, 4º.

Restez en arrière de Saint-Avold pour vous porter ensuite sur la position qui vous sera indiquée par le maréchal Bazaine.

Sur ce, que Dieu vous ait en sa sainte garde.

NAPOLÉON.

Faites connaître votre position au maréchal Bazaine et demandez sur-le-champ ses instructions.

---

(1) Réponse au télégramme du général Bourbaki, de 7 h. 15 du soir (page 140).

Le même au même.

Metz, 6 août, 11 h. 10 soir.

J'ai reçu des nouvelles rassurantes du maréchal Bazaine. Il va concentrer les 2º, 3º et 4º corps. Vous serez une forte réserve à toutes ces troupes. Exécutez les ordres que vous avez reçus du maréchal Bazaine. Je compte sur votre dévouement et sur celui des troupes qui sont sous vos ordres. L'Empereur sera à Saint-Avold au milieu de ses troupes.

Le général Bourbaki au Major général.

Courcelles-Chaussy, 6 août, 11 h. 1/2 soir.

A 4 heures du soir, j'ai reçu l'ordre de me mettre en route. La division de cavalerie est partie et sera demain matin à Zimming, en relation avec les troupes qui occupent Boucheporn.

A 9 heures du matin, la tête de colonne de la division de voltigeurs débouchera à Longeville-lès-Saint-Avold.

Les grenadiers suivront. Le maréchal Bazaine, avec qui je suis en relation, me dit de ne pas faire une marche de nuit complète, mais d'arriver à lui.

Je serai de ma personne auprès de lui à 4 heures du matin. Sans rien me préciser, il semble me dire que les affaires de notre armée de droite ne vont pas couramment.

Le général Bourbaki au maréchal Bazaine.

Courcelles-Chaussy, 6 août, 10 h. 45 soir.

J'ai l'honneur de vous accuser réception de la dépêche que vous m'avez adressée au sujet du mouvement de la Garde impériale.

La division de cavalerie, partie ce soir, sera demain matin à Zimming en relation avec les troupes qui occupent Boucheporn.

A 9 ou 10 heures du matin, la tête de colonne des voltigeurs débouchera à Longeville-lès-Saint-Avold ; les grenadiers suivront. Je serai de ma personne près de vous, à 4 ou 5 heures du matin.

Mouvement ordonné le samedi 6 août.

Cavalerie. — Se mettra en route sur-le-champ pour bivouaquer à Marange à 10 kilomètres de Courcelles, sur la route de Saint-Avold. Demain au point du jour, départ pour Zimming à 5 kilom. 50 de Boucheporn, en passant par Hallering et Zimming. Voyager militairement, s'établir au bivouac et se garder.

1re *division.* — Demain, à 4 h. 1/2, ou plus tôt s'il est possible, attendre des ordres à Longeville-lès-Saint-Avold. Soupe avant de partir, viande gardée pour être mangée à la grand'halte. Marcher militairement et se garder.

2e *division.* — A deux heures de distance, sera arrêtée à Longeville-Auberge. Quartier général à Longeville-lès-Saint-Avold, dès demain.

3e *grenadiers.* — 2e bataillon laissé en arrière pour escorter les bataillons de réserve, le parc d'artillerie, parc du génie, et le convoi de quartier général, ralliera aussitôt que cette colonne sera arrivée à Longeville-lès-Saint-Avold.

La colonne (batteries de réserve), mise en route à 8 h. 1/2, suivra la route de Saint-Avold.

Artillerie. — Section du génie.

Génie. — Quartier général; parc du génie; parc d'artillerie.

Bagages du quartier général dans l'ordre (art. 164), convoi de l'administration. Disposer l'escorte pour assurer la sécurité du convoi.

11 h. 1/4, lettre du major général confirmant les ordres précédents.

11 h. 1/2, lettre du maréchal Bazaine disant de ne pas faire de marche de nuit, mais d'arriver le plus promptement possible, les affaires à droite n'allant pas très bien.

11 h. 3/4, ordre au général Deligny de partir à 3 h. 1/2 au lieu de 4 h. 1/2. Réveil à 2 heures.

d) Situation et emplacements.

CORPS.	OFFICIERS.	SOUS-OFFICIERS ET TROUPE.	TOTAUX.	CHEVAUX.	EMPLACEMENTS.
État-major général........	43	»	43	67	Courcelles-Chaussy.
1re division...............	306	7,720	8,026	471	Id.
2e —	264	6,528	6,789	162	Id.
Division de cavalerie......	293	3,809	4,102	3,795	Marange.
Artillerie...............	80	2,403	2,483	2,036	Courcelles-Chaussy.
Génie..................	10	269	279	92	Id.
Escadrons du train......	11	357	361	501	Id.
Totaux.....	1,007	20,786	21,783	6,824	

Journée du 6 août.

RÉSERVE DE CAVALERIE.

1re DIVISION (DU BARAIL).

a) **Extrait des historiques des corps de troupe.**

6 août.

Le 1er régiment de chasseurs d'Afrique part de Lunéville pour Nancy à 1 heure de l'après-midi.

Le 3e régiment part de Toulon en deux colonnes.

Le 2e régiment séjourne à Lunéville.

Le 4e régiment s'embarque à Oran. Le gros du régiment, avec l'état-major (456 hommes, dont 23 officiers, et 352 chevaux), s'embarque sur la Drôme.

d) **Situation d'effectif.**

		Hommes.	Chevaux et mulets.
1re brigade.	1er chasseurs d'Afrique.........	669	614
	3e (1er, 2e, 3e escadrons en route; 6e escadron à Lunéville)......	208	175
2e brigade.	2e chasseurs d'Afrique.........	630	609
	4e chasseurs d'Afrique (en route).	»	»
19e d'artillerie à cheval (5e et 6e batteries).		318	357
	TOTAUX.........	1,825	1,755

3e DIVISION (DE FORTON).

a) **Journal de marche.**

Le lendemain, 6, la division quitte Faulquemont à 1 h. 1/4 après midi, pour se rendre à Folschwiller attendre de nouveaux ordres. Elle campe entre ce village et celui de Valmont, la nuit du 6 au 7 août.

c) Opérations et mouvements.

Le Major général au maréchal Bazaine (D. T.).

Metz, 6 août, 6 h. 5 matin. Expédiée à 6 h. 40 matin.

L'Empereur met sous vos ordres la division de cavalerie de Forton, qui est à Faulquemont. Donnez-lui vos instructions.

La Garde est également placée sous vos ordres.

Le maréchal Bazaine au général de Forton, à Faulquemont (D. T.).

Saint-Avold, 6 août, 9 h. 15 matin. Expédiée à 9 h. 16 matin.

Portez votre division à Folschwiller; faites-y la grand'halte et attendez mes ordres.

d) Situation sommaire d'effectif.

CORPS.		OFFICIERS.	SOUS-OFFICIERS ET TROUPE.	TOTAUX.	CHEVAUX.	EMPLACEMENTS.
3ᵉ division.						
1ʳᵉ brigade.	1ᵉʳ régiment de dragons......	41	531	572	531	Faulquemont.
	9ᵉ régiment de dragons......	40	533	573	515	Id.
2ᵉ brigade.	7ᵉ régiment de cuirassiers...	38	516	554	506	Id.
	10ᵉ régiment de cuirassiers (1).	41	487	528	500	Id.
Artillerie..............		1	»	1	2	Id.
Gendarmerie...........		1	20	21	22	Id.
TOTAUX.....		162	2,087	2,249	2,076	

(1) Les cuirassiers n'ont pas de cartouches de pistolet. Une dépêche a été expédiée.

Journée du 6 août.

ARTILLERIE DE L'ARMÉE.

a) Journal des opérations de l'artillerie de l'armée du Rhin.

6 août.

Par ordre de l'Empereur, le matériel d'équipage de ponts de corps d'armée, qui se trouvait à Forbach, devait être transporté à Sarreguemines par voies ferrées (télégramme n° 147).

Il était trop tard.

Le 6, en effet, nous subissons à Forbach un grave échec. Apprenant que les Prussiens se concentraient en grand nombre en arrière de Sarrebrück et craignant que les positions qu'il occupait à Stiring-Wendel et à Spicheren ne fussent tournées, le général Frossard reporta, le 5 au soir, son quartier général à Forbach, en ramenant à lui sa gauche (division Vergé), qui lui semblait un peu en l'air : la division Bataille campa à OEting ; la division de Laveaucoupet à Spicheren ; la cavalerie et la réserve d'artillerie entre Forbach et Morsbach.

Le 6, dès le matin, la batterie Maréchal (5° du 5°), appuyée de troupes de soutien, alla reprendre position en avant de Stiring-Wendel : à peine arrivée, elle ouvrit le feu contre les masses prussiennes qui débouchaient du champ de manœuvres de Sarrebrück, sous la protection d'une nombreuse artillerie. Les batteries Stoffel et Béguin (7° et 8° du 15°), de la 3° division, placées sur les hauteurs de Spicheren, appuyèrent de leur feu celui de la batterie Maréchal, et, successivement, les batteries Saget (7° du 17°) et Carbonnel (10° du 5°, de 12 rayé), arrivant en ligne, rétablirent l'équilibre, un instant rompu à notre gauche.

Sous la protection de cette canonnade, menée avec une grande vivacité, les divisions du 2° corps prirent leurs positions : à gauche, dans la vallée, la division Vergé et une brigade de la division Bataille; à droite de la route, la 2° brigade du général Bataille; la division de Laveaucoupet sur les hauteurs de Spicheren.

L'artillerie de la gauche soutint avec énergie la lutte contre une artillerie supérieure par le nombre, le calibre et, il faut bien le reconnaître, la justesse du tir. La batterie Besançon (6° du 5°) fut appelée afin d'opérer une diversion avec les canons à balles; elle produisit momentanément un bon effet, mais les mitrailleuses devinrent le but d'un tir à mitraille tellement meurtrier que la batterie fut obligée de se retirer en arrière de Stiring.

Tout à coup, les troupes de soutien, qui couvraient le flanc gauche des autres batteries, furent refoulées dans les bois par l'infanterie prussienne, et une grêle de balles mit hors de combat nos servants et nos attelages.

La situation était critique : les chefs d'escadron Rey et Gougis maintinrent leurs hommes sous ce feu redoublé, mais bientôt la situation devint intenable. Les batteries Saget et Maréchal durent se retirer, laissant cinq pièces sur le terrain, faute de chevaux pour les emmener.

Cependant, la position de Stiring était trop importante pour qu'on l'abandonnât sans tenter un effort vigoureux pour la conserver. Les batteries d'Esclaibes (8ᵉ du 17ᵉ) et Martimor (12ᵉ du 5ᵉ) relevèrent les batteries engagées et canonnèrent vigoureusement le ravin du chemin de fer, la route de Sarrebrück et les bois, garnis de tirailleurs. Le général Bataille dirigea, en même temps, sur ces bois, un retour offensif qui fut poussé assez loin pour permettre à l'artillerie d'aller reprendre les cinq pièces abandonnées dans le premier mouvement de retraite. L'ennemi ne se laissa pas enlever ces trophées sans essayer de nous en disputer la possession, et c'est sous une pluie de feu que le chef d'escadron Gougis et le lieutenant Rossin, de la batterie Saget, les enlevèrent.

L'artillerie ne porte pas ses drapeaux sur le champ de bataille; les canons sont pour elle le symbole de l'honneur militaire; elle les défend jusqu'à la dernière extrémité. Ce sentiment met une parole touchante dans la bouche du lieutenant Chabord. Ce jeune officier, blessé grièvement, était resté sur le terrain : un officier d'infanterie voulut le faire emporter; il s'y refusa. « De grâce, dit-il, sauvez avant tout mes pièces, puis, si vous en avez le temps, vous viendrez m'enlever. » Le lieutenant Chabord resta aux mains de l'ennemi.

A la droite, autour de Spicheren, l'artillerie jouait aussi un rôle considérable. La batterie Béguin balayait les pentes qui descendent vers Sarrebrück; auprès d'elle, la batterie Benoît canonnait l'artillerie prussienne qui écrasait notre gauche; enfin, la batterie Stoffel empêchait un mouvement tournant tenté sur la droite. Ces batteries firent des pertes sérieuses : le capitaine Béguin eut le genou gauche fracassé par un obus. Le feu redoublant d'intensité, la batterie Lauret (canons à balles) entra en ligne; elle contraignit, pendant un certain temps, l'artillerie prussienne au silence. Mais ce répit ne fut pas de longue durée et bientôt un mouvement général de retraite se manifesta vers notre droite. Ce mouvement rétrograde s'accentuant de plus en plus et une nouvelle colonne prussienne débouchant de la route de Sarrelouis, sur les pentes qui dominent Forbach, le général Frossard, qui n'avait pas de troupes fraîches à lui opposer, ordonna, vers 6 h. 1/2, de se mettre en retraite sur Sarreguemines, par Œting. Cette retraite s'effectua en bon ordre, grâce à l'énergique persévérance de l'artillerie, qui manœuvra avec autant d'habileté que de courage et qui tint l'ennemi à distance.

Les pontonniers du capitaine Pépin, sous le commandement supérieur du colonel Marion, directeur des ponts du 3e corps, tirèrent les derniers coups de fusil de cette journée. L'équipage de ponts du 3e corps, nous l'avons dit plus haut, était resté à Forbach, faute d'attelages pour le ramener à Saint-Avold. Des chevaux de réquisition, demandés dès le matin au maire de la ville et promis par ce dernier, ne furent pas fournis. Le combat s'étant engagé, le colonel Marion fit conduire le matériel de l'équipage dans un déblai du chemin de fer et le mit ainsi à l'abri des projectiles; puis, avec le personnel dont il disposait, il vint joindre ses efforts à ceux de la petite troupe qui essayait d'arrêter la marche de la colonne venant de Sarrelouis. Ces derniers défenseurs de Forbach, soldats du génie, dragons, fantassins et pontonniers, ne se retirèrent qu'après avoir brûlé leur dernière cartouche. L'équipage dut être abandonné, et la compagnie Pépin rallia, à travers bois, à la faveur de la nuit, le 2e corps, en retraite sur Sarreguemines.

b) **Organisation**.

Le général Soleille au général Canu.

Metz, 6 août.

J'ai l'honneur de vous adresser ci-joint 25 exemplaires du 2e feuilleton de la carte des routes conduisant au Rhin. Je vous prie de vouloir bien répartir ces exemplaires entre les officiers sous vos ordres de la manière que vous jugerez la plus convenable (1).

Le général Soleille au général Canu, à Nancy.

Metz, 6 août.

J'ai l'honneur de vous faire connaître que le Ministre a désigné trois batteries de montagne, les 6e, 8e et 12e batteries du 3e régiment d'artillerie monté en Algérie pour faire partie de la réserve générale d'artillerie.

---

(1) Même lettre aux généraux commandant l'artillerie des corps d'armée et celle de la Garde.

La 6ᵉ batterie m'est signalée comme devant être en route pour Nancy; quant aux deux autres, elles suivront le mouvement au fur et à mesure de leur débarquement en France et en prenant livraison, à leur passage à Lyon, du matériel qu'elles doivent servir.

Le général Soleille aux Généraux commandant l'artillerie des corps et Garde.

6 août.

Des demandes ont été adressées au Ministre, pour faire compléter l'approvisionnement des troupes d'infanterie en aiguilles et obturateurs de rechange, conformément aux ordres du Major général. Le Ministre de la guerre m'écrit à la date du 3 août que des mesures sont prises pour que cet approvisionnement soit complété progressivement avec la plus grande activité.

Les délivrances de pièces d'armes de rechange se font dans l'ordre suivant :

1° Au dépôt du corps, afin qu'il puisse diriger immédiatement sur les bataillons de guerre les hommes rappelés de la réserve avec leur armement complet et muni des pièces de rechange ;

2° Aux réserves, où leur nombre sera porté à 900 et où elles seront à la disposition du corps pour les remplacements indispensables ;

3° Enfin, à l'armée active pour compléter l'approvisionnement suivant les ordres du Major général.

Vous voudrez bien porter ces dispositions à la connaissance du commandant de votre corps d'armée, en le priant de remarquer, comme le fait observer le Ministre de la guerre, que les approvisionnements avaient été préparés à raison de deux aiguilles et un obturateur par homme, non compris les pièces qui se trouvent sur l'arme, et en présence des augmentations qu'a subies l'effectif de l'armée il est impossible de les porter subitement aux chiffres de trois aiguilles et deux obturateurs.

Le général Soleille au général Susane, à Paris.

Metz, 6 août.

Je réponds en hâte et en désordre à votre lettre du 5 août que je reçois à l'instant ; j'entretiendrai le Major général de vos intentions au moment opportun : le moment présent n'est pas de ceux-là : car au rapport de l'Empereur de ce matin, comme on me demandait si j'avais les moyens de faire atteler les équipages de pont et instantanément les équipages de pont de corps d'armée, je n'ai pu faire que la réponse : « Il faut leur donner le temps d'arriver ».

Je vous signale cette préoccupation de l'Empereur pour que vous fassiez, s'il est possible, plus que le possible pour hâter l'arrivée des attelages du train.

Une autre préoccupation de l'Empereur est celle d'avoir un équipage de siège à Metz : vous feriez bien d'inviter tous les dépôts des corps à se pourvoir, soit par achats directs, soit dans les magasins du campement, de tous les effets d'équipement et de campement qui leur sont nécessaires pour entrer en campagne.

Comme je vous le disais par dépêche télégraphique de ce jour, je vais traduire en prescriptions impérieuses les considérations de votre lettre du 3 relatives à la conservation des munitions.

Je vous dis bien confidentiellement que l'aspect de nos batteries laisse bien à désirer : les difficultés matérielles, l'imperfection de l'instruction et surtout de l'éducation militaire des hommes de la réserve en sont évidemment les principales causes.

. . . .

Nous n'avons encore aucun renseignement officiel sur l'affaire de Wissembourg et sur les pertes éprouvées : le bulletin arrivé de Berlin et communiqué à l'Empereur appelle cette affaire un brillant mais sanglant combat; la brigade d'infanterie et celle de cavalerie surprises par trois corps prussiens de 65,000 hommes ont soutenu le combat pendant deux heures et demie : nous avons perdu une pièce de 4.

Cette lettre, toute officieuse, a pour but d'appeler votre attention et celle du Ministre sur certains points.

Le général Labastie (1) *au Général commandant en chef l'artillerie, grand quartier impérial, Metz* (D. T.).

Camp de Châlons, 6 août, 10 h. 45 matin.

Le parc est prêt; il y a 400 chevaux arrivés. Je demande des ordres pour diriger le parc sur Nancy par sections successives.

Le Général directeur des parcs au général Soleille (D. T.).

Toul, 6 août, 1 h. 20 soir.

Je n'ai pas un seul cheval pour atteler l'équipage de pont de réserve à Toul; un équipage semblable existe à Strasbourg.

---

(1) Commandant l'artillerie du 6ᵉ corps.

Le Colonel directeur du parc du 6ᵉ corps au Général commandant l'artillerie de l'armée du Rhin (D. T.).

La Fère, 6 août, 1 h. 30 soir.

Le matériel est prêt. Présents à la Fère 4ᵉ et 4ᵉ *bis* du 1ᵉʳ régiment du train, ayant ensemble 400 chevaux dont 32 sellés, ces compagnies ayant pris harnachement en pièces séparées à leur passage à Douai, s'occupant de les remonter et de l'ajuster. Difficile de terminer l'opération avant mardi. 3ᵉ compagnie et 10ᵉ *bis* arrivent. Pas d'équipage de pont au parc ni à la direction.

Le colonel Hennet (1) *au général Soleille* (D. T.).

Vesoul, 6 août, 1 h. 55 soir.

Je puis disposer pour atteler : 1° le parc, de 386 chevaux de trait; 2° l'équipage de ponts, de 176 chevaux de trait.

Le colonel Hennet (2) *au général Soleille* (D. T.).

Toulouse, 6 août, 2 heures soir.

Mon parc prêt toujours à Toulouse; je ne connais point encore le point où il sera transporté par chemin de fer et où je trouverai des chevaux pour l'atteler; n'en ai pas encore.

Le Colonel directeur du parc d'artillerie au général Soleille (D. T.).

Épinal, 6 août, 2 h. 30 soir.

Je puis disposer, dès à présent, de 624 chevaux de troupe, la compagnie du 1ᵉʳ du train, forte de 200 chevaux, qui doit atteler l'équipage de pont, n'est pas arrivée. Il manque, au matériel du parc, 52 voitures qui sont en partance de Lyon.

Je vous envoie, par lettre de ce jour, la situation détaillée du parc (personnel et matériel).

---

(1) Directeur du parc du 7ᵉ corps.
(2) Directeur du parc de la réserve générale d'artillerie.

Le Directeur du parc au général Soleille (D. T.).

Lunéville, 6 août, 1 h. 20 soir. Expédiée à 2 h. 45 soir.

160 chevaux pour atteler 112 voitures de parc. Aucun attelage pour l'équipage de pont. J'ai encore demandé ce matin par dépêche, à Auxonne, l'envoi des 3e, 9e, 9e *bis* qui n'existent pas. Aucun attelage arrivé d'Auxonne depuis lundi.

Le Lieutenant-colonel du 2e régiment du train au général Soleille, à Metz (D. T.).

6 août, 6 h. 10 soir.

Les deux compagnies qui compléteront les cinq destinées au parc du 1er corps partiront après demain 8 août.

Les deux compagnies qui doivent atteler ensemble équipage et pont de réserve partiront probablement vers le 12 si les hommes ne manquent pas. Je suis, pour les expéditions, l'ordre déterminé par le Ministre.

Le colonel Hennet au général Soleille.

Toulouse, 6 août.

En réponse à votre lettre n° 82, j'ai l'honneur de vous rendre compte que la partie du parc de la réserve générale d'artillerie, en formation à Toulouse (109 voitures), est prête depuis le vendredi 29 juillet.

J'ai reçu, il y a trois jours, une lettre de M. le capitaine Mathieu, qui m'informe que les 66 caissons de 12 rayé que doit me fournir la Direction de Bourges, pour compléter le parc, sont entièrement prêts.

Je puis donc partir au premier ordre.

Le général Mitrecé au général Soleille.

Toul, 6 août.

Dans la prévision de mon départ de Toul, j'ai l'honneur de vous prier de vouloir bien me donner les moyens de recevoir les deux voitures de bagages avec attelages, qui sont allouées, par la décision ministérielle du 17 juillet 1870, au général de brigade Directeur général des parcs et des équipages d'artillerie.

La place de Toul ne possède aucune ressource à cet égard.

Le même au même.

Toul, 6 août.

J'ai l'honneur de vous confirmer ma dépêche télégraphique d'hier 5 août, 10 heures du soir, ainsi conçue :

« Je n'ai aucune pièce de rechange pour infanterie et ne puis en envoyer au général de Rochebouët. »

Chaque fraction *prime* du grand parc de campagne comprendra un chariot de parc pour armuriers et pièces d'armes de rechange; mais il résulte de la correspondance des directeurs d'artillerie que, jusqu'à présent, aucun arsenal n'a reçu le chargement de cette espèce, annoncé par le Ministre.

Journée du 6 août.

RÉSERVE GÉNÉRALE DU GÉNIE.

Situation sommaire au 6 août.

CORPS.		OFFICIERS.	SOUS-OFFICIERS ET TROUPE.	TOTAUX.	CHEVAUX.	EMPLACEMENTS.
1er régiment.	2e compagnie de sapeurs (télégraphie) (1)..	»	»	»	»	
3e régiment.	1re compagnie de mineurs.....	4	103	107	15	Campées sur les glacis près de la porte Serpenoise, Metz.
	1re compagnie de sapeurs (chemins de fer)..	4	124	128	48	
	Sapeurs-conducteurs (2).....	»	»	»	»	
Compagnie d'ouvriers (détachement) (3)............		»	»	»	»	
TOTAUX....		8	227	235	63	

(1) N'a pas encore rejoint.
(2) N'ont pas encore rejoint; sont à Versailles en voie d'organisation.
(3) N'a pas encore rejoint; attend à l'arsenal du génie son ordre de départ.

RENSEIGNEMENTS

Un agent de Thionville au Major général.

Thionville, 6 août.

Le nombre des troupes prussiennes concentrées sur la Sarre paraît augmenter. Des trains militaires ne cessent de circuler entre Trèves et Sarrelouis.

On attend à Trèves l'arrivée du général Voigts-Rhetz, qui doit s'avancer à travers l'Eifel, à la tête d'un corps d'armée considérable.

Entre Crevenmachern, Echternach et Vianden (Grand-Duché), on ne voit plus de troupes sur la frontière : on croit qu'elles sont allées renforcer la ligne de la Sarre.

On compterait *30,000 hommes* (?) entre Saarburg et Kirn.

De nombreuses troupes, munies de 38 canons de gros calibre, occuperaient les hauteurs de Filsberg.

On remarque des hussards bleus et des hussards noirs à Mettlach.

Le *28e* et le *35e* de ligne occuperaient les environs de Sarrelouis.

La plupart des soldats qu'on rencontre seraient de la province de Westphalie.

La circulation deviendrait de plus en plus difficile. On ne laisse approcher personne des campements. Tous les villages entre Conz et Sarrelouis sont pleins de troupes. Les provisions commenceraient à arriver.

Les troupes continueraient toutefois à se faire nourrir par les habitants qu'on paye en *bons*. Beaucoup de chariots chargés de denrées achetées dans le Grand-Duché passeraient le pont de Remich, surtout la nuit.

Les militaires qui s'éloignent de leurs campements auraient pris l'habitude d'enrouler les pattes qui portent le numéro du régiment.

Les troupes prussiennes parlent de plus en plus de prendre l'offensive. Elles avouent que si on était venu les attaquer, il y a une dizaine de jours, elles eussent été battues, n'étant pas encore en nombre et étant mal approvisionnées. On leur fait accroire que l'armée française se tient *sur la défensive*, qu'elle n'ose avancer ou qu'elle hésite, qu'elle attend des renforts, des munitions, etc..... Elles parlent de porter la guerre *chez nous* et le bruit était assez répandu que ce sera le 6 août, par conséquent aujourd'hui même qu'elles prendront l'offensive.

On attribue aux troupes prussiennes le projet de s'emparer à tout prix, dans les engagements qui auront lieu, d'une ou plusieurs de nos mitrailleuses, dussent-elles sacrifier des milliers d'hommes pour obtenir ce résultat.....

Informations du 6 août au matin.

Trèves et Conz en ce moment assez dégarnis de troupes. On dirige la Landwehr et la réserve sur Sarrelouis. Sarrelouis compterait 5,000 hommes de troupes.

Des approvisionnements continueraient à affluer à Wittlich.

D'un agent de Thionville.

6 août.

On attend, sur la Sarre, l'arrivée du général Voigts-Rhetz, à la tête d'un corps d'armée considérable (il a quitté Hanovre le 30 juillet). Troupes nombreuses concentrées entre Sarrebourg, sur la Sarre, en aval de Merzig, Kirn (station du chemin de fer avant Kreuznach) et Filsberg (hauteur près de Sarrelouis).

Rapport du 2ᵉ corps.

6 août.

Toute l'infanterie du VIIIᵉ corps serait dans la Köller-Thal, à gauche de Duttweiler, avec des avant-postes sur la Sarre.

Il y a des batteries d'artillerie entre Sarrebrück et Duttweiler et à Jägerstreide (Jägersfreude); en arrière de Sarrebrück se trouve le 6ᵉ cuirassiers (IIIᵉ corps).

3ᵉ CORPS.

BULLETIN DE RENSEIGNEMENTS DU 6 AOUT.

Carling. — De nombreux renseignements arrivent de ce côté. Le maréchal Bazaine, faisant une reconnaissance, a vu des cavaliers prussiens.....

Le nommé S....., de Longeville, a vu à Carling vers 9 heures des cavaliers qu'il suppose être des dragons prussiens. Il en a estimé la force à un escadron. Il y avait des fantassins en arrière, mais ils étaient arrêtés entre Carling et Lauterbach, en haut de la côte. Les cavaliers portaient un casque à pointe (comme les gendarmes prussiens, dit le témoin) à deux visières et une garniture de cuivre : un A sur la schabraque.....

Creutzwald. — Le maire de Porcelette écrit que le courrier de Saint-Avold à Creutzwald a rebroussé chemin parce qu'il a aperçu les Prussiens à Creutzwald.

Villing. — Le garde forestier de Villing écrit à la date du 3 qu'il a fait une tournée et qu'il a poussé jusqu'aux environs d'Ittersdorf; on lui a dit là que la veille toutes les troupes s'étaient retirées sur Sarrelouis et qu'elles se montaient à 16,000 hommes au moins. Il affirme qu'à la date du 3 il n'y avait ni armée ni campement, ni à Berus, ni au Felsberg, ni en deçà de Sarrelouis, du côté de Friedrichsweiler.

Creutzwald. — 5 heures du soir. — Un homme, envoyé par le maire de Creutzwald, dit qu'il est venu dans ce village environ 250 cavaliers du *3ᵉ régiment de cuirassiers prussiens*.

4ᵉ CORPS.

Le général de Ladmirault au maréchal Bazaine.

Boulay, 6 août.

Bulletin de renseignements.

Frontière en avant de Bouzonville. — En avant de Tromborn et Hargarten les reconnaissances faites par nos troupes n'ont rencontré aucun détachement prussien. Dans la matinée du 5, 18 dragons du *18ᵉ* régiment prussien étaient entrés à Merten où ils ont occasionné une panique sans causer de dommages, le bruit s'est alors répandu dans le pays que Merten avait été pillé et incendié; les villages de la frontière exagèrent les faits pour obtenir la présence de nos troupes; un bataillon de nos chasseurs à pied avec un escadron de hussards a été envoyé en avant de Hargarten et un peloton de hussards a passé la nuit du 5 au 6 à Falck, à mi-chemin de Merten, sans être inquiété.

Document sans indication d'origine et sans signature.

6 août.

Toutes les troupes parties de Trèves. Les 6,000 hommes arrivés dans l'après-midi d'hier sont partis à la hâte quoique éreintés par la fatigue.....

Xᵉ, IVᵉ et XIIᵉ corps d'armée, en tout 180,000 hommes, atteindront le canal près Niederweiler (Sarrebourg) pour de là se diriger sur Nancy, Toul, Vitry-le-Français, etc..... Meaux à Paris.....

A Zewen, village derrière Conz, il y a encore 2,000 hommes du 17e régiment; à Conz il n'y a plus un seul militaire. Wittlich comme lieu d'approvisionnement est gardé par environ 2,000 hommes des 70e (?) et 67e (?) régiments de ligne (réserves).....

Trèves est dégarnie, Conz peu de monde, toutes les forces convergent vers le bassin de la Sarre que l'on veut de nouveau disputer à la France.....

E. F.

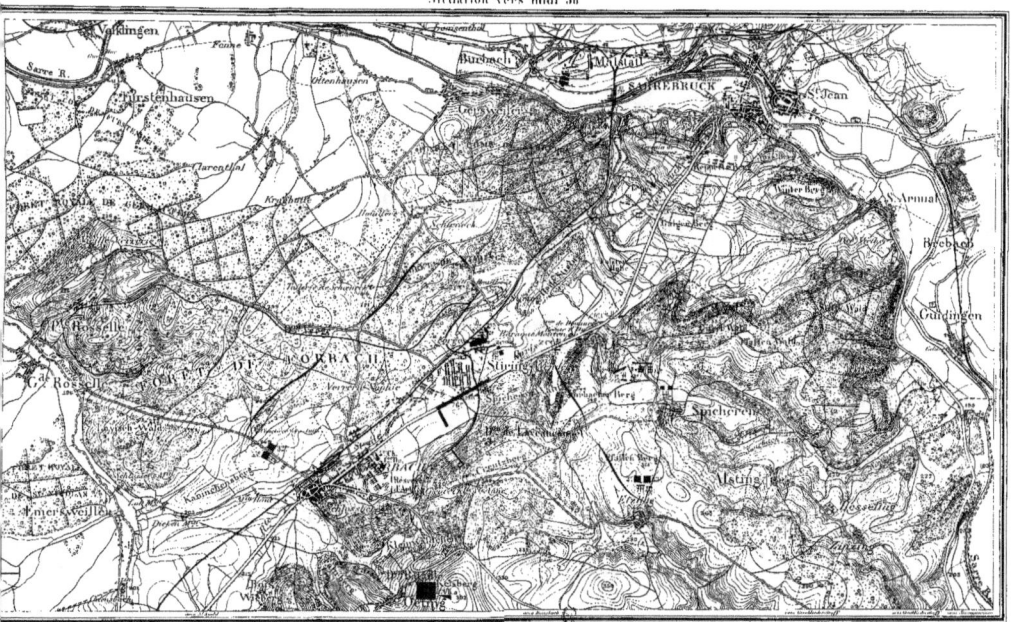

SITUATION dans la soirée du 5 août 1870.

A LA MÊME LIBRAIRIE

Causes des succès et des revers dans la guerre de 1870. — Essai de critique de la guerre franco-allemande jusqu'à la bataille de Sedan; par le général **de Woyde**, de l'armée russe. Traduit par le capitaine Thiry, du 79ᵉ d'infanterie. 2 vol. in-8 et *atlas*........................ 16 fr.

Vingt-quatre heures de stratégie de de Moltke, développée et détaillée d'après les batailles de Gravelotte et Saint-Privat, le 18 août 1870. Premier exposé approfondi des combats de la 1ʳᵉ armée autour du ravin de la Mance; par **Fritz Hœnig.** Traduit de l'allemand, par le lieutenant E. Birckel, du 33ᵉ d'infanterie. 1 vol. in-8 avec cartes........... 7 fr. 50

Journal de guerre du général de Wittich, commandant la 22ᵉ division prussienne (Metz-Orléans-Le Mans). Traduit par le commandant Béchert, professeur d'allemand à l'École supérieure de guerre. Paris, 1902, 1 vol. in-8. 6 fr.

Comment quitter Metz en 1870 ? avec une note sur le rôle de la fortification; par le colonel **A. Grouard (A. G.,** ancien élève de l'École polytechnique). Paris, 1901, 1 vol. in-8...................... 3 fr. 50

La journée du 14 août 1870, d'après **Cardinal von Widdern;** par le capitaine **Hallouin.** Paris, 1901, broch. in-8 avec 1 croquis.. 1 fr. 25

La journée du 16 août 1870, d'après de récentes publications allemandes; par le capitaine **Hallouin.** Paris, 1901, broch. in-8... 1 fr. 25

Une brigade allemande d'infanterie au combat (*Borny, Nosseville, Villers-Brétonneux, Saint-Quentin*); par le capitaine **Grange,** du 4ᵉ régiment d'infanterie. Paris, 1902, 1 vol. in-8 avec croquis........ 3 fr. 50

Les occasions perdues. Étude stratégique et critique sur la **campagne turco-russe de 1877-78;** par le général **Izzed-Fuad-Pacha,** ministre de Turquie à Madrid. Paris, 1900, 1 vol. in-8 avec 10 croquis.. 6 fr.

Publication du 2ᵉ Bureau de l'État-Major de l'Armée. — **La guerre Sud-Africaine.** Tome Iᵉʳ : *Origines du conflit; Forces en présence; Campagne dans le Natal;* par le capitaine **Fournier,** breveté de l'État-Major. Paris, 1902, 1 vol. in-8 avec 9 cartes.................... 6 fr.

Publication du 2ᵉ Bureau de l'État-Major de l'Armée. — **Les événements militaires en Chine;** par **J. Cheminon** et **G. Fauvel-Gallais,** capitaines d'artillerie brevetés de l'État-Major de l'armée. Paris, 1902, 1 vol. in-8 avec cartes et plans................................ 4 fr.

Paris. — Imprimerie R. Chapelot et Cᵉ, 2, rue Christine.

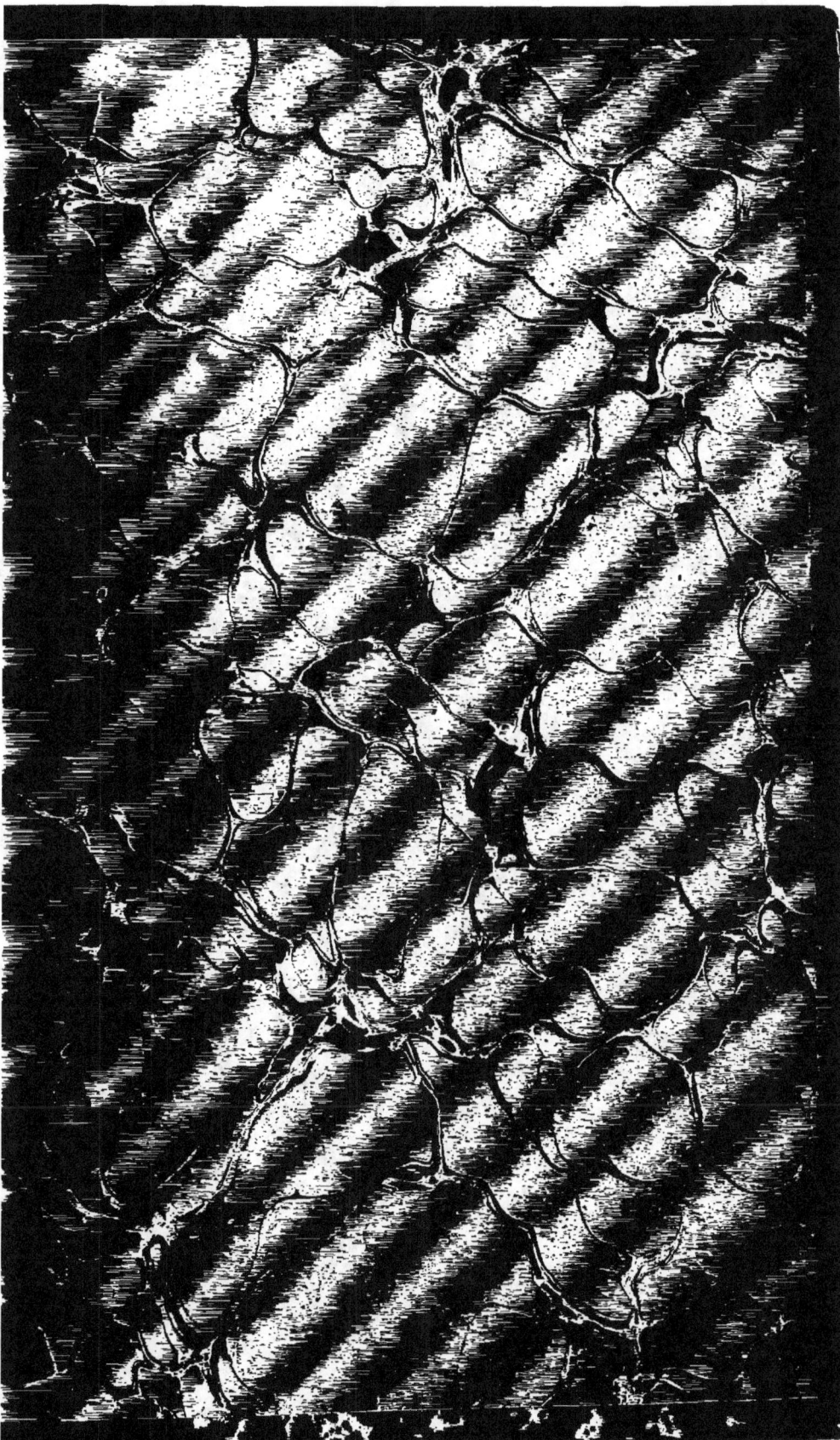